지식인문학총서
(지식지형2)

지식의 구조와 한중일 지식 지형 변화의 탐색

이 저서는 2017년 대한민국 교육부와 한국연구재단의 지원을 받아 수행된 연구임
(NRF-2017S1A6A3A01079180)

지식인문학총서
(지식지형2)

지식의 구조와 한중일 지식 지형 변화의 탐색

단국대학교 일본연구소 HK+ 사업단 기획

김경남·김세종·허재영·윤지원·김정희 지음

　본 총서는 한국연구재단의 2017년 HK+ 인문기초학문 분야 지원
사업에 선정된 단국대학교 일본연구소의 '지식 권력의 변천과 동아시
아 인문학: 한·중·일 지식 체계와 유통의 컨디버전스' 사업 수행 결과
물을 정리·보급하는 차원에서 기획된 총서의 하나이다. 본 사업은
15세기 이후 20세기 초까지 한·중·일 지식 체계의 형성·변화 및 지식
유통의 메커니즘을 규명함으로써 그와 관련된 지식 권력의 형성과
지형 변화 등을 연구하는 데 목표를 두고 있다.

　지식이란 사물이나 대상에 대한 인간의 명료한 의식 전반을 일컫는
용어로, 실증적 학문 이론뿐만 아니라 때로는 종교적이거나 형이상학
적 인식을 지칭하는 용어이다. 동서양의 지식 관련 담론과 서적은
이루 헤아릴 수 없을 정도로 많고 다양하다. 지식의 탄생과 진화, 지식
의 체계와 구조 등에 대한 연구 성과도 마찬가지이다. 이는 인간 사회
와 역사에서 지식의 영향력이 그만큼 크다는 것을 의미한다. 곧 지식
은 그 자체로서 이데올로기성을 띨 뿐만 아니라 권력과 밀접한 관련
을 맺고 있다는 뜻이다.

　본 연구소의 HK플러스 사업팀이 15세기를 기점으로 동아시아 지
식 지형과 권력의 상관성을 키워드로 하여 한국 지식사를 규명하고자

한 의도는 한국 학문 발전사뿐만 아니라 한·중·일의 지식 교류사, 지식의 영향력, 지식 사회의 미래 등을 집중적으로 연구할 수 있는 토대를 갖추고, 이를 기반으로 본 연구소를 세계적인 지식 담론의 생산처로 발돋움하게 하는 데 있다. 본 연구소에서 다루어야 할 지식 담론은 전근대의 한·중·일 지식 현상뿐만 아니라 본 대학의 위치한 경기 동남부를 중심으로 한 각 지역의 지역학, 이를 기반으로 한 국내 각 지방의 지역학 네트워크 구축, 인접 국가인 중국과 일본의 지역학 등을 포함한다.

이를 위해 본 사업단의 '지식 기반', '지식 지형', '지식 사회화' 팀은 지속적으로 스터디를 진행하고, 집필자를 선정하며 주제에 부합하는 총서 개발을 진행해 왔다. 더욱이 2차 연도부터는 학술지에 미리 발표한 논문을 최대한 배제하고, 창의적인 원고를 수합하는 데 힘썼으며, 부록 자료도 총서 개발에 바탕이 되었던 것을 선별하는 데 힘썼다. 이에 따라 2년차 총서는 지식 기반 팀의 '번역 문제', 지식 지형 팀의 지식의 구조와 지형 변화 탐색을 위한 '교육' 문제, 지식 사회화 팀의 '문헌 유통과 지식 공유 문제'를 주제로 1차 연도의 사업 결과를 심화하는 데 중점을 두고자 하였다.

이번에 발행하는 지식 지형도 팀의 『지식의 구조와 한·중·일 지식 지형의 변화』에서는 제1부 '지식의 구조와 지형 변화 연구 방법'과 관련하여, 15세기부터 20세기까지 한국의 지식 지형 변화와 관련한 김경남(HK연구교수)의 '지식의 구조와 교육 내용 변화를 통한 지식 지형 연구 방법론', 김세종(HK연구교수)의 '지식 체계의 유입에 따른 수용의 조건'을 수록하였고, 제2부에서 '한중일 지식 지형 변화 탐색'에서는 연구 방법론에 기반한 실증적 연구 사례를 수록하고자 하였다. 또한 부록으로 신현국(申鉉國)의 『학례유범(學禮遺範)』과 근대 교육사 관련 자료를 발췌 번역하여, 지식 지형 변화를 구체적으로 이해하는 데 도움이 될 수 있도록 편제하였다. 아무쪼록 본 총서가 본 사업단의 지식 인문학 연구를 비롯하여, 학계의 연구에 기여할 수 있기를 소망한다.

2019년 12월 1일
단국대학교 HK+사업단 연구 책임자
허재영

목차

제2부 한중일 지식 지형 변화의 탐색

[부록]

제1부 지식의 구조와 지형 변화 연구 방법

지식의 구조와 교육 내용 변화를 통한
지식 지형 연구 방법론

김경남

1. 서론

지식 지형은 지식의 존재와 형태, 분포와 영향력을 설명하고자 지리학의 용어를 사용하여 표현한 새로운 용어이다. 이 개념은 지식 변동의 사회사를 고찰한 김필동(2003), 학문을 분류하고 서지적 빈도를 측정하거나 지식의 확산 정도를 설명하고자 한 박치완(2014), 예성호(2017) 등에서도 사용했던 용어로, 김경남(2019)에서는 지식의 변화 양상을 설명하는 데 필요한 개념임을 논증한 바 있다.

지식 지형의 변화를 탐구하는 데 유용한 대상 중의 하나는 각 시대별, 사회별 교육 내용이다. 교육은 본질적으로 교육하는 사람이 미성숙한 사람을 성숙한 사람으로 이끄는 행위이자, 이를 통해 사회를 유지해 나가는 중요한 활동이다. 따라서 교육 내용은 특성 시대와 사회의 성격에 따라 달라지며, 교육 목적과 의도에 따라 달라진다. 이 점은 한국에 교육학이 처음 도입된 1900년대 다수의 교육학 논설에서도 확인할 수 있는데, 유옥겸(1908)의 『간명교육학』(우문관)에서는, 교육의 목적에 따라 '실리주의(實利主義)', '종교주의(宗敎主義)', '정치주의(政治主義)', '자연주의(自然主義)', '심미주의(審美主義)', '도덕주의(道德主義)' 교육이 존재한다고 하였는데, 이는 교육 내용이 가르치고자 하는 목적에 따라 달라질 수 있음을 의미한다.

지식 지형 변화를 탐구하는 과정에서 각 시대별, 사회별(또는 국가별) 교육 내용의 변화에 주목하는 이유는, 비록 교육 목적에 따라 교육 내용에 덕육(德育)과 체육(體育) 등이 포함될지라도 교육은 본질적으로 지식과 불가분의 관계를 맺고 있기 때문이다. 더욱이 지식과 교육의 상관성은 이른바 '교과(敎科)' 또는 '학과(學科)'라는 개념을 형성하였으며, 교육학의 진보에 따라 '교육과정(敎育課程)'이라는 학문 분야를 형성하기도 하였다.

교육과정과 지식의 구조의 상관성에 대한 가장 체계적인 논의는 1960년 브루너의 『교육과정』이라는 책에서 제시된 것으로 알려져 있다. 그 당시 브루너는 교육 내용 선정에서 '경험'을 중시하는 교육 이론과 '교과'를 중시하는 교육 이론을 종합하여 '교육은 지식의 구조를 가르치는 것'이라고 규정하였다. 즉 교과 또는 학과 개념은 지식의 구조와 밀접한 관련을 가지며, 교과의 설정이나 해당 교과의 교육 내용 선정과 조직이 지식의 구조를 기반으로 이루어진다는 의미를 내포한다. 물론 지식의 구조라는 브루너의 용어는 지식 지형의 변화를 기술하기 위한 용어는 아니다. 오히려 현실적인 차원에서 교과 선정이나 교육 내용 선정, 그리고 무엇을 어떻게 가르칠 것인가에 중점을 둔 개념의 하나이다. 이홍우(2006)의 『지식의 구조와 교과』(교육과학사, 52~53쪽)에서 "교과라는 것은 해당 학문 분야에서 학자들이 발견하고 축적한 지식의 덩어리가 아니라 그 지식을 발견하는 동안에 학자들이 하는 일, 또는 각 학문의 '기본 개념과 원리'를 써서 해당 분야의 현상을 탐구 또는 이해하는 일을 가리킨다."라고 설명한 것처럼, 브루너가 언급한 '지식의 구조'는 존재하는 '지식 덩어리'에 초점을 맞춘 개념이 아니라 '개념과 원리'를 중시하는 교육 목적을 반영한 용어이다. 그럼에도 브루너의 '교육과정', '지식의 구조' 등은 공시적 현실태뿐만 아니라 통시적 차원의 지식 지형 변화를 기술하는 데 유용한 개념이 될 수 있음은 틀림없다. 그 이유는 특정 시대와 사회마다 그 사회의 교육 목적이 존재하고, 그것을 실현하기 위한 교과 또는 학과가 존재하기 때문이다.

본 연구에서는 교육 내용으로서 특정 시대와 사회에 존재하는 지식이 어떤 체계를 갖추고 있으며, 그것이 어떻게 변화하는가에 주목하여 지식 지형의 변화 과정을 기술하는 데 중점을 둔다.

2. 지식의 구조와 교육의 지형 변화 연구 방법론

2.1. 지식의 구조와 학문 체계

앞서 설명한 것처럼 "교육 내용은 지식의 구조"라는 브루너의 명제는 존재하는 지식의 체계나 지식의 지형을 설명하기 위한 개념이 아니다. 브루너가 제시한 '지식의 구조'는 그 자체로서 '교과란 무엇인가?', '교과를 잘 가르치는 것은 어떤 것인가?'에 중점을 둔 개념이다.[1] 그렇기 때문에 이 용어가 특정 시대와 사회의 지식 체계를 의미하지 않으며, 존재하는 지식 전반에 관한 기술을 하는 데 충분하지 않다. 그럼에도 '구조' 개념 속에는 '중시해야 할 것'을 선별하는 원리가 내재되어 있음은 주목할 일이다. 달리 말해 특정 교과를 잘 가르치기 위해 지식의 구조에 내재되어 있는 기본 원리와 핵심 개념을 파악하는 것이 중요한 것처럼, 존재하는 지식 전반에 관한 체계를 이해하고 중시하는 교과(학과)가 무엇인지를 파악하는 일은 지식 지형의 형성과 변화를 기술하는 데 유용한 개념이 될 수 있다는 뜻이다.

일반적으로 교과는 "학교 교육에서 교육 목적에 맞게 교육할 내용을 계통적으로 짜 놓은 분야"[2]를 의미한다. 즉 교과는 가르쳐야 할 과목(科目)이며, 과목 설정은 시대와 사회, 국가 등 다양한 요인을 배경으로 한다. 여기서 주목할 것은 지식 또는 경험의 체계가 교과 설정의 중요한 준거가 될 수 있다는 점이다. 가영희(2011)에서는 교과 분류의 준거로서 피닉스(Phenix)의 '상징적 의미', '경험적 의미', '심미적 의미', '실존적 의미', '윤리적 의미', '총괄적 의미' 등의 '인간이 경험해 온 의미'를 제시하는 경우와 피터스와 허스트(Petres & Hirst)의 '형식 논리학과 수학', '자연과학', '자신과 다른 사람의 마음에 관한 이해', '도덕적 판단', '미학적 경험', '종교적 주장', '철학적 이해' 등과 같은 '지식의 형식'에 따른 준거를 제시한 경우가 있음을 예시하였다.[3] 두 가지 이론을 비교할 때 '의미'와 '지식 형식'이라는 표현은 다를지라도 교과 설정이 인간의 경험과 앎의 세계(지식 형식), 그와 관련한 체계를 기본으로 하고 있음은 틀림없다. 이처럼 교과 설정의 준거로서 경험과 지식 형식을 제시했음은 교육학에서 개념상 '경험'

---

1) 이홍우, 『지식의 구조와 교과』, 교육과학사, 2006, 40~41쪽.
2) 허재영, 『국어과 교재 이해와 교과서의 역사』, 경진출판, 2013, 11쪽.
3) 가영희, 『교과교육론』, 동문서, 2011, 32~35쪽.

과 '지식'을 구분한다고 할지라도, 교과 설정에서 두 개념을 엄격히 분리하는 것은 그다지 효과적인 일이 아니라는 점을 말해준다. 이는 지금까지 우리가 논의해 온 바대로 지식의 철학적, 인식론적 의미가 '경험'과 '지식'의 엄격한 경계 설정이 어렵다는 것과도 상통한다. 이 점은 '지식의 본질'에 관한 이성호(2008)의 논리에서도 찾아볼 수 있는데, 그는 지식의 본질에 대한 철학적 입장과 사회학적 입장, 인식론적 입장 등을 검토한 뒤, 지식의 본질에 대한 공통된 생각을 다음과 같이 정리하였다.

[지식의 본질에 대한 공통된 생각4)]

ㄱ. 인간의 지식은 하나의 형태, 하나의 앎의 방식, 하나의 의미 영역으로 통일되어 있지 않다. 여러 개의 다양하고 분명한 형태, 앎의 방식, 의미 영역으로 구분되어 있다.

ㄴ. 각각 영역의 지식은 그 고유한 의미와 진리의 객관적 몸체를 나타낸다. 즉 세상에 대한 이해와 경험이 이루어지는 기본 방식을 제각기 갖고 있다.

ㄷ. 지식의 형태는 지극히 기본적이다. 그 기본적인 것은 곧 다른 수준의 지식들이 와서 정착할 수 있는 기반을 형성해 준다.

ㄹ. 지식의 형태는 각기 논리적으로 분명하고 자율적이다. 예컨대 도덕적 지식은 종교적 지식과 논리적으로 독립되어 있다.

ㅁ. 그러면서도 각각의 지식의 형태는 필수적으로 서로 연계되어 있다. 예컨대 과학적 지식과 수학적 지식은 서로 밀접한 관련을 맺는다.

ㅂ. 지식의 형태는 서로 간의 동등한 인식론적 지위를 지니고 있다. 예컨

---

4) 이성호, 『교육과정 개발의 원리』, 학지사, 2008, 22쪽.

대 비록 과학적 지식이 광대하더라도 그것은 도덕적 지식과 동등한 인식론적 지위를 갖는다.

이 정리에 따르면 지식은 '종교적', '도덕적', '과학적'인 것을 포함하여 인간이 경험해 온 '의미'이자 '앎의 방식'이라고 할 수 있다. 이는 막스 셸러 이후 지식의 유형 분류 기준 가운데 하나인 '형이상학적', '종교적', '실증과학적'인 앎과 의미가 모두 지식의 범주에 해당하는 것과 마찬가지이다.[5] 그렇기 때문에 교과 설정은 현대 국가가 대부분 취하고 있는 '지덕체' 중심의 교과뿐만 아니라 종교교육에서 지향하고 있는 특수 교과가 존재할 수 있는 것이다. 즉 특정 시대, 특정 사회, 특정 교육에 존재하는 교과(경우에 따라 학과)는 그 시대와 사회에 존재하는 지식 체계를 반영하며, 중시하는 교과는 그 시대와 사회에서 중시하는 '주요 지식'이 무엇인지를 규명하는 단서가 될 수 있음을 의미한다.

2.2. 지식 지형과 교과 형성 및 변화

지식이 인간의 의식과 사유 방식, 그로부터 산출한 의미 있는 결과 등을 포괄적으로 지칭한다고 할 때,[6] 지식은 가르쳐야 할 대상 가운데 가장 중요한 위치를 차지한다. 그러나 인간의 의식, 사유 방식, 그 결과, 즉 인간의 지식을 모두 다음 세대에 가르쳐야 하는 것은 아니다.

---

5) 김경남, 「지식의 유형과 지식 지형에 대한 인문학적 연구 방법론」, 단국대학교 HK＋사업단 기획(2019), 『지식의 변화와 지형』, 경진출판, 2019, 29~30쪽.
6) 이 개념은 필자가 속해 있는 단국대학교 일본연구소 HK＋ 사업단이 공유하고 있는 개념이므로 별도의 논의를 하지 않는다.

가르쳐야 할 지식, 즉 교과가 될 수 있는 지식은 (경험을 포함한) '의미 있는 지식'이어야 한다. 그렇기 때문에 교과는 학문과 밀접한 관련을 맺고 있고, 학문 체계를 기반으로 교과가 설정되는 현상이 일반적인 이유가 된다.

이성호(2008)에서는 "과거엔 지식을 객관적인 것, 정적인 것으로 보았다. 그러나 이제는 지식을 주관적인 것, 역동적인 것으로 보는 경향이 강하다."라고 하면서 교과에 내재하는 지식을 바라보는 세 가지 관점을 '지식의 내재적 가치를 신념으로 하는 입장', '지식의 가치는 작용적, 즉 교과의 활용 가치를 중시하는 입장', '지식은 끝없이 변화하고 가치가 다원화하므로 그 자체로서 수단이나 도구에 불과하다는 입장'으로 정리한 바 있다. 이처럼 교육학에서 지식의 성격을 달리 이해하는 이유는 교육 자체가 존재하는 지식을 확인하는 활동이 아니라 새로운 지식의 생산과 활용, 가치 있는 경험의 창출을 목표로 하고 있기 때문이다. 따라서 교육학자들이 바라보는 교과의 배경 또는 기반으로서 학문의 체계나 분류도 철학자나 사회학자들이 바라보는 것과는 차이가 있다. 예를 들어 이성호(2008)에서 제시한 스펜서(Spencer)의 지식 분류는 '가치'를 준거한 분류이며, 브라우디(Broudy)의 지식 분류는 '학교 학습 활용'을 준거로 한 분류이다.[7]

---

7) 이성호, 앞의 책, 130~132쪽. 스펜서는 가치에 따라 ① 인간의 자기 보존에 직접 관계되는 활동에 관한 지식(예: 생리학), ② 생활 필수품을 획득하는 수단으로서 인간의 자기 보존에 간접적으로 관계되는 활동에 관한 지식(예: 물리학, 화학, 수학, 심리학), ③ 자녀의 양육과 교육에 관계되는 활동에 관한 지식(예: 도덕, 심리학), ④ 적절한 사회적, 정치적 관계를 유지하는 데 필요한 활동에 관한 지식(예: 사회학, 역사학), ⑤ 개인적 기호와 취미를 만족시키기 위한 여러 가지 여가활동에 관한 지식(예: 음악, 미술) 등을 제시하였고, 브라우디는 학교 학습 활용에 따라 ① 반복적 활용을 위한 지식, ② 연합적 활용을 위한 지식, ③ 응용적 활용을 위한 지식, ④ 해석적 활용을 위한 지식 등을 제시하였다. 이뿐만 아니라 피닉스의 '인간 이해 양식'에 따른 지식 분류, 허드슨의 '인지적 지식'과 '비인지적 지식', 허스트의 지식 형태에 따른 분류 등이 대표적인 지식 분류 이론에 해당한다.

지식의 분류는 교과 이해의 전제가 된다. 그러나 단순히 지식을 분류하는 작업은 그 자체로서 지식의 가치나 가르쳐야 할 지식을 선정하는 데 작용하지 않는다. 이는 지식의 분류사를 대상으로 한 구가 가쓰토시(2007)[8]에서 '박물지(博物志)'와 '백과사전(百科事典)'의 차이가 '체계화'에 있었음을 제시한 것과도 같다. 즉 플리니우스의 『박물지』나 진나라 장화의 『박물지』는 흥미 위주의 잡다한 사실을 분류한 데 지나지 않지만, 백과사전은 지(知)를 수집하고 체계화하는 데 중점을 둔다는 것이다. 구가 가쓰토시가 소개한 서양 백과사전의 역사 가운데 가장 오래된 지적 체계를 구축한 것은 '아리스토텔레스'이다. 그는 '논리학', '이론학', '실천학'의 체계가 백과사전의 초기 형태로 해석한 뒤, 로마의 바로(Marcus Terentius Varro, 기원전 116~27)의 『학문론』에서 제시했다고 알려진 학문 9과목을 소개하였다. 이에 따르면 바로의 '9과목'은 '문법학, 논리학, 수사학, 산술, 기하학, 천문학, 음악, 의학, 건축학'이다. 이 가운데 '의학'과 '건축학'을 제외한 7과목이 서양의 중세 7자유학과의 토대가 되었음은 널리 알려진 사실이다.[9] 서양 중세의 경우 수도원 중심의 교부 철학(敎父哲學)을 확립하기 위해 '문법(文法), 수사학(修辭學), 변증법(辨證法)'이 중시되고, 종교예의식을 거행하기 위해 '음악(音樂)'을 가르치며, 제일(祭日)에 관한 복잡한 교회력(敎會曆)을 계산하는 데 필요한 '천문학(天文學)'과 '산술(算術)', 웅대한 사원을 건립하는 데 필요한 '기하(幾何)' 지식 등을 중요 지식으로 간주하였으며, 그 결과 7자유학과로 불리는 이들 과목이 교과로 설정되었다.[10]

---

8) 구가 가쓰토시 지음, 김성민 옮김, 『지식의 분류사』, 한국출판마케팅연구소, 2009, 64쪽.
9) 위의 책, 69쪽에서는 같은 맥락에서 고대 중국의 6예(禮樂射御書數: 예법, 음악, 궁술, 기마술, 읽고 쓰기, 산술)가 성립된 것으로 해석한다.

이러한 흐름은 동양, 특히 한국적인 상황에서도 크게 다르지 않다. 이응백(1975)에서 밝힌 바와 같이, '삼국', '고려', '조선' 등은 각 시대별 교육 목적에 따라 가르쳐야 할 내용이 선정되었는데, 그 근본은 '양사(養士)', '사기배양(士氣培養)', '화민성속(化民成俗)'에 있었다는 것이다. 이응백(1975)에서 제시한 다음 자료를 살펴보자.

[新羅, 高麗, 朝鮮의 敎育課程][11]

ㄱ. 國學 屬禮部 神文王二年置, 景德王改爲太學監, 惠恭王復故 … 敎授之法 以周易·商書·毛詩·禮記·春秋左氏傳·文選·分而爲之業·博士若 助敎一 人, 或以禮記·周易·論語·孝經, 或以春秋左氏傳·毛詩·論語·孝經, 惑以 尙書·論語·孝經·文選·敎授之. (국학은 예부에 속했는데 신문왕 2년 에 건립하였으며 경덕왕이 이를 고쳐 태학감으로 하였다. 혜공왕이 이를 다시 되돌렸다. … 교수 방법은 주역, 상서, 모시, 예기, 춘추좌 씨전, 문선을 나누어 가르쳤으며 박사 약간, 조교는 한 사람이었다. 혹은 예기, 주역, 논어, 효경, 혹은 춘추좌씨전, 모시, 논어, 효경, 혹 은 상서, 논어, 효경, 문선을 가르쳤다.)

—『삼국사기(三國史記)』 권제38 '잡지(雜志)' 제7, 직관(職官) 상

ㄴ. 凡經周易·尙書·周禮·禮記·毛詩·春秋左氏傳·公羊傳·穀梁傳 各爲一經, 孝經·論語 必令兼通. 諸學生課業 孝經·論語 共限一年, 尙書·公羊穀梁傳 各限二年, 周易·毛詩·周禮·儀禮 各二年, 禮記·左傳 各三年, 皆先讀孝 經·論語, 次讀諸經, 幷算習 時務策, 有假兼須習書日一紙, 幷讀國語·說 文·字林·三倉·爾雅. (무릇 경전은 주역, 상서, 주례, 예기, 모시, 춘추

---

10) 김춘기, 『서양교육사』, 문헌사, 1995, 86쪽.

11) 이응백, 『국어교육사연구』, 신구문화사, 1975, 19~22쪽.

좌씨전, 공양전, 곡량전이 각 하나의 경전이며, 효경, 논어는 반드시 통달하도록 한다. 모든 학생에게 부여하는 업은 효경과 논어는 1년, 상서, 공양·곡량전은 각각 2년, 주역, 모시, 주례, 의례는 각 2년, 예기, 좌전은 각 3년으로 하며, 모두 효경, 논어를 먼저 읽도록 하고 그 다음 다른 경전을 읽고 아울러 산술과 시무책을 익힌다. 여가가 있으면 일일지를 쓰고, 아울러 국어, 설문, 자림, 삼창, 이아를 읽는다.)

— 『고려사(高麗史)』 권74 '선거(選擧) 2' 학교조(學校條)

이 자료를 근거로 할 때, 신라의 경우 '오경'과 '문선'을 세 유형으로 나누어 교육과정을 운영했으며, 그 가운데 '논어'와 '효경'은 가장 기본이 되는 교과로 삼았다. 이 제도는 한나라와 당나라의 제도를 절충한 것이라고 하는데, '양사(養士)' 목적의 경서 중심 교과가 형성되었음을 의미하는 것이다. 고려의 경우 '산(算)'을 제외한 모든 교과가 당의 제도와 일치한다고 하는데, 주목할 점은 교육 내용뿐만 아니라 수학 연한, 순서 등이 제시된 점이다. 즉 고려의 학교에서는 지식이 이전에 비해 구조화·체계화된 상태를 보이고 있는 셈이다.

주목할 점은 여기에 제시한 신라의 국학과 고려의 학교가 이 시대 지식 전체를 아우른 것은 아니라는 사실이다. 양사(養士)의 기본이 되는 문자 학습 또는 소학(小學)이 어떻게 구성되었으며, 그 과정에서 중시되는 지식이 무엇이었는지는 현재까지 연구된 바 없다. 그러나 적어도 이 시기 국가 차원에서 중시한 교육의 목적이 양사(養士)에 있었고, 그것을 실현하기 위한 구체적인 교과가 존재했으므로 이를 기본으로 한 지식의 지형이 형성되었음을 증명하는 데는 무리가 없다. 이처럼 교과(학과)의 역사는 학문의 분류와 체계, 중요시하는 지식의 유형과 형태 등에 따라 다양한 형태를 띠며, 그것은 시대와 사회에 따라 다양한 형태로 변화해 간다. 즉 지식의 지형이 형성되고 변화해 간다는 뜻이다.

3. 근대 이전의 지식의 구조와 지식 지형 연구 방법

3.1. 근대 이전의 교육과 지식의 구조

지식 지형 연구에서 근대 이전의 지식 구조와 지형 변화를 연구하는 일은 쉽지 않다. 그 이유는 근대 이전의 지식 체계나 학문 분야가 현대의 학문 체계와 크게 다르기 때문이다. 따라서 근대 이전의 지식 지형 연구는 특정 사상이나 인물, 학맥 등을 대상으로 한 경우가 많았다. 그러나 특정 사상과 인물 중심의 연구는 근대 이전의 지적 세계를 전반적으로 파악하기 어렵다는 점에서 지식 지형의 실체를 규명하는 데 한계가 있다.

이 점에서 근대 이전의 지식 지형 형성과 변화 과정 연구의 대안으로 존재하는 문헌의 분포를 중심으로 한 계량적인 방법이나 지식 전수의 주요 방법이었던 교육사적 맥락을 활용하는 방법 등을 대안으로 제시할 수 있다. 특히 신분제 사회에서 과거를 통한 관료제 사회로 이행한 조선시대의 경우 『경국대전』, 『속대전』 등의 법전에 기록된 '과거제'와 '취재(取才)'에 나타난 다수의 지적 자료를 분석하는 것도 효과적이다.

한국 교육사를 통해 확인할 수 있듯이, 삼국시대부터 고려시대에 이르기까지 국가 차원의 교육은 '양사'와 '화민성속'에 있었다. 그렇기 때문에 교육과 인재 등용은 밀접한 관련을 맺게 되는데, 광종 9년

후주인(後周人) 쌍기(雙冀)가 건의하여 실시했다는 과거제(科擧制) 역시 당의 제도를 모방한 인재 등용 방식이다. 이응백(1975)에서는 이 제도가 당(唐)의 '고시과목(考試科目)'과 동일하며, 고려 인종대를 기준으로 할 때 중앙의 '국자학(國子學)', '대학(大學)', '사문학(四門學)', '율학(律學)', '서학(書學)', '산학(算學)'과 지방의 '주현학(州縣學)'으로 구성되어 있다고 하였다. 이는『증보문헌비고(增補文獻備考)』권184 '선거(選擧)'를 기준으로 한 것으로, 명칭만으로 볼 때 '국자학, 대학, 사문학'은 경서를 위주로 한 교육기관으로 볼 수 있으며, '율학'은 법률, '서학'은 서법(書法) 관련, '산학'은 수리 관련 교육을 기준으로 한 교육기관이었을 것으로 추정된다. 이를 고려할 때, 고려시대의 지식 체계에서도 '독서산(讀書算)'을 기본으로 하는 교육 내용과 양사(養士)와 '화민성속', '치국안민' 등을 목표로 한 경서 지식이 주류 지식을 형성하는 지식 체계가 형성되어 있었을 것임을 쉽게 추론할 수 있다.

이러한 흐름에서 조선시대의 지식 체계를 살펴볼 필요가 있다. 이응백(1975)에서는 조선 초기의 교육과정을 분석하면서『증보문헌비고』의 '학령(學令)'과 '학교모범(學校模範)'을 인용하고 있는데, 이는 소학도(小學徒)나 유생(儒生)들이 배워야 할 과정으로서 교육 내용을 제시한 것이라고 할 수 있다. 이 점에서 조선 초기 지식의 구조 또는 체계 전반을 찾아볼 수 있는 적절한 사례의 하나로『경국대전』을 들 수 있다. 이 법전은 널리 알려져 있는 것처럼, 조선 건국 전후부터 성종 15년(1848)까지 왕명·교지·조례 중 영구히 준수할 것을 모아 엮은 법전이다.

『경국대전』에서 조선 초기 지식 체계를 확인할 수 있는 유용한 자료는 '예전(禮典)'의 '제과(諸科)', '생도(生徒)', '취재(取才)'에 관한 규정이다. 이 세 규정은 과거 및 교육 제도를 규정한 것으로, 그 당시 주류 지식 체계 또는 영향력 있는 지식이 어떤 것이었는지를 이해하는 데 유용하다. '예전(禮典)'은 "홍문관(弘文館), 예문관(藝文館), 성균관(成均館), 춘추관(春秋館), 승문원(承文院), 통례원(通禮院), 봉상시(奉常寺), 교서관(校書館), 내의원(內醫院), 예빈시(禮賓寺), 장악원(掌樂院), 관상감(觀象監), 전의감(典醫監), 사역원(司譯院), 세자 시강원(世子侍講院), 종학(宗學), 소격서(昭格署), 종묘서(宗廟署), 사직서(社稷署), 빙고(氷庫), 전생서(典牲署), 사축서(司畜署), 혜민서(惠民署), 도화서(圖畫署), 활인서(活人署), 귀후서(歸厚署), 사학(四學), 문소전(文昭殿), 연은전(延恩殿) 참봉(參奉), 기내 제릉전 참봉(畿內諸陵殿參奉)[12]"과 관련된 것으로, 그 당시 기관 대부분이 포함되어 있는 것으로 볼 수 있다.

이들 관청의 관리를 선발하기 위한 제도가 '제과(諸科)'이다. '제과' 는 '문과'와 '무과'를 망라한 모든 분야를 지칭하는 개념으로, 『경국대전』에서는 이를 다음과 같이 설명하였다.

[諸科·額數·製述·講書[13]]

○ 諸科 三年一試 前秋初試 春初覆試 展試 文科則通訓以下 武科生員進士則 通德以下 許赴[守令則分許赴生員進士試] 罪犯永不敍用者 戚吏之子 再嫁失 行婦女之子及孫 庶孼子孫 勿許赴文科. 生員進士試 非居本道者 朝士見在職 者 勿許赴鄕試 [若承差受假者 不在此限 並武科同] ○ 試場置二三所擧子與 試官應相避者 赴他所父赴覆試者子避 [武科同] ○ 陰陽科 天文學則本學生 徒外勿許赴 ○ 文科十年一重試[堂下官許赴 額數及試法臨時稟旨 武科同]

---

12) 위의 책, 『經國大典』 卷3, 아세아문화사, 禮典, 生徒, 1983, 207~208쪽.
13) 위의 책, 207~208쪽.

번역 ○ 제과는 3년에 한번 시험하며 전해 초시를 보고 봄 초에 복시 전시를 보며 문과(文科)는 즉 통훈 이상, 무과는 생원 진사 즉 통덕(通德) 이하에게 허용한다. [수령은 이를 나누어 생원 진사 시험을 허용한다.] 죄를 범한 자로 영원히 서용(敍用: 등용)하지 않는 자, 척리(戚吏)의 자손, 재가하여 행실을 잃은 자의 자식과 손자, 서얼의 자손은 문과에 응시하지 못한다. 생원 진사 시험은 그 도에 거주하지 않거나 조신(朝臣)으로 재직하는 자는 향시에 응하는 것을 허용하지 않는다. [만약 승차하여 휴가를 받은 자는 이 조항의 한계를 받지 않는다. 아울러 무과도 동일하다.] ○ 시장(試場)은 두세 곳에 설치하고 자식과 시관이 상피(相避)해야 하는 자는 다른 곳에서 응시하도록 하고 아버지는 복시(覆試)에서 자식을 피하도록 한다. [무과도 동일하다.] ○ 음양과의 천문학은 그 학문의 생도가 아니면 응시를 허용하지 않는다. ○ 문과 10년에 한 번은 중시(重試)를 한다. [당하관이 응시하도록 하며, 액수와 시험 방법은 임시로 품지(稟旨: 임금께 아뢰어 교지를 받음)한다. 무과도 동일하다.]

『경국대전』 '예전'에 규정된 과거 과목은 '문과'뿐만 아니라 '무과', '음양과'가 포함된다. 임용한(2008)에서 지적한 대로 조선 초기 과거 명칭에는 혼란이 없지 않으나,[14] '문과'는 성균관에 거주한 지 300일이 된 자를 대상으로 하는 '문과 초시', 예문관 봉의(奉毅) 이하 관리나 성균관 승문원 교서관 7품 이하 관리 등을 대상으로 하는 '문과 복시', 복시 이후 치르는 '문과 전시', 지방의 '생원 초시'(한성, 경기, 충청·전라, 경상, 강원·평안, 황해·영안), '생원 복시', '진사 초시', '진사 복시' 등을

---

14) 임용한, 『조선전기 관리등용제도 연구』, 혜안, 2008, 34쪽.

포괄한 개념이다. 이 규정에서는 '제과(諸科)'의 응시 자격뿐만 아니라 '액수(額數, 수효)', '제술(製述, 응시 과목)', '강서(講書, 등급)' 등이 포함되어 있는데 제술의 주요 대상은 '오경사서(五經四書)'였다.

『경국대전』 '예전'의 '제과(諸科)'에 포함된 과거 종류는 '문과(文科)'의 '초시, 복시, 전시', '생원(生員)'의 '초시, 복시, 전시', '진사(進士)'의 '초시, 복시', '역과(譯科)'의 '초시, 복시', '의과(醫科)'의 '초시, 복시', '음양과(陰陽科)'의 '초시, 복시', '율과(律科)'의 '초시, 복시' 등 7개과 16종이다.15) 이 가운데 '문과', '생원과', '진사과'는 '5경 4서', '소학', '가례입문' 등의 유학(儒學) 관련 지식을 기반으로 한 시험이며, '역과(譯科)'는 '여진학, 왜학, 몽학' 등의 통역 관련 시험이다. '의과'가 '의학'을 기반으로 한 것임은 쉽게 짐작할 수 있으며, '음양과'는 '천문학, 지리학, 명과학(命課學)' 등을 대상으로 한다. '율과'는 '대명률', '당률', '경국대전' 등과 같은 법률 지식을 대상으로 하였다. 이와 같이, 제과(諸科)의 규정은 이 시기 주요 지식이 무엇이었는지, 즉 지식 지형의 특성이 무엇인지를 추론하는 데 유용한 자료라고 할 수 있는데, 그 당시의 지식 지형은 유학(儒學)을 중심으로 한 관료 사회로의 진입을 가능하게 하는 지식이 중시되는 사회였음을 짐작할 수 있다.

이와 함께 『경국대전』 '예전'에서는 각 관청의 '생도(生徒)'에 관한 규정을 두었는데, 이는 그 당시 교육 제도를 이해하는 데 중요한 자료가 된다. 이에 따르면 그 당시의 학문은 '유학', '역학', '음양학(천문, 지리, 명과학)', '산학', '율학', '화학', '도학'으로 구분할 수 있는데, 각

---

15) 위의 책, 39쪽에서는 문과만을 기준으로 7종을 제시하고 있으나, 『경국대전』에서는 무과를 제외한 역과, 음양과, 의과, 율과에 대해서도 비교적 상세한 규정을 두고 있음을 확인할 수 있다. 이들 제도가 어떻게 운영되었는지는 역사학자들의 연구 영역이므로, 여기서는 논의를 피한다.

학문의 생도와 담당 기관은 다음 표와 같다.

[경국대전의 '생도'16)]

	분야	담당 기관	인원 및 충원
1	유학(儒學)	성균관(成均館)	2백 명: 生員 進士 不足則取四學生徒 年十五以上 通小學 四書 一經者 有陰嫡子 通小學者 曾中文科生員進士郷漢 城試者 補之 朝士願赴學者亦聽
		사학(四學)	각 1백
		지방	• 부대도호부목(府大都護府牧): 각 90(年六歲 以下 不 在額內. 都護府 郡縣同) • 도호부(都護府): 70 • 군(郡): 50 • 현(縣): 30
2	한학(漢學)	사역원(司譯院)	• 사역원(司譯院): 35
		지방	• 부대도호부목(府大都護府牧): 평양(平壤), 의주(義 州), 황주(黃州) 각 30
3	몽학(蒙學)	사역원(司譯院)	10
4	여진학(女眞學)	사역원(司譯院)	20
		지방	• 부대도호부목(府大都護府牧): 의주(義州) 5 • 도호부(都護府): 창성(昌城) 5, 북청(北靑) 10 • 군현(郡縣): 이산(理山) 5, 벽동(碧潼) 5, 위원(渭原) 5 • 만포(滿浦) 5
5	왜학(倭學)	사역원(司譯院)	15
		지방	• 제포(薺浦), 부산포(釜山浦) 각 10 • 염포(鹽浦) 6
6	의학(醫學)	전의감(典醫監)	50
		혜민서(惠民署)	30
		지방	• 부대도호부목(府大都護府牧): 각 14(府則加二) • 도호부(都護府): 12 • 군(郡): 10 • 현(縣): 8
7	천문학(天文學)	관상감(觀象監)	20
8	지리학(地理學)		15
9	명과학(命課學)		10
10	산학(算學)	호조(戶曹)	15

---

16) 위의 책, 禮典, 生徒, 240~244쪽.

	분야	담당 기관	인원 및 충원
11	율학(律學)	형조(刑曹)	40
		지방	• 부대도호부목(府大都護府牧): 각 14(府則加二) • 도호부(都護府): 12 • 군(郡): 10 • 현(縣): 8
12	화학(畫學)	도화서(圖畵署)	15
13	도학(道學)	소격서(昭格署)	10

이 표에 나타난 것처럼, '생도(生徒)'에 규정된 학문명(學問名)은 13개이다. 이 가운데 가장 중시되었던 것은 '유학(儒學)'이며, 통사(通事)와 관련된 '역학(譯學)'과 의료와 관련된 '의학(醫學)', 음양학과 관련된 '천문학, 지리학, 명과학', 법률 관련 '율학' 등은 주로 중인 계급이 담당했던 기술적인 학문 분야라고 할 수 있다. 『경국대전』 '예전'에는 그 당시 존재했던 '농학'이나 '불교' 등과 같은 다른 분야의 지식 관련 조항은 찾기 어려운데,[17] 그 이유는 이 책이 국가 통치 원리를 규정한 법전이라는 특성을 갖고 있기 때문이다. 즉 조선 초기 과거를 통한 인재 등용, 각 관청의 취재(取才), 이를 뒷받침하기 위한 생도 등을 규정하는 데 중점을 두었다는 뜻이다.

그러나 '제과', '생도' 규정은 그 당시 주류 지식 체계를 확인하고, 그를 바탕으로 그 당시 형성된 지식 지형의 특징을 이해하는 데 중요한 의미를 지닌다. 특히 각 관청에 소요되는 인재를 선발하는 원칙으로 '취재(取才)'를 두었는데, 이 규정은 이른바 '잡과 취재(雜科取才)[18]'

---

17) 이 점에서 조선 초기 지식의 전반적인 체계를 연구하기 위해서는 실록을 비롯한 존재하는 다수의 문헌을 재조사할 필요가 있다. 이 문제는 추후의 지속적 연구 과제로 남긴다.

18) 『경국대전』에서는 "諸學四孟月本曹同提調取才 無提調處則同該曹堂上官取才(제학은 4맹월 (1,4,7,10월)에 본조(예조)에서 당해제조와 함께 취재한다. 제조가 없는 곳은 당해조의 당상 관과 함께 취재한다)."라고 하여 '잡과'라는 명칭을 사용하지는 않았다.

를 위한 것으로 인재 등용 방식과 고시(考試) 내용, 대상 교과와 수준
등이 포함된 점이 특징이다.

[取才19)]

분야	취재(고시 과목 및 방법)
의학 (醫學)	찬도맥·동인경(纂圖脈 銅人經) [이상은 誦으로 하되 50세 이상의 자이면 背講한다. 모든 의학의 송은 이와 같다], 창진집·집지방·구급방·부인대전·득효방, 태산집요, 화제방, 본초자생경(瘡疹集 直指方 救急方 婦人大全 得效方 胎産集要 和劑方 本草 資生經 十四經發揮) [이상 臨文], 침구의·찬도맥·화제지남·동인경(針灸醫 纂圖脈 和劑指南 銅人經) [이상 誦], 직지맥·침경지남·자오유주·옥룡가·자생경·외과정요·14경발휘·침경적영집(直指脈 針經指南 子午流注 玉龍歌 資生經 外科精要 十四經發揮 針經摘英集) [이상 臨文]
한학 (漢學)	직해소학·박통사·노걸대(直解小學 朴通事 老乞大) [이상 背講 연40 이하자 배송], 사서·경사(四書經史) [이상 臨文]
몽학 (蒙學)	장기·첩월진·공부자·하적후라·정관정요·대루원기·토고안·거리라·백안파두·노걸대·속팔실(章記 帖月眞 孔夫子 何赤厚羅 貞觀政要 待漏院記 吐高安 巨里羅 伯安波豆 老乞大 速八實) [이상 寫字], 수성사감·왕가한·어사잠·황도대훈·고난가둔(守成事鑑 王可汗 御史箴 皇都大訓 高難加屯) [이상 臨文]
왜학 (倭學)	응영기·본초이로파·소식의론·통신구양물어·부상노걸대·동자교서·격도훈·왕래잡어 잡필(應永記 本草伊路波 消息議論 通信鳩養物語 富上老乞大 童子教書 格度訓 往來雜語 雜筆) [이상 寫字]
여진학 (女眞學)	소아론·칠세아·천병서·12제국·구난천자·귀수육공팔세아·손자·오자·상서·삼세아·*화자시위(小兒論 七歲兒 天兵書 十二諸國 九難千字 貴愁六公八歲兒 孫子 吳子 尚書 三歲兒 *化自侍衛) [이상 寫字]
천문학 (天文學)	보천가(步天歌) [誦 혹은 圖] 대명력 일월식(大明曆日月食), 태일내편 일월식(太一內篇日月食), 목화토금수성(木火土金水星), 양력 일월식(陽曆 日交食), 유보가령·사여성·보증성·태음외편 일월식(惟步假令 四餘星 步中星 大陰外篇日月食) [이상 筭]
지리학 (地理學)	청오경·금낭경(靑烏經 錦囊經) [이상 背講] 착맥부·지남변서 ‖ 의룡·감룡·명산론·곤감가·호순신·지리문정·장중가·지현론·낙도가·입시가·심룡가·이순풍·극택통서·동림조등(捉脈賦 指南辨恕 疑龍 撼龍 明山論 坤鑑歌 胡舜申 地理門庭 掌中歌 至玄論 樂道歌 入試歌 尋龍記 李淳風 剋擇通書 詞林照謄) [이상 臨文]
명과학 (命課學)	원천강(袁天綱) [背講], 삼진통재·대정수·범위수·육임·오행정기·극택통서·자휘수·응천가·서자평·현여자평·난대묘선·성명총괄(三辰通載·大定數·範圍數·六任·壬·五行精記·剋擇通書·紫微數·應天歌·徐子平·玄與子平·蘭臺妙選·星命摠話) [이상 臨文]
율학 (律學)	대명률·당률·변의·해이·무원록·경국대전(大明律·唐律·辨疑·解頤·無冤錄·經國大典)

---

19) 한국학문헌연구소 편, 1983, 위의 책, 禮典, 取才, 279~282쪽.

분야	취재(고시 과목 및 방법)
산학(算學)	상명계몽 양휘(詳明啓蒙 揚輝) [이상 第]
도학 (圖學: 畵員)	죽산수(竹山水) 인물영모(人物翎毛) 화초(花草) 중 두 가지를 시험하고, 죽(竹)은 일등, 산수(山水) 2등, 인물영모(人物翎毛) 3등, 화초(花草) 4등으로 하되, 화초에 통하면 2분을 나누어 주고, 약(略)하면 1분을 나누어 주며, 인물영모는 상등으로 하되 각기 면상(面上)을 더함
도류 (道流)	금단(禁壇)을 송(誦)하고, 영보경(靈寶經)을 독(讀)하며, 연생경·태일경·옥추경·진무경·용왕경(延生經 太一經 玉樞經 眞武經 龍王經) 중 3경을 택하여 뜻을 풀이함
음악(音樂: 樂生, 樂工)	악생(樂生): 아악(雅樂) 중 삼성(三成), 등가 문무무(登歌文武舞)
	악공(樂工): 당악(唐樂), 삼진작(三眞勺), 여민락(與民樂) 등

이 표에 나타난 바와 같이 조선 초기의 지식 체계는 '문과' 응시를 위한 오경사서(五經四書) 중심의 유학(儒學)뿐만 아니라, 예조의 취재 내용과 방법에 나타나는 '역학(譯學)', '의학(醫學)', '음양학(陰陽學)', '율학(律學)', '산학(算學)', '도학(圖學)', '음악(音樂)' 등의 다양한 학문 분야가 존재했다고 볼 수 있다. 다만 이 시기의 영향력 있는 지식은 '제과(諸科)' 규정에서 확인할 수 있듯이 '문과' 중심의 유학이었음은 틀림없다. 이는 예조의 '장려(獎勵)' 규정을 통해서도 확인할 수 있는데, '종친'이나 '문신', '유생(儒生)'의 경우 지속적인 독서의 기회가 주어지지만 '의학(醫學)', '역학(譯學)' 등에 종사하는 사람은 그 분야의 지식 이외에 다른 교육을 받을 기회가 주어지지 않기 때문이다.[20]

---

20) 위의 책. 禮典, 獎勵. 291~292쪽. 예를 들어 의학생도의 경우 "醫學生徒·女醫, 提調每月考講, 女醫分數多者三人, 給料三朔, 不通多者, 生徒, 則定其司書吏, 女醫, 則其司茶母以罰之, 能通然後, 許還本業. 諸邑醫生, 觀察使巡行考講, 勸懲(의학생도·여의는 매월 고강(考講)하며, 여의는 등급을 나누어 3인으로 하고, 3개월 급료를 주며 불통이 많은 생도는 그 사서의 관리에 배정하며, 여의는 그 관청의 다모로 하여금 벌을 주어 능통한 연후에 본업에 돌아오게 한다. 제읍의 의생은 관찰사가 순행하여 고강하고 그 결과에 따라 권징한다)."라고 하였으며, "醫員, 雖不解方書, 能治瘡腫及諸惡疾, 成效最多者一人, 歲抄啓聞敍用(의원이 비록 방서를 해독하지 못하더라도 능히 종양이나 여러 질병을 치료할 능력이 있으면 그 효과가 많은 자 한 사람을 해마다 뽑아 서용(敍用)한다)."라고 하였다. 이는 체계적·계통적인 의학 교육이 이루어진 것이 아니라 기술적인 차원에서 의학 공부가 이루어지고 있음을 의미한다.

이 점에서 조선 초기의 지식 지형은 경전 중심의 유학(儒學)이 중시되었고, 이에 따라 소학부터 대학에 이르기까지의 교육과정은 유생(儒生)을 대상으로 한 것이라고 볼 수 있다. 성균관이나 각종 향교, 서원 등의 학령(學令)이나 '학교모범' 등은 이를 뒷받침하는데, 율곡(栗谷)의 '학교모범(學校模範)'의 '독서(讀書)'는 다음과 같다.

[학교모범(學校模範) '독서'21)]

謂學者旣以儒行檢身。則必須讀書講學。以明義理。然後進學功程。不迷所向矣。從師受業。學必博。問必審。思必愼。辨必明。沈潛涵泳。必期心得。每讀書時。必肅容危坐。專心致志。一書已熟。方讀一書。毋務汎覽。毋事彊記。其讀書之序。則先以小學。培其根本。次以大學及近思錄。定其規模。次讀論孟中庸五經。閒以史記及先賢性理之書。以廣意趣。以精識見。而非聖之書勿讀。無益之文勿觀。讀書之暇。時或游藝。如彈琴習射投壺等事。各有儀矩。非時勿弄。若博弈等雜戲。則不可寓目以妨實功。

배우는 자가 이미 선비의 행실로 몸가짐을 단속하고 나서는 반드시 독서와 강학(講學)으로 의리를 밝혀야 하니 그런 뒤에 학문에 나아가야 학문의 방향이 흐리지 않는 것이다. 스승에게 배우되 배움은 넓어야 하고 질문은 자세하게 해야 하며 생각은 신중하게 해야 하고 분별은 명확해야 한다. 그리하여 깊이 생각하여 반드시 마음으로 터득하기를 기약할 것이다. 언제나 글을 읽을 때는 반드시 태도를 정숙하게 하고 단정히 앉아서 마음과 생각을 한곳으로 모아 한 가지 글에 익숙해진 다음에 비로소 다른 글을 읽어야 하고 많이 보기에 힘쓰지 말아야 하고 기억하는 것만 일삼지 말아야 한다. 글 읽는 순서는 『소학』을 먼저 배워 그 근본을

---

21) 고전번역원, 『율곡집』 1, 율곡전서 권15 잡저 '학교모범', 고전번역원, 1986.

배양하고 다음에는 『대학』과 『근사록(近思錄)』으로 그 규모를 정하고, 그 다음에는 『논어』·『맹자』·『중용』과 오경(五經)을 읽고, 『사기(史記)』와 선현의 성리(性理)에 관한 책을 간간이 읽어 뜻을 넓히고 식견을 가다듬어야 할 것이다. 성인이 짓지 않은 글은 읽지 말고 보탬이 없는 글은 보지 말아야 한다. 글 읽는 여가에는 때로 기예를 즐기되 거문고 타기, 활쏘기 연습, 투호(投壺) 등의 놀이는 모두 각자의 규범을 두어 적당한 시기가 아니면 놀지 말고, 장기·바둑 등 잡희에 눈을 돌려 실제의 공부에 방해가 되게 해서는 안 된다.

'학교모범'에서 율곡은 성현의 가르침을 대략 본받아 16개 조로 된 규범을 만든다고 하였는데, 그 내용은 '입지(立志)', '검신(檢身)', '독서(讀書)', '신언(愼言)', '존심(存心)', '사친(事親)', '사사(事師)', '택우(擇友)', '거가(居家)', '접인(接人)', '응거(應擧)', '수의(守義)', '상충(尙忠)', '독경(篤敬)', '거학(居學)', '독법(讀法)'으로 구성되었다. 그 가운데 '독서'는 유생으로서 읽어야 할 책과 성격을 제시한 것으로, 『소학』, 『대학』, 『근사록』, 사서오경, 『사기』, 성현의 성리서(性理書)가 되어야 함을 나타낸 것이다. 즉 '학교모범'에 제시된 서책은 당시의 주류 지식으로서 중심적인 영향력을 행사하였으며, 당시의 지식인들이 익혀야 할 모범이 되었다.

『경국대전』에서 규정한 조선 초기의 과거나 학제는 모든 국민을 대상으로 한 것이 아니다. 보통 교육, 의무 교육 등의 개념이 존재하지 않던 조선시대 교육은 문관이 될 수 있는 소수 유생을 위한 교육기관을 제외하면, 각 지방의 향교, 서원 등이 중요한 역할을 담당한 것으로 볼 수 있다. 그러나 이들 교육기관의 교육과정도 유학(儒學)을 중심으로 한 '수신(修身)·교화(敎化)'를 중심 이데올로기로 삼고 있음을 확인할 수 있다. 비록 후대에 편집된 것이지만 신현국의 『학례유범(學禮遺範)』[22] 권1 '학궁 의절(學宮儀節)'에 수록된 다수의 '학규(學規)' 등도 조선시대의 교육과정이 '수신·교화'를 중심으로 편재되어 있음을 확인할 수 있다. 그 중 하나로 '월능육정(月能六程)'을 들 수 있는데, '월능육정'은 28수에 따라 날짜를 정하여 『역경(易經)』, 『서경(書經)』, 『시경(詩經)』, 『논어(論語)』, 『대학(大學)』, 『중용(中庸)』, 『맹자(孟子)』, 『윤송(輪誦)』(서사윤송으로 도암 이재가 지은 책)을 공부하는 교육과정이라고 할 수 있다. 그 가운데 사서(四書)의 교육과정은 다음과 같다.

[월능육정(月能六程)의 사서]

일별(28수)		논(論)/학(學)/ 용(庸)	맹(孟)
각(角)	동방 청룡	학이(學而)	양상 지견양왕장(梁上至見襄王章)
항(亢)		위정(爲政)	곡속장(觳觫章)
씨(氏)		팔일(八佾)	양하 지훼명당장(梁下 至毀明堂章)
방(房)		팔일(八佾)	탁처자장 이하(託妻子章 以下)
심(心)		공야장(公冶長)	공상지호연장(公上至浩然章)
미(尾)		옹야(雍也)	이력가인장 이하(以力假仁章 以下)
기(箕)		술이(述而)	공하지위경어제장(公下至爲卿於齊章 以下)
두(斗)	북방 현무	태백(太伯)	자제장장 이하(自齊葬章 以下)
우(牛)		자한(子罕)	등상지경계장(滕上至經界章)
여(女)		향당(鄕黨)	허행장 이하(許行章 以下)
허(虛)		선진(先進)	등하지송소국장(滕下至宋小國章)
위(危)		안연(顏淵)	재불승장 이하(載不勝章 以下)
실(室)		자로(子路)	이상지걸주실장(離上至桀紂失章)
벽(壁)		헌문(憲問)	자포자기장 이하(自暴自棄章 以下)

---

22) 이 책은 신현국(申鉉國, 1869~1949)이 편찬한 3권 1책의 석판본으로, 1964년 간행되었다. 현재 국립중앙도서관에 소장되어 있으며, 단국대학교 일본연구소 HK+사업단의 DB에도 포함되어 있다.

일별(28수)		논(論)/학(學)/ 용(庸)	맹(孟)
규(奎)	서방 백호	위령공(衛靈公)	이하지봉몽장(離下至逢蒙章)
루(婁)		계씨(季氏)	서자장 이하(西子章 以下)
위(胃)		양화(陽貨)	만상지함구몽장(萬上至咸丘蒙章)
묘(昴)		미자(微子)	요여순장 이하(堯與舜章 以下)
필(畢)		자장(子張)	만하지문우장(萬下至問友章)
자(觜)		요왈(堯曰)	문교제장 이하(問交際章 以下)
삼(參)		〈대학〉 전사장 이상(大學 傳四章 以上)	고상지부세장(告上至富歲章)
정(井)	남방 주작	전오장 지구장 (傳五章 至九章)	우산장 이하(牛山章 以下)
귀(鬼)		전십장(傳十章)	고하지순우발장(告下至淳于髡章)
류(柳)		〈중용〉 십일장 이상(十一章 以上)	오패장 이하(五霸章 以下)
성(星)		십이장 지십팔장 (十二章 至十八章)	진상지역기전치장(盡上至易其田時章)
장(張)		십구장 이십장 (十九章 二十章)	공자등동산장(孔子登東山章)
익(翼)		이십일장 지이십칠장 (廿一章 至廿七章)	진하지도묵귀양장(盡下至逃墨歸楊章)
진(軫)		이십팔장 이하 (廿八章 以下)	포루지정장이하(布縷之征章 以下)

'월능육정'은 전통적인 주류 지식이 어떻게 형성되며 전수되었는가를 극명하게 보여주는 사례라고 할 수 있는데, 그 출처는 1800년대 담와 이운상(李雲相)의 문집인 『담와집(澹窩集)』으로 알려져 있다.[23] 이 교육과정은 "이상 삼경과 사서 및 윤송(곧 천공의 서사윤송: 『서사윤송』은 도암 이재가 지은 성리학 입문서임)은 모두 168단으로 구성되었으며, 각 28단이 1격을 이루는데, 이로써 매달 30일 혹은 29일을 한달로

---

23) 이는 『학례유범』 '월능육정'의 기록에 근거한 것으로, 『담와집』의 실체에 대해서는 아직까지 확인되지 않고 있다. 다만 성산 이씨 정언공파의 설명에 따르면 『담와집』의 행장을 쓴 대계 이승희(李承熙)가 이운상의 조카임을 밝히고 있다. 이를 바탕으로 할 때, '월능육정'은 성산 이씨 집안의 수학 규정의 하나로 추정된다.

하여 1격을 암송하는 데 하루나 이틀은 여유가 있다. 아래 3격은 곧 초독의 선비가 능히 통할 수 있는 1격이며 위의 3격은 곧 기성자(記性者, 어느 정도 깨우친 자)의 1격으로 마땅히 두 달이 필요하다. 9삭을 가히 다 암송한 후 매월 날을 잡아 아침저녁으로 시험을 치르고(시험은 28서 각항 등의 문자를 쓰는 것이다) 암송하게 한다. (시험 하나는 6단으로 아침 1 저녁 1, 혹은 아침 2 저녁 2, 혹은 아침 3 저녁 3 등과 같이 그 능력에 따라 치른다.) 하루에 2단 즉 매월 2격을 더해 무릇 3개월이면 두루 깨치고 민첩하게 꿰뚫어 암송하면 하루 6단, 가히 한 달이면 통하니 이와 같이 사서삼경과 염민요어(성리학의 주요 경전)를 매 1년이면 가히 12번을 송독할 수 있다.[24]"라고 하여, 사서삼경과 성리학의 주요 경전인 '염민요어(濂閩要語)'를 일년간 12회 송독하는 원리로 운영되었다.

3.2. 조선시대 지식 지형의 변화

조선 초기 『경국대전』의 지식 체계는 조선 중기나 후기에 이르러 다소의 변화를 보인다. 이를 확인할 수 있는 자료가 영조 연간(1746) 편찬된 『속대전(續大典)』인데, 그 중 '제과(諸科)'를 살펴보면, 과거 유형이 매우 복잡해졌음을 확인할 수 있다.

『속대전』의 '제과(諸科)'는 3년에 한 번씩 치르는 '식년(式年)', 국가

---

24) 申鉉國, 『學禮遺範』, '月能六程'. 右三經四書 及輪誦「卽泉工書社輪誦」總百六十八段 每二十八段爲一格者 以一月爲三十日或二十九日月誦一格 而有一日二日之剩也. 下三格則雖初讀之十一月可通一格 至於上三格則非有記性者一格當費兩月要之. 九朔可盡誦之後 則每月逐日朝暮抽籤 「籤二十八書 角亢等字」而誦之.「一籤六段朝一暮一 或朝二暮二 或朝三暮三 隨其力」日誦二段 則每一月溫二格 凡三月 而周性敏誦慣者 日誦六段可一月 而周如是則四書三經濂閩要語 每一歲可誦 過十二周此.

의 대경(大慶)과 관련된 '증광(增廣)'이 있었으며, 별시(別試)로 '문무과 및 생원 진사 잡과'를 아울러 실시했다. '식년시'에는 '문과 초시, 복시, 전시', '생원 초시, 복시', '진사 초시, 복시'가 있으며, '증광시'는 '문과 복시, 전시', '생원 초기, 복시', '진사 복시'를 두었다. '별시(別試)'로 '문과 초시, 문과 회강(會講), 전시'가 존재하고, 증광시와 함께 치르는 '정시(庭試)'를 두어 '정시 문과 초시, 정시 문과 전시'를 치를 수 있도록 하였으며, '알성 문과(謁聖文科)', '춘당대 문과(春塘臺文科)', '문과 중시 (文科重試)', '문신정시(文臣庭試)' 등도 증광시(增廣試)와 함께 실시하도 록 규정하였다. 이밖에도 '전강(殿講)', '절목제(節目製)', '황감제(黃柑 製)', '승보(陞補)', '사학합제(四學合製)', '외방별과(外方別科)' 등 문과(文 科)와 관련한 과거 유형이 훨씬 더 늘어났다. 그러나 과거 유형이 복잡 해졌지만, 유학(儒學)을 중심으로 한 고시 과목과 방법은 큰 변화를 보이지 않은 것으로 보인다. 이는 '역과(譯科)'(초시, 복시), '의과(醫科)' (초시, 복시), '음양과'(초시, 복시), '율과'(초시, 복시)도 비슷하다.25)

그러나 시대의 변화에 따라 지식 형태가 변화하고 있음을 확인할 수 있는데, 이는 『속대전』 '취재(取才)'의 서목을 통해 알 수 있다. 앞서 살펴본 바와 같이 '취재'는 예조에 속하는 각 관청의 인력을 충원하는 방식인데, 『속대전』에서는 "제학(諸學) 취재(取才) 시, 본조(禮曹) 당상 관이 특별한 사정이 있을 경우, 해당 원의 제조(提調)와 본조(禮曹)의 낭관(郎官)이 취재하며, 해당 원의 제조가 유고 시, 본조 당상관과 해당 원의 낭관이 취재하고, 낭관이 없는 곳으로 제조가 유고 시에는 본조 당상관과 낭관이 취재한다."26)라고 하여, 예조가 각 관청에서 필요로

25) 한국학문헌연구소, 『속대전』, 아세아문화사, 1973, 189~220쪽.
26) 위의 책, 238쪽.

하는 인력을 충원하고 있음을 밝히고 있다. 이때 밝힌 '취재' 과목은 『경국대전』과 유사하나, 시대의 변화에 따라 취재 과목과 방법상의 변화를 보인 것이 많다. 이를 표로 나타내면 다음과 같다.

[『속대전』의 취재(取才)27)]

분야	속대전	변화상('경국대전과 비교)
의학(醫學)	纂圖脉·銅人經[背誦], 直指方·本草[이상 大典에서 볼 수 있음], 素問·東垣十書·醫學正傳[新增 이상 臨文], 그 밖에 여러 책은 지금은 폐지하였음(其餘諸書今廢). 침자의는 의학 취재와 같이 취재하고 여러 서적은 지금은 폐지함(針灸醫, 同入醫學取才, 而諸書, 今廢)	지속: 찬도맥, 동인경, 직지방, 본초 신증: 소문, 동원십서, 의학정전
한학(漢學)	朴通事·老乞大[大典에 보임], 伍倫全備[新增 이상 背誦], 四書·二經·通鑑[大典에 보임, 臨文], 直解小學 今廢.	지속: 박통사, 노걸대 신증: 오륜전비
몽학(蒙學)	蒙語老乞大[大典에 보임], 捷解蒙語[新增 幷 寫字], 文語[新增 飜答], 其餘諸書, 今廢.	지속: 몽어노걸대 신증: 첩해몽어
왜학(倭學)	捷解新語[寫字], 文語[飜答 以上 新增], 原典所載諸書, 今並廢.	지속 없음 신증: 첩해신어, 문어
여진학 (女眞學)	(淸學으로 명칭 변경) 八歲兒[大典에 보임], 淸語老乞大·三譯總解[新增 以上 幷 寫字], 文語[新增 飜答] 其餘諸書, 今廢.	지속: 팔세아 신증: 청어노걸대, 삼역총해, 문어
천문학 (天文學)	天文類聚[背誦], 天文·儀象·曆法·晷漏·曆引[臨文], 時憲法·七政籌[以上 新增]	지속 없음 신증: 천문유취, 천문, 의상, 역법, 귀루, 역인
지리학 (地理學)	靑烏經·錦囊經[背誦], 明山論·胡舜申·洞林照膽[臨文, 大典에 보임] 其餘諸書, 今廢.	지속: 청오경, 금낭경, 명산론, 호순곤, 동림조등
명과학 (命課學)	袁天綱[背誦], 範圍數·應天歌·徐子平[臨文, 大典에 보임]. 其餘諸書, 今廢.	지속: 원천강, 범위수, 응천가, 서자평
율학 (律學)	大明律[背誦], 無冤錄·經國大典[臨文, 大典에 보임], 其餘諸書, 今廢.	지속: 대명률, 무원록, 경국대전
산학 (筭學)		언급 없음
도학 (圖學: 畫員)		대전과 동일
도류(道流)		언급 없음
음악(音樂: 樂生, 樂工)		대전과 동일

---

27) 위의 책, 238~239쪽.

이 표에서 확인할 수 있듯이, 『속대전』의 '잡과 취재'는 '산학(算學)' 과 '도류(道流)'를 제외한 다른 분야는 『경국대전』과 동일하다. 그러나 취재 내용에 해당하는 서목(書目)은 『경국대전』에 비해 훨씬 간략해졌 는데, 그 이유를 추론하기는 쉽지 않다. 그런데 주목할 점은 새로 추가 된 '서목'이 다수 존재한다는 점이다. 예를 들어 '의학'의 경우 『소문 (素問)』, 『동원십서(東垣十書)』, 『의학정전(醫學正傳)』 등이 있고, 한학(漢 學)의 경우 『오륜전비(五倫全備)』가 있다. 이처럼 신증(新增)된 서적은 조선 중기 이후 편찬된 책으로 조선 전기에 비해 해당 분야의 지식 형태가 변화되었을 가능성을 보여주는 책들로 볼 수 있다. 예를 들어 역학서(譯學書) 가운데 '노걸대', '박통사' 등이 대표적인데, 청학(淸學, 경국대전의 女眞學) 교재로 신증된 『청어노걸대(淸語老乞大)』는 1680년부 터 1765년 사이에 사역원에서 간행한 것으로 알려져 있다.

이러한 맥락에서 조선시대의 지식 변화는 『경국대전』으로부터 『속 대전』에 이르기까지 심각한 변화가 존재했던 것으로 보이지 않는다. 그럼에도 조선 후기 이후 근대에 이르기까지 내적 지식 축적이나 서 학(西學)의 유입 등과 같은 요인에 따라 점진적인 지형 변화를 보였음 은 틀림없다. 특히 16세기 이후 점진적으로 증가한 서양 지식은 이른 바 '실학파'를 중심으로 점차 확산되기 시작했으며, 18세기 중엽 성호 이익의 『성호사설』, 19세기 이규경의 『오주연문장전산고』, 최한기의 『인정』 등과 같이 점진적인 지식 지형의 변화를 가져온다.[28] 이러한 요인은 학문관(지식관)에도 일정한 변화를 가져오는데, 그 한 예로 최 한기의 '실학'을 들 수 있다.

---

28) 김경남, 「근현대 한국의 지식 유통 상황」, 『한국 근현대 지식 유통 과정과 학문 형성·발전』, 경진출판, 2019, 103~119쪽.

[허무학과 성실학(虛無誠實學)29)]

自古流 傳 之學 有虛無誠實 願學虛無者 不知其虛無之無實效有妄誕 反以爲 無上大道 將焉用哉. 人生於世 自有所當行之人道 自修齊至治平 承順運化 爲 誠實之學 得之於身 而身有榮焉. 教之於人 而人有惠焉 不學此無以爲人 學此 自有無窮之用 天下之人 盡學誠實 可致泰平 而猶恐一人之不學 天下人盡學 虛無人無以生活 勢不得已 去虛無而趨誠實耳. 誠實之中 未盡其宜者 或有淺 陋固滯之學 是當磨琢遷改 虛無之中 或有得其實者 雖虛無 行有實事於此可 見誠實之不可廢也.

예로부터 전해오는 학문에는 허무한 것과 성실한 것이 있다. 허무를 배우기를 원하는 사람은 그 허무가 아무 실효도 없이 망령되고 허탄한 것임을 모르고 오히려 그것을 무상대도로 여기니, 장차 무슨 소용이 있겠는가. 사람이 세상을 살아가는 데는 마땅히 행해야 할 인도가 있으니, 수신 제가로부터 치국 평천하에 이르기까지 운화에 승순하는 것이 성실한 학문으로 이것을 몸에 얻으면 몸이 영예로워지고 남을 가르치면 남에게 혜택이 있게 된다. 이것을 배우지 않고서는 사람이 될 수 없고 이것을 배우면 스스로 무궁한 용도가 있다. 천하 사람이 모두 성실을 배우면 태평을 이룰 수 있으니 오히려 한 사람이라도 배우지 않을까 염려해야 한다. 만약 천하 사람이 모두 허무를 배운다면 사람이 살아갈 도리가 없게 될 것이므로 부득이 허무를 버리고 성실로 돌아와야 할 것이다. 성실한 학문 가운데도 그 본령을 얻지 못한 경우는 혹시 저속하거나 융통성 없는 학문이 되기도 하니, 이런 경우는 마땅히 탁마하여 고치도록 해야 할 것이다. 허무한 학문 가운데도 혹 실다움을 얻을 경우는 그 학문은 비록 허무하더라도 행동에는 실다운 점이 있기도 하니, 여기에서 성

---

29) 민족문화추진회, 『국역 인정 II 교인문』, 민족문화문고, 1977, 자료 24쪽, 번역문 59~60쪽.

실한 학문은 폐기할 수 없음을 알 수 있다.

최한기가 '허무학'과 '성실학'을 구분하고자 했던 이유는 '융통성 있는 학문'의 가치를 인식했기 때문이다. 성실한 학문은 수신·제가· 치국·평천하에 필요한 학문이며, 자신을 영예롭게 하고 남에게 혜택을 주는 융통성 있는 학문이다. 이는 근대 이전의 지식 체계가 실질적인 학문보다 허무학에 치우쳐 있다는 자기반성에서 비롯된 언술이며, 『인정』 '교인문2'의 '학문의 조목'은 이를 좀 더 구체적으로 뒷받침한다.

[학문의 조목(學問條目)[30]]
自古言敎言學之人 不翅萬千 各擧功夫切要條目繁茂 主於心者十之七八 主於物者一二. 而心與物互明者少 統天下之心與物者尤少. 自拘束自偏滯多 惟此神氣運化 通物我達上下 千萬變化 盡入範圍 古人之言敎言學 擧此而究之 皆可悉其歸趣 又可測歷代學問沿革.
예부터 가르침과 배움에 대해 말한 사람은 천 명 만 명이 아니라, 각기 공부의 절실하고 중요한 조목을 든 것이 매우 많은데, 마음을 주로 한 것이 열에 일곱 여덟이며, 사물을 주로 한 것은 한 둘에 그친다. 마음과 사물을 겸하여 밝힌 사람은 적으며 천하의 마음과 사물을 통합하여 말한 사람은 더욱 적고, 스스로 구속하거나 스스로 치우치고 정체된 것들이 많다. 오직 이 신기의 운화는 물아(物我)와 상하(上下)를 통달하여, 천변만화가 모두 그 범위 안에 들어가게 된다. 그러므로 옛 사람의 가르침과 배움에 대한 말도 이것을 들어 연구하면 그 귀취(歸趣)를 알게 되

---

30) 민족문화추진회, 『국역 인정 II 교인문』, 민족문화문고, 1977, 자료 28쪽, 번역문 68~69쪽.

고 또 역대 학문의 연혁도 헤아려 볼 수 있다.

　최한기의 '학문 조목'은 기존의 학문이 사물 관찰보다 마음을 밝히는 데 중점을 두고 있었음을 전제로 '신기운화(神氣運化)'가 마음과 사물을 통달하고 천변만화를 이해할 수 있는 조목임을 강조하기 위한 글이다. 여기서 '마음'과 '사물'의 관계는 앞의 '허무'와 '성실'과 같은 대립 관계를 갖는다. 즉 근대 이전의 학문이 마음에 중점을 두었다면, 성실학으로서의 학문은 마음뿐만 아니라 사물의 천변만화를 통달할 수 있어야 한다는 것이다. 물론 최한기는 허무학뿐만 아니라 성실학이나 그가 주장하는 운화학에도 폐단이 있다고 하였다.[31] 그러나 마음과 사물을 겸하여 밝히지 않는 허무학을 비판하고, 성실학과 운화학을 추구해야 한다는 주장을 펼친 것은 지식관이 변화하고 있음을 의미하며, 이 변화는 점진적으로 지식 지형의 변화를 유발하는 동기가 될 수 있을 것이다. 다만 지식 지형의 변화 요인이 특정 시대와 사회 내부의 자연스러운 지적 성장뿐만 아니라 외부 요인에 의해 활발해질 수 있다는 점에서, 조선 후기의 급격한 지형 변화 모습을 찾기는 쉽지 않다. 이 점에서 급격한 지식 지형 변화는 개항 이후인 1880년대 외부와의 교류에 따른 요인이 훨씬 크게 작용했음을 확인할 수 있다.

---

31) 민족문화추진회, 『국역 인정 II 교인문』, 민족문화문고, 1977, 자료 111쪽, 번역문 238쪽. "一切學問莫不有斃 虛無學之斃 馳騖於無準之地 其斃難救 誠實學之斃 漸篤於自縛束之境 其斃難解 運化學之斃 在於違越 而敎斃至易.(모든 학문에 폐단이 없는 것은 없다. 허무학의 폐단은 기준이 없는 곳으로 나아가므로 그 폐단을 구하기 어렵고, 성실학의 폐단은 스스로 속박하는 경지에 이르므로 그 폐단을 풀기 어렵다. 운화학의 폐단은 어긋나고 벗어나는 데 있어 그 폐단을 고치는 것이 쉽다.)"라고 하여 허무학과 성실학보다 운화학이 필요함을 역설하였다.

4. 근대 지식 지형의 형성과 변화 연구

4.1. 근대 지식 지형 형성 과정과 교육

지식 지형의 변화에서 역사 용어로서 '근대'는 그 자체로서 중요한 의미를 갖는다. 역사 용어로서 '근대'란 "근세 이후 형성된 과학적 지식, 경제적 상호 의존, 인문주의, 민주주의, 민족주의, 세계주의를 특징으로 하는 시대"[32]라고 할 수 있다. 학문적 차원에서 '근대'의 개념이나 한국 학문사에서의 근대 기점, '근대'와 '현대'를 합쳐 '근현대'로 사용하는 문제 등은 여러 가지 논쟁이 있을 수 있으나, 한국사의 경우 개항 이후 과학적 지식이 급증하고 군민 공치(君民共治), 남녀 동등권 등이 제기되면서 본격적으로 근대적인 이데올로기가 확산되고 있음은 부정할 수 없다. 그렇기 때문에 한국 근현대 학문 형성사를 주제로 한 허재영 외(2019)에서는 1880년대를 기점으로 '근대'와 '현대'를 묶어 한국 학문 형성 과정을 살피고 있다.[33]

근대에 이르러 국민 전체를 대상으로 하는 학제의 도입과 보통교육 개념 수용은 지식 형성의 근대성이라는 차원에서 중요한 의미를 갖는다.

근대식 학교와 학제의 출현은 1881년 조사시찰단의 문부성 시찰을

---

32) 허재영, 「근현대 학문론과 계몽운동 연구의 대상과 방법」, 『한국 근현대 지식 유통 과정과 학문 형성·발전』, 경진출판, 2019, 20~21쪽. 이 책은 한국학중앙연구원의 '근대 총서 개발' 프로젝트의 산물로, 필자를 포함하여 3명이 저술한 성과물이다. 따라서 본고에서도 이 책에서 규정한 근현대의 개념을 그대로 사용한다.

33) 허재영 외, 위의 책 참고; 『근대 계몽기 지식 개념의 수용과 그 변용』, 소명출판, 2005; 이화여자대학교 한국문화연구원, 『근대 계몽기 지식의 발견과 사유 지평의 확대』, 소명출판, 2006; 이화여자대학교 한국문화연구원, 『근대 계몽기 지식의 굴절과 현실적 심화』, 소명출판, 2007. 이 세 연구 성과물도 '근대 계몽기'를 1880년대 전후로 판단하고 있다.

비롯하여, 영선사로 중국에 파견되었던 김윤식의 견문 등이 중요한 계기가 되었던 것으로 보인다. 예를 들어 조사(朝使)의 한 사람이었던 조준영은 문부성을 시찰하고 그 결과물로『문부성소할목록(文部省所轄目錄)』을 제출하였다.34) 이 보고서에는 '문부성', '대학 법리문 3학부', '대학 예비문', '대학 의학부', '사범학교', '여자 사범학교', '외국어학교', '체조 전습소', '도서관 규칙', '교육 박물관', '학사회원 규칙' 등 그 당시 일본의 교육 제도 전반이 소개되었다. 비슷한 맥락에서 김윤식의『음청사』속의 중국 견문 기록에서도 그 당시 중국의 서학서(西學書) 유통을 비롯하여, 학교 시찰 기록이 나타나는데 이는 근대식 학교 제도가 도입되는 초기의 모습이라고 할 수 있다. 그 중 '수사학당' 관련 기록을 살펴보자.

[『음청사(陰晴史)의 학교 시찰 기록35)]

高宗 十八年 辛巳 十二月 初十日. 晴. 吳觀察來訪 約二點鍾回謝. 吳觀察管水師學堂 學堂之規 選取十三歲以上 二十歲以下聰明有氣力 曾讀過二三經者入學 午前學習西文西語 午後學習漢文 各有敎習之師 學生兼治算術 第二三年則 以算學爲要領 而中西海道 星辰部位等項 又在兼習之例 第四五年 換以弧三角 重學 微積 御風 測量 躔疇 等諸法. 進境精詣 則帆禮 槍礮 水雷輪機理要 與格致化學 壹疊學 中有關水師者 均可在堂 洋文正敎習 循序指環 以期日起有功 學生入堂 隔日傍晚洋文敎習 帶學堂外倣外國水師操法 排列整齊 訓練 步伐 並令練習手足藉壯筋力 並訓練槍礮 至第五年期滿後 至第五年 隨同外國練船敎習 早晚上學堂 前樣船學 操帆纜諸事 五年期滿後 洋文正

34) 홍성준 외,『지식 생산의 기반과 메커니즘』'부록', 경진출판, 2019.
35) 金允植,『陰晴史』, 國史編纂委員會.

敎習 並各生所造淺深 按名程請 中堂詳加校考後 送上練船出洋 歷練風濤沙
線 及海上行軍布陣諸事 畢業後 應請量材器 便其最爲翹楚者 派赴泰西 益求
精密 以備大用. 此續定天津水師學堂章程.

오 관찰사가 내방하여 약 두 시간 정도 후 사례하고 돌아갔다. 오 관찰사
는 수사학당을 관리하는데 학당의 규칙은 13세 이상 20세 이하 총명하
고 기력 있는 자로 일찍이 두 세 가지 경전을 읽을 자를 선발하여 입학하
게 하고, 오전에는 서양 문자와 언어를 학습하며 오후에는 한문을 학습
하도록 한다. 각자 교습하는 데 스승이 있어 학생과 함께 산술을 배우게
한다. 제2~3년은 산학을 중시하며 중서의 해도, 성진 부위(星辰部位)
등과 아울러 학습 예를 익히게 한다. 제4~5년은 호삼각(弧三角), 중학
(重學), 미적(微積), 어풍(御風), 측량(測量), 전구(躔晷) 등의 여러 가지
방법을 배우며, 좀 더 정예한 지경에 이르면 범례(帆禮), 창포(槍礮),
수뢰(水雷), 윤기이요(輪機理要)와 격치화학(格致化學), 일루학(壹疉
學) 등을 배운다. 수사(水師)와 관련이 있는 자를 당에 고루 두게 하고,
서양문을 바로 교습하며 지환(指環, 일종의 교육과정)에 따라 날짜를
기약하여 효과를 거두게 하고, 당에 입학한 학생은 격일로 저녁에 서양
문을 교습하고 학당 밖에서 외국의 수사조법(水師操法), 배열(排列), 정
제(整齊), 훈련(訓練), 보벌(步伐)과 팔다리를 강건하게 하는 연습 및
창포(槍礮) 훈련을 하도록 한다. 제5년에 이르러 외국 배 훈련 교습법에
따라 아침저녁으로 학당에 가서 양선학(樣船學)을 배우고, 범람(帆纜)
과 관련된 제반 사항을 조련한다. 5년 만기 후 서양문을 바르게 교습하
며 각 생도의 능력에 따라 과정을 요청하여 중당이 시험을 본 뒤, 배에
태워 출양(出洋)하여 풍도 사선(風濤沙線) 및 해상 행군포진(行軍布陣)
을 연습하게 하고, 업을 마친 뒤 재능과 기예에 따라 가장 뛰어난 자는
태서(泰西)에 파견하여 더욱 정밀한 것을 배움으로써 크게 쓰일 수 있도

록 준비한다. 이것이 천진의 수사학당(水師學堂) 장정(章程)이다.

'수사학당(水師學堂)'은 수사(水師) 즉 수군 양성을 위한 중국의 근대식 학교이다. 김윤식이 목도한 '장정(章程)'에 따르면 수사학당은 "산학(算學), 해도(海道), 성진(星辰), 호삼각(弧三角), 중학(重學), 미적(微積), 어풍(御風), 측량(測量), 전구(躔璆), 범례(帆禮), 창포(槍礮), 수뢰(水雷), 윤기이요(輪機理要), 격치화학(格致化學), 일루학(壹壘學)" 등의 수사(水師)에 필요한 학문과 훈련뿐만 아니라 '양문(洋文)·양어(洋語)' 등 서양의 언어와 문자 학습 등을 기반으로 하는 학교였다. 특히 1년부터 5년, 그리고 졸업 후의 교육과정을 제시함으로써 근대식 학교로서의 체제를 갖춘 학당이었음을 알 수 있다. 이뿐만 아니라 『음청사』에는 복건성(福建省)에 설립했던 학당(學堂)에 대해서도 소개하고 있는데, 이 학당에서도 한문(漢文)뿐만 아니라 양문 교습(洋文敎習)에 힘썼음을 알 수 있다.

1880년대 근대식 학교 제도에 대한 지식은 정관응(鄭觀應)의 『이언(易言)』을 언해한 『이언언해(易言諺解)』(1883), 『한성순보』 제5호 '태서농학교(泰西農學校)'(1883.12.9), 제15호 '각국학업소향(各國學業所向)'(1884.3.18) 등에서도 비교적 자세히 소개되고 있다. 특히 '각국학업소향'에서는 '보로사국(普魯士國, 프러시아)'을 기준으로 '소학교, 양어학교, 사범학교, 중학교, 공업학교, 건축학교, 광산학교, 농업학교, 수의학교, 대학교' 제도를 소개하고 있는데, 그 중 소학교의 교과목으로 "1. 독서(讀書), 2. 습자(習字), 3. 지리서계제(地理書階梯)[입문], 4. 일이만사기(日耳曼史記: 독일 역사), 5. 가감승제(加減乘除), 6. 보통지리서(普通地理書), 7. 세계 각국 사기(史記), 8. 분수술(分數術), 9. 비례술(比例術), 10. 급수(級數)" 등이 존재함으로 밝힌 것은, 이 시기 전국민을 대상으로 한 보통교육이 중요함을 소개한 자료로 평가된다. 이뿐만 아니라 제26호의 '일본 직공학교 규칙'(1884.7.3), 제32호 '태서각국 소학교(泰西各國小學校)'(1884.8.31) 등도 이 시기 외국의 학제를 소개한 자료들이며, 『한성주보』 제1호(1886.1.25)부터 제3호(1886.2.15)까지 연재된 '논학정(論學政)'은 근대식 교육제도를 상세히 소개한 논설이다.

이 맥락에서 1880년대 한국 사회에서 근대식 학교 설립에 따른 근대 지식의 형성 과정을 살펴볼 수 있는데, 김윤식이 환국(還國)하여 설립한 '동문학(同文學)', '원산학사(元山學舍)', '육영공원(育英公院)' 등의 근대식 학교가 이를 대표한다. 이들 학교의 경우 근대식 교과(敎科)를 두고, 그에 합당한 교육을 실시하고자 한 노력이 보이는데, 그 과정은 근대 지식 형성 과정과 밀접한 관련을 맺는다. 다만 한국 근대 교육사에서 본격적인 학제는 갑오개혁 이후인 1885년 '한성사범학교령', '소학교령'에 이르러 실행되었는데, 이는 그 당시 일본과 중국에 비해 뒤쳐진 때였다. 그럼에도 사범학교와 소학교의 교과 설정이나 해당 교과를 뒷받침하기 위한 교재 개발 등은 근대 지식 형성 과정에서 주목해야 할 현상이라고 할 수 있다.

4.2. 근대 지식 지형의 변화와 교육

근대의 지식 지형은 근대 이전에 비해 체계적이고 다양하다. 특히 1880년대 서양 학문이 소개가 본격적으로 이루어지면서, 한국 사회에서도 근대의 학문 내용과 연구 방법 등이 알려지기 시작했는데, 그 중 하나로 1883년 『이언언해』 권2의 '론고시 부론양학(論考試附論洋學)'을 들 수 있다. 이 논설에서는 포르투갈, 그리스, 미국 등 다양한 국가의 학제뿐만 아니라 학업 내용을 소개했는데, 미국 대학원의 경우

'경서 배우는 학', '법 배우는 학', '기예 배우는 학', '의술 배우는 학'이 존재하며, '법학', '지학', '격치학' 등의 학문이 무엇을 배우는지에 대해서도 설명하고 있다.

[『이언언해』 권2 '론고시 부론양학' 중36)]

태셔 각국에 학교 졔도를 솗히건디 대강 셔로 ᄀᆺ투디 포국 [나라 일홈]이 더옥 분명히 ᄀᆺ쵸와시니 그 학당을 향곡으로븟허 셩즁과 고을과 왕도의 다 각각 층졀이 이시니 ᄋᆞ히 처음으로 빈호ᄂᆞ 향슉 [향촌 학교 일홈]을 각쳐의 셜시ᄒᆞ야 디방관이 경비를 연름ᄒᆞ야 마련ᄒᆞ고 국즁의 남녀를 무론 귀쳔ᄒᆞ고 칠팔셰로븟허 시작ᄒᆞ야 다 학교에 드러 십오셰의 니르면 쇼셩이 되ᄂᆞ니 향학에 부비ᄂᆞ 미인이 칠일을 한ᄒᆞ고 ᄒᆞ본남 [셔양국 은 일홈]을 닉고 셩학의 부비ᄂᆞ 미월의 ᄒᆞ 희랍 [셔양국 은 일홈이니 즁국 은즈 한 돈 륙칠 분 가량이라]을 닉디 만일 혹 부족ᄒᆞ거든 디방관이 연름ᄒᆞ야 보용ᄒᆞ게 ᄒᆞ며 대학원의 니르러ᄂᆞ 학업이 번다ᄒᆞ고 소즁ᄒᆞ니 과연 능히 학력이 뎌당ᄒᆞ염즉ᄒᆞ고 빈호기를 원ᄒᆞᄂᆞ 쟈ᄂᆞ 그 빈호기를 허ᄒᆞ디 원즁 부비ᄂᆞ ᄉᆞ계 삭의 십오 희림식 닉ᄂᆞ디 지나지 아니ᄒᆞ며, <u>미국 사름</u>은 빈부 무론ᄒᆞ고 다 나려 셔관에 드러가 글을 닑으디 그 경비ᄂᆞ 방셰 젼즁의셔 미 빅의 열 량식 셰여 쓰며 학을 ᄎᆞ례로 난호와 렵등ᄒᆞ지 못ᄒᆞ게 ᄒᆞ며 (…중략…) 대학원에 쟝원 [원 일을 쥬쟝ᄒᆞᄂᆞ 관원]은 반드시 명망이 츌즁ᄒᆞ고 지식이 겸비ᄒᆞᆫ 재라야 바야흐로 이 소임을 담당ᄒᆞ고 원 즁에 온ᄀᆞᆺ 셔칙이며 졔도 규모와 긔물이 ᄒᆞ나토 ᄀᆺ쵸지 아니미 업스니 하나혼 경셔 빈호ᄂᆞ 학이오, 둘혼 법 빈호ᄂᆞ 학이오, 셰혼 기예 빈호ᄂᆞ 학이오, 네혼 의슐 빈호ᄂᆞ 학이니, 경학이란 쟈ᄂᆞ 그 가르치

---

36) 홍윤표 해제, 『易言合本』, 홍문각, 1992.

는 중의 일을 의론ᄒ민고로 더 의론ᄒ지 아니ᄒ며, 법학이란 쟈는 고금 졍ᄉ의 리해와 ᄀᆺ고 다른 거슬 샹고ᄒ야 엇지ᄒ면 가감ᄒ며 ᄯᅩ 외국에 ᄉ신 가미 엇지ᄒ면 말슴을 닥그며 혹 통샹ᄒᄂᆞᆫ ᄉ뮈 나라 법례에 관계 ᄒ 쟈를 ᄌ셰히 토론ᄒ 연후의 아문의 드러가 춰지 보와 간틱ᄒ야 ᄡ기 를 듸후ᄒ고 지학이란 쟈는 격치지학의 셩리 문ᄌ와 언어 등ᄉ를 겸ᄒ 미오, 의학이란 쟈는 여섯 가지 과목을 분븨ᄒ야 몬져 격치지학으로 사 름의 젼신과 ᄂᆡ외에 모든 위츠를 일통으로 사획ᄒ고 버거는 경락과 표 리의 공효를 의론ᄒ고 버거는 병 근원의 약직를 비합ᄒ믈 의론ᄒ고 버 거는 슈틱ᄒ고 히산ᄒ며 련졉ᄒ야 싱기는 거슬 의론ᄒ미니 반ᄃ시 샹고 ᄒ야 쌀 거시오

이 논설에 따르면 근대 학문으로서 '법학'은 "고금 정사의 이해"를 목표로 하는 학문으로 "외국에 사신으로 가서 어떻게 하면 의사소통 을 하고 통상하는 사무와 법례에 관련된 것을 토론하는 학문"으로 규정되었고, '지학'은 "격치학의 성리 문자와 언어 등을 포함하여 공 부하는 학문", '의학'은 "여섯 가지 과목을 분배하여 격치학으로 사람 의 전신과 내외의 모든 위치를 하나로 조사 관찰하고 다음으로 경락 과 표리의 공효를 의론하며, 병의 근원과 약재 배합, 수태, 해산, 연접 등을 연구하는 학문"으로 규정된다. 그밖에 '산학', '역학', '화학', '바 다를 타는 학' 등 다양한 학문이 등장하는데, 이러한 학문명과 학과 내용은 근대 이전에는 볼 수 없었던 것들이다.

또 하나 이 시기 근대의 학문 체계를 가장 잘 보여주는 적절한 사례 로는 『한성주보』 제1~3호(1886.1.25~3.15) '논학정(論學政)'의 학제와 학 과명이다. 이를 살펴보면 다음과 같다.

[논학정(論學政)의 학제와 학과명]

ㄱ. 학제

학교급	비고
소학교(小學校)	소학교(小學校)는 여정(閭正) 사이에 설립하는데 그 교육의 내용은 보통적인 것이다. 즉 모든 백성들이 보통적인 도움을 받을 수 있다는 뜻이다. 토지(土地)의 넓이와 호구(戶口)의 번성에 따라 한 고장에 하나 또는 두세 개의 학교를 설립하기도 한다. 남녀 귀천을 막론하고, 5세에서 13세까지 모두 취학(就學)하게 하며, 특별한 사고가 없는 한 감히 회피하거나 그만 둘 수 없다. 소학교에 입학할 나이를 학령(學齡)이라고 한다.
중학교(中學校)	중학교(中學校)는 부현(府縣)에 각각 2~3개를 설립하는데 14세 이상으로 소학교의 과정을 수료한 자를 취학시킨다. 또한 농학(農學), 공학(工學), 상학(商學), 어학(語學) 등의 학교가 있는데, 각기 한 가지씩을 전문으로 연구하여 생리(生利)에 도움을 주게 한다.
대학교(大學校)	대학교(大學校)는 국도(國都)에 설립한다. 여기에는 이학(理學), 법학(法學), 의학(醫學), 병학(兵學) 등 제과(諸科)가 있고 그 생도는 총명하고 재능이 있어 치국경세(治國經世)에 뜻을 둔 사람들이다.

ㄴ. 대표적인 학과명

학교	학과
구주 소학교 (歐洲小學校) 14문	학문(學文), 습자(習字), 가감승제(加減乘除), 지리 초보(地理初步), 세계 지략(世界誌略), 물리 초보(物理初步), 본국 약사(本國史略), 각국 약사(各國史略), 비례산(比例算), 이식산(利息筭), 급수산(級數算), 인의학 초보(仁義學初步), 농상공 등학 대의(農工商等學大意), 화학 대의(畵學大意)
일본 직공학교 (구주 제도 모방)	일학년 8문: 대수학(代數學), 대수용법(代數用法), 기하학(幾何學), 삼각술(三角術), 물리학(物理學), 화학(化學), 화학(畵學), 화법 기하학(畵法幾何學) 3학년 화학공예 8문: 무기화학(無機化學), 유기화학(有機化學), 분석화학(分析化學), 응용화학(應用化學), 중학(重學), 화학(畵學), 직공 경제학(職工經濟學), 부기학(簿記學), 실지 강습(實地講習), 수신학(修身學) 3학년 기계 공예 13문: 수학(數學), 물질 강약론(物質强弱論), 수조 공구론(手操工具論), 기교 공구론(機巧工具論), 발동기론(發動機論), 중학(重學), 화학(畵學), 제조소용 기계론(製造所用器械論), 공장용도(工場用圖), 직공 경제학(職工經濟學), 부기학(簿記學), 수신학(修身學), 실지 강습(實地講習)

이 논설에서는 유럽의 '소학교, 중학교, 대학교' 제도와 소학교의 기초 과목, 유럽의 제도를 모방한 일본 직공학교의 학과명을 소개하고 있는데, 이들 학과명은 근대 이전과는 큰 차이를 보인다. '가감승제', '물리초보', '비례산', '이식산', '급수산', '화학대의' 등은 명칭 면

에서도 근대 이전에는 찾아보기 힘든 학과이다. 더욱이 일본 직공학교의 학과명은 대부분 그 내용이 근대 이전과는 판이하게 다른 편제를 보인다. 이는 근대 이전과 근대의 학문 체계가 그만큼 다르고, 이에 따라 지식의 지형도 큰 변화를 보이고 있음을 의미한다.

이 흐름에서 유길준(1895)의 『서유견문』은 근대의 학문 분야를 비교적 상세히 소개했다는 점에서 지식 지형의 변화를 파악하는 데 중요한 의미를 지닌다. 이 책의 제13편 '태서 학문의 내력'은 서양 학문의 유래와 내용을 정리한 장인데, 그 가운데 '학업하는 조목'은 학문 분과를 의미하는 것으로 볼 수 있다. 이에 따르면 '농학, 의학, 산학, 천문학, 지리학, 병학' 등과 같은 학문은 그 당시에도 생소한 학문이라고 할 수 없으나, '정치학, 법률학, 격물학, 화학, 철학, 광물학, 식물학, 동물학, 인신학(人身學), 박고학(博古學), 언어학, 기계학, 종교학' 등은 근대 이후 서양 학문을 기반으로 형성된 학문이라고 할 수 있다. 그렇기 때문에 이 시기 『독립신문』, 『황성신문』, 『제국신문』 등에서 이들 학문 분야의 내용과 특성을 소개하고자 한 논설이 빈번히 등장한다. 이들 논설을 살펴보면,[37] 갑오개혁 이후 근대식 학제의 도입, 학부의 교과서 편찬, 유학생 파견, 근대 신문과 잡지 발행 등의 지적 활동을 통해 전근대와는 달리 근대의 학문을 '신학문(新學問)' 또는 '새 학문'

---

37) 예를 들어 『제국신문』 1900년 5월 26일자 '론설'에서 "대뎌 학문이란 것은 달은 것이 아니라 세상에 무삼 일이던지 무삼 물건이던지 그 일에 근본과 그 물건의 리치를 주세히 아는 것이 학문이라. 이제 학문의 종류로 말홀지경이면 가량 텬문학 디리학 의학 화학 텰학 긔계학 농학 산학 건축학 광산학 허다훈 학문을 이로 말홀 슈 업거니와 우선 사름이란 것은 싱물학에 든 것이라. 대뎌 싱물학으로 론ᄒ건대 싱물학 중에 셰 가지 등분이 잇스니 첫지는 동물학이니 쉼젹거리는 물건이니 곳 금슈요 둘지는 초목이오 셋지는 금셕동류라." 라고 한 것도 그 중의 하나이다. 이 시기에 이르러 학문의 본질이 '근본 이치를 탐구하는 것'으로 이해되기 시작했고, 학문의 종류가 근대 이전의 '천문, 지리'와 같은 유서(類書) 분류를 벗어나 인문, 사회, 자연 현상 전반에 걸친 연구로 확대되고 있음을 보여준다.

이라고 부르고, 학문의 목적이 '사물의 이치 탐구'에 있음을 자각하기 시작한 것으로 보인다. 그 경향은 근현대 신문과 잡지(학회보) 등을 통해 확인할 수 있다.[38]

5. 결론

교육과정 또는 교육 내용을 근거로 한 지식 지형의 변화 연구에서 근대 이전부터 현대에 이르기까지 체계적인 연구 방법을 제시하는 일은 쉬운 일이 아니다. 지식 지형의 형성과 변화는 각 시대별, 사회별로 다양한 요인이 작용하며, 이를 확인할 수 있는 자료를 한정하는 일도 쉽지 않다. 그럼에도 각 시대와 사회에는 그 사회가 중시하는 지식, 또는 사회적 영향력이 강한 지식이 존재하는가 하면 단순히 존재하는 지식도 있다. 이는 디트리히 슈바니츠가 『교양: 사람이 알아야 할 모든 것』(민성기·윤순식·조우호 옮김, 들녘)이라는 책에서 유럽의 역사와 문학, 미술과 음악의 역사, 철학, 언어, 서적 등을 다양하게 논하면서도 '사람이 알아서는 안 되는 것', '읽어야 할 책과 읽지 말아야 할 책' 등이 존재함을 강조한 이유와도 비슷하다.

한 사회의 주류 지식은 그 사회에서 중요한 영향력을 행사하며, 그 지식 자체와 그 지식에 종사하는 사람들과 관련한 일정한 경향이나 특징을 형성하며, 그것을 일컬어 지식 지형이라고 부를 수 있다. 지표면이나 지질 등이 꾸준히 변화하듯이 지식의 지형도 그 자체로

---

38) 김경남, 「한국 근현대 학문의 장: 신문」, 『한국 근현대 지식 유통 과정과 학문 형성·발전』, 경진출판, 2019, 249~374쪽.

고정된 것이 아니라 지속적인 변화를 보인다. 물론 변화의 속도가 급격한지 아니면 점진적으로 일어나는 것인지는 지식 지형에 미치는 다양한 요인에 의해 달라질 것이다.

영향력 관계에 따라 주류 지식과 단순 지식을 구별하는 문제 또한 결코 쉽지 않다. 그러나 적어도 교육의 사회 유지 기능을 고려한다면, 한 사회에서 가르치고 전수하고자 하는 교육 내용 또는 그와 관련된 교육 제도와 체계, 즉 교육과정은 브루너의 지적이 아니더라도 주류 지식과 비주류 지식을 구별하는 표지가 될 수 있다. 따라서 이 글은 '지식의 구조', '교과', '학과', '학문 분야와 체계' 등의 개념을 바탕으로 지식 지형의 형성과 변화를 어떻게 연구할 수 있는지 살펴보고자 하는 데 주안점을 두었다. '지식의 구조와 학문 체계'는 특정 시대와 사회에 존재하는 지식, 그 가운데 중요하게 전수해야 할 지식이 어떤 것인지 구별하는 표지가 된다. 다만 근대 이전의 사회와 근대 이후의 사회는 그 성격이 판이하게 다르기 때문에 공통된 연구 방법을 적용하는 것이 쉽지 않다. 보통교육이나 학제 개념이 존재하지 않던 조선 초기의 지식 지형 연구와 근대식 학제가 도입된 이후의 지식 지형 탐구는 연구 대상이나 자료, 분석 방법 등을 달리해야 할 것이다. 조선 초기 『경국대전』의 과거제에 주목한 까닭도 여기에 있다. 모든 사람이 과거에 응시할 수 있었던 것은 아니지만, 문과 응시 자격을 갖고 있는 사람이나 잡과 응시 자격을 갖고 있는 사람 모두 해당 분야의 지식과 경험 습득은 필수적이다. 다만 응시 자격과 분야의 사회적 영향력에 따라 주류 지식인지 아니면 비주류 지식인지가 구별될 것이다. 또한 주류 지식 종사자들의 영향 관계, 즉 훈구파와 사림파, 서원과 향교 등을 통해 형성된 지식인 집단의 지형도 등도 지식 지형의 중요한 연구 대상이 될 것이다. 그뿐만 아니라 각 시대의 교육 내용을 담고 있는 교재 분석도 지식 지형의 주요 연구 방법이 될 수 있다. 예를 들어 조선 시대 소학교육 교재로 활용되었던 다양한 '문자 학습서'나 '소학류', '격몽류(擊蒙類)' 서적들의 내용상 특징을 분석할 경우 그 시대와 사회의 지식 지형을 이해하는 방법이 될 수 있고, 이들 서적의 분포와 내용 변화를 통해 지식 지형의 변화 모습을 추정해 갈 수 있다. 이와 같은 문제는 본 연구팀이 지속적으로 추적해 갈 과제에 해당된다.

참 고 문 헌

가영희, 『교과교육론』, 동문선, 2011.

고전번역원, 『율곡집』 1, 고전번역원, 1986.

구가 가쓰토시 지음, 김성민 옮김, 『지식의 분류사』, 한국출판마케팅연구소, 2009.

김경남, 「근현대 한국의 지식 유통 상황」, 『한국 근현대 지식 유통 과정과 학문 형성·발전』, 경진출판, 2019.

김경남, 「지식의 유형과 지식 지형에 대한 인문학적 연구 방법론」, 『지식의 변화와 지형』, 경진출판, 2019.

金允植, 『陰晴史』, 國史編纂委員會, 1883.

김춘기, 『서양교육사』, 문헌사, 1995.

김필동, 『지식 변동의 사회사』, 문학과지성사, 2003.

디트리히 슈바니츠 지음, 민성기·윤순식·조우호 옮김, 『교양: 사람이 알아야 할 모든 것』, 들녘, 2007.

민족문화추진화, 『국역 오주연문장전산고』, 민족문화문고, 1986.

민족문화추진회, 『국역 성호사설』, 민족문화문고, 1977.

민족문화추진회, 『국역 인정 II 교인문』, 민족문화문고, 1977.

박치완, 「글로컬 시대가 요구하는 지식의 새로운 지형도」, 『철학논집』 38, 서강대학교 철학연구소, 2014.

신현국, 『학례유범』, 간행지 미상(석인본), 1964.

예성호, 「중국의 한국학 지식 지형도 연구」, 『중국학연구회 학술발표회』, 중국학연구회, 2017.

유옥겸, 『간명교육학』, 우문관, 1908.

이성호, 『교육과정 개발의 원리』, 학지사, 2008.

이응백, 『국어교육사연구』, 신구문화사, 1975.

이홍우, 『지식의 구조와 교과』, 교육과학사, 2006.

이화여자대학교 한국문화연구원, 『근대 계몽기 지식 개념의 수용과 그 변용』, 소명출판, 2005.

이화여자대학교 한국문화연구원, 『근대 계몽기 지식의 발견과 사유 지평의 확대』, 소명출판, 2006.

이화여자대학교 한국문화연구원, 『근대 계몽기 지식의 굴절과 현실적 심화』, 소명출판, 2007.

임용한, 『조선전기 관리등용제도 연구』, 혜안, 2008.

한국학문헌연구소 편, 『經國大典』 卷3, 아세아문화사, 1983.

한국학문헌연구소, 『속대전』, 아세아문화사, 1973.

허재영, 『국어과 교재 이해와 교과서의 역사』, 경진출판, 2013.

허재영, 「근현대 학문론과 계몽운동 연구의 대상과 방법」, 『한국 근현대 지식 유통 과정과 학문 형성·발전』, 경진출판, 2019.

홍성준 외, 『지식 생산의 기반과 메커니즘』 '부록', 경진출판, 2019.

홍윤표 해제, 『易言合本』, 홍문각, 1992.

지식 체계의 유입과 그 수용의 조건

: 가톨릭의 전교 역사와 동아시아의 가톨릭 수용을 중심으로

김세종

1. 서론

이 글은 하나의 지식 체계가 이방(異邦) 지역으로 전달·유입되는 역사적 현상 안에서 이방 지역에서 그 지식 체계를 수용하게 하는 내부적·외부적 조건들에 대해 검토함으로써 지식 체계 유입에 따른 그 수용의 일반적 매커니즘을 도출하는 데에 목적을 둔다. 특히 서구 유럽의 오랜 역사에서 문화적 기층의 한 축을 이루고 있는 가톨릭이 중국 중심의 동아시아에 유입된 16세기의 사건을 중점 검토함으로서 이 글의 목적을 달성하고자 한다.

가톨릭의 시초는 중동 지역의 오래된 유대 전통 위에서 예수라는 특징 인물을 통해 새로운 종교 형태로 출현, 정착한 소규모의 지역 사상이다. 그러나 그것이 소멸되지 않고 그리스문화와 로마문화를

흡수하면서 자생력을 갖추고 국가 권력과 결탁하여 이용되거나 보호받으면서 문화적·종교적·학문적 지배력을 확장하여 현재에 이르기까지 존속했고, 또 그것은 이제 세계의 주류 종교 중 하나로 정착했다.

그러나 가톨릭은 역사상 몇 차례(7세기 네리우스파의 중국 전파, 16세기 예수회 선교사들의 중국 입국)의 중국 전파 노력에도 불구하고 중국 및 동아시아 사회에서 주류 종교가 되지 못했다. 이러한 점에 착안하여 이 글에서는 가톨릭이 동아시아 사회에 정착하지 못했던 원인이 무엇인가를 밝혀보는 데에 목적을 두고서, 세부적으로 다음의 두 가지 주제를 검토하여 문제의식을 해명하고자 한다.

첫째, 가톨릭 전교의 일반적 특징과 그것의 역사적 제양상은 어떠한가.
둘째, 가톨릭의 동아시아 전파와 동아시아의 가톨릭 수용 양상은 어떠한 경과를 거쳤는가.

이 두 가지 세부 주제를 검토함으로써 결과적으로 이 글에서 목적하는, 지식 체계의 한 형태로서의 종교 지식(교리) 혹은 사상이 특정의 이방 지역에 전파될 때 이방 지역에서 그 지식 체계의 수용 여부에는 어떠한 조건들이 영향을 미치는가를 도출하고자 한다.

이 주제의 연구 방법은 논의를 진행하는 과정에서 도출될 수 있는데, 먼저 가톨릭 교리가 확립되고 전파되는 역사적 양상을 검토함으로써 종교 지식의 전파와 수용 양상에서 검증되어야 할 조건들이 성립될 수 있다. 예를 들어 가톨릭이 유럽에 정착하는 과정에서 유럽 내에 일어난 양상을 정치제도적, 신앙적, 지식체계적 측면 등으로 검토함으로써 유의미한 전환점이 도출될 것이고, 이러한 측면들은 언어·문자, 교리와 의례, 조직과 문화 등의 측면으로 분류되어 정리될 수 있을 것이다. 이러한 분류는 가톨릭 전교의 역사를 객관적으로 논증하는 세부 요건들이며, 이러한 요건들은 그대로 16세기에 이루어진 가톨릭의 중국 전교 양상을 점검하는 도구적 틀로 활용될 것이다. 이를 통해 이 글이 목적하고 있는 지식 수용의 조건 도출이 타당성을 획득하게 된다면 이는 지식 수용의 일반적 상황과 그것을 검증하는 보편적 틀의 하나로 확장될 수 있을 것으로 기대한다.

2. 초기 가톨릭의 유럽 전파

가톨릭의 역사는 예수 그리스도를 기점으로 구약과 신약의 시대로 구분된다. 구약시대의 중심은 유대 민족의 역사로 대표되고, 신약이 아무리 구약과 다른 종교관을 형성했다 하더라도 그 뿌리는 유대민족의 구약에 두고 있음은 부정할 수 없는 사실이다. 그런 점에서 구약 유대의 전통은 신약 가톨릭의 출발선과도 같은 역할을 하는데, 유대의 전통은 토라(Tora)라는 율법을 매우 중시하는 데에 기초한다. 유대 민족에게 토라는 개인과 개인 간의 윤리 문제는 물론 민족적 범주에 이르기까지 유대민족의 가치관과 세계관, 윤리관 등을 형성하며 그들의 정체성을 형성한 토대가 되는데, 이것이 민족 운영의 담론이 된다는 점에서 그것은 오늘날의 언어로 '정치 담론'의 성격을 갖는 것도 사실이다. 즉 특정 문화권이 가진 규율은 그것 자체로 정치적 담론을 형성한다. 그런 점에서 종교는 그것이 민족적 범주에 머물든 세계적 보편성을 획득하든, 고대의 것이든 현대의 것이든 현실 정치와 밀접한 연관을 가질 수밖에 없고, 그런 점에서 지식과 권력의 밀접한 연관성을 내포한다.

가톨릭의 전교 역사를 그 초기에서부터 보면 크게 두 가지의 전교 방식을 취한다. 하나는 왕으로부터 백성들에게 이르는, 이른바 top-down(하향) 방식이 그 하나이고, 백성들로부터 시작되어 지배층과 왕에게 이르는 bottom-up(상향) 방식이 다른 하나이다. 이 두 가지 방식의 상정은 사실 대부분의 종교와 문화 전파의 일반적인 형태인데, 두 방식 중 어느 한 가지 방식만으로 특정 문화와 종교가 전파·정착되긴 어렵고 두 방식이 상황에 따라 취사선택되면서 문화는 전파되고 정착된다.

가톨릭의 전교 역사도 비슷한 상황을 노정한다. 그러나 가톨릭이 초기에 전파되고 정착된 유럽의 상황에서 bottom-up(상향) 방식은 가톨릭 수도자와 신자들의 자선사업의 형태로만 나타나고, 조금 더 다양한 상황과 맥락을 반영한 확실한 전교는 대개 top-down(하향) 방식 하에 여러 분야의 영향 관계로 확산된다.

특징적인 것은, 초기 가톨릭 교단의 자선사업은 당시로서는 대단한 것이었다는 점이다. 특히 교단이 형성되고 전파되기 시작한 상황에서 가톨릭의 자선사업은 당시 노예나 가난한 사람들, 과부나 고아 등 하층민에게 열렬한 환영을 받았다. 이러한 정황은 초기 가톨릭 교단에 매우 적대적이었던 황제 율리아누스(361~363년 재위)의 다음 말에서도 잘 드러난다. "자기네들 가운데 가난한 사람들뿐만 아니라 다른 종교의 신자 중에서도 가난한 사람들을 돌보기 때문에 기독교를 물리치고 전통 종교를 복원하기가 어렵다."[1] 사실, 자선사업은 가톨릭 교리의 핵심에서 비롯된 것이기 때문에 가톨릭 전교의 역사에서 가톨릭

---

1) 마이클 콜린스·매튜 A. 프라이스 지음, 김승철 옮김, 『사진과 그림으로 보는 기독교 역사』, 시공사, 2001, 11쪽 인용.

은 어느 지역에 전파되든지 가장 먼저 다양한 형태의 자선사업을 시행했고, 그것은 그 지역 피지배층에게 현실적인 도움으로 이어져 가톨릭 교리를 현실화하여 포교하는 전형적인 방식이자 낯선 백성들의 지지를 끌어내는 기폭제가 되기도 했다. 그러나 앞서 말한 바와 같이, 자선사업이라는 bottom-up(상향) 방식의 전교는 피지배층에게는 환대받는 것이었을지 몰라도 지배층의 추방 결단에 의해 가톨릭 교단은 언제라도 퇴출될 수 있는 것이었기 때문에 전교와 정착의 결정적 방법이 되진 못했다. 따라서 가톨릭의 전교와 정착에 있어 중요한 방식은 지배층에 의한 인가(認可), 즉 top-down(하향) 방식의 전교가 절대적으로 중요했고, 그러한 방식으로 가톨릭을 수용한 민족과 국가에서는 다양한 분야에서 가톨릭의 문화 형태를 수용했고, 그것은 종교적·문화적·제도적·현실적 개혁으로 이어져 유럽 문화의 큰 줄기를 형성했다.

top-down(하향) 방식은 매우 다양한 분야에서 논의될 수 있는데, 이러한 모든 분야를 선행하는 top-down(하향) 방식의 의미는 왕이 인정한 종교와 교단이 그 영토 내에서 자유롭게 종교 활동을 할 수 있었다는 점을 전제한다. 종교활동의 자유는 종교 전파와 정착의 가장 중요한 전제이다. 이러한 전제 하에서 가톨릭이 전파되어 영향을 미친 구체적인 분야를 논의할 수 있을 것이다.

가톨릭을 수용하여 국가적 문화 개혁을 달성한 대표적인 예시는 로마의 콘스탄티누스 대제(306~337년 재위)를 꼽을 수 있다. 그는 동서로 나뉜 가톨릭 판도에서 서방의 황제였는데 동과 서를 모두 아우름과 동시에 동방의 콘스탄티노플에 황제의 수도를 정하면서 새로운 개혁정책을 수립했다. 그 내용은 가톨릭을 국가의 공식 종교로 지정함과 동시에 가톨릭 주교들에게 당시 로마의 원로원에 해당하는 지위를 부여하여 국가적 지위를 인정했으며, 각종 미신과 이교의 신을 신봉하던 의례를 가톨릭 의례로 바꿈과 동시에 의례가 집전되는 일요일을 공휴일로 만들었고, 성서 발행을 적극 후원하는 한편 화폐에도 가톨릭 상징을 넣었다. 게다가 국가 운영의 법률에도 가톨릭적인 관념을 첨가함으로써 명실공히 가톨릭 국가로의 개혁을 추진했고[2] 이러한 시도는 유럽에서 가톨릭이 국가적으로 정착하게 된 좋은 모범이 되었다.[3] 이상의 예에서 보는 바와 같이 top-down 방식의 가톨릭 수용은 그 속도와 범위 면에서 매우 빠르고 넓은 영향력을 갖는다. 이 글에서는 가톨릭 의례 집전과 성서 번역에 관계된 언어와 문자, 종교 의례의 확립, 교리의 통일(이단과의 논쟁), 조직 체계 설립, 달력 제정, 음악과 미술, 법률, 교육과 문화 등의 분야에서 가톨릭이 유럽 사회에 정착하여 영향력을 획득하는 과정을 살펴볼 것이다.

2.1. 언어와 문자: 가톨릭 의례 집전과 성서 번역

유대민족의 역사에서 바빌론 포로기[4]에 그들의 일상 언어는 아람

---

2) 마이클 콜린스·매튜 A. 프라이스 지음, 위의 책, 77쪽 발췌 인용. 가톨릭의 사상을 법률에 깊이 반영한 인물로 역사상 기억해야 하는 황제는 유스티니아누스 1세(527~565년 재위)이다. 그는 국가로부터 독립된 교회의 권위를 인정하지 않고 국가의 일부로서 교회를 인정하면서 교회를 적극 후원했다. 그는 가톨릭 정통주의자였는데, 백성들의 문화와 의식에 기독교적 정서를 반영하기 위해 새로운 법률 제정을 추구했다. 이때 제정된 『유스티니아누스 법전』은 현재에도 유럽 법률의 기초가 되고 있다. 유스티니아누스 정치 권력의 비호 아래에서 교회는 동방 세계에서 큰 영향력을 발휘할 수 있었다.

3) 마이클 콜린스·매튜 A. 프라이스 지음, 위의 책, 49쪽 참고. 역사상 첫 번째로 기독교 왕국을 세운 것은 황제 티리다테스 3세였다. 그는 원래 교회를 박해했는데 301년 조명자 성 그레고리우스(257~332년경)가 아르메니아로 가서 황제를 설득하여 가톨릭을 수용하게 만들었다. 그 후 왕은 백성들에게 가톨릭 신앙을 장려하여 백성들이 집단적으로 개종했고, 이 사건은 가톨릭이 한 나라의 공식 종교로 수용된 첫 번째 사건이다.

4) BC 587년 유대 왕국이 멸망하고 시드기야왕을 비롯한 유대인이 바빌로니아의 수도 바빌론

어가 널리 사용되고 있었는데 이는 당시 중동 지역에서 가장 많이 사용되었던 언어였고, 이후 예수 활동 당시에도 팔레스타인 지역의 일상 언어였다. 따라서 기원전 3세기 경 유대민족의 스승들은 아람어로 구약성서를 주해했으며, 종교 의례에서는 그들 전통의 히브리어와 함께 아람어를 사용하여 보다 많은 사람들을 유대교 안에 두었다. 이후 유명한 정복자 알렉산더 대제(마케도니아의 왕, BC336~BC323년 재위)가 등장하여 그리스의 문화와 철학 및 언어 등을 그의 광활한 정복지 곳곳으로 전파했다. 즉 알렉산더의 정복지에는 그리스 문명이 짙게 남게 되어 이른바 동방의 그리스화(헬라화, hellenization)가 진행되었다. 그에 따라 알렉산더 사후 100년 경에는 고대 세계에서 수 세기 동안 학문의 중심지였던 알렉산드리아에서 70인의 유대인들이 히브리어로 기록된 구약성서를 그리스어로 번역했다. 이것이 유명한 '70인 역 성서(Septuaginta)'의 성립이다. 당시의 그리스어는 미묘한 의미를 정확하게 표현할 수 있었기 때문에 이후 유대인 스승들은 히브리 성서의 다소 불분명한 기록을 '70인 역 성서'를 이용하여 이해할 수 있었고, 훗날 신약성서의 저자들 역시 구약의 내용을 인용할 때 '70인 역 성서'를 활용했다.5)

에 포로로 잡혀간 때로부터 BC 538년에 바빌로니아를 정복한 페르시아 제국의 키루스 2세(고레스II)에 의해 해방될 때까지 약 50년의 기간. 나라를 잃고 지독한 포로 생활을 했던 이 경험으로 말미암아 유대인들은 민족 정체성 보존의 열망이 일었고, 유대 신앙을 강화함과 동시에 민족의 해방을 이끌 메시아에 대한 희망이 일어났다. 역사적인 이 사건을 기점으로 종교로서의 유대교와 민족으로서의 유대인이라는 정체성이 역사적으로 확립되었다고 본다.

5) 마이클 콜린스·매튜 A. 프라이스 지음, 김승철 옮김, 앞의 책, 20쪽. 참고로, 알렉산더 대왕의 정복 이전인 기원전 5세기경 널리 쓰였던 고전 그리스어는 알렉산더가 정복한 여러 나라 사람들이 편리하게 쓸 수 있도록 코이네(koine)라는 방언으로 단순화되었다. 이 공통어는 초창기 기독교 선교사들이 여러 민족이나 계급에게 복음을 널리 전하는 데 큰 도움이 되었다.

성서 번역은 초기 가톨릭에서 선교의 중요한 사업이었다. 성서의 기원은 아래와 같이 설명된다.

원래 '성서(bible)'라는 말은 책이라는 뜻의 그리스어 비블리온(biblion)에서 파생되었고, 이 말은 다시 '파피루스'를 의미하는 비블로스(biblos)로부터 비롯되었다. 파피루스 나무의 줄기로 만들어진 두루마리는 고대 히브리인들의 문서로 이용되었다. 기원전 2~3세기에 히브리 성서는 그리스어로 번역되었다('70인 역 성서'). 히브리 성서가 토라(율법)와 예언서와 문서들로 삼분되었던 것은 대략 기원전 164년의 일이었다. 두 종류의 구약성서는 예수 시대에도 읽히고 있었다. 예수가 죽은 후 그의 가르침과 바울의 설교 기록들이 다른 무엇보다도 문헌의 큰 부분을 차지하였다. 사람들은 이것을 수집하고 복사해서 나누어 가졌지만 150년경 이단자 마르키온에 의해서 목록화되었다. 여러 교회 지도자들은 이에 맞서서 나름대로 성서의 목록을 작성하였다. 367년 39번째 연례 부활절 편지에서 아타나시우스는 27권의 책이 신약성서에 포함되어야 한다고 주장하였다. 그것만이 신빙성 있으며 하느님의 영감을 받은 것이라는 이유에서였다. 정경으로 결정된 목록과도 일치하는 아타나시우스의 성서 목록은 히에로니무스의 조언을 받아서 382년 로마 공의회에서 교황 다마수스가 확정하였고 397년 카르타고 공의회에서도 다시 한 번 확인하였다. 이 두 공의회는 또한 구약성서도 정경으로 인정하였고 구약성서 외경도 포함시켰다. 초기의 그 어떤 일반 공의회도 이러한 사실을 공표해야 할 필요성을 느끼지는 못했던 것이다.[6]

---

6) 마이클 콜린스·매튜 A. 프라이스 지음, 김승철 옮김, 위의 책, 61쪽.

이러한 내용에 의하면 성서는 고대 사회의 다른 경전들(플라톤의 대화록, 『논어』·『맹자』 등의 춘추전국시대의 문헌, 불교의 초기 경전 등)과 마찬가지로 설교와 어록으로 구성되어 있으며, 교단의 정체성을 형성하는 본질이 된다. 따라서 성서는 선교를 위한 필수 요건이면서 그것이 선교의 귀결이기 때문에 성서 번역은 기독교 선교에서 매우 중요한 것이었고, 경우에 따라서는 선교를 위한 성서 번역의 과정에서 특정 지역의 언어에 맞는 문자와 문법 등이 창제되어 선교 지역 문화 발전의 토대를 형성하기도 했다.

성서 번역의 대표적인 예시를 들면, 앞서 언급한 내용 외에 신학자 히에로니무스는 교황의 명령을 받아 히브리 성서와 그리스 성서를 당시의 보통 사람들의 일상 언어인 라틴어로 번역했다. 이 성서를 '불가타 성서'라고 부르는데 라틴어 '불가타(vulgata)'가 '일상'이라는 뜻이기 때문이었다.

이 외에도 '고트족의 사도'라고 불린 선교사 울필라스(311~383년경)에 의해 가톨릭으로 개종한 호전적인 고트족은 가톨릭 문화를 접하기 전에는 북유럽에 살던 야만족이었는데 울필라스가 고딕 문자를 만들어 성서를 번역함으로써 비로소 문자를 가지게 되었다.[7]

또 9세기 샤를마뉴의 재위 기간에는 모든 문화가 수도원에 의해 존속되었는데, 아헨의 황궁에 소속되어 있던 알퀸과 그의 제자들에 의해 카롤링거 소문자라고 알려진 새로운 문자가 개발되었다. 이 문자는 비율을 고르게 맞추어 깨끗한 문서 작성을 가능하게 했고, 이후 서유럽의 많은 사람들, 특히 수도원에서 흔하게 사용되었다.

이와 같이 가톨릭의 전파에서 성서의 번역은 가장 중요한 과제였으

---

7) 마이클 콜린스·매튜 A. 프라이스 지음, 김승철 옮김, 위의 책, 78쪽.

며, 선교사들의 학구적인 노력 덕분에 문자조차 가지지 못했던 변방의 국가와 민족들이 문자를 갖게 되고 성서를 통해 율법과 윤리의식, 역사관과 종교관을 갖고 초기 문화민족의 면모를 갖출 수 있게 되었다. 이러한 노력은 초기 가톨릭에서만이 아니라 중세 이후 오늘날까지 선교의 가장 큰 과제이자 모든 종교 전파의 일반적인 형태이다.

2.2. 교리의 통일과 종교 의례의 확립

교단의 성립에서 중요한 것은 교단 자체의 내부 규율과 함께 성서에 토대를 둔 교리의 확립일 것이다. 가톨릭의 긴 역사에서도 교리의 성립과 관련해서 몇 사람의 대표적인 인물들을 꼽을 수 있다. 첫째는 클레멘스(150~215년경)이다. 그는 당대 지식과 학문의 중심지 알렉산드리아에 설립된 교리 문답 학교의 교장이었는데, 그리스 철학에 정통한 자신의 지적 성취를 바탕으로 가톨릭 교도가 아닌 사람들도 존중하며 인정할 수밖에 없을 만큼의 깊은 신학적 이해와 정교한 이론을 세워 가톨릭 철학의 정초를 마련했다. 그에게 있어 지식과 신앙은 결코 대립적이지 않았다. 두 번째 인물로는 신학자 오리게네스(185~254년)이다. 그는 성서 주석 작업에 몰두했고, 그렇게 쌓은 신학적 지식을 많은 설교를 통해 쏟아 내었다. 특히 플라톤 철학에 조예가 깊어 그것을 이용하여 성서의 모든 구절에서 영적인 의미를 찾아 밝혔다. 이 두 사람의 신학자에 의해 초기 가톨릭 교단은 신학적·철학적으로 깊이 있는 교리 체계를 세울 수 있었다.[8]

---

8) 클레멘스와 오리게네스에 관해서는 마이클 콜린스·매튜 A. 프라이스 지음, 김승철 옮김, 위의 책, 52쪽 참고.

한편 초기 가톨릭 교단에서 제기되어 큰 논란이 되었고, 교단의 분파를 일으킨 가장 유명한 논쟁은 삼위일체 논쟁이다. 대략 아래와 같이 요약된다.

319년, 교회는 심각한 위협을 느끼고 있었다. 이집트의 알렉산드리아에서 리비아 출신의 사제 아리우스(256~336년)가 삼위일체(하느님과 예수와 성령의 관계)에 대한 정통 교회의 가르침과 모순되는 주장들을 하기 시작한 것이다. 그는 이렇게 주장하였다. "아버지가 아들을 낳았다면 태어난 자는 존재하기 시작한 때가 있을 것이다. 따라서 아들이 존재하지 않았던 시기가 있다는 사실을 알 수 있다." 여기서 그리스도의 참된 신성은 부인되었다. 하느님은 무(無)로부터 그리스도를 창조하였다. 알렉산드리아의 주교는 이 사제의 입을 막고자 했지만, 아리우스는 망명을 떠나서도 왜곡된 가르침을 중단하지 않았다. 정통 가톨릭인들과 아리우스주의자들 사이에 갖가지 폭력이 발생하는 가운데 신학은 계속 발전하였다. 아리우스와 그의 지지자들에게 가장 만만치 않은 도전자는 신학자 아타나시우스(293~374년경)였다. 그의 사후 그를 따른 일군의 신학자들이 그리스어 "실체"와 "위격"을 구분하였다. 아버지와 아들은 하나의 실체라는 점에서 동일하지만, 두 개의 위격이란 측면에서 상이성을 지닌다고 보았던 것이다. 381년 황제 테오도시우스는 주교들을 콘스탄티노플에 소집하여 공의회를 개최하였고 이렇게 태어난 새 고백은 니케아 신조라고 명명되어 오늘날에도 교회에서 사용되고 있다. 그러나 공의회는 아리우스 논쟁을 완전히 해결하지 못하였다.

4~5세기 교회에는 여러 이단 사상들이 있었다. 당시에는 예수에 관해 두 가지 극단적인 견해가 피력되고 있었다. 그리스도의 인간성을 극단적으로 강조하는 의견과 그리스도의 신성을 극단적으로 강조하는 의견

이었다. 이러한 이단적 가르침들이 횡행하게 되자 431년 에페소스 공의회가 소집되었다. 사제 네스토리우스는 그리스도 안에 하느님이면서 인간인 하나의 위격이 있다는 정통적 견해와는 달리 그리스도 안에 두 가지 위격이 있다고 주장하였다. 또한 네스토리우스는 예수의 어머니 마리아를 인간 예수의 어머니라면 모를까, "하느님의 어머니"라고 부를 수는 없다고 하였다. 에페소스 공의회가 네스토리우스의 주장을 정죄하자 그는 상부 이집트로 망명의 길을 떠났다.[9]

아리우스와 네스토리우스의 주장을 인정할 수 없었던 가톨릭 정통 교단은 위의 서술에서와 같이 이 두 집단을 이단으로 몰아 정통의 범주에서 제외시켰다. 아리우스와 네스토리우스의 주장은 사실 초기 가톨릭 교단이 그리스 철학을 흡수하고 그 위에서 교리를 확립시키는 과정에서 거의 필수적으로 등장할 수밖에 없었던 문제의식이라고 보인다. 왜냐하면 그리스 철학에서 만물은 하나이면서 둘 혹은 셋일 수 없었기 때문이다. 따라서 하느님의 아들이면서 하느님이라고 선언된 예수의 존재는 그가 하느님과 완전히 동일한가 아니면 유사한 정도까지인가의 문제부터 난제가 되었고, 특히 예수의 신성(신격)과 인성(인격)이 모두 긍정될 수 있는 상황에서 충분히 제기될 수 있었던 문제였다. 그러나 정통 교회는 예수의 신성을 인정함으로써 그 이외의 논의는 모두 배제했고, 이단자들로 규정된 신학자들은 정통 교단의 이론적 설명에 동의하지 못한 채 자신들의 주장을 고수하면서 유럽의 변방으로 이동하여 교단을 유지했다. 이러한 과정은 교단 자체의 역사로 보면 아픈 기억일 수 있지만 교리를 이론적으로 발달시켜

---

9) 마이클 콜린스·매튜 A. 프라이스 지음, 김승철 옮김, 위의 책, 60~62쪽 발췌 인용.

완비하는 계기가 되었다는 점에서는 긍정적인 면도 있다.

삼위일체의 논쟁 외에 하나의 중요한 논쟁을 더 소개하면 아래와 같다.

> 가톨릭 역사상 가장 중요한 인물 가운데 하나인 히포의 주교 성 아우구스티누스(354~430년)는 가톨릭 세계에서 가장 영향력 있는 인물이었다. 그가 주교가 된 후 부딪쳤던 두 가지 이단은 도나티스트들과 펠라기우스였다. 특히 브리튼의 수도승 펠라기우스(420년경 사망)는 사람들에게 자기 자신을 의지하라는 교리를 폈다. 이것은 사람이 자력으로 하늘나라에 갈 수 있다고 함으로써 사람의 인격을 하느님의 의지로부터 분리시키는 듯이 보였다. 아우구스티누스는 기독교인들이 받은 모든 것은 선, 혹은 하느님의 은혜로부터 말미암는다고 주장하면서 펠라기우스에게 맞섰다. 그는 은혜는 세상에 있는 수많은 악에 직면해서 꼭 필요하며, 인간은 근본적으로 죄를 지을 성향이 있다고 보았다. 예수의 삶과 죽음, 그리고 부활 속에 나타난 하느님의 은혜가 없다면 인간은 악한 일만을 반복할 뿐이며 선을 행할 수 없다는 것이 아우구스티누스의 주장이었다.[10]

아우구스티누스 역시 교리 내에서 제기될 수 있는 문제에 대응하여 가톨릭의 교리를 확립함으로써 교단의 정체성을 확립하는 데에 기여했고, 그 공로는 후대에까지 전승되었다. 이상과 같이 몇 차례의 공의회를 통해 교리상 제기되는 논쟁을 정리하여 교리를 확정했다는 사실은 내부적 결속을 도모하고 교리의 정통과 이단을 판정할 수 있는 교리의 권위가 성립되었음을 보여주는 것이다. 또한 교리의 통일

---

10) 마이클 콜린스·매튜 A. 프라이스 지음, 김승철 옮김, 위의 책, 68~69쪽 발췌 인용.

은 가톨릭 교단의 사회적 신임과 현실 세계에서의 권위를 확립할 수 있는 이론적·내부적 요건이 어느 정도 갖추어졌음을 의미하는 것이었다.

한편 가톨릭 교리의 통일 시도에 이어 종교적 의례와 절차에서도 일정하게 제정된 규범적 형태를 형성하려는 노력이 일어났는데, 특히 종교적 의례의 확립은 교리의 통일 몇 세기 이후 샤를르 대제에 의해 달성되었다. 샤를르 대제(샤를마뉴, 768~814년 재위)는 문화와 법률의 측면에서 유럽 역사에 가장 큰 영향을 끼친 인물인데, 그는 깊은 신앙을 가진 가톨릭인으로서 재위 기간에 서부 유럽 거의 전역을 지배하면서 대부분의 백성들을 가톨릭으로 개종시켰다. 특히 그는 800년 크리스마스에 교황에 의해 신성 로마 제국의 황제로 등극하여 서방 세계에 광대한 영향력을 획득했고, 그러한 절대적인 권한으로 과감한 정책을 시행했다. 그의 가톨릭 정책은 아래와 같이 설명된다.

샤를마뉴는 제국 내의 모든 백성들이 하나의 언어로 예배 드리기를 바랐다. 로마와의 교분에서 깊은 영향을 받은 샤를마뉴는 781년 교황 아드리아누스에게 성만찬과 모든 예전의 기도문을 실은 『성례전집』을 달라고 요청하였다. 그리고 그는 어떤 경우든지 의식을 라틴어로 집례하라고 명령하였다. 이것은 서방 유럽 교회를 통일하기 위한 중요한 사건이었다. 사실 4세기의 콘스탄티누스가 그러했듯이, 샤를마뉴도 세력을 하나로 결집시키는 데 종교가 어떻게 이용될 수 있는지를 잘 알고 있었다. 비신앙인을 기독교로 개종시키는 데에는 무력이 자주 동원되었다.11)

---

11) 마이클 콜린스·매튜 A. 프라이스 지음, 김승철 옮김, 위의 책, 90쪽.

위의 서술이 보여주듯이 샤를마뉴는 강력한 황제 권력을 통해 전 백성의 가톨릭화를 추구했다. 그러나 그것은 구원의 확대라는 종교적인 순수함에서가 아니라 세속 권력의 결집과 유지를 위해 가톨릭이라는 종교를 이용하려는 정치적 목적에서였다. 그래서 무력을 동원해서라도 제국의 백성들을 하나의 종교 안에 붙잡아두어야 했고, 그러한 결과로서 얻게 되는 세속 권력으로 교회를 뒷받침함으로써 상부상조의 형식을 보여주었다. 이로써 보건대 비록 8세기의 케이스이지만 종교는 그 순수성과는 상관없이 정치적 목적으로 이용되어 세속 권력을 획득·유지하는 데에 일정한 역할을 할 수 있었고, 이는 세속 권력만이 아니라 종교 자체도 세속 권력과 결탁함으로써 현실 세계에 영향력을 갖고 존속할 수 있었음을 보여준다. 가톨릭 교단 전체의 역사가 세속 권력과의 결탁으로 점철된 것은 아니지만 세속 권력과 일정한 관계 유지는 교단 자체의 존속에 큰 고려요소였음을 가톨릭의 역사는, 샤를르 대제의 역사는 보여주고 있다.

2.3. 조직 체계의 설립과 교육·문화 담당

가톨릭은 예수 생존 당시부터 유대 전통 세력과 로마의 통치자들로부터 어느 정도의 견제를 받았고, 예수 사후 가톨릭 집단이 형성되어 가던 초기에는 정치 권력으로부터 박해와 환대 및 무관심을 번갈아 겪었다. 그러다가 본격적으로 현실 정치 권력과의 관계를 형성하기 시작한 것은 유명한 콘스탄티누스 대제의 재위 시기라고 하겠다. 대국을 운영하면서 조직 관리의 특성과 위계 질서의 중요성을 깨달은 콘스탄티누스는 교회 조직 역시 로마의 행정 조직과 유사한 위계 질서로 만들고자 했다. 그는 지역적으로 교회를 구분하여 교구를 만들고, 각 교구마다 한 명의 주교를 배치하여 관할·관장하도록 했다. 특히 주교들에게 원로원에 해당하는 지위를 부여함으로써 교단의 조직을 준행정조직화했다. 이러한 조직화 덕분에 훗날 이민족의 잦은 침략으로 행정 체계가 자주 무너졌던 시기에 사람들은 주교를 찾아가 행정적 도움을 요청하기도 했다. 이는 교회와 교단, 주교가 국가와 행정 관료들을 대신해 사람들을 보호하고 감싸주는 기관이 되는 결과를 낳았으며 사람들이 가톨릭에 의지하게 되는 결과를 낳았다.

교회 조직의 체계화 결과 6세기경에 이르면 서유럽에서 교육과 자선사업 및 봉사는 가톨릭 교회와 교단이 거의 전적으로 담당하고 있었다. 주교가 관할하는 각 교구는 오늘날 개념의 병원이 최소 한 개씩 있었는데, 이곳은 환자들의 치료만이 아니라 과부와 고아, 가난한 이들과 병자들을 위한 피난처였으며 여행자들을 수용하는 곳이기도 했다. 게다가 4~5세기에 걸친 이민족들의 유럽 침략으로 인해 로마 제국이 운영하던 학교들이 모두 파괴되자 공공교육 역시 교회가 담당할 수밖에 없었다. 이를 계기로 당시 가톨릭 교회에서 일상과 의례에 광범위하게 사용하던 라틴어는 서유럽 내에서 학문적 언어로 정착하는 계기가 되었고, 특히 수도원이 떠맡은 학교의 역할 덕분에 수도사들은 당대를 대표하는 학자이자 지식인이 될 수 있었다. 수도사들이 선교의 최전선에서 성서 번역을 위해 고안한 여러 문자와 철자법 등은 이 시기를 통해 공통의 학문이 되었고, 9세기 샤를르 대제에 의해 유럽 대부분이 기독교 국가가 될 수 있었던 것도 이 시기 교회의 광범위한 사회적 역할이 토대가 되었다고 할 수 있겠다. 특히 샤를마뉴는 그의 재위기간에 유럽 전체의 기독교화를 시도했고 어느만큼의 성과를 냄으로써 유럽의 기독교화를 이루었는데, 이는 사람들의 일상생활은 물론 가치관까지도 기독교 문화의 토대 위에 놓는 사건이었다.

그래서 교회의 행사는 지배층에게는 지배 체계를 공고히 하는 계기로 활용되었지만 일반 사람들은 종교 행사 덕분에 경제활동을 할 수 있었고, 왕족과 교회의 예술 작품에 대한 수요가 높아지면서 예술가들과 장인들 역시 경제적 소득을 올리는 생활을 할 수 있었다.

교회의 음악 발달 역사는, 전해진 바에 의하면 유대 전통의 의례와 의식에는 음악이 풍부하게 사용되었고, 초기의 가톨릭 교인들은 이러한 유대의 전통을 계승했다고 한다. 비록 5세기 이전에 유대교와 가톨릭에서 사용한 음악 중에 현재까지 전해진 것이 없어서 그 실체를 알 수는 없으나 유대 전통과 초기 가톨릭 교단에서부터 음악은 다양하게 사용되었던 것으로 알려져 있다.

교회 음악이 발전하는 초석을 다진 것은 4세기의 콘스탄티누스 대제로 알려져 있다. 그는 가톨릭을 국교로 받아들이면서 국가의 여러 정책과 상징들에 가톨릭 사상을 활용했고, 교회 건물이 정착되면서 음악을 발달시켰다. 이후 5세기 말 교황 그레고리우스 1세(590~604년 재위)에 이르러 당시까지 작곡된 음악을 정리하고 교회의 예배 양식을 확정하면서 의례에 있어 음악의 역할을 정착시켰다. 특히 그레고리우스 1세는 음악을 문서화했는데, 이후로 교회 음악을 그레고리우스 성가(chant)라고 부르게 되었다. 8세기에 이르러 샤를마뉴 재위시기에는 교회 예전의 통일적 양식을 확립하기 위해 제국 전체에 음악 기법을 가르치는 학교를 세웠고, 이때에 확립된 단선율의 성가는 16세기 루터의 종교개혁이 있기까지 교회에서 사용되는 음악이 되었다.[12]

---

12) 교회 음악에 대해서는 마이클 콜린스·매튜 A. 프라이스 지음, 김승철 옮김, 위의책, 73쪽과 93쪽 참고. 교회 음악에 대해 부연하면, 교회 음악이 단선율에서 정선율(다성 음악)로 발달된 시기는 11세기 말 프랑스의 오르가니스트들에 의해서라고 알려져 있다. 이들은 화성에

교회 미술의 경우는 교회 건축물과 훨씬 관계가 깊다. 앞서 언급한 바와 같이 교회 건물은 4세기부터 국가의 후원을 얻어 건축되기 시작했는데, 교회 내부를 장식하기 위해 프레스코화나 모자이크 등의 기법이 사용되었다. 이는 그리스나 로마로부터 계승된 것인데, 특히 동방의 비잔틴 미술가들은 이러한 기법을 최고도로 습득하여 매우 정교한 미술작품을 남길 수 있었다. 그러나 모자이크 장식은 많은 비용을 요구하는 것이어서 콘스탄티노플 같은 일부 중심지에서만 사용될 수 있었을 뿐이었고, 보다 보편적으로 사용된 기법은 프레스코화였다. 특히 가톨릭이 점차 국가적으로 수용되어 주류 종교가 되어감에 따라 신자들에게 성서의 내용과 교단의 교리를 가르쳐야 할 필요성이 제기되었는데, 수도원의 수사들을 제외하고 귀족과 백성 대부분은 문맹이었기 때문에 교회 미술은 교회에 방문한 신자들에게 그림을 통해 성서의 내용을 전달하는 중요한 수단이 되었다. 훗날 스테인드 글라스 등이 교회 건축에 광범위하게 사용된 것도 단순히 장식을 위한 것만이 아니라 이러한 목적을 위한 것이었다.

가톨릭의 문화적인 영향은 달력의 경우에도 미친다. 어느 문명에서나 달력의 제정은 현실의 정치 권력과 민감하게 관련되기 마련인데 서양의 경우 로마가 건립된 기원전 8세기로부터 헤아린 달력을 사용했다. 그러나 이 로마달력은 여러 부분에서 오차가 많았는데, 율리우스 카이사르(BC100~BC44년) 재위 시기에 황제는 이집트 원정에서 이집트의 간편한 역법을 보고 그것을 모델로 수정을 거쳐 기원전 45년에 개정된 로마달력을 반포했다. 이것을 율리우스력이라고 하는데

의해 소리들이 서로 조화를 이루어서 미묘한 화음을 내게 하였다. 11세기 초에는 이탈리아의 수도사 귀도 다레초가 네 줄로 된 악보 위에 음을 표기하는 방식을 창안하여 현대 악보의 근본이 되었다.

이 역산법은 16세기의 교황 그레고리우스 8세가 개정하여 그레고리우스력을 반포하기까지 중세 유럽 전체에 사용되었다. 한편 율리우스력의 전승 가운데에 5세기 말, 디오니시우스가 날짜를 세는 새로운 방식을 발명했는데, 그리스도의 탄생을 기준으로 기원전과 기원후를 구분하는 계산법이었다. 이는 새로운 구원의 시대가 그리스도의 탄생을 기점으로 도래했다는 뜻을 표현하기 위한 것으로서 이 역산법 역시 현재의 달력법에 영향을 미친 역산법이 되었다.

이상에서 가톨릭의 전파나 유입, 정착, 영향 관계 등 가톨릭 역사에서 전교의 역사적 상황 등을 성서 번역과 관련된 언어와 문자적 측면, 교리의 통일과 종교 의례의 확립, 교단 조직의 설립과 문화적 측면 등을 통해 검토했다. 언어와 문자적인 측면에서 가톨릭의 전교는 문화적 수준이 높은 곳에서 낮은 곳으로의 전파 현상이 확인되었다. 특히 문자가 없던 지역은 가톨릭이 전파되면서 현지의 언어를 위한 문자가 개발·보급되었으며 그것은 문화 수용자의 측면에서 더 나은 문화로의 이행을 의미하는 것이었다. 교리의 통일과 종교 의례의 확립의 측면에서는 가톨릭이 넓은 지역과 이방 문화권으로 전파되는 과정에서 교리의 발전과 통일을 이루어냄으로써 보편적 종교로의 탈바꿈을 위한 가톨릭교 내부의 성숙이라는 의미를 보여주었다. 교단 조직의 설립과 문화 발달 부분에서는 내부적으로 성숙한 가톨릭이 질서를 갖춘 조직으로 성장하면서 현실 사회의 정치권력과 연계되고, 현실의 정치권력과 일정한 결탁을 이루어냄으로써 현실 사회에 지배력을 강화하는 한편, 그것을 통해 가톨릭의 문화적 역량이 강화되고 그것은 가톨릭교의 세력권 내의 문화적 토대를 이루어 가톨릭교가 현실 세계에서 정치적·종교적·문화적·윤리적 기저를 이룩하는 의의를 갖게 되었다.

이러한 역사적 사실들을 통해 가톨릭교의 전파에서 정리되는 몇 가지 조건은 다음과 같다. 첫째, 가톨릭의 전교에서 전교 지역에서 가톨릭의 수용 여부는 그 지역의 문화적 수준과 관련이 있다는 점이다. 즉 가톨릭의 문화적 수준이 전파 지역 자체의 문화적 수준보다 높을 때 전파 지역은 비교적 자연스럽게 가톨릭을 수용하게 된다는 점이다. 이는 문화 전파의 일반적 정황에 비추어볼 때 자연스러운 현상이다. 둘째, 가톨릭교의 전파 과정에서 가톨릭은 내적 성장을 이룩했다는 점이다. 소수의 민족 종교에서 보편적 종교로 변환하는 과정은 가톨릭의 유럽 전교 상황과 떼어놓을 수 없는 문제인데, 교단의 외적 확장이 내적 성숙과 함께 이루어짐으로써 내적·외적 성장을 동시에 이룩할 수 있었다는 점이다. 이는 선순환 구조를 만들어 가톨릭이 더 넓은 외적 확장과 전파를 도모할 수 있는 계기가 되고 동시에 전교 대상 지역에 전파되는 가톨릭의 문화적 수준을 더욱 높혀가는 구조를 만들었다. 셋째, 가톨릭 교단의 내적 성장과 외적 확장은 현실 세계의 영향력을 높혔고, 이에 따라 현실 정치 권력을 가톨릭교를 현실 정치에 이용함으로써 가톨릭과 정치 권력이 동반 성장하는 매커니즘을 이루었다는 점이다. 정치권력은 가톨릭을 적극 수용하여 통일된 사상을 유도했고, 이 과정에서 가톨릭은 비약적인 외적 확장을 이룰 수 있었다는 점이다.

이상 세 가지 조건은 요컨대

① 문화적 수준 차이에 따른 문화·종교의 전파
② 가톨릭 자체의 내적(교리와 의례) 체계 확립
③ 가톨릭과 현실 정치 권력의 관계

등으로 정리될 수 있다. 이는 초기 가톨릭이 유럽의 주류 종교가 될 수 있었던 상황을 설명하는 요소의 일부가 되는 것이므로 가톨릭이 동아시아로 전파되는 과정을 검토하는 데에 일정한 분석틀로 활용될 수 있을 것이다. 아래에서는 이 분석틀을 선별적으로 활용하여 일본과 중국의 가톨릭 전파를 검토할 것이다.

3. 가톨릭의 동아시아 전파와 수용

3.1. 16세기 가톨릭의 일본 전파와 수용 양상

앞의 서술에서는 초기 가톨릭 교단이 유럽에 전파되어 정착되는 과정을 언어와 문자, 교리와 종교 의례, 조직과 교육·문화의 측면에서 살펴보았다. 그러나 16세기 중국과 일본을 위시하는 동아시아로의 가톨릭 전파는 초기 가톨릭의 유럽 전파와 몇 가지 차이를 전제한다. 초기의 가톨릭 교단이 유럽에 전파될 당시 가톨릭은 독보적인 문화적 우월성을 갖고 있지 못했다. 초기 가톨릭은 그리스·로마의 지적·문화적 전통을 흡수함으로써 문화적 수준을 고양시킬 수 있었고, 그것이 내부적으로 성숙되면서 문화적 우월성을 확립할 수 있었다. 우월한 문화 수준은 가톨릭 전교에서 전교지의 자발적 수용을 이끌어내는 중요한 원동력이 되기도 했다. 또한 교단의 조직 역시 전교지의 그것에 비해 효율적이고 체계적일 수 있었으며 이러한 이유로 가톨릭이 전파되는 지역은 자신들의 문화와 제도보다 더 높은 수준의 문화와 제도를 흡수하는 계기로써 가톨릭을 수용할 수 있었다. 이러한 양상을 상기한다면 16세기 가톨릭의 동아시아 전파는 초기 가톨릭 교단의 유럽 전파의 일반적 원칙 위에서 당대의 상황이 함께 고려되어야 할 것이다.

이러한 맥락에서 이 글에서는 가톨릭의 동아시아 전교가 본격적으로 시작되는 16세기의 상황을 살펴볼 것이다. 여기에는 중국보다 일본의 전교 상황을 먼저 살펴볼 것이다. 그 이유는, 가톨릭 전교의 역사에서 동아시아 선교가 시작된 곳은 중국이 아니라 일본이었기 때문이다. 가톨릭 교단의 아시아 지역 선교를 책임진 인물은 프란시스코 하비에르(Francesco Xavier, 1506~1552년)였는데, 그는 1549년 일본에 입국함으로써 예수회의 동아시아 선교의 첫 발을 떼었다. 마테오 리치의 중국 입국이 1583년이었다는 점을 고려한다면 일본 선교는 중국에 비해 30여 년을 앞선다. 게다가 마테오 리치가 중국 선교를 시작할 무렵 일본에는 이미 10만 명이 넘는 가톨릭 교인들을 확보하고 있었다고 전해지고, 마테오 리치가 약 27년을 활동하며 1610년 사망할 때 중국에는 약 2천 명 정도의 가톨릭 교인들이 있었다는 점을 생각한다면 가톨릭 전교의 역사에서 일본의 규모는 중국과 비교되지 않을 만큼 거대한 것이었다. 따라서 가톨릭의 동아시아 전교에서 일본의 상황이 고려되지 않을 수는 없는 것이다.

⟨선교의 원칙⟩

일본에서 가톨릭 선교는 몇 명의 중요한 인물들이 거론된다. 대표적으로 세 명 정도로 알려져 있는데, 프란시스코 하비에르(Francesco Xavier, 1506~1552년), 프란시스코 데 까브랄(Francisco de Cabral, 1533~1609년), 알렉산드로 발리냐뇨(1579~1582년)가 그들이다. 하비에르는 가톨릭의 아시아 전교 임무를 부여받고 아시아에 파견된 책임자였으며, 그의 관할 하에 까브랄과 발리냐뇨라는 두 인물이 일본 선교의 중추적 역할을 담당했다.[13] 특히 이들의 역할이 중요한 이유는 가톨릭의 일본 전교에서 이들은 각자 가톨릭이 허용하는 범위 내에서 서로 다른 점에 중점을 두고서 전교 활동을 이루었다는 점 때문이다.

우선 하비에르는 전교에 있어서 비단으로 만든 화려한 선교사 복장이 선교에 도움을 준다고 생각했다. 전통적인 수도사 복장의 남루함을 야만적이고 천한 것으로 폄하하던 일본인들의 태도를 목격하고 하비에르는 스스로 비단으로 된 화려한 선교사 복장을 입고 활동했고, 이러한 전통은 상당시간 동안 일본 선교의 관행으로 받아들여졌다.[14] 이에 비해 1570년 일본에 처음 파견된 까브랄은 예수회 선교사들이 일본 승려처럼 화려한 복장을 갖추는 것을 금지시키고, 더 이상 비단 옷을 입지 말 것을 지시했다. 가톨릭교회의 모든 수도회들이 강조하는 청빈한 삶을 실천하기 위해 엄격한 행동교칙이 하달되었고, 선교사들이 선교비용을 마련하기 위해 개입하던 포르투갈 무엿상을 통한 투자 사업도 금지되었다. 예수회 선교사들의 느슨한 규율과 나태해진 신앙은 무역 투자를 통해 얻어지는 생활의 안락함 때문이라고 그는 생각하고 있었다.[15] 물론 까브랄의 이러한 정책 지시에 대해 일본에 체류하는 대부분의 예수회 선교사들은 반대 의사를 표명했다. 1579년 일본에 도착한 발리냐뇨는 까브랄의 선교 정책에 큰 의문을 품고 새로운 선교 정책을 수립했다. 그는 선교사의 가장 중요한 의무를 선교로 규정하고 선교를 위해 새로운 선교 정책을 제안했는데,

---

13) 이하 가톨릭의 일본 전교와 하비에르, 까브랄, 발리냐뇨 등의 활동과 의의 등은 김상근의 「동서문화의 교류와 예수회의 16세기 일본 선교」(김상근, 『동서문화의 교류와 예수회 선교 역사』, 한들출판사, 2006, 71~116쪽) 부분에 자세하게 서술된 내용에 힘입은 바 크다.
14) 김상근, 위의 책, 86쪽.
15) 김상근, 위의 책, 85쪽.

첫째는 일본 사회의 풍습을 인정하고 효과적인 선교를 위해 가톨릭 신앙을 토착화 시킨다는 것이고, 둘째는 선교사들의 일본어 교육을 강화하여 효과적으로 가톨릭교를 변증하고 이를 통해 일본인들이 가지고 있는 신학적인 혼선을 없애고 선교를 활성화한다는 것, 세 번째는 유럽인이 일본어를 잘 구사할 수 없기 때문에 현지인이 라틴어와 신학을 배울 수 있는 일본인 신학교를 운영해야 한다는 것이었다.16) 이상과 같이 세 인물은 각각 가톨릭 교단이 인정하는 범위 내에서 각자의 선교 정책으로 일본 내에서 활동했고, 그것은 동아시아 선교의 여러 정책이 시도되고 시험되는 현장이 되기도 했다.

〈일본 내 선교 현황〉

앞서 서술한 바와 같이 일본 내에 가톨릭 교단이 처음으로 입국한 것은 하비에르가 몇 명의 신부와 수도사 및 일본인 통역을 이끌고 가고시마(鹿兒島)에 도착한 사건이었다. 당시 규슈 남쪽 지역의 영주 시마주 다카히사(島津貴久)는 이들 일행을 환영하면서 가톨릭 교단의 전교 활동에 적극적인 협조를 약속했다. 당시 일본은 천황의 권위가 유명무실해 있었고, 대부분의 지역은 다이묘(大名)의 영주들에 의해 통치되고 있었는데, 일본 영주들 대부분은 내전 상황에 처해 있었기 때문에 이들은 포르투갈 상선과의 거래를 통해 경제적 이익을 확보하고 발전된 무기를 선점·확보하기 위해 경쟁적으로 가톨릭에 대해 우호적인 태도를 취하고 있었다. 즉 일본 내에서 가톨릭에 대한 최초의 환대는 가톨릭 자체를 향한 것이라기보다는 가톨릭과의 우호적인 관계를 통해 자기의 실익을 확대하려는 정치적인 목적이 더욱 컸다.

---

16) 김상근, 위의 책, 89쪽

유럽에서 전래된 종교로서 가톨릭을 처음 접한 일본인들은 하비에르 일행이 설명하는 가톨릭을 인도에서 파생된 불교의 한 종파로 이해했다. 특히 하비에르가 교육하고 일본 입국에 대동한 일본인 통역사(야지로, 安次郎)가 가톨릭 전통 용어를 일본어로 번역하는 과정에서 특별한 고심 없이 일본 내에 널리 퍼져 있는 불교 용어를 차용하여 가톨릭 교리를 설명했기 때문에 일본인들이 이러한 오해는 불가피한 것이었다고 하겠다.

그럼에도 불구하고 하비에르 일행은 앞서 서술한 정치적 목적을 위해 당대 지역의 영주들에게 큰 환대를 받았고, 그것은 하향식 선교의 전형을 보여주면서 가톨릭 신도수의 비약적인 확보를 가능하게 했다. 특히 일본 남부 규슈 지역의 판도를 장악하고 있던 오다 노부나가(織田信長, 1534~1582년)는 가톨릭 환대를 공공연히 표방하는 정책을 실행했고, 그 자신이 가톨릭 신자가 되진 않았으나 자신의 관할 지역 내에 예수회 신학교 설립을 허가하고 건축부지를 기증하기까지 했다.[17]

하비에르에 이어 1570년 프란시스코 데 까브랄은 일본 전교 사업의 책임을 지고 일본에 도착한다. 그가 처음 도착했을 때 하비에르에 의해 이룩한 일본 내 가톨릭 신자 수는 2천 명 정도였다. 결론적으로 그가 약 10년을 활동하고 일본을 떠날 때 일본 내 가톨릭 신자 수는 10만 명을 넘었다고 전해진다. 그만큼 그는 자신만의 선교 정책으로 일본 전교의 사명을 수행했다. 특히 그의 선교 정책은 앞서 서술한 바와 같이 하비에르에 의해 정착되어 있던 선교사들의 화려한 복식과 생활 방식을 지적하고, 상당히 많은 반대를 무릅쓰고도 선교사들에게

---

17) 이상 가톨릭의 일본 전교 초기의 환대에 관해서는 김상근, 위의 책, 2006, 77~80쪽 참고.

검소하고 청빈한 생활을 지시했던 데에서 볼 수 있듯이 가톨릭 교회의 본질적인 정신이 선교사들의 일상 생활에서 드러나야 한다는 점을 강조했다.

그러나 까브랄의 선교 정책이 가톨릭 교회의 정신을 강조하는 것이었다 하더라도 일본 내 가톨릭 전교의 역사는 일본 내 정치권력의 협조 없이는 불가능한 것이었고, 그러한 역사적 사건은 1574년부터 시작된 오무라(大村) 지역의 대대적인 가톨릭 개종 사건이었다. 이 사건의 경위와 결과를 김상근은 다음과 같이 정리했다.

이 사건은 까브랄의 임기뿐만 아니라 초기 예수회 일본 선교의 중요한 전환점이 된 사건이다. 오무라 지역의 패권을 놓고 이사하야(諫早)의 영주와 다툼을 빌리고 있던 오무라 수미타다(大村純忠)는 나가사키에 정박해 있던 포르투갈 군대와 함선의 지원을 받으며 적과의 전투에서 승리를 거둔다. 오무라 수미타다는 스스로 돔 바르톨로메(Dom Bartolomeu)라는 세례명을 받고 그리스도교로 개종했을 뿐 아니라, 오무라 전역을 그리스도교 지역으로 선포하고, 모든 거주민들에게 그리스도교로 개종할 것을 명령했다. (1574년 11월 1일) (…중략…) 불교 승려를 포함한 모든 오무라의 거주민은 강제적으로 가톨릭교인이 되든가, 아니면 다른 지역으로 강제 이주해야 했다. 사찰과 신사(神祠)는 모두 선교사들에게 사용권이 주어졌고, 모든 사찰의 재산은 영주에게 압류되었다. 이러한 강경 조치는 약 일 년 만에 2만 명의 오무라 거주민들이 가톨릭교로 대거 개종하는 결과를 초래했다.[18]

---

18) 김상근, 위의 책, 87쪽.

까브랄은 그의 임기 동안 가톨릭 본연의 정신을 선교사들에게 강조하는 한편, 일본 정치 권력의 과도한 비호 하에 가톨릭 교인 수를 비약적으로 증가시켰다. 까브랄에 이어 예수회 아시아 선교 관찰로서 일본에 파견된 이는 발리냐뇨였다. 그는 1579년 일본에 입국하여 까브랄의 선교 정책과는 다른 새로운 선교 정책을 수립했고, 그 내용은 앞서 서술한 바와 같다. 그의 선교 정책은 가톨릭 선교의 토착화, 선교사들의 일본어 교육 강화, 일본인의 라틴어와 신학 교육 강화로 요약된다. 그러나 그의 선교 정책이 전임 까브랄의 선교 정책과 다른 양상을 띠고 있었다 하더라도 이미 선순환의 흐름을 타고 있던 일본 내의 가톨릭 전교는 계속해서 확대 일로에 있었다.19)

발리냐뇨가 예수회의 동아시아 선교를 책임지고 있던 시절은 동아시아의 역사에서도 중요한 일들이 발생했다. 1582년 오다 노부나가 막부가 끝나고 일본은 도요토미 히데요시(豐臣秀吉)가 장악한 시점이었다. 도요토미 히데요시는 그의 집권 초기에 가톨릭에 대해 매우 우호적인 태도를 취했고, 그의 핵심 참모들 중에 가톨릭 교인이 된 사람도 많았다고 전해진다. 그러나 그러한 집권 초기의 그러한 우호적인 태도는 세 차례의 사건을 통해 혹독한 박해로 바뀌었고, 그로 인해 일본 내에서 가톨릭 교회가 철수하게 되는 결과를 낳는다. 세 차례의 사건은 다음과 같다.

---

19) 발리냐뇨의 활동 시기에 일본인 가톨릭 교인 수는 폭발적으로 증가했고, 그들을 관리하기 위한 선교사의 수는 절대적으로 부족했다. 이러한 문제 상황을 해결하기 위해 발리냐뇨는 1590년, 일본에 최초로 서양에서 사용하던 활자판 인쇄기를 들여왔고, 인쇄기의 활자판을 사용하기 위해 일본어를 알파벳 형태로 표기하는 방법을 고안했다. 이 결과 일본에서는 기리시단(吉利支丹) 문학이 발전될 발판이 마련되었고, 인쇄물을 통한 서양의 화법이 일본에 전해지는 계기가 되었다. 이와 관련된 자세한 내용은 김상근, 위의 책, 92쪽 참고.

① 내정 불간섭 원칙의 위반: 1586년 5월 4일, 도요토미 히데요시는 오사카의 새로 세워진 왕궁에서 일본 선교의 총책임을 지고 있던 부관구장 가스빠르 꼬엘로(Gaspar Coelho)와 선교사 대표단을 접견했다. 이날 도요토미 히데요시는 예수회 선교사들과의 면담을 통해 조선과 명나라를 침공할 자신의 계획을 설명하고 포르투갈 군함 두 척의 지원을 요청했다. 일본을 도와 조선과 중국을 정복하고 나면 중국 각지에 교회를 세울 수 있도록 선교사에게 협조하겠다는 조건까지 내 걸었다. 도요토미 히데요시의 제안에 대해 가스빠르 꼬엘로는 그의 상관인 발리냐뇨가 늘 강조하던 "일본 내정에의 불간섭 원칙"을 어기고, 일본의 조선과 명나라 침공(임진왜란) 계획을 지지했을 뿐 아니라, 자신이 영향력을 행사하고 있던 규슈 지방의 가톨릭 다이묘와의 합동 작전을 제안하는 실책을 범한다. 꼬엘로의 약속은 판단력이 남다르게 빨랐던 도요토미 히데요시의 의심을 불러 일으켰고, 꼬엘로의 외교적 판단 미숙은 결국 도요토미 히데요시의 대대적인 가톨릭 교회 박해의 한 원인으로 작용하게 되었다.

② 예수회와 프란체스코회의 자중지란: 1593년, 일본 선교의 중요한 전환점이 된 사건이 일어났다. 마닐라에서 활동하고 있는 스페인 출신의 프란체스코 수도회 소속 선교사들이 일본으로 처음 입국하여 선교활동을 시작한 것이다. 발리냐뇨는 브라질을 제외한 전 아메리카 대륙의 선교권한을 가지고 있던 스페인이 1571년에 동아시아의 한 가운데 거점 국가인 필리핀의 마닐라에서 선교와 식민지 경제활동을 시작하자, 교황청을 움직여 일본 선교에 대한 예수회의 독점적인 선교권을 확보했었다. 그러나 1593년부터 스페인 프란체스코 수도회 소속 선교사들이 일보넁 선교 활동을 개시함에 따라, 일본에서의 가톨릭 선교는 자중지란의 늪으로 빠져들게 된다. 도요토미 히데요시는 이러한 스페인(프란치

스코회)과 포르투갈(예수회)의 경쟁 관계를 자신의 정치적 야심을 채우기 위한 수단으로 이용했다. 결국 1593년 5월 30일, 스페인의 프란체스코 수도회 소속 한 사제가 스페인의 대사 자격으로 일본에 입국하여 도요토미 히데요시와 공식적인 무역거래를 개시하기에 이른다. 이듬해 10월 4일, 프란체스코 수도회는 교토에 수도회 성당을 건축하면서 본격적으로 선교활동을 시작했고, 이미 이 지역에서 활발한 선교와 사목활동을 전개하고 있던 예수회 선교사들은 갑자기 난처한 입장이 되었다.

③ 산 펠리페 사건(San Felipe Incident): 산 펠리페 사건이란 1596년 10월 19일 시코쿠의 토사 해안가에 스페인의 무역선 산 펠리페 호가 좌초한 사건을 말한다. 도요토미 히데요시는 일본의 법률에 따라 좌초한 배의 모든 교역물자를 압수할 것을 명령했다. 이에 불응했던 산 펠리페 호의 선장은 세계 지도를 펼쳐 놓고 스페인의 군사력에 의해 귀속된 세계 각국의 영토를 보여주면서, 자신들의 무력을 과시하고, 모든 선교사들이 스페인의 정복을 위해 전 세계로 흩어져서 자신들을 맞이할 준비를 하고 있다고 엄포를 놓았다. 이러한 사실이 도요토미 히데요시에게 보고되자 16세기 일본 가톨릭교 역사는 일순간에 험난한 박해의 시대로 접어들게 된다.[20]

이와 같은 세 차례의 사건이 연속적으로 일어남으로 인해 도요토미 히데요시는 일본 내 프란체스코회와 예수회 수도자와 사제들을 십자가형으로 죽이기도 하고 전 일본 내에서 모든 가톨릭 선교사들의 출국과 일본내 가톨릭 교인들의 배교(背敎)를 명령했다. 1598년에 도요토미 히데요시가 사망하면서 가톨릭 교도에 대한 탄압도 끝났지만

---

20) 세 차례의 사건에 대해서는 김상근, 위의 책, 93~98쪽에서 발췌 인용.

이때에는 이미 일본 내에 선교사들은 물론 가톨릭 교회의 영향이 거의 자취를 감추게 된 상황이었다.

이상 16세기 일본 내 가톨릭교의 전파와 수용 현황 등을 간략하게 살펴보았다. 이러한 내용을 토대로 앞서 가톨릭 교회가 유럽에 전파되어 주류 종교로 정착하게 되는 과정에서 도출된 세 가지 조건, 즉

① 문화적 수준 차이에 따른 문화·종교의 전파
② 가톨릭 자체의 내적(교리와 의례) 체계 확립
③ 가톨릭과 현실 정치 권력의 관계

의 관점에서 일본 내에 가톨릭이 전파되고 수용되었다가 결국엔 쇠퇴하게 된 당시의 상황을 정리할 수 있겠다. 먼저 문화적 수준 차이에 따른 문화·종교의 전파라는 측면에서 보면, 16세기 당시 유럽 중심의 가톨릭 문화와 일본의 문화적 수준을 직접 비교하기는 어려운 점이 많다. 그러나 일본이 처음 가톨릭교를 환대했던 이유와 스페인 혹은 포르투갈과의 무역을 통해 지속적인 경제적 이익을 추구했고, 또 선교사와의 호의적인 관계를 통해 유럽의 선진 군사 무기를 도입하려 했던 것으로 보아 일정한 분야에서라도 일본은 유럽과 가톨릭을 향한 호기심과 지향은 있었다고 판단된다. 이와 같이 경제적인 이익이라는 단편적인 이유만으로 가톨릭 교회를 수용했다는 것은 물론 많은 다양한 요소를 배제하는 언급일 수 있다. 실제로 교토 지역 등은 포르투갈을 비롯한 유럽의 무역선이 왕래하지 않았던 곳임에도 가톨릭 교인의 수가 상당했었다는 점을 보면 일본의 가톨릭 수용이 정치적·경제적 목적에만 국한될 수 없는 것임을 알게 한다. 그런 점에서 보면 일본

선교의 경우 이 첫 번째 조건은 가톨릭을 수용하는 정치권력의 입장을 반영하는 것이라고 하겠다.

둘째, 가톨릭 자체의 내적 체계 확립이라는 점에서 보면 가톨릭 교회가 일본을 향한 16세기에는 이미 가톨릭 교단의 교리와 의례가 공고하게 확립되어 있었다. 물론 1517년 독일에서 루터에 의한 가톨릭 교회의 반성적 운동이 시작되어 있었기 때문에 16세기의 가톨릭 교회도 내부적으로 안정적인 것은 아니었지만 그러한 운동에도 불구하고 예수회 선교사들의 신학적 지성과 수도적 훈련은 매우 공고하게 결속된 것이어서 예수회는 안정적으로 선교사를 파견하여 신앙의 확장을 도모할 수 있었다. 게다가 가톨릭 선교사들이 가진 위계조직과 질서체계는 일본 가톨릭 교인들에게도 크고 작은 내부 조직을 갖게 했다는 점을 고려해야 한다. 일본 현지의 가톨릭 교인들은 그들의 신앙 공동체를 유지하기 위해 크고 사적인 집단을 형성하고 자신들의 규범을 통해 조직을 운영했다고 알려져 있다. 이런 점에서 보면 일본에 들어온 가톨릭 교회 자체는 이미 완비된 교리와 행정 체계를 갖추고 있었고, 또 현지에서 가톨릭 교인이 된 신도들 역시 자신들의 신앙 공동체를 형성하여 내부적으로 안정적이고 결속력 있는 공동체 활동을 할 수 있었다.

셋째, 가톨릭과 현실 정치 권력과의 관계라는 점에서 보면, 사실 가톨릭의 전교 활동은 거의 모두가 전교지역의 정치 권력과의 관계를 필요로 한다. 일본의 경우도 가톨릭 교단이 처음으로 일본에 입국했을 때 정치적 실권자들이 보여준 가톨릭 교회에 대한 환대는 가톨릭이라는 종교 자체를 미리 알고 있는 상태에서의 수용이 아니라 가톨릭 교회를 통해 유럽의 선진 문물을 수용하려는 다른 목적을 둔 행동이었다. 그리고 역시 일본에서 가톨릭 교회의 위세가 축소된 것도 일반 신도들의 무관심 때문이 아니라 정치 실권자가 가톨릭 교회에 반감을 갖고 박해를 명령했기 때문이었다. 실제로 현실적 입장과 상황을 중시하는 선교 정책을 편 발리냐뇨와 같은 인물조차 일본 내정에의 불간섭 원칙을 고수하고 있었던 것으로 보아 가톨릭교의 전교는 정치 권력과의 관계 설정이 전교에 있어 가장 큰 영향 요소였던 것으로 보인다.

3.2. 16세기 가톨릭의 중국 전파와 수용 양상

이 글은 16세기라는 특정 시대에 가톨릭의 동아시아 전파와 동아시아에서 가톨릭의 수용 양상 등을 살펴보는 글이다. 특히 중국 선교의 경우는 16세기 마테오 리치가 남긴 거대한 영향으로 인해 가톨릭 중국 선교의 이전 역사에 대해서는 그다지 주목되지 않은 것이 사실이다. 그러나 가톨릭의 중국 전파는 사실 16세기보다 훨씬 이른 시기에 시작되었다. 본격적인 연구가 적어 구체적인 정황이 속속들이 밝혀진 것은 아니지만 대략 몇 차례의 중국 선교의 역사가 전해진다.

대표적인 경우는 7세기로 거슬러 올라간다. 네스토리우스의 주장을 신봉했던 일군의 집단은 정통 교회로부터 배척당한 후 페르시아 지역에서 교세를 형성하고 있었다. 페르시아 지역의 지배자들은 이들을 비교적 후하게 대우하고 있었기 때문에 네스토리우스파 수도자들은 비교적 자유롭게 신앙 생활을 하고 있었는데, 놀라운 점은 7세기경 이들이 중국에 당도했다는 사실이다. 7세기의 중국은 당(唐)나라 시대로서 엄청난 부를 토대로 놀라운 문명을 이룩했는데, 그것을 가능하게 했던 요인 중 하나가 바로 이민족과 이방 종교에 대한 너그러운 수용이었고, 또 그로 인해 축적된 문화적 역량은 다시 이민족과 이방 종교가 자유롭게 활동할 수 있도록 만드는 계기가 되었다. 그러나 약 2세기에 걸친 이러한 개방 정책은 9세기에 들어 도교를 단일한 종교로 신봉하는 황제에 의해 개혁되었고, 결국 네스토리우스파를 비롯하여 이슬람교와 기타 다른 종교들 역시 중국 대륙에서 자취를 감추게 되었다.[21]

이와 같이 가톨릭 교회와 중국의 접촉은 비단 16세기의 사건이 아니라 가톨릭 교회의 성립 이후 역사적으로 밝혀진 몇 차례의 접촉과 아직 밝혀지지 않은 더 많은 크고 작은 접촉이 있었을 것으로 추측된다. 흔히 거론되는 실크로드가 동양과 서양을 잇는 오래된 교역로였다는 점에서 가톨릭은 언제든 어떤 매체를 통해서든 동양으로 확산되어 왔을 것이다. 그럼에도 불구하고 이 글에서는 그러한 역사적 루트를 찾기보다는 16세기의 마테오 리치가 예수회 선교사로서 중국에 입국하여 벌인 전교활동을 중심으로 그의 신학적 배경과 중국 내에서의 활동을 토대로 가톨릭의 중국 전파와 수용 양상을 통해 종교 지식의 유입과 수용 상황의 여러 정황들을 검토하고자 한다.

〈마테오 리치의 신학적 배경〉

흔히 마테오 리치(Matteo Ricci, 1522~1610년, 중국명 이마두, 利瑪竇)가 속한 예수회의 신학이 토미즘에 기초한 신학이라고 일컫는다. 그 이유는 마테오 리치가 속한 예수회 사제들은 모두 의무적으로 일정 기간 이상 철학과 신학 과목을 이수해야만 했으며, 그 과정은 아리스토텔레스의 철학과 토마스 아퀴나스의 신학을 중심으로 구성되어 있었다. 물론 예수회 대학이 이러한 교과 과정을 설립한 것은 르네상스

---

21) 마이클 콜린스·매튜 A. 프라이스 지음, 김승철 옮김, 앞의 책, 89쪽 참고.

인문주의의 영향을 무시할 수 없다. 르네상스 인문주의의 영향 하에 수도원 대학들은 중세 전통의 유럽 대학들과 달리 그리스와 로마의 고전을 다양하게 편성했다. 즉 당시 이교도 문학으로 간주되던 라틴어와 그리스어 고전들을 정식 과목으로 채택하고 또 당시에 상당히 민감했던 종교 개혁 관련 서적들도 과목에 편성함으로써 신앙의 테두리 안에 있지만 학문적으로 유연하고 대범한 교육 정책을 시도하고 있었다.

마테오 리치는 로마대학에서 1573년부터 1575년까지 수사학 인문과정을 이수하고, 계속해서 1577년까지 철학과정을 마쳤다. 이 시기 대부분의 초기 예수회 선교사들은 이방 문화와 종교에 큰 신학적 관심을 갖고 있었는데, 이러한 개방적 태도는 '이 세상 모든 것에서 하느님을 발견(Finding God in All Things)'이라는 이냐시오 영성과의 결합을 통해 독특한 예수회 토미즘으로 발전한다.[22] 즉 이들은 자연을 통해 계시를 받고 구원받을 수 있는 가능성에 대해 긍정적인 태도를 취할 수 있었다. 실제로 마테오 리치의 유명한 저작 『천주실의(天主實義)』에는 이러한 태도가 잘 나타나 있는데, 『천주실의』의 첫 장이 '이 세상 모든 사람들에게 내재되어 있는 하느님을 알 수 있는 지식'으로 구성되어 있다는 점도 역시 이를 반영한다. 특히 마테오 리치는 이 점을 매우 강조하여 중국인들에게 소개하려 하였으며, 탁월한 유교적 지식을 동원하여 이를 유교적 용어 '양능(良能)'에 붙여 모두가 진리를 알 수 있다는 주장으로 『천주실의』를 시작한다.

우리가 배우지 않고서도 할 수 있는 것이 '양능'입니다. 지금 천하의

---

22) 김상근, 앞의 책, 130~131쪽 발췌 인용.

모든 나라 만민들에게는 각기 스스로 우러난 참마음이 있어서 서로 일러 주지 않았어도 모두 하나의 '최고 존자'[上尊]를 공경합니다. 어려움을 당한 이는 슬픔을 애소하며, 마치 인자한 부모에게 바라는 것처럼, 구원을 바라는 것입니다. 악을 저지른 이가 가슴을 부여잡고, 마치 적국을 두려워하듯이, 놀라서 두려워합니다.[23]

마테오 리치가 이렇게 강조하는 양능은 실은 아리스토텔레스의 제1원칙이며, 토마스 아퀴나스 신학에서 제1본성에 관한 내용이다. 즉 마테오 리치의 『천주실의』는 이렇게 아리스토텔레스와 토마스아퀴나스를 잇는 전통을 충실히 계승하여 모든 사람들에게 하느님을 알수 있는 능력(제1본성)이 내재되어 있다는 명제를 충실히 따르고 있는 것이다.

마테오 리치가 습득한 이러한 선교 신학은 그의 중국 선교 활동에도 그대로 적용된다. 앞선 서술에서 일본의 가톨릭 전교를 설명하면서 발리나뇨의 선교 정책을 다음과 같이 설명했다. "1579년 일본에 도착한 발리나뇨는 까브랄의 선교 정책에 큰 의문을 품고 새로운 선교 정책을 수립했다. 그는 선교사의 가장 중요한 의무를 선교로 규정하고 선교를 위해 새로운 선교 정책을 제안했는데, 첫째는 일본 사회의 풍습을 인정하고 효과적인 선교를 위해 가톨릭 신앙을 토착화 시킨다는 것이고, 둘째는 선교사들의 일본어 교육을 강화하여 효과적으로 가톨릭교를 변증하고 이를 통해 일본인들이 가지고 있는 신학적인 혼선을 없애고 선교를 활성화한다는 것, 세 번째는 유럽인이 일본어를 잘 구사할 수 없기 때문에 현지인이 라틴어와 신학을 배울 수 있는

---

23) 송영배 외 5인 옮김, 『천주실의』, 서울대학교출판부, 1999, 45~46쪽.

일본인 신학교를 운영해야 한다는 것이었다." 이러한 발리냐뇨의 이러한 선교 정책은 마테오 리치의 정책과 무관할 수 없다. 실제로 발리냐뇨는 로마에서 철학과 신학을 공부한 다음 1570년 예수회 사제 서품을 받았고, 예수회의 로마 대학에서 잠시 수련생들을 감독하는 사감을 맡았는데, 이때 마테오 리치는 예수회 대학의 수련생이었다. 여기에서 두 사람이 처음으로 만났고, 이후 발리냐뇨가 동아시아 선교의 책임 관찰사로 부임해있는 동안 마테오 리치가 중국으로 파견되었다.24) 따라서 선교지 파견 이전부터 이미 마테오 리치는 발리냐뇨를 알고 있었고, 또 중국에 파견된 후 그의 선교활동 책임자로 발리냐뇨가 있었기 때문에 마테오 리치의 활동은 발리냐뇨의 정책 하에 이루어졌다. 발리냐뇨의 선교 정책은 대개 '토착화 선교'로 일컬어진다. 예수회의 선교에 있어서 선교의 정책은 거의 언제나 두 가지 사항을 극단으로 두고 그 안에서 무게 중심이 이동하는 경우가 대부분이었다. 즉 믿음에 중심을 두는가 선교에 중심을 두는가 하는 양 극단 사이에서 선교사들은 언제나 고민할 수밖에 없었다. 발리냐뇨의 토착화 선교는 선교에 중점을 둔다. 전혀 다른 문화권의 사람들에게 가톨릭이라는 신흥 종교를 소개하고 교인으로 이끌기 위해서는 정략적인 선교 프로그램이 필요하고, 그것을 위해 유연한 교리를 적용하여 현지인들의 문화를 최대한 존중하고 또 현지의 문화를 가톨릭 안에 수용하면서 가톨릭을 그들의 문화에 정착시키는 방법이다. 발리냐뇨가 이러한 정책을 세울 수 있었던 것은 역시 예수회 대학에서 르네상스 인문주의를 통해 다양성에 대한 넓은 안목을 기르고 아리스토텔레스

---

24) 발리냐뇨와 마테오 리치의 만남에 대해서는 김상근, 『동서문화의 교류와 예수회 선교역사』, 한들출판사, 2006, 88쪽 참고.

와 토마스 아퀴나스로부터 비롯된 확고한 이론적 신학에 기초할 수 있었기 때문이다. 마테오 리치가 중국에서 선교활동을 하면서 중국의 유교사상과 토착 문화에 대해 충분히 인정하고 그 자신이 먼저 그러한 문화를 습득하면서 가톨릭 전교활동을 할 수 있었던 것도 역시 발리냐뇨의 토착화 선교 정책을 충분히 이해할 수 있었던 그의 신학적 배경에 있다고 할 수 있겠다.

〈마테오 리치의 중국 전교〉

마테오 리치의 중국 내 전교 활동은 발리냐뇨의 선교 정책을 모범으로 따른다. 전교에 있어 토착화를 중시했던 발리냐뇨의 정책과 일본에서의 사례를 통해 마테오 리치의 선교는 토착화라는 선교 정책의 시행을 상류층 선교라는 구체적 활동으로 상정한다. 즉 마테오 리치는 중국 내의 선교 방향을 백성을 통한 지배층 전교가 아니라 애초부터 지배층에 대한 전교를 목적으로 하여 중국 내에서 하향식 전교가 이루어지길 희망했다. 그래서 그가 주로 접촉하고자 했던 계층은 백성이 아니라 중국의 지식인들이었다. 이에 따라 그의 전교 활동은 모두 지식인들의 관심을 유도하여 가톨릭 교리를 설명하고 새로운 종교로의 개종으로 이끄는 것이었다. 그가 많은 중국 지식인들과 교유하고 『천주실의』라는 명저를 저술한 이유도 바로 지식인들의 가톨릭교 개종을 위해서는 학문적으로 세련된 저술로서 지식인들을 감복시켜야 한다는 목적론도 작용되고 있었을 것이다. 여기에서는 『천주실의』 저술의 의의와 함께 마테오 리치를 통해 서양의 학문과 세계관이 중국 내에 끼친 영향 관계를 간략하게 살펴보는 데에 중점을 둔다.

『천주실의』는 책의 제목이 설명하듯이 하느님[天主]에 대한 자세한 설명과 소개를 유교적 용어를 통해 설명하고 있다. 물론 이 책이 소개하고 있는 천주교 교리는 마테오 리치가 근거하고 있는 예수회 토미즘에 기초하고 있고, 그것은 하느님에 대해 알 수 있는 지식은 동양과 서양의 모든 나라 사람들이 갖고 있다는 믿음에 근거하고 있다. 이러한 근거 덕분에 마테오 리치는 가톨릭이 중국을 포함한 세계 모든 나라 사람들에게 보편적이자 절대적인 진리가 될 수 있으며 이것이 선교의 출발점이라고 생각했다. 구체적으로『천주실의』의 발간 배경을 살펴보면, 김상근은 이를 다음과 같이 정리했다.

마테오 리치의『천주실의』는 그의 선교 동역자였던 이탈리아 출신 예수회 선교사 미셸 루지에리가 1584년에 저술한『천주실록(天主實錄)』에 대한 개정판의 성격으로 출발했다.『천주실의』의 초판은 1593년이나 1594년경, 예수회의 아시아 선교를 총책임지고 있던 아레산드로 발리나뇨의 지시에 의해 저술된 것으로 보인다. 당시의 관행에 따라 리치의『천주실의』초판은 라틴어 요약본의 형태로 1597년 발리나뇨와 일본선교교구를 책임지고 있던 루이스 세르퀘이라에게 제출되었다. 그러나 발리나뇨에 의해 이듬해(1598년) 리치의『천주실의』초판 간행이 승인되기 전에, 이미 중국 사대부들은 리치의『천주실의』를 돌려가면서 읽고 있었다. 결국 발리나뇨의 출간 승인이 있기 전이엇던 1594년에, 남창(南昌)에서『천주실의』의 초판이 인쇄되었으먀, 1601년에는 베이징에서 소위『1601년 베이징판 천주실의』가 출간되었다. 한편 마테오 리치는 발리나뇨의 승인을 받은 후 몇 가지 내용을 첨삭한 다음 1603년 베이징에서 공식적인『1603년 베이징판 천주실의』를 출간했다. 1605년 혹은 1606년에 항주(杭州)에서 또 다른 판본이 인쇄되었는데 이를『항주판 천주실의』로 부른다. 이『항주판 천주실의』는 1629년 이지조(李之藻)에 의해 편집된『천학초함(天學初函)』에 포함되었다.[25)]

『천주실의』가 이러한 배경 하에 저술된 책이라 하더라도 사실 전혀 새로운 철학과 신학에 기초하여 저술된 이 책이 중국 지식사회에 비교적 쉽게 수용될 수 있었던 것은 매우 희귀한 일이다. 가톨릭교의 하느님과 유교 전통의 천주(天主) 혹은 상제(上帝)가 아무리 서로 유사한 개념이 될 수 있다 하더라도 가톨릭의 고유한 교리와 사유 체계를 중국 전통의 가치관과 사유에 익숙한 중국 지식인들에게 이해된다는 것은 거의 불가능에 가깝게 여겨지기 때문이다. 그러나 마테오 리치는 그 자신의 투철한 노력과 뛰어난 재능으로 유교 전통의 중국 문화와 사상에 깊이 훈습되어 있었기 때문에 그가 설명하는 가톨릭 교리는 중국 지식인들에게 익숙한 유교적 용어로 서술되어 유교 지식인들 입장에서 볼 때 익숙한 개념어를 사용하여 약간 다른 사유 체계로 이해될 수 있었다. 그러나 이러한 반응은 사실 마테오 리치에게도 낯선 것이었다. 일본 선교 활동의 전례로 보건대 가톨릭교의 사상이 이토록 무리없이 수용된다는 것은 다른 면에서 보면 이슈가 되지 못한다는 단점을 갖는다. 즉 학자들의 지적 호기심에 의해 『천주실의』가 지식 사회에 소개되긴 했지만 그것이 곧바로 가톨릭 교도로의 개종으로 연결되는 것은 아니었기 때문이다. 개종을 위해서는 일종의 파격적이고 혁신적인 반응을 통해 전향적인 개심(改心, 開心)으로 이어져야만 했던 것이다. 그래서 마테오 리치의 『천주실의』는 중국 지식 사회에 천주교를 소개하는 매우 훌륭한 저술이 되었지만 그것이 너무나도 훌륭하게 토착화된 기반 위에서 저술되었기 때문에 도리어 현지 지식인들의 개종을 유도하지 못한 면도 있다.

반면 중국 지식인들에게 큰 반향을 일으킨 분야는 가톨릭 자체가

---

25) 김상근, 앞의 책, 134쪽.

아니라 마테오 리치가 소개한 서양의 학문 분야들이었다. 그중 중국 지식사회를 크게 흔든 두 분야는 천문학과 지리학 등의 과학기술 분야이다. 특히 과학기술에 관한 지식은 가톨릭과 같이 서양에서 온 것이지만 그것이 서술하여 드러내는 내용은 명확하고 분명하며 실용적이고 현실적인 특징을 갖는다. 따라서 마테오 리치와 교유하던 중국 현지의 지식인들은 물론이고 가톨릭 자체에 관심을 갖지 않던 학자들까지도 마테오 리치에 의해 소개된 서양의 학문에 대해서는 어느 정도의 호기심과 관심을 가졌고, 덕분에 마테오 리치의 전교는 가톨릭을 전면에 내세우는 활동이 아니라 서양의 과학과 기술에 대한 관심을 통해 교유를 형성하고 그러한 토대 위에 가톨릭 교리를 소개하는 방식, 즉 학문 전교의 방식으로 중국에서 선교 활동을 시작했다.

그러나 이러한 전교 방식은 여러 가지 문제가 수반되었다. 서양의 과학과 기술에 관한 내용은 중국 전통의 언어로 번역하기 어려운 것이 많았고, 번역에 성공한다 하더라도 중국 전통의 관념에 혼란을 가져오는 경우가 많았다. 이러한 결과로 마테오리치가 소개한 서양의 과학기술은 중국 전통의 관념과 신앙 및 가치관과 윤리관에 혼동을 가져왔고, 그것은 현실 정치권력의 권위를 약화시키는 데로 나아가게 되는데, 대표적으로 천문학과 지리학은 중국 전통의 관념을 철저히 쇠퇴시킨 직접적인 학문분야로 꼽을 수 있다. 그 결과 마테오리치의 가톨릭과 서양의 학문에 대한 중국 사회 내의 입장은 호감과 반감으로 나뉘게 된다.

이처럼 호감과 반감에도 불구하고 마테오리치는 중국 지식사회에서 '서양에서 온 선비'라는 이름으로 지식인 사회에 정착할 수 있었고, 비록 많은 교인들을 양성하진 못했으나 중국 황제의 관심을 사기도 했으며, 죽을 때까지 중국에 머물면서 서양의 많은 문화와 지식을 중국에 소개했고, 또 반대로 중국의 새로운 문화와 사상들을 서양에 소개하는 중개자의 역할을 충실히 했다. 일례로 중국 유교 고전들의 라틴어 번역본들은 거의 대부분 마테오 리치에 의해 최초로 번역된 것이며, 중국에 소개된 서양의 수학서와 여러 책들도 대부분 마테오 리치에 의해 번역되거나 그와 직간접적으로 관련이 있는 경우가 대부분이다. 거자오광은 이 당시 중국 내에 소개된 서양의 서적과 그로 인한 당시의 사회적 의식을 다음과 같이 정리했다.

중국의 전통적 지식 세계에는 『만국여도(萬國輿圖)』, 『직방외기(職方外紀)』와 같은 타 지역에서 들여온 세계 지리적 공간에 관한 독서물들이 많아졌고, 『명리탐(明理探)』, 『궁리학(窮理學)』 등 서양의 사유 방법에 대한 저작, 『태서수법(泰西水法)』, 『농정전서(農政全書)』, 『천공개물(天工開物)』 따위의 실용기술 서적, 『기효신서(紀效新書)』, 『부역전서(賦役全書)』, 『조운지(漕運志)』 등 국가 질서가 꼭 필요로 하는 지식에 관한 저술도 증가하였다. 동시에 서쪽 지방에 관한 저작들, 예를 들면 『광백천학해(廣百川學海)』에 수록된 〈건주고이속기(建州考夷俗記)〉, 『진미공잡록(陳眉公雜錄)』에 수록된 〈건주고(建州考)〉, 『잠확류서(潛確類書)』에 수록된 〈사이문(四夷門)〉, 그리고 『전변기략(全邊紀略)』에 수록된 〈동이고략(東夷考略)〉과 〈요동략(遼東略)〉 등은 지식인의 심리 저변에 있는 우환 의식을 뚜렷이 보여주며, 중국의 지식과 사상, 그리고 신앙세계가 '만국'으로의 편입과 '중국'의 고수 사이에서 진퇴양난에 빠져 있었다는 느낌을 준다.[26]

---

26) 거자오광(葛兆光) 지음, 이동연 외 7인 옮김, 『중국사상사』 2, 일빛, 2015, 561쪽.

이와 같이 마테오 리치는 서양의 가톨릭과 중국의 문화가 만나는 점접이자 중개자였으며, 그로 인해 서양에서는 중국과 동아시아에 대한 호기심이 늘었고, 중국에서는 전통 관념의 붕괴에 대한 우려와 혼란이 가중되고 있었다는 점을 알 수 있다.

어쨌건 마테오 리치의 중국 전교는 가톨릭 교인의 수에 있어서는 일본 전교의 전성기에 비길 수 없지만, 일본에서는 축출된 가톨릭교를 중국 내에 뿌리내리게 하기 위해 노력했고, 그러한 노력은 일정 부분 성공을 거두었고, 그 중심에 『천주실의』가 있다 하겠다. 이 저술은 중국 지식인 사회는 물론, 한국(당시 조선)의 지식 사회에도 적지 않은 파장을 일으켰고, 이후 지식인들의 사유 체계가 가톨릭 교리의 기본 이념 혹은 아리스토텔레스나 토마스 아퀴나스의 철학과 일정 부분 유사하게 성립되는 데에 영향을 미쳤다.

이상 16세기 중국 내에서 활동한 마테오 리치의 신학적 배경과 중국 내에서의 활동에 대해 간략히 살펴보았다. 이러한 내용은 토대로 가톨릭 교회가 유럽에 전파되어 정착하는 과정에서 도출된 세 가지 조건, 즉

① 문화적 수준 차이에 따른 문화·종교의 전파
② 가톨릭 자체의 내적(교리와 의례) 체계 확립
③ 가톨릭과 현실 정치 권력의 관계

등의 맥락에서 검토하면 다음과 같은 결론을 도출할 수 있다.

우선 문화적 수준의 차이에 따른 전파라는 맥락에서 보면, 마테오 리치의 활동은 이러한 조건을 충실히 반영한다. 당시 중국은 전통적

화이(華夷) 관념의 토대 위에서 문화적 자부심이 대단한 나라였다. 이는 비단 국가적 자아로서의 맥락이 아니라 중국 황제와 지식인, 정치인들의 공통된 개별적 관념이었다. 따라서 중국의 외교는 언제나 문화적 우위의 자신들이 문화적 하위의 열등한 나라에게 은혜를 베푼다는 명분 하에 이루어진 것이었기 때문에 최초에 중국이 마테오 리치의 가톨릭을 수용한 것도 서양의 이민족이 가진 문화에 대한 거만한 호기심에 기인한 것이었다. 그러나 마테오 리치가 주력한 가톨릭에 대해서는 그것이 유교적 사유 체계와 유사하다는 이유로 크게 주목받지 못했고, 오히려 서양의 최신 과학과 기술이 학자와 정치인들에게 큰 관심을 받았다. 그리고 이러한 관심은 이내 중국의 전통 학문이 얼마나 무기력한 것인지를 깨닫게 하기에 충분한 것이었고, 이로써 중국 전통의 문화적 우월감은 붕괴될 수밖에 없는 처지에 놓였다. 이러한 결과 마테오 리치에 대한 평가가 호감과 반감으로 나타났지만 중요한 것은 가톨릭교와 서양의 학문을 접한 중국인들의 자성(自省)은 전통 학문과 관념의 초라함을 발견하고 인정할 수밖에 없게 만들었다. 그런 점에서 가톨릭교를 통한 문화의 전파는 중국 사회에 신선한 충격을 주었고 그로 인해 중국의 객관적 자기 반성이 가능하게 되었다는 점을 인정할 수 있겠다.

둘째로 가톨릭 자체의 체계 확립이라는 점에서 보면, 이 명제는 중국의 전교 상황과 사실 그다지 상관이 없다. 16세기의 중국 명나라가 비록 쇠퇴의 역사적 과정에 있었지만 그래도 명나라는 세계 최고의 문화와 전통을 가진 왕조였음을 부정할 수 없고, 또 광활한 대륙과 많은 백성을 통치하기 위한 시스템은 중국 진시황과 한(漢) 왕조 이후 꾸준히 정비되어 왔기 때문에 중국의 제도와 시스템은 가톨릭의 행정 제도와 질서를 크게 의식하지 않았던 것으로 보인다. 그래서 마테오 리치의 전교에서도 이러한 면이 부각되지 않았고, 또 마테오 리치 전교의 대상이 지식인과 정치인 계층이었던 것으로 보아 일반 신자들 사이에서의 조직화 경향은 그다지 전해지지 않는다.

셋째로 가톨릭과 현실정치의 관계를 보면, 토착화 선교 정책을 상류 지식인 계층 선교로 현실화했던 마테오 리치의 전교는 현실 정치 권력과의 관계를 매우 중시했다. 마테오 리치가 서양의 최신 학문을 그토록 열정적으로 소개한 것도 사실 중국 지식사회의 상류층과 교유하기 위해서였고, 그것은 현지의 정치 권력과 일정하고 지속적인 관계를 유지함으로써 안정적 전교활동을 보장받기 위해서였다. 그런 점에서 보면 마테오 리치의 전교는 처음부터 마지막까지 현실 정치권력과의 관계 유지를 기초로 하고 있다는 점을 알게 한다.

4. 결론: 지식 수용 조건의 일반화

이 글은 하나의 지식 체계가 이방(異邦) 지역으로 전달·유입되는 역사적 현상 안에서 이방 지역에서 그 지식 체계를 수용하게 하는 내부적·외부적 조건들에 대해 검토함으로써 지식 체계 유입과 수용의 일반적 매커니즘을 도출하는 데에 목적을 두었다. 특히 서구 유럽의 오랜 역사에서 문화적 기층의 한 축을 이루고 있는 가톨릭이 중국 중심의 동아시아에 유입된 16세기의 사건을 중점 검토함으로서 이 목적을 달성하고자 했는데, 그 과정을 위해 먼저 가톨릭이 성립되는 초기의 상황에서 유럽으로 전파되어 유럽의 중심 종교로 정착하기까지의 과정에서 가톨릭은 어떠한 과정을 거쳤으며, 전교되는 지역에 어떠한 공헌을 했고, 또 가톨릭은 자체적으로 얼만큼의 내적 성숙을 이루었으며, 그 과정에서 종교 지식의 정착과 현실 정치의 관계에 대해 일종의 조건을 도출할 수 있었다. 그것은 ① 문화적 수준 차이에 따른 문화·종교의 전파, ② 가톨릭 자체의 내적(교리와 의례) 체계 확립, ③ 가톨릭과 현실 정치 권력의 관계 등으로 정리될 수 있었는데, 초기 가톨릭의 유럽 정착 상황에서 도출된 이 조건들은 16세기에 본격적인 동아시아 선교를 시작한 가톨릭 예수회의 선교 과정과 동아시아의 수용 과정을 검토할 수 있는 분석틀이 될 수 있었다.

이에 따라 예수회의 동아시아 선교를 살펴보았는데, 대표적으로 일본 전교활동과 중국 전교활동을 살펴보았다. 일본의 경우는 문화적 수준 차이가 비교적 드러나 있었고, 특히 일본의 내전 상황과 대륙 침략의 야욕으로 인해 예수회가 등에 업고 있는 유럽의 경제와 군사적 이점을 목적에 둔 정치적 수용이었다는 점이 가장 크게 부각되었다. 이에 따라 일본 내의 가톨릭교 수용은 예수회와 현지 정치권력과의 관계에 따라 환대와 박해가 결정되는 구조를 낳았고, 결과적으로 일본 내에서 가톨릭의 활동은 한 세기를 넘지 못하고 박해와 축출의 역사적 경험을 낳았다.

중국의 경우는 일본 전교의 역사를 모범 삼아 조심스럽게 진행되었는데, 거기에는 마테오 리치라는 뛰어난 수도자의 역할이 절대적이었다고 하겠다. 특히 일본은 한 때 10만 명이 넘는 가톨릭 교인을 확보했지만 결과적으로 가톨릭교회가 축출당했다는 사실을 교훈 삼아 일반 신도수의 증가보다 정치적 영향력을 가진 상류층 인사들의 교유와 개종을 추구했다. 이에 따라 중국의 지식인과 정치인들의 환심을 사기 위해 마테오 리치는 그 자신이 먼저 유교 전통의 고전과 문화를 깊이 체득했고, 그것을 토대로 상류층과 교유하면서 유럽의 가톨릭을 소개했다. 그러나 뜻밖에도 중국 지식인들인 가톨릭보다 서양의 최신

과학기술에 더욱 큰 관심을 보이며 호응했고, 그 결과 마테오 리치는 수도자가 아니라 학자로 인식되며 중국 지식사회에 편입될 수 있었다. 그 결과 마테오 리치는 많은 교인을 확보하진 못했으나 가톨릭이 중국 사회에 역사적으로 뿌리내릴 수 있는 기틀을 마련한 것으로 평가될 수 있었다.

요컨대, 문화는 낮은 수준이 높은 수준을 받아들이는 것은 가능해도 높은 수준이 낮은 수준을 받아들이지는 못한다. 단적으로 중국을 예로 들면, 가톨릭이 중국에 들어왔을 때 어느 쪽이 더 높은 문화였는가를 단정적으로 말할 수는 없지만, 이 글에서 논의하고 있는 세 분야에 한정해 본다면 가톨릭은 결코 16세기 명나라 말기의 중국에 비해 높은 문화를 가졌다고 말하기는 힘들 것 같다. 물론 서양의 학문은 중국의 학자들을 당혹케 하고 새로운 지식에 대한 큰 호기심을 야기한 것이 사실이지만 그것은 어디까지나 학문적 관심이었다고 말할 수 있다. 물론 마테오 리치가 중국에 소개한 세부 학문 분야는 중국의 것에 비해 현격하게 수준 높았던 것이 사실이다. 그러나 그러한 학문 체계가 중국 지식 사회를 일거에, 또 장기적으로도 혁신적으로 바꾸었다고 말하기는 힘들다. 이는 중국이 가진 문화적 수준의 위상을 알게 하는 것이며, 더군다나 문화적 자부심 역시 얼마나 높았던 것인가를 알게 한다. 실제로 마테오 리치의 기록에는 중국인들의 문화적, 학문적 자부심에 대한 이야기가 있는 만큼 그것은 당시 중국 지식인들이 중국 이외 지역의 문화와 학문, 지식과 신앙에 대해 갖고 있는 태도를 여실히 보여준다. 그럼에도 불구하고 일부 지식인들은 스스로 허황된 문화적 자부심을 내려놓고 서양 학문의 뛰어난 성취를 수용하기도 했다는 점은 당시의 학문적 다양성과 유연함에 대한 어느 정도의 믿음을 갖게 한다. 중요한 것은 문화의 전파라는 것은 높은 수준에서 낮은 수준으로 흐르는 것이지 낮은 문화가 높은 문화에 전파되는 경우는 거의 없다는 점이다. 그것은 학문과 지식 및 인식과 앎의 특성과도 같다. 우리는 모름에서 앎으로의 전환만 가능하지 앎에서 모름으로의 전환은 불가능하다.

이상의 결론을 도출하는 과정에서 이 글이 기획했던 바 언어와 문자를 통해 문화적 수준 차이에 의한 종교 지식의 수용 가능성, 교리의 통일과 의례의 확립을 통해 가톨릭 자체의 내적 발전, 조직 체계의 설립과 교육 담당을 통한 전교지 현지의 정치 권력과의 관계 설정 등의 분석틀을 적용해 보았다. 이 분석의 틀은 물론 시론(試論)적인 성격이 강하고 분석의 틀로 아직은 개괄적인 성격을 벗어나지 못했으나 종교 지식의 전파를 추적하여 분석하기 위한 틀을 성립하기 위한 기초 작업이라는 데에 의의를 둘 수 있겠다. 이 후의 연구에서 이를 기반으로 더욱 세밀하고 객관적인 분석틀이 마련될 수 있기를 기약한다.

참 고 문 헌

구범회, 『예수, 당태종을 사로잡다』, 나눔사, 2012.

김상근, 『동서문화의 교류와 예수회 선교역사』, 한들출판사, 2006.

김선희, 『마테오 리치와 주희, 그리고 정약용: 『천주실의』와 동아시아 유
학의 지평』, 심산출판사, 2012.

송영배, 『동서 철학의 충돌과 융합』, (주)사회평론, 2012.

송영배 외 5인 역, 『천주실의』, 서울대학교출판부, 1999.

마이클 콜린스·매튜 A. 프라이스 지음, 김승철 옮김, 『사진과 그림으로 보
는 기독교 역사』, 시공사, 2001.

거자오광(葛兆光) 지음, 이동연 외 7인 옮김, 『중국사상사』 2, 일빛, 2015.

제2부 한중일 지식 지형 변화의 탐색

소학 교재의 변화를 통해 본 조선 시대 지식의 지형 변화

허재영

1. 머리말

이 글은 조선시대부터 근대에 이르기까지 소학교육의 내용 변화를 통해 지식의 지형이 변화하는 모습을 고찰하고자 하는 목적을 갖고 있다. 한 사회에서 영향력을 행사하는 주요 지식은 교육에 반영되며, 사회 제도와 구조에 따라 교육을 받는 자와 그렇지 못한 자의 차이가 존재하지만, 교육이 존재하는 곳에서는 아동 교육으로부터 성인 교육에 이르기까지 일련의 교육과정이 존재하기 마련이다. 이 점은 한국 교육사에서도 확인할 수 있는데, 이응백(1975)에 따르면 『모시(毛詩)』, 『상서(尙書)』, 『주역(周易)』, 『예기(禮記)』, 『논어(論語)』는 신라, 고려, 조선시대 각종 교육과정 관련 자료에서 빠지지 않고 출현하며, 『춘추(春秋)』, 『맹자(孟子)』, 『대학(大學)』, 『중용(中庸)』은 조선시대 국초의 '학령

(學令)', 명종조의 '학교절목(學校節目)', 선조조의 '학교모범(學校模範)', 인조조의 '학교절목(學校節目)' 등에서 지속적으로 확인되는 교재였다.

이들 서책은 과거(科擧) 응시를 목표로 한 선비들을 대상으로 한 교재로, 소학교육을 비롯한 각종 교육기관을 전제로 한 것은 아니었다. 그러나 전근대의 교육 제도가 근대식 학제에서 찾아볼 수 있는 학교급(學校級)의 개념을 적용하지는 않지만, 『소학(小學)』 내편 '입교제일(立敎第一)'에서 '가르침을 세우는 원칙'을 제시하고 있듯이, 근대 이전의 교육에서도 연령과 성별에 따라 일정한 교육의 원칙을 수립했음을 틀림없다. 이와 관련하여 『소학언해(小學諺解)』를 살펴보면 다음과 같다.

[立敎 第一]

ㄱ. 남자 교육

○ 內則曰 凡生子擇於諸母與可者 必求其寬裕慈惠溫良恭敬愼而寡言者 使爲子師 ○ 子能食食 敎以右手 能言 男唯女兪 男鞶革 女鞶絲 ○ 六年 敎之數與方名 ○ 七年 男女不同席 不共食 ○ 八年 出入門戶 及 卽席飮食必後長者 始敎之讓 ○ 九年 敎之數日 ○ 十年 出就外傅 居宿於外 學書計 衣不帛襦袴 禮帥初 朝夕學幼儀 請肄簡諒 ○ 十有三年學樂誦詩 舞勺 成童舞象 學射御 ○ 二十而冠 始學禮 可以衣裘帛 舞大夏 惇行孝悌 博學不敎 內而不出 ○ 三十而有室 始理男事 博學無方 孫友視志 ○ 四十始仕 方物出謀發慮 道合則服從 不可則去 ○ 五十命爲大夫 服官政 ○ 七十致事 【언해문】 ○ 닉측(內則)[례긔편(禮記篇) 일홈이라]에 ᄀ로ᄃᆡ 믈읫 ᄌᆞ식 나호매 모든 어미와 다못 가(可)ᄒᆞᆫ 이예 ᄀᆞᆯᄒᆡ오ᄃᆡ 반ᄃᆞ시 그 어위크고 누그러오며 ᄌᆞ샹ᄒᆞ고 인혜로오며 온화ᄒᆞ고 어딜며 공슌ᄒᆞ고 조심ᄒᆞ며 삼가고 말ᄉᆞᆷ겨그니를 구ᄒᆞ야 ᄒᆞ여곰 ᄌᆞ식의 스승을 사몰디니라. ○ ᄌᆞ식이 능(能)히 밥 먹

거든 ᄀᆞ쵸ᄃᆡ 올ᄒᆞᆫ 손으로써 ᄒᆞ게 ᄒᆞ며 능(能)히 말ᄒᆞ거든 ᄉᆞ나히ᄂᆞᆫ
ᄲᆞᆯ리 ᄃᆡ답ᄒᆞ고 져집은 느즈기 ᄃᆡ답게 ᄒᆞ며 ᄉᆞ나히 ᄲᆡᄂᆞᆫ 갓초로 ᄒᆞ고 겨
집의 ᄲᆡᄂᆞᆫ 실로 홀디니라. ○ 여슷 히어든 혬과 다믓 방소 일후믈 ᄀᆞᄅᆞ칠
디니라. ○ 닐굽히어든 ᄉᆞ나히와 겨지비 돗글 ᄒᆞᆫ가지로 아니ᄒᆞ며 먹기
를 ᄒᆞᆫᄃᆡ 아니홀디니라. ○ 여듧 히어든 문(門)과 호(戶)애 나며 드롬과
밋 돗의 나아가며 음식(飮食)호매 반ᄃᆞ시 얼운의게 후에 ᄒᆞ야 비로소
ᄉᆞ양ᄒᆞ기를 ᄀᆞᄅᆞ칠디니라. ○ 아홉히어든 날혜요믈 ᄀᆞᄅᆞ칠디니라. ○ 열
히어든 나 밧ᄉᆞ승의게 나아가 밧긔셔 이시며 자며 글쓰기며 산계를 ᄇᆡ
ᄒᆞ며 오ᄉᆞᆯ 기브로 환옷과 고의를 아니ᄒᆞ며 례(禮)를 처엄 ᄀᆞᄅᆞ친 대로
조차 ᄒᆞ며 아츰 나조히 져머셔 ᄒᆞ욜 례모를 ᄇᆡ호ᄃᆡ 간이ᄒᆞ고 신실ᄒᆞᆫ 일
로 쳥(請)ᄒᆞ야 니길디니라. ○ 열히오 ᄯᅩ 세히어든 음악을 ᄇᆡ호며 모시
외오며 쟉(勺)으로 춤츠고 아히 일어든 샹(象)[쟉샹(勺象)은 다 악쟝(樂
章)이라]으로 춤츠며 활쏘기와 어거ᄒᆞ기를 ᄇᆡ홀디니라. ○ 스믈히어든
가관ᄒᆞ야 비르소 례(禮)를 ᄇᆡ호며 가(可)히 뻐 갓옷과 기블 니브며 대하
(大夏)[악쟝(樂章)이라]로 춤츠며 효도홈과 공슌호믈 도타이 ᄒᆡᆼ(行)ᄒᆞ며
너비 ᄇᆡ호고 ᄀᆞᄅᆞ치디 아니ᄒᆞ며 소개 두고 내디 아니홀디니라. ○ 셜혼
이어든 안해를 두어 비르소 ᄉᆞ나히 이를 다ᄉᆞ리며 너비 ᄇᆡ화 곧 업시ᄒᆞ
며 버들 손슌히호ᄃᆡ ᄠᅳ들 볼디니라. ○ 마은애 비르소 벼슬ᄒᆞ야 일에
마초와 계교를 내며 ᄉᆞ려를 베퍼 도(道)ㅣ 맛거든 일을 ᄒᆞ야 좃고 가(可)
티 아니커든 나갈디니라. ○ 쉰에 명(命)으로 태위되여 구읫 졍ᄉᆞ를 맛다
ᄒᆞ고 닐혼에 이를 도로 드릴디니라.

(이상 『소학언해』 내편 '입교 제일')

ㄴ. 여자 교육

○ 女子十年不出 姆敎婉娩聽從 執麻枲 治絲繭 織紝組紃 學女事 以共衣服
觀於祭祀 納酒漿籩豆菹醢 禮相助奠 ○ 十有五年而筓 ○ 二十而嫁 ○ 有故

二十三而嫁 聘則爲妻 奔則爲妾 【언해문】 ○ 겨집이 열히어든 나ᄃᆞ나디
아니ᄒᆞ며 스승어믜 ᄀᆞᄅᆞ치믈 유순히 드러 조츠며 삼과 뚝삼을 잡들며
실과 고티를 다스리며 명디 깁ᄧᆞ며 다회 ᄧᅡ 겨집의 이를 빈화 ᄡᅥ 의복(衣
服)을 쟝만ᄒᆞ며 졔ᄉᆞ(祭祀)에 보ᄉᆞᆯ펴 술와 촌믈과 대그릇과 나모 그릇과
팀치와 저슬 드려 례(禮)로 도와 버기리글 도올디니라. ○ 열히오 ᄯᅩ 다
숫히어든 빈혀 곳고 스믈히어든 남진브틀디니 연고 잇거든 스믈 세힌히
예 남진브틀디니라. ○ 빙(聘)례로 ᄒᆞ면 안해 되고 그저 가면 첩(妾)이
되ᄂᆞ니라.

(이상 『소학언해』 내편 '입교 제일')

『소학』에 따르면, 남자의 경우 태어나서 6세 이후 본격적인 지식
교육이 이루어지는 셈인데, 처음으로 '수(數)'와 '방명(方名)'을 배우고,
그 다음 '어른에게 음식 사양하는 법', '출외(出外)하여 스승에게 글쓰
기 및 산계(算計)'를 배우며, 13세에 이르러 '음악과 모시(毛詩) 외우기',
'작(勺)과 상(象)으로 춤추기', '활쏘기와 어거(御車)하기', 20세에 이르
러 '관례(冠禮)', '대하(大夏)로 춤추기', '박학(博學)', '불교내이불출(不敎
內而不出)의 태도'를 배운다. 이에 비해 여아의 경우 집 밖으로 나가지
않고, 모교(姆敎)의 가르침을 받아 '마시(麻枲, 삼과 모시풀) 잡기', '치사
견(治絲絹, 실과 누에고치 다스리기)', '직임조순(織紝組紃, 명주 베짜기)' 등
의 '여사(女事)'를 배운다.

이와 같이 전근대의 사회 구조 속에서도 신분과 성별의 차별이 존
재했을지라도, 그 시대와 사회의 주요 가치를 전수하기 위한 교육이
존재했으며, 송대 주자(朱子)의 제자였던 유자징이 『소학(小學)』을 편
찬한 이래, 조선에서도 여러 종류의 소학 교재가 저술되었다. 그러나
조선시대 소학용 교재는 종수나 내용 면에서 큰 변화가 보이지 않는

다. 그럼에도 16세기 율곡의 『격몽요결』이나 우복 정경세(鄭經世)의 『양정편(養正編)』, 18세기 장혼의 『아희원람(兒戱原覽)』, 19세기 이덕무의 『사소절(士小節)』 등에 나타나는 '소학' 개념의 변화는 소학 교육[1]의 지형 변화를 보여주는 적절한 자료이다. 특히 1880년대 이후 근대 지식이 유동하는 상황에서 학부 편찬의 교과서를 비롯한 다수의 교재에서는 전통적인 교육 사상과 근대 지식이 혼합된 모습을 보여주는데, 이는 지식 지형의 변화를 탐구할 때 중요한 의미를 갖는 것으로 보인다.

이러한 흐름에서 이 연구는 조선시대부터 근대 초기까지의 소학 교재를 대상으로 지식 지형의 변화 양상을 기술하는 데 목표를 둔다.

2. 전통적인 소학 교육

이응백(1975)에 따르면 조선 초기의 '학령(學令)'의 교육과정은 "모든 서생의 독서는 일상적으로 사서 오경(四書五經) 및 제반 역사 등의 서적을 읽도록 하며, 노장(老壯), 불경(佛經), 잡류(雜流), 백가자집(百家子集) 등의 서적은 옆에 끼지 않는다."라고 하였다. "이를 어기는 자는 벌하고, 매월 제술(製述)하며, 초순(初旬)에 의(義)와 논(論)을 제기하며, 중순(中旬)에 부(賦), 표(表), 송(頌), 명(銘), 잠(箴)을 짓고, 종순(終旬)에는 대책(對策) 혹은 기(記)를 짓는다."라고 하였다.[2] 이 규정은 제반 서생

---

1) 이 글에서 사용하는 '소학 교육'은 어린이를 대상으로 하는 '초등 교육'뿐만 아니라 전통적인 학문의 초심자를 대상으로 하는 교육을 폭넓게 지칭한다. 본문에서 '초등 교육', '아동 교육' 등으로 표현하지 않은 이유는 전통적인 교육에서 '소학'이 '아동'뿐만 아니라 '학문 입문자'를 포괄적으로 지칭했기 때문이다. 책명으로서 『소학』과 초등 교육의 성격을 띠는 '소학 교육'은 다른 의미를 갖는다.

을 대상으로 한 것이지만, 조선시대 선비를 대상으로 한 교육과정이 '사서오경'과 '사서'를 중심으로 편제되었으며, 교육 방법은 독서(讀書), 제술(製述), 의론(義論), 작문(作文) 등으로 구성되었음을 알려주는 적절한 자료이다.

또 하나 조선시대 교육과정에 속하는 '학교모범(學校模範)'은 동유(童幼) 소학도(小學徒)를 대상으로 한 수신(修身)과 독서(讀書) 과정이 제시되어 있다.

[학교모범(學校模範)3)]

天生蒸民。有物有則。秉彝懿德。人孰不稟。只緣師道廢絶。敎化不明。無以振起作成。故士習偸薄。良心梏亡。只尙浮名。不務實行。以致上之朝廷乏士。天職多曠。下之風俗日敗。倫紀斁喪。念及于此。誠可寒心。今將一洗舊染。丕變士風。旣盡擇士敎誨之道。而略倣聖賢謨訓。撰成學校模範。使多士以爲飭躬制事之規。凡十六條。爲弟子者。固當遵行。而爲師者。尤宜先以此正厥身。以盡表率之道。

하늘이 만백성을 낳으니 사물이 있으면 법칙이 있는 것이다. 천부(天賦)의 거룩한 덕을 누구나 다 받았건마는, 사도(師道)가 끊어지고 교화(敎化)가 밝지 못함으로 말미암아 진작시킬 수가 없었다. 그래서 선비의 풍습이 경박하여지고 양심(良心)이 마비되어 부박(浮薄)한 공명만 숭상하고 실행을 힘쓰지 않아서 위로는 조정에 인재가 모자라서 벼슬에 빈

2) 이응백, 『국어교육사연구』, 신구문화사, 1975, 31~32쪽. '학령(學令)'은 조선시대 성균관, 사학, 종학, 향교 등의 학교에서 학생들의 활동과 수업 내용, 처벌 규정 등을 정한 학칙이다. 학령에는 성균관 학령(현전하는 것은 『동국문헌비고』 '태학지' 소재), 향교 학령(명종 원년 예조의 권학사목, 1608년 안동읍지 『영가지(永嘉誌)』의 안동 향교 학령, 경주 학령) 등이 있다.
3) 민족문화추진회, 『율곡집』 1, 민족문화문고, 1986, 원문 726쪽, 번역문 382쪽.

자리가 많으며, 아래로는 풍속이 날로 퇴폐하고 윤리의 기강(紀綱)이 날로 무너져 없어지고 있다. 생각이 여기에 이르니 참으로 한심하지 않을 수 없다. 이제 장차 지난날의 물든 습속을 일소하고 선비의 기풍을 크게 변화시키기 위하여, 선비를 가려 뽑고 가르치는 방법을 다해서 성현의 가르침을 대략 본받아 〈학교모범〉을 만들어서 많은 선비들로 하여금 몸을 가다듬고 일을 처리해 나가는 규범을 삼게 하니 모두 16조(條)로 되어 있다. 제자(弟子) 된 자는 참으로 마땅히 지켜 행해야 되고 스승 된 이는 더욱 이 법규로써 먼저 자신을 바로잡아 이끄는 도리를 다해야 할 것이다.

이 법규에 제시한 16조는 '입지(立志), 검신(檢身), 독서(讀書), 신언(愼言), 존심(存心), 사친(事親), 사사(事師), 택우(擇友), 접인(接人), 응거(應擧), 수의(守義), 상충(尙忠), 독경(篤敬), 거학(居學), 독법(讀法)'으로, 지식교육보다는 수신을 중시하고 있음을 알 수 있다. 그러나 이 규칙의 제3조 '독서(讀書)'에는 소학도의 교육과정을 설명하고 있다는 점에서 조선시대 소학도의 교육 내용이 어떤 것이었는지를 추론하는 데 도움을 준다. 이에 따르면 소학 교육은 『소학』을 먼저 배우고, 『대학』과 『근사록』으로 규모를 정하며, 그 다음에 『논어』·『맹자』·『주용』 등 5경을 읽고, 사기(史記)와 선현의 성리서를 읽는 순서로 교육과정이 정해져 있다.4)

---

4) 민족문화추진회, 위의 책, 1986, 원문 728쪽, 번역문 384쪽. "三曰讀書。謂學者旣以儒行檢身。則必須讀書講學。以明義理。然後進學功程。不迷所向矣。從師受業。學必博。問必審。思必愼。辨必明。沈潛涵泳。必期心得。每讀書時。必肅容危坐。專心致志。一書已熟。方讀一書。毋務汎覽。毋事彊記。其讀書之序。則先以小學。培其根本。次以大學及近思錄。定其規模。次讀論孟中庸五經。間以史記及先賢性理之書。以廣意趣。以精識見。而非聖之書勿讀。無益之文勿觀。讀書之暇。時或游藝。如彈琴習射投壺等事。各有儀矩。非時勿弄。若博弈等雜戱。則不可寓目以妨實功。셋째는 글 읽기이니, 배우는 자가 이미 선비의 행실로 몸가짐을 단속하고 나서는

이러한 교육과정은 성재 유중교(省齋 柳重教, 1832~1893)의 '관자학규
(冠者學規)'에서도 찾아볼 수 있는데, 그 내용은 다음과 같다.

『관자학규(冠者學規)[5]』

一. 蘗山門下 舊有輪經之制 每講諸人 共治一經 通同講習 互相辨質 用力少
而得力多 儘美規也. 今宜修擧此制 以爲恒式新進後學 不妨別作數等 依次追
及講課 以四子六經 周流循環爲準的 而四子 則先大學 次論孟 次中庸已 有朱
子所定六經 則先治詩書 卽以朱子所纂儀禮經傳 通解繼之. 蓋三禮之經傳無
統者 此旣整理爲完書 樂經之全缺者 此亦掇拾其散出 而附見言. 治此一經 可
以當禮樂二學之本源也. 其次乃治易與春秋 易主本義 而參程傳春秋通攷四
傳 而且依胡氏說 以見大意 亦朱子遺旨也. 小學一書 乃四子六經之基址也.
始學者 皆宜別立一課 先致力於此 而有所養焉. 然後乃循序以進乎諸經.

일. 벽산 문하에 예날 윤경(輪經)의 제도가 있었는데, 매번 강학하는 모
든 사람이 공동으로 하나의 경전을 읽고 통할 수 있도록 공동으로 강습

반드시 독서와 강학(講學)으로 의리를 밝혀야 하니 그런 뒤에 학문에 나아가야 학문의
방향이 흐리지 않는 것이다. 스승에게 배우되 배움은 넓어야 하고 질문은 자세하게 해야
하며 생각은 신중하게 해야 하고 분별은 명확해야 한다. 그리하여 깊이 생각하여 반드시
마음으로 터득하기를 기약할 것이다. 언제나 글을 읽을 때는 반드시 태도를 정숙하게
하고 단정히 앉아서 마음과 생각을 한곳으로 모아 한 가지 글에 익숙해진 다음에 비로소
다른 글을 읽어야 하고 많이 보기에 힘쓰지 말아야 하고 기억하는 것만 일삼지 말아야
한다. 글 읽는 순서는 『소학』을 먼저 배워 그 근본을 배양하고 다음에는 『대학』과 『근사록
(近思錄)』으로 그 규모를 정하고, 그다음에는 『논어』·『맹자』·『중용』과 오경(五經)을 읽고,
『사기(史記)』와 선현의 성리(性理)에 관한 책을 간간이 읽어 뜻을 넓히고 식견을 가다듬어
야 할 것이다. 성인이 짓지 않은 글은 읽지 말고 보탬이 없는 글은 보지 말아야 한다.
글 읽는 여가에는 때로 기예를 즐기되 거문고 타기, 활쏘기 연습, 투호(投壺) 등의 놀이는
모두 각자의 규범을 두어 적당한 시기가 아니면 놀지 말고, 장기·바둑 등 잡희에 눈을
돌려 실제의 공부에 방해가 되게 해서는 안 된다."

5) 신현국(申鉉國), 『학례유범(學禮遺範)』(석판본, 간행지 미상), 1964, 11~12쪽. 이 책은 신현
   국(1869~1949)이 편찬한 조선시대 학례에 관한 책으로 1964년 석인본으로 간행되었다.
   현재 국립중앙도서관, 단국대학교 일본연구소 HK＋사업단이 소장하고 있다. 이 책에 수록
   된 '관자학규'의 출처는 성재 유중교의 『성재집(省齋集)』이다.

하며, 서로 변질(辨質)하면 힘은 적게 들고 얻는 것은 많으니 진실로 좋은 제도이다. 지금 마땅히 이 제도에 따라 신진 후학들의 일정한 법식으로 삼으면 별도의 등급을 만들지 않더라도 방해되지 않는다. 이 순서 및 강학하는 과목은 4자 6경을 두루 순환함으로써 표준을 삼는 것이니, 사자는 먼저 『대학』을 읽고, 그 다음으로 『논어』, 『맹자』, 그 다음으로 『중용』을 읽는 것이다. 주자가 정한 6경이 있으니, 먼저 『시경』과 『서경』을 읽는 것은 즉 주자가 편찬한 의례와 경전으로써 통해를 계속하도록 하는 것이다. 대개 3경이 완전히 전해지지 않는 것은 이것이 이미 정리되어 완서(完書)가 되었는데, 『악경(樂經)』(진시황의 분서로 인해 전해지지 않는다고 함)은 모두 전해지지 않는다. 이 또한 흩어진 것을 모아 편집하였으니 덧붙여 볼 수 있다고 말한다. 이 일경(一經)을 공부하는 것은 가히 예악(禮樂) 두 학문의 근본을 닦는 것이 된다. 그 다음 『역경』과 『춘추』를 공부하니, 『역경』의 본의(本義)를 주로 하며, 『정전(程傳)』(주역정전으로 송대 정이, 정호 형제가 편찬한 책), 『춘추통고사전(春秋通攷四傳)』(일반적으로 '사전춘추'가 존재하는데, 춘추통고사전의 정확한 존재는 알려지지 않음. 사전춘추와 유사한 책으로 추정)을 참고한다. 그리고 또한 호씨의 설에 따라 대의를 삼는 것은 또한 주자의 유지이다. 『소학(小學)』 한 권은 4자 6경의 토대이다. 초학자는 모두 별도로 일과(一課)를 두어 먼저 그것을 힘써 공부하고 소양을 길러야 한다. 그런 후에 차례에 따라 여러 경전에 나아갈 수 있어야 한다.

一. 經書正課之外 又治一般子書 如近思錄 家禮 及 歷代正史 先賢文集之類 以配之. 而今且以家禮爲先參 以諸儒說期於熟復會通 而後乃及他書. 盖六經固已列儀禮 而古今殊宜公私相雜求其爲士大夫家 日用常變之所需則未有切於家禮. 故特立此一課.

일. 경서의 과목을 둔 것 이외에 또한『근사록』,『가례』와 같은 은자서(殷子書, '은자'는 은나라 기자(箕子)를 지칭함) 및 역대 정사, 선현의 문집 등을 적절히 배열하여 공부한다. 지금 마땅히 가례를 먼저 참고하는 것은 모든 유생이 반복하여 익히고 이해한 연후에 다른 서적을 읽도록 해야 하기 때문이다. 대개 6경에는 예의가 들어 있다. 그리고 고금에 마땅히 공사(公私)가 섞여 있는 것은 사대부가의 일용 상변에 필요한 것이 되니 즉 가례보다 더 필요한 것은 없다. 그러므로 특별히 이것을 하나의 교과로 삼는다.

'관자(冠者)'는 일반적으로 '관례를 치른 사람', 즉 '성년이 된 젊은이'를 뜻한다. 이 학규(學規)에 따르면 학문하는 사람이 읽어야 할 책의 순서가 나타나는데,『소학』은 모든 경전의 토대가 되며, 이를 바탕으로 4자(대학, 논어, 맹자, 중용), 6경을 읽도록 하였다. 또한 '학교모범'에서『소학』다음으로『근사록』을 읽어야 한다고 하였듯이, '관자학규'에서도『근사록』은『가례』와 함께, 기본 교육과정의 중요한 교육 대상으로 제시되었다.

이러한 차원에서 조선시대 소학 교육의 기본을 이루었던『소학』의 체계와 내용상의 특징을 살펴볼 필요가 있다. 널리 알려진 바와 같이,『소학』은 '내편'과 '외편' 6장으로 구성되어 있다. '내편'은 '입교(立教)', '명륜(明倫)', '경신(敬身)', '계고(稽古)'의 4장, '외편(外篇)'은 '가언(嘉言)', '선행(善行)'의 2장으로 구성되었다. 각 장은 유교 경전이나 성현의 언행을 발췌 편지한 형태로 구성되었는데, 예를 들어 '입교(立教: 가르침을 세움)'의 경우『대학』의 한 구절을 서절(序節: 시작하는 절)로 인용하고,『열녀전』,『예기』의 '내칙(內則)', '곡례(曲禮)', '학기(學記)', '왕제(王制)', '악기(樂記)',『논어』,『관자(管子)』의 '제자직(弟子職)' 등에서 교육과 관련된 구절을 발췌 편집하였다. '명륜(明倫: 인륜을 밝힘)'에서도 『예기』 '내칙', '곡례', '제의(祭義)', '제통(祭統)'이 중심이 되며, 『논어』의 증자나 공자의 효에 관한 구절, 『맹자』 등을 대상으로 '부자지친(父子之親)', '군신지의(君臣之義)', '부부지별(夫婦之別)', '장유지서(長幼之序)', '붕우지교(朋友之交)' 관련 구절을 발췌하고 '통론(通論)'에 해당하는 구절을 부가하였다. '경신(敬身)'에서도 『논어』의 한 구절을 서절로 인용하고, 『예기』, 『논어』 등을 중심으로 '심술지요(心術之要: 마음의 종요로운 것을 밝힘)', '위의지칙(威儀之則: 위의의 법칙을 밝힘)', '의복지제(衣服之制)', '음식지절(飮食之節)'과 관련된 구절을 편집하였다. '계고(稽古: 옛 일을 상고함)'에서는 『맹자』를 서절로 인용하고, '입교(立敎)', '명륜(明倫)', '경신(敬身)'과 관련된 고사를 『논어』, 『맹자』, 중국 사서(史書) 등에서 발췌하여 편집하였다. '계고'에서도 '통론(通論)'을 둔 점이 특징이다. '외편(外篇)'의 '가언(嘉言)'은 『시경(詩經)』의 한 구절을 서절로 인용하고, 행실을 본받을 만한 아름다운 말과 관련된 구절을 편집하였는데, '광입교(廣立敎)', '광명륜(廣明倫)', '광경신(廣敬身)'과 관련된 '횡거선생', '양문공', '명도선생', '이천선생', '진충숙공', '제갈무후' 등 명유(明儒)들의 언행을 발췌 편집하였다. '선행(善行)'은 인용한 서절(序節)이 없으며, 81절의 어진 행실과 관련된 인물의 고사와 언행을 소개한 장이다.[6]

이를 종합할 때 『소학』은 '입교', '명륜', '경신'과 관련한 성현들의 삶을 가르치고, '계고'를 통해 그것을 넓히며, '가언'으로 그 의미를 더욱 밝히는 구조를 갖고 있는 셈이다. 특히 '명륜', '계고'의 '서절(序

---

6) 『소학』의 각 장 구성은 '입교'의 경우 '서절'(『대학』)+13절, '명륜'은 '서절'(『맹자』)+108절 (통론 포함), '경신'은 '서절'(『논어』)+46절, '계고'는 '서절'(『맹자』)+47절(통론 포함), '가언'은 '서절'(『시경』)+91절, '선행'은 본문 81절로 구성되었다.

節)', '본문절(本文節)', '통론(通論)'과 같이, 일정한 구조를 고려한 점은 『소학』이 소학 교육의 내용뿐만 아니라 교재로서의 기본적인 형식을 취한 것으로 평가할 수 있다.

3. 『격몽요결』과 『양정편』

앞서 살펴본 바와 같이, 조선시대 소학 교육의 기본 교재는 『소학』 과 『근사록』이었다. 『근사록』은 남송대 주자(朱子)와 그의 친구인 여조겸(呂祖謙)이 편찬한 책으로, 주돈이의 『태극도설』, 『통서(通書)』, 장재의 『서명(西銘)』, 정이 형제의 『이정전서(二程全書)』 등을 발췌하여 편집한 책으로 알려져 있다. 이 책은 '도체류(道體類)', '위학류(爲學類)', '치지류(致知類)', '존양류(存養類)', '극기류(克己類)', '가도류(家道類)', '출처류(出處類)', '치체류(治體類)', '치법류(治法類)', '정사류(政事類)', '교학류(敎學類)', '경계류(警戒類)', '변리단류(辨異端類)', '관성현류(觀聖賢類)' 등 14편으로 구성되어 있다. 각 편의 제목이 암시하듯이 학문의 강령과 도리로부터 도가(道家)와 불가(佛家) 또는 한비자와 묵자 등을 이단으로 규정하고, 7대 성인(요순우탕 문무주공)이나 공자와 송대 4현을 도통으로 하는 성현의 학문을 숭상하는 데에 이르기까지 성리학적 수양 원리와 학문을 중시하는 내용으로 구성되었다.[7] 이러한 소학 교재는 모두 중국 송대에 편찬된 것으로, 고려시대부터 우리나라에

---

7) 『근사록』과 관련한 연구는 20여 편의 석사학위 논문과 100여 편의 학술지 논문이 있다. 근사록의 교육적 함의와 관련한 것으로, 고대혁, 「근사록과 유학의 공부론: 도덕교육적 함의」, 『동방학』 22, 한서대학교 동양고전연구소, 2012, 257~289쪽; 김병환·임명희·정환희, 「근사록 관성편의 도덕과 인물 학습이 주는 함의」, 『도덕윤리과교육』 41, 한국도덕윤리과교육학회, 2013, 127~154쪽 등을 참고할 수 있다.

전래된 것으로 알려져 있다.8) 이 점에서 조선 초기의 소학 교육에도
『소학』과 『근사록』이 소학 교재로 널리 사용되었음은 쉽게 추론할
수 있는데, 이는 『조선왕조실록』에 '태조' 때부터 『소학』이 사용되고
있음을 나타내는 기사가 등장하며,9) 세종조에 경연에서 『근사록』을
강(講)한 기록도 나타난다.10)

이러한 흐름에서 조선 초기 우리나라 사람이 저술한 소학용 교재를
찾기 어려운데, 중종 때 아동을 가르치는 '동몽학(童蒙學)'이라는 학교
에서도 『소학』과 『대학』을 교재로 하고 있음을 확인할 수 있다.11)

---

8) 송희준, 「근사록의 도입과 이해」, 『한국학논집』 25, 계명대 한국학연구원, 1998, 131~145쪽.

9) 太祖實錄 卷六, 태조3년 11월 19일 乙卯. "司譯院提調偰長壽等上書言: (…中略…) 每三年一
次考試, 勿論是(無) [否] 本院生徒, 七品以下人, 但能通曉四書、『小學』、吏文、漢・蒙語者,
俱得赴試. 習漢語者, 以四書、『小學』、吏文、漢語皆通者, 爲第一科, 與正七品出身; 通四書之
半及『小學』、漢語者爲第二科, 與正八品出身. 止通『小學』漢語者爲第三科, 與正九品出身. 3
년마다 한 번씩 시험을 보이는데, 〈시험 자격은〉 본원에 생도로 재학했든 안 했든 그것은
논하지 말고, 7품 이하의 사람으로서 『사서(四書)』와 『소학』・이문(吏文)・한어・몽고어에 통
하는 사람은 다 응시하게 하고, 한어를 공부하는 사람으로서 『사서』・『소학』・이문・한어에
다 통하는 자를 제1과(科)로 하여 정7품 출신의 〈교지를〉 주고, 『사서』의 반쯤과 『소학』
및 한어를 통하는 자를 제2과로 하여 정8품 출신과 같게 하고, 『소학』과 한어만 능통하는
자를 제3과로 하여 정9품 출신과 같게 한다."(이상 http://sillok.history.go.kr에서)

10) 世宗實錄 卷二, 세종 즉위년 11월 13일 己未. "己未/視事, 御經筵. 上曰: "欲講『資治通鑑』如
何?" 柳觀曰: "卷數甚多, 恐未可遍覽." 金益精請講『近思錄』, 上曰: "然." 임금이 정사를 보고
경연에 나아갔다. 임금이 말하기를, "『자치통감(資治通鑑)』을 강(講)하고자 하는데, 어떠한
가." 하니, 유관(柳觀)이 아뢰기를, "책의 수효가 너무 많으니, 두루 다 보지 못할 듯합니다."
하였다. 김익정(金益精)이 『근사록(近思錄)』을 강하기를 청하니, 임금이 말하기를, "그렇게
하라."라고 하였다."(이상 http://sillok.history.go.kr에서)

11) 中宗實錄 卷一, 중종 1년 12월 29일 癸酉. "癸酉/御朝講. 持平辛世瑚、正言朴光榮論曺繼衡等
事. 辛世瑚又曰: "童蒙學, 古之所以訓誨童蒙者也. 近者學校廢弛, 寡婦之子, 不能爲學, 雖有父
兄, 若是不學者, 則亦無從爲學. 請申明舊法, 立童蒙學, 以廣爲學之路." 上顧問左右, 領事成希
顔曰: "如此則童蒙自當就學." 知事權鈞曰: "童蒙訓導, 古有遞兒職受祿矣." 上曰: "當問諸該
曹." 조강에 납시었다. 지평 신세호・정언 박광영이, 조계형 등의 일을 논하였다. 신세호가
또 아뢰기를, "동몽학(童蒙學)은 옛적에 어린이를 가르치던 곳이었습니다. 그런데 근자에
학교가 폐이(廢弛)하여 과부의 아들이 능히 배우지 못하고, 또 비록 부형이 있어도 이와
같이 공부하지 않고 있으므로 역시 공부시킬 방도가 없습니다. 청컨대 옛법을 거듭 밝혀서
동몽학을 세워 배울 수 있는 길을 넓히소서." 하였다. 상이 좌우를 돌아보며 물으니, 영사
성희안이 아뢰기를, "이와 같이 하면, 어린이가 스스로 학교에 나아갈 것입니다." 하고,

이를 고려할 때 비록『삼강행실도』가 포함되었을 가능성이 있을지라도,[12] 조선 초기 소학 교재는 중국인 저술의『소학』,『근사록』이 중심을 이루었음이 틀림없다. 이 점에서 율곡(栗谷)의『격몽요결(擊蒙要訣)』은 소학 교육의 지형 변화와 관련하여 주목할 필요가 있다. 이 책은 선조 16년 9월 1일 '황해도 유생 상소'에 등장하는데, 그 내용은 다음과 같다.

[黃海道儒生等上疏[13]]

略曰: 臣等伏見宋應漑啓辭, 所謂: "賄賂輻輳、受穀百石、公署代出、海澤缸稅、爭訟殺人" 等事, 寧有是理乎? 讒人罔極, 巧舌簧鼓, 欲加之罪, 何患無辭? 嗚呼! 珥居鄕曲也, 辭受取與, 無非合義, 而至於敎人, 莫不以苟得戒之. 嘗著一冊, 其名曰『擊蒙要訣』, 凡所以飭躬、接物之要, 無不備載. 而其一條曰: "爲士而受守令之饋, 則是犯禁也." 安有以此勉人, 而不勉於己乎? 然則輻輳之說, 無謂甚矣.

황해도(黃海道) 유생 등이 상소하였는데, 그 대략에, "신들이 삼가 살펴 건대, 송응개의 계사에 '뇌물이 모여 들었다.' '곡식 1백 섬을 받았다.' '공서(公署)에 다른 사람 이름으로 문서를 제출하여 땅을 떼어 받았다.' '어염(魚鹽)의 이익을 독차지했다.' '선세(船稅)를 받았다.' '쟁송(爭訟)을 하였다.' '그의 형이 살인했다.'는 등등의 말이 있었는데, 어찌 그럴

지사 권균(權鈞)은 아뢰기를, "동몽 훈도(童蒙訓導)는 옛적에 체아직이 있어서 녹을 받았습니다." 하니, 상이 이르기를, "해조(該曹)에 물으라."라고 하였다."(이상 http://sillok.history.go.kr에서).

12) 중종 12년 8월 27일 경오 기사(중종실록 29권)에서는 조강(朝講)에서 "관학, 동몽학'에『대학』,『소학』을 아는 자가 누가 있겠습니까?"라는 검토관 기준의 논의가 나타난다. 이 기사에서는『삼강행실도』,『대학』,『소학』이 동몽학의 교재로 사용되었음을 추론하게 한다.

13) 『선조수정실록』권17, 선조 16년 9월 1일 기묘 기사의 '황해도 유생 상소'. (이상 http://sillok.history.go.kr에서)

리가 있겠습니까. 참소하는 사람이 망극하게도 교묘하게 입을 놀려 죄를 덮어씌우려고 한다면 무슨 말을 못하겠습니까. 아, 이이는 고향에 있을 때 사양하고 받고 취하고 주는 데 있어서 도리에 부합하지 않는 것이 없었으며, 사람을 가르침에 있어서도 구차스럽게 얻는 것을 경계하지 않은 적이 없었습니다. 일찍이 책을 하나 지었는데, 그 이름은 『격몽요결(擊蒙要訣)』입니다. 자신의 몸가짐과 사물을 접하는 요체가 갖추 실리지 않은 것이 없는데, 그 한 조항에 이르기를 '선비로서 수령이 주는 물품을 받으면 이는 금법(禁法)을 범하는 것이다.' 하였습니다. 어찌 그런 식으로 다른 사람을 권면하면서 자신은 힘쓰지 않을 리가 있겠습니까. 그렇다면 뇌물이 모여들었다는 말은 매우 근거없는 이야기입니다.

이 책은 1577년 율곡이 저술한 소학 교육을 위한 입문서이다.[14] 이는 책명의 '격몽(擊蒙)'이라는 표현을 통해서도 쉽게 추론할 수 있다.[15] 이 책을 지은 뜻은 '서(序)'에 잘 나타나 있다.

[序[16]]

人生斯世에 非學問이면 無以爲人이니 所謂學問者는 亦非異常別件物事也라 只是爲父當慈, 爲子當孝, 爲臣當忠, 爲夫婦當別, 爲兄弟當友, 爲少者當敬長, 爲朋友當有信이니 皆於日用動靜之間에 隨事各得其當而已요 非馳心

---

14) 율곡선생기념사업회, 『국역 율곡전서 정선』, 율곡선생기념사업회, 1957, 529쪽. 이 책에서는 "先生이 四十二歲 時에 副提學을 辭하고 三月에 坡州 栗谷에 돌아오셨다가 十月에 海州 石潭으로 가시어 隱屛精舍를 지으시고 弟子를 訓誨하셨는데, 이 擊蒙要訣는 學者에게 道學의 入門을 指示하신 것이다. 擊蒙은 蒙昧한 것을 擊去한다는 뜻이다."라고 풀이하였다.

15) 이 책이 소학용 교재로도 널리 활용되었음은 『인조실록』 21권, 인조 7년 8월 17일 기사(己巳)에서 『소학』, 『오륜가』와 함께 『격몽요결』을 간행하여 중외에 반포한 기록을 통해서도 확인할 수 있다.

16) 민족문화추진회, 『율곡집』 1, 민족문화문고, 1986, 원문 746쪽, 번역문 423쪽.

玄妙하여 希覬奇效者也라. 但不學之人은 心地茅塞하고 識見茫昧라. 故로
必須讀書窮理하여 以明當行之路然後에 造詣得正而踐履得中矣리라. 今人
은 不知學問이 在於日用하고 而妄意高遠難行이라. 故로 推與別人하고 自
安暴棄하니 豈不可哀也哉아. 余定居海山之陽할새 有一二學徒 相從問學하
니 余慙無以爲師요 而且恐初學이 不知向方하고 且無堅固之志而泛泛請益
이면 則彼此無補하고 反貽人譏라. 故로 略書一冊子하여 粗敍立心飭躬奉
親接物之方하고 名曰擊蒙要訣이라 하여 欲使學徒觀此하고 洗心立脚하여
當日下功하고 而余亦久患因循하여 欲以自警省焉하노라. 丁丑季冬에 德水
李珥는 書하노라.

사람이 이 세상에 나서 학문이 아니면 사람다운 사람이 될 수 없다. 이른
바, 학문이란 것은 역시 이상스럽고 별다른 것이 아니고, 다만 아비된
자는 마땅히 자애로워야 하며, 자식된 자는 마땅히 효도해야 하고, 신하
된 자는 마땅히 충성하여야 하며, 부부간에는 마땅히 유별(有別)하고,
형제간에는 마땅히 우애로워야 하며, 젊은이는 마땅히 어른을 공경해야
하고, 친구 간에는 마땅히 신의가 있어서, 일용의 모든 일에 있어서 그
일에 따라 각기 당연하여야 할 뿐이요, 현묘한 것에 마음을 두어 기이한
것을 노려서는 안 된다. 다만 학문하지 않은 사람은 마음이 궁색하고
식견이 좁으므로, 모름지기 글을 읽고 그 이치를 연구하여 마땅히 행할
길을 밝힌 연후에야, 행하는 것이 올바르고 편벽되지 않은 길을 걸을
수 있게 될 것이다. 요즘 사람들은 학문이 일상생활에 있는 줄은 모르고
망령되게 높고 멀어 행하기 어려운 것으로 생각하니, 특별한 사람에게
미루고 자기는 자포자기하니 어찌 불쌍하지 않으랴. 내가 해산(海山: 海
州)의 양(陽: 石潭)에 있을 때 한두 학도가 서로 따르며 학문을 물었다.
내가 스승이 될 수 없음을 부끄럽게 여기고, 또한 초학(初學)의 향방을
모르고, 굳은 뜻이 없이 범범(泛泛)히 배우겠다고 한다면 피차에 도움이

없고 도리어 남의 조롱만 사게 될 것을 염려하여, 간략하게 한 책을 쓰되, 대략 마음을 세우고, 몸을 신칙[飭躬]하여 부모를 봉양하며, 남을 접대하는 방법을 서술하여 『격몽요결』이라 이름해서 학도들로 하여금 이것을 읽고 마음을 씻게 하며, 이를 근거로 하여 즉시 공부에 착수하게 하고, 나도 역시 오랫동안 구습에 얽매여 괴로워하던 차에 이것으로 스스로 경성(警省)하고자 하노라. 정축 늦겨울 덕수(德水) 이이(李珥) 씀.

서문에 밝힌 것과 같이, 『격몽요결』은 '초학자(初學者)'를 위한 '독서궁리(讀書窮理)', '당행지로(當行之路)'를 밝히고자 하는 목적으로 편찬했다. 이 책은 공부를 시작하기 위해 뜻을 세워야 한다는 '입지(立志)', 뜻을 가다듬어 학문의 길로 나아가기 위해 구습을 제거해야 한다는 '혁구습(革舊習)', 성인의 도를 향하고 세속 잡사로부터 자기의 뜻이 흔들리지 않도록 몸가짐을 바로 해야 한다는 '지신(持身)', 이치를 궁구하는 원리로서의 '독서(讀書)', 어버이의 은혜를 깨치기 위한 '사친(事親)', 가례의 하나로 '상제(喪制)', 제사와 관련된 '제례(祭禮)', 집을 거느리고 직분을 다하도록 하는 '거가(居家)', 사람을 접대하는 원리와 관련된 '접인(接人)', 학문 성취와 쓰임과 관련된 '처세(處世)' 등 10장으로 구성되었다.

이 책의 특징은 『소학』이 경서(經書)나 사서(史書), 언행록 등을 발췌하여 편집한 것과는 달리, 율곡의 입장에서 필요한 내용을 서술해 가는 방식을 취한 점이다. 그렇기 때문에 비록 성현의 언행이나 고전을 인용할지라도 원문을 그대로 옮기는 방식이 아니라 율곡의 재해석을 거쳐 진술된다. 그러나 『격몽요결』의 학문이 '입지(立志)'에서, "진실로 나의 뜻이 참으로 학문에 있다면, 착한 일을 하는 것은 자신에게 있는 것이니 하고자 하면 되는 것이다. 어찌 하고자 하면 되는 것인데,

남에게서 얻으려고 하며, 후일을 기다릴 필요가 있겠는가. 뜻을 세우는 것이 귀하다는 것은 공부를 시작하여 물러서지 말아야 된다는 것이니, 만일 뜻이 성실하지 못하여 그럭저럭 시일만 보낸다면 죽도록 무슨 성취가 있겠는가.17)"라고 하고, "천리를 통하는 학문과 인간에 뛰어난 행실"을 추구하고 "본심을 잃지 않고, 도를 행하는 것18)"을 '처세(處世)'의 목적으로 삼는다는 점에서, 전통적인 '수기치인(修己治人)'의 학문 태도를 벗어나지 못하고 있다. 그렇기 때문에 제4장 '독서'의 목적이 "성현(聖賢)의 마음을 쓴[用心] 자취와 선악(善惡)의 본받을 만한 것, 경계할 만한 것"을 얻는 데 있다고 본 것이다.19) 이와 같은 차원에서 『격몽요결』의 지식 지형은 『소학』과 『근사록』의 지식 지형과 크게 다르지 않으나, 소학 교육이 중국의 전통적인 소학 교육을 그대로 수용하지 않고, 율곡에 의해 재구성되고 있다는 점에서 다소의 변화를 보이는 것으로 볼 수 있다.

이 시기 또 하나의 소학 교육 교재로 정경세(鄭經世)의 『양정편(養正編)』을 들 수 있다. 정경세(1563~1633)는 조선조 명종에서 인조 때까지의 성리학자이자 문인이었다. 1592년 임진왜란 당시에는 의병장으로

---

17) 위의 책, '입지', 원문 746~747쪽, 번역문 425쪽. "凡人이 自謂立志하되 而不卽用功하고 遲回等待者는 名爲立志나 而實無向學之誠故也라 苟使吾志로 誠在於學이면 則爲仁由己라 欲之則至로니 何求於人이며 何待於後哉리오 所貴乎立志者는 卽下工夫하여 猶恐不及하여 念念不退故也라 如或志不㓌하여 因循度日이면 則窮年沒世인들 豈有所成就哉리오."

18) 위의 책, '처세', 원문 756쪽, 번역문 444~445쪽. '처세'에서는 당시 사람들이 과거(科擧)로 인해 학문을 할 수 없다고 평계를 대는 현상을 통렬히 비판하고 있다.

19) 위의 책, '독서', 원문 749쪽, 번역문 429~430쪽. '독서'에서는 '책을 읽는 태도', 책을 읽는 순서(교육과정) 등을 제시하였는데, 먼저 『소학』을 읽고, 그 다음으로 『대학』 및 『혹문(或問)』, 『논어』, 『맹자』, 『중용』, 『시경』, 『예경』, 『서경』, 『주역』, 『춘추』 등 5서 5경을 돌려가며 읽도록 하였다. 이와 함께 『근사록』, 『가례』, 『심경(心經)』, 『이정전서(二程全書)』, 『주자대전(朱子大全)』, 『주자어류(朱子語類)』, 그 밖의 성리학 서적도 읽어야 할 책으로 제시하였다.

공을 세우기도 하였으며, 1598년 경상감사를 지냈다. 도남서원을 세
워 정몽주, 이황, 김굉필, 정여창, 이언적 등 5현을 모셨으며, 1630년
『광해군일기』 편찬을 담당하기도 하였다. 호는 우복(愚伏)이며, 시호
는 문장(文壯)이다.[20] 이 책은 정경세가 1604년에 소학용으로 편찬한
책으로, 자신이 8세에 아버지의 가르침을 받아가며 소학서로 겸손하
고 공경하는 방법을 배우고 행하려 했으나, 그리하지 못한 점이 많아
자신의 아들은 그렇게 되지 않도록 하기 위하여 뛰어난 유학자의 『향
교예집(鄕校禮集)』 가운데 '동자예편(童子禮篇)'을 약간 손질하여 '양정
편'이라고 이름을 붙였다. '양정편 원발(養正編 原跋)'을 살펴보면 다음
과 같다.

[養正編 原跋[21]]

余年八歲時 先君子 課以文公小學書[22] 日用間提耳 以遜悌之方者 甚勤且切
不肖無狀 未有以奉承遵守之 終無所成就 然猶未嘗 以悖慢之行 得罪於州里
者 皆 先君子 教誨之恩也 今余有子 亦年八歲矣 顧乃耽於玩弄 而懶於訓誨
是爲不愛之甚也. 嗚呼 古人所謂 方知父母恩[23]者 豈但於養子而知之耶 余
旣悲且懼 欲依先訓 課以小學則 又慮其懵於文字 不可以猝語也 遂就明儒所
撰 鄕校禮輯童子禮篇中 稍加刪改 令稚騃者 易曉手寫以敎之 名之曰養正篇.
蓋 冀其涵揉於此 而不至於驕惰 壞了也 嘗聞程子之言曰 灑掃應對 形而上者
也 夫灑掃應對 人事之至近者也 形而下者之 至粗淺者也 然而其中 自有至理

---

20) 허재영 편, 『국어사 국어교육 자료집』 1(양정편, 아희원람, 몽학, 계몽편), 박이정, 2008.
21) 위의 책, 해제 2~3쪽.
22) 주자(朱子)의 소학서: 본래 주자의 제자인 유자징이 편찬한 것으로 알려져 있으나, 주자의
   가르침에 따라 편찬한 책이므로, '문공(주자의 시호) 소학서'로 일컬을 때가 많음.
23) 『명심보감』 '효행편'. "養子라야 方知父母恩하고 立身이라야 方知人辛苦이니라."(자식을 길
   러 보아야 부모의 은혜를 알고, 입신을 해 보아야 남의 고생을 안다.)

而爲仁之本 在焉故曰 形而上者也 下學人事 乃上達天理之階級 君子之道 孰
先傳焉 孰後倦焉 則是篇之言 雖甚淺近 而作聖之功 實基於此 其可忽之而不
勖耶 若夫 修身大法 偏在小學書 此特 爲之路逕而已 非欲 其安於此而不求進
於 小學也 其勖之哉 甲辰季夏上澣 垂涕以書

[해석] 내가 여덟살 때 아버님께서 문공(文公)의 『소학(小學)』을 가르
치시어 날로 쓰는 사이에 귀에 익혀 주심이 겸손하고 공경하는 방략이
되도록 아주 근면하시고 간절하시었으나, 불초 무상하여 부족함으로써
받들어 지키지 못하고 끝내 성취하는 바가 없으니 이 모두가 아버님의
가르침의 은혜일지라. 이제 나도 아들이 있어 나이 여덟 살이 되었는데
돌이켜보면 장난이나 즐기고 있으니 가르치지 못한 것이 그를 자애(慈
愛)하지 않음이 지나쳤던 때문이리라. 아아. 옛사람이 말한 바, 바야흐
로 부모의 은혜를 아는 것은 아이를 길러보아야만 아는 것이로다. 내가
죄스럽고 송구하여 선대의 가르침에 따라 과제로써 『소학(小學)』을 가
르치고 싶으나 문자를 모르는 것이 염려되고 갑작스레 말로써는 불가능
하다. 그러므로 명나라 학자가 지은 『향교예집(鄕校禮輯)』 동자례편(童
子禮篇)』 중에서 조금 고쳐서 어린아이로 하여금 쉽게 깨닫고 손으로
베껴 『양정편(養正篇)』이라 하였다. 대저 이것으로 자연스럽게 젖어 익
히고, 교만과 게으름에 빠지지 않고 떨쳐버리기 바란다. 일찍이 정자(程
子)의 말씀을 듣자니, 이르기를 쇄소(灑掃)와 응대(應對)는 형이상자
(形而上者: 정신적인 것)이라 하였다. 무릇 쇄소와 응대가 사람의 일에
가장 가까운 것이며 형이하자(形而下者: 물리적인 것)의 몹시 조잡하고
천박한 것인데, 그러하나 그 가운데 스스로 이치에 이르름에 있어 위인
(爲仁)의 근본이 여기에 있으므로 형이상자(形而上者)라 일컬었으리라.
아래로 사람이 하는 일을 배우는 것은 곧 위로 하늘의 이치에 다다르는
단계이니 군자의 도(君子之道)를 누가 먼저 전하며 누가 나중에 지치는

가 하는 것인즉 이 양정편의 말이 비록 너무 얕고 가까운 것이라 해도 성인이 지은 공적은 실로 여기에 바탕을 둔 것이니 어찌 가히 소홀히 하여 힘쓰지 않을 수 있겠는가. 무릇 수신(修身)의 대법이 『소학(小學)』에 마련되어 있고 이것은 특히 이행하는 지름길일 뿐이니 이에 안주하여 『소학』에 나아갈 길을 탐구하지 않음이 없기를 바라노니 노력할지어다. 갑진년 여름에 진심으로 간절히 바라며 쓴다.

이 발문(跋文)에 따르면 우복 정경세는 8세 되던 때 아버지로부터 『소학』을 배웠고, 그 경험을 바탕으로 자식 교육을 위해 문자(文字) 이전 『향교예집』 동자례편을 고쳐 『양정편』을 만든 것으로 나타난다. 즉 이 책은 수신의 근본인 『소학』 이전의 '형이하(形而下)'와 '형이상(形而上)'의 이치를 깨우치게 하는 데 목적이 있었다.[24]

『양정편』은 '검속신심지례(撿束身心之禮)', '사부형사사장통행지례(事父兄事師長通行之禮)', '서당이업지례(書堂肄業之禮)'의 28조로 이루어져 있다. 몸과 마음을 검속(檢束)하는 예에는 '관즐(盥櫛: 아침에 일어나 얼굴 씻는 법)', '정복(整服: 옷을 바르게 입는 법)', '차수(叉手: 두 손을 잡는 방법)', '읍(揖: 공경의 자세)', '배(拜: 절함)', '궤(跪: 꿇어앉음)', '입(立: 서는 방법)', '좌(坐: 앉는 방법)', '보추(步趨: 걸음걸이)', '언어(言語: 말하기)', '시청(視聽: 글을 보고 듣는 방법)', '음식(飮食)' 등의 행동을 대상으로 하였고, 부형과 스승 존장을 모시는 예절로는 '쇄소(灑掃: 목반으로 물을 받아 씻음)', '응대(應對: 존장의 부름에 답하는 법)', '진퇴(進退: 존장의 부름에 따라 나아가고 물러남)', '온정(溫淸: 여름에 부모를 시원하게 하고

---

24) 서현아·최미현·최남정, 「우복 정경세 양정편에 나타난 유아 예절교육의 현대적 의미」, 『유아교육학논집』 10(3), 한국영유아교원교육학회, 2006, 29~54쪽.

겨울에 따뜻하게 하는 방법)', '정신(定身: 아침저녁 문안)', '출입(出入: 나들이 예절)', '궤찬(饋饌: 존장에게 음식을 드림)', '시좌(侍坐: 존장을 모심)', '수행(隨行: 존장을 모셔 행함)', '해후(邂逅: 존장을 길에서 만남)', '집역(執役: 존장의 명을 받듦)'으로 구성되어 있다. 이 두 장은 모두 일상생활의 예법을 기본으로 한 것이다. 서당에서 공부하는 방법은 '수업(受業)', '회읍(會揖: 단체로 읍하는 예절)', '거처(居處)', '독서(讀書)', '사자(寫字)'로 구성되었다. 그 가운데 '독서(讀書)'는 "얼굴을 정제하고 의지로 작정하여 글자를 살피고 구절을 끊되, 천천히 읽어 음미하고 글자 낱낱이 분명하도록 힘써 눈으로 다른 것을 보고 손으로 다른 물건을 희롱하지 말지니라. 모름지기 익혀 읽고 꿰어 외우되 반드시 나날이 온당하게 이해하며 열흘마다 통독하여 종신토록 잊지 않도록 강구할지니라.25)"라고 하여, 읽는 태도만을 언급하였다. 이는 글씨쓰기인 '사자(寫字)'도 마찬가지이다.

이를 종합해 볼 때, 15~16세기 소학 교육의 지형은 전통적인 『소학』, 『근사록』 등을 계승·확장하되, 중국에서 저술된 서책 이외에 율곡이나 우복과 같은 학자들의 저술이 등장하며, 그 기본은 동몽(童蒙)의 수신(修身)하는 태도에 중점을 두고 있음을 알 수 있다.

---

25) 허재영 편, 위의 책, 『양정편 언해』, 74~75쪽. 번역문은 정영태, 예둥(http://cafe.daum.net/yedung. 정씨 문중의 한 분인 정영태 운영) 옮김.

4. 『아희원람』과 『사소절』

수신을 기본으로 한 소학 교육은 18세기 이후에도 지속된다. 이 시기 또 하나의 아동용 교재 가운데 하나로 장혼(1759~1828)이 저술한 『아희원람(兒戲原覽)』[26]도 주목할 만하다. 이 책의 특징은 전통적인 아동 교육서가 윤리 도덕성을 강조한 데 비해, 조선 후기 생활상을 반영하는 여러 가지 사실을 백과사전처럼 모아놓았다는 데 있다. 특히 비합리적이고 우화적인 내용을 대폭 수록하거나, 투전, 골패와 같은 놀이도 수록하였다. 책의 편제는 천지형기, 국속, 인사 등과 같이 사문(事文)에서 선별한 것과 수휘(數彙)와 보유(補遺)로 이루어져 있다. 주요 내용은 다음과 같다.

[아희원람 편제[27]]
형기(形氣): 천지(天地)의 형(形)과 기(氣)에 대한 전반적인 것.
창시(創始): 모든 제도 문물을 창시한 사람.
방도(邦都): 우리나라 역대 도읍지의 명칭과 그 규모 등과 각 지방 주군(州郡)의 이름과 거리.
국속(國俗): 우리나라 역대의 풍속.
탄육(誕育): 위인들의 탄생, 양육 및 모상(貌狀).
자성(姿性): 특이한 인물 기록.
재민(才敏): 재예가 뛰어난 사람.
수부(壽富): 수(壽)와 부(富)로 이름 있는 사람들.

---

26) 장혼, 한용진·서범종 옮김, 『아희원람』, 한국학술정보, 2008; 허재영 편, 위의 책 등 참고.
27) 위의 책, 해제 4쪽.

변이(變異): 변괴(變怪)에 관한 기록.

전운(傳運): 중국의 왕통 및 우리나라의 왕통(王統).

[부]동국(附東國): 단군 이후 본조에 이르기까지의 기사.

수휘(數彙): 숫자로 표시되는 여러 가지 사항에 대한 어휘집.

보유(補遺): 문묘향사(文廟享祀), 장감(將鑑), 성씨 등.

이와 같이, 이 책은 소학용 백과사전의 성격을 띠고 있는데, 전통적인 성리학적 지식 체계와는 달리 '창시(創始)'의 '명경(明鏡)'에서 "일명 애경으로 본래 서양에서 만들어졌는데 명나라 때 중국에 들어와 학문의 시작을 이루었다(一名靉靆 本西洋産 明時 中國入始學造焉)."라거나 "언문은 우리 세종조가 친히 만들고 이름하여 훈민정음이라고 했는데 속칭 반절이라고도 하였다(諺文 我世宗朝親製 名曰訓民正音 俗稱反切)." 등과 같은 순조(純祖) 당시의 지식을 반영한 점이 특징이다. 특히 '방도(邦都)'는 우리나라 역대 도읍지와 관련한 내용을 정리한 장인데, 단군이 아사달에 도읍했다는 내용과 신라, 고구려, 가락국, 탐라 등의 사적, 한양과 평양의 역사에 대한 다양한 고증, 발해국에 대한 언급 등은 영정조 이후의 자주적인 역사 인식을 반영한 내용으로 판단된다. 특히 우리나라의 역사에 대한 설명은 '전운(傳運)'의 부록인 '동국(東國)'에도 나타나는데, '단군'(기자, 준왕의 마한, 위만 포함), '신라', '고구려', '백제', '고려', '본조'(태조부터 금상, 즉 순조)의 정통(正統)을 간추려 놓았다. 그러나 책명 '아희(兒戲)'가 상징하듯이, 이 책은 정식 교재라기보다 아동용 지식 유희에 가까운 책이었다는 점에서 그 영향력을 논하는 데 한계가 있다.

이러한 흐름에서 18세기 이덕무(李德懋, 1741~1793)의 『사소절(士小節)』(『청장관전서』 권28)은 자신과 가정의 법칙을 목표로 한 저술이지만, 그 근본이 소학으로부터 시작된다는 점에서 주목할 만한 가치를 갖는다.[28] 이 책을 지은 의도는 '서문'에 잘 나타나 있다.

[士小節 序[29]]

德懋者士小節八冊凡三篇. 曰士典 曰婦儀 曰童規 總九百二十四章. 德懋家世醇撲家代人 敎德懋不施夏楚訶責. 不托外傅 不離房闥之間 而勤其課讀 禁止其外誘而已. 以其體氣羸薄. 故不敢作態秉性謹拙. 故不敢違訓 匪所謂質美而志. 夫學者也 蓋欲察乎小節 寡其過 而顧有所不能 人有恒言不拘小節 竊嘗以爲畔經之言也. (…中略…) 德懋亦嘗謹讀而持循之 然生于六七百年之下 處乎退僻之鄕 古今迭遷 風俗不齊 習氣彌淪 反諸身而驗諸心 其於小節 不能踐之者 十之七八 有所自得而能行者 十之二三 其所能行者少 則爲善其難 其所不能者多 則不幾於爲惡之甚易乎. 常懼身不修小節 而家人之無則也. 惕然而思 載之于冊 不擇其複 不刪其委細 以其貧賤之士也. 故其所道說 多貧賤之節而援昔賢遺訓 備箴警也. 紀今人近事 資觀感也 匪敢曰 範俗而規人只自爲身家之法則而已. 士典 廼所自砭 以期乎過過. 婦儀 以之警戒室婦 童規所以訓夫子弟 玆亦庶幾不墮家大人之敎 德懋者云 上之五十一年 乙未 南至日 完山李德懋 書

덕무는 『사소절(士小節)』 8책을 지었는데, 사전(士典), 부의(婦儀), 동규(童規)로 총 9백 24장이다. 덕무의 가정은 순박하다. 아버님께서 나를 가르치되, 매를 때리거나 꾸짖지 않으셨다. 그리고 밖의 스승에게 맡기지도 않고 가정에서 열심히 공부하게 하는 한편, 외물(外物)에 끌리는 것을 금지했을 뿐이다. 그것은 내가 체질이 연약하므로 나쁜 짓을 감히

---

28) 이승연, 「소학 이념의 연속성과 불연속성: 이덕무의 사소절을 중심으로」, 『동양철학연구』 55, 동양철학연구회, 2008, 225~254쪽.

29) 민족문화추진회, 『국역청장관전서 4: 사소절』, 민족문화문고, 1983, 원문 1쪽, 번역문 5~7쪽.

하지 못하고 성품이 조밀하므로 훈계를 감히 어기지 못하기 때문이요, 자질이 아름다워 학문에 뜻을 가진 자라고 해서가 아니었다. 대개 작은 예절을 살펴서 되도록 허물을 적게 하기 위함이었는데, 반성하건대 잘 되지 않는 것이 있었다. 사람은 항시, "사소한 예절에는 구속을 받지 않는다." 하는데, 경전(經傳)의 뜻에 위배되는 말이라고 나는 생각한다. (…중략…) 나도 일찍이 『소학』을 삼가 읽어 그를 준행했지만, 주자보다 6~7백 년 후에 태어나 궁벽한 고을에서 살고 있을 뿐이다. 고금이 변천하고 풍속이 일정하지 않으며 습기(習氣)가 더욱 변했으니, 자신을 반성하고 마음에 경험하건대 작은 예절에 잘 실천하지 못할 것이 열에 일곱 여덟이요, 자득해서 잘 행할 것이 겨우 열에 두셋 정도이다. 잘 행할 것이 적으면 선한 일을 하기가 매우 어렵고, 잘 실천하지 못하는 것이 많으면 악한 일을 하기가 퍽 쉽지 않겠는가? 나 자신이 작은 예절을 닦지 못하고 집안사람들에게 본받을 것이 없음을 늘 염려해 왔다. 그래서 그를 염려한 끝에 모든 것을 책에 적되, 번복을 피하지 않고 세쇄한 것을 지워버리지 않았다. 나는 빈천한 선비이기 때문에 기록한 말 중에는 빈천에 대한 예절이 많다. 그리고 옛날 현인(賢人)이 남긴 교훈을 이끌어 잠경(箴警)으로 갖추고, 근래에 있던 지금 사람의 사실을 적어서 보고 느끼게 하였다. 그러나 이것은 풍속을 바로잡고 남을 깨우치기 위한 것이 아니라, 자신과 가정의 법칙으로 삼기 위함일 뿐이다. 사전(士典)은 자신을 깨우쳐 되도록 허물을 적게 할 목적을 위함이요, 부의(婦儀)는 내집 부인을 경계하기 위함이요, 동규(童規)는 자제들을 훈계하기 위함이니, 이것이 또한 아버님께서 나를 가르치시던 뜻을 떨어뜨리지 않는 것이다. 상 51년 을미 남지일(南至日, 동지) 완산 이덕무 찬(撰)

『사소절』은 선비가 갖추어야 할 작은 예절이라는 뜻이다. '사전(士

典)’, ‘부의(婦儀)’, ‘동규(童規)’로 구성된『사소절』은 가정교육의 준칙이
자 19세기 소학교육의 기본 원칙을 제시한 책이다. 책의 저자는 ‘사소
한 예절이 무너진 상황’에서『곡례』,『소학』이 나왔듯이, 자신과 가정
의 법칙을 삼기 위해 이 책을 지었다고 하였다. 여기서도 언급했듯이
주자(엄밀히 말하면 유자징과 공동으로 편찬)의『소학』은 이 시기까지
소학교육의 기본 교재였음을 확인할 수 있다.『사소절』의 ‘사전(士典)’
에 제시된 예절은 ‘성행(性行)’, ‘언어(言語)’, ‘복식(服飾)’, ‘동지(動止)’,
‘근신(勤愼)’, ‘교습(敎習)’, ‘인륜(人倫)’, ‘교접(交接)’, ‘어하(御下: 아랫사람
대하기)’, ‘사물(事物)’ 등으로, 16세기 율곡의『격몽요결』과 같이 일상
생활의 예절과 태도를 강조하였다.

　‘사전(士典)’은 그 자체로 소학교육을 의미하는 것은 아니지만, ‘교
습’이나 ‘사물’ 등에서는 19세기의 지식 지형의 변화를 반영하고 있다.
‘교습’은 선비의 독서 습관과 글씨쓰기, 읽어야 할 책 등을 소개한
절인데, “옛 글을 배우되 거기에 고착한다면 참된 옛글이 아니요, 고금
을 참작해야 오늘날의 참된 옛글인 것이다(學古而泥 非眞古也. 酌古斟今
今眞古也)”라거나, “의심나는 일이나 의심나는 글자가 있으면 즉시 유
서(類書)나 자서(字書)를 상고하라(有疑事疑字 卽時考檢類書字書)”, “글을
읽을 때는 명물(名物)이나 또는 문의(文義)가 어려운 대문은 그때그때
적어서 아는 사람을 만나면 반드시 물으라(讀書有名物文義疑難 輒劄記
逢人必問辨)”, “글을 읽어서 좋은 구절을 발견하거든 반드시 동지에게
기꺼이 알려주되, 행여 다 알려주지 못할 것처럼 하라(讀書識得好義必樂
告同人 猶恐不及)” 등은 독서의 태도를 서술한 대목이다. 그뿐만 아니라
“사대부가 의서(醫書)를 읽으면 몸조심하는 방법을 알 수 있고, 율령(律
令)을 읽으면 처세하는 방법을 알 수 있다(士大夫 讀書醫書 可以悟敬身
讀律令 可以知行)”, “독서는 입신(立身)과 같으니, 모름지기 본말(本末)을

두어야지 구차하게 할 일이 아니다(讀書如立身相似 要須有本末 非可苟而已也)"라는 말은 독서의 효용을 말한 것이다.30) 여기서 그는 '이용촌(李榕村)'의 독서법을 소개하고 있는데 이는 18세기 선비의 지식 지형을 반영한 것으로 볼 수 있다.

[敎習31)]

學語孟庸爲學階梯 井井不紊 繼此者 擊蒙要訣 小學書 近思錄 聖學輯要 規模精密 由淺入深. 予嘗名之曰後四書 循環貫串 自見功效 每勸同人以爲學規. 史書六經 及濂洛關閩之書 人須終身藝之 如農夫之藝五穀也. 每藝一經必盡自家分量 務令徹底. 方休 一曰熟誦經文也. 二曰 盡參衆說 而別其同異較其長短也. 三曰 精思以釋所疑 而猶未敢自信也. 四曰 明辨以去所非 以猶未敢自是也. 能於一經上 得其門而入 則讀書皆同室 而異戶者 可以類推而通 古之成業以名世者 其必由此 右李榕村讀書之法 學者可以爲式.

『대학』, 『논어』, 『맹자』, 『중용』은 학문에 올라가는 사다리로 일사분란하다. 그 뒤를 이어 공부할 책은 『격몽요결』, 『소학』, 『근사록』, 『성학집요』로, 그 규모가 정밀하여 얕은 데서 깊은 데로 들어간다. 내가 일찍이 그것을 이름하여 후사서(後四書)라고 하였다. 그것을 순환하여 읽어가면 저절로 공효가 있을 것이므로 매양 동료들에게 학규(學規)로 삼도록 권한다. 사서(四書), 육경(六經: 여기서는 易, 書, 詩, 禮, 樂, 春秋를 지칭)의 책은 사람이 누구나 모름지기 종신토록 공부하기를 마치 농부가 오곡을 가꾸듯이 해야 할 것들이다. 매양 한 경서를 공부할 때마다 반드시 자기의 능력을 다하여 철저히 힘써야 좋다. 공부하는 방법은 첫째 경문(經文)을 익힐

30) 위의 책, 원문 19~20쪽, 번역문 54~56쪽.
31) 위의 책, 원문 20~21쪽, 번역문 58~59쪽.

것이요, 둘째 여러 사람의 설을 다 참고하여 그 같고 다른 점을 분별하고 장점과 단점을 비교할 것이요, 셋째 정밀히 생각하여 의심나는 부분을 되풀이하고도 오히려 감히 자신감을 갖지 말 것이요, 넷째 밝게 분별하여 그릇된 것을 버리고도 오히려 감히 스스로 옳게 여기지 말 것이다. 능히 한 경서에서 문호를 찾아 들어간다면 모든 책이 다 한 방안에 있을 것이요, 문호가 다른 책은 유추(類推)해서 통할 수 있을 것이다. 옛날 학업을 이루어 세상에 이름을 낸 사람은 반드시 이렇게 했을 것이다.

이용촌의 독서법[32]이라고 기록된 이 글에는 '학문하는 방법'과 '교육 내용'이 나타난다. 학업 조목은 '경문 익히기', '여러 학설 비교하기', '의심나는 부분 되풀이하기', '분별하여 그릇된 것 버리기'로 보편적인 독서법과 어긋나지 않는다. 주목할 것은 '학업계제(學階梯)'로 표현된 책들인데, '서서, 육경, 후사서' 등의 순서가 율곡과 우복의 시대와 다소 차이가 있을지라도 그 대상은 대동소이함을 확인할 수 있다. 이는 18세기 소학교육의 지식 지형이 17세기에 비해 크게 달라지지 않았음을 의미하는데, 이는 조선시대 『소학(小學)』의 영향력이 그만큼 컸다는 것을 의미한다.

이와 같은 흐름에서도 『사소절』 '동규(童規)'에는 소학교육의 방법과 대상이 17세기에 비해 달라지고 있음을 나타내는 부분이 많다. '동규'는 '동지(動止)', '교습(敎習)', '경장(敬長)', '사물(事物)'로 구성되었는데, 이 가운데 '교습'과 '사물'은 소학교육의 지형 변화와 관련하여

---

32) 이용촌(李榕村)의 본명은 광지(光地)로, 명말 청초의 이학자(理學者)이다. 자는 진경(眞卿), 호는 후암(厚庵)으로 알려져 있는데, 『주역통론(周易通論)』, 『상서해의(尙書解義)』, 『용촌전집(榕村全集)』 등의 저서가 있다. 『청장관전서』에는 이용촌의 학설이 다수 나타나는데, 인용문은 『용촌전집』 권21 답왕중퇴문목사조(答王仲退問目四條)에 실려 있는 글이다.

중요한 의미를 갖는다.

'동규'의 '교습'은 명나라 장황(章滉)이 지었다는 『도서편(圖書編)』의 세 가지 학업 조목, 『예기』 '내칙'의 학업하는 태도, 율곡의 『학교모범』 과 『격몽요결』의 17가지 학업 조목 등을 소개하고, 배워야 할 것과 읽지 말아야 할 책들이 있음을 분별하고자 하였다. 예를 들어 남송 때 유의경이 지었다는 『세설(世說)』은 "훌륭한 것은 본받지 않고 오만한 것을 익히기 때문"에 읽지 말아야 할 책이며,[33] 최세진의 『훈몽자회(訓蒙字會)』는 "반드시 방언으로 사물을 풀이한 이름을 자세히 알고, 그것으로 인해서 '이아(爾雅)', '급취장(急就章: 한 나라 史游가 지은 책)', '소학집주' 등을 공부해야 하며"라고 하였고, 또 "자서(字書), 운서(韻書)를 공부하여 편방(偏旁: 글자를 유별로 나눔), 자모(子母), 음의(音義)를 정밀하게 익히고, '정운(正韻: 명나라 송염이 찬한 책)', '자전(字典: 강희자전)', '정위(正僞: 원나라 주백기가 지은 책)', '설문(說文: 설문해자)' 등을 모두 통달하면, 모든 경서와 사서에 대해 막힘없이 통하게 될 것"이기 때문에 꼭 공부해야 할 것이라고 하였다.[34] 이는 『세설』이 음설(淫媟)한 것을 먼저 배우게 하므로, 읽어서는 안 된다는 뜻이며, 『훈몽자회』와 운서, 자전은 경사(經史) 공부의 기초가 된다는 뜻이다.

이처럼 『사소절』에서 '공부해야 할 것'과 '피할 것'을 구분한 진술은 몇 가지가 더 있다. 예를 들어 '사전'의 '인륜'에 언급된 "연의(演義)나 소설(小說)은 음란한 말을 기록한 것이니, 보아서는 안 된다. 자제들에게 보지 못하게 금해야 한다. 혹간 남을 대해서 소설 내용을 끈덕지게

---

33) 위의 책, 65쪽. "韓山子曰 士大夫家子弟 不宜使讀世說 未得其雋永 先習其簡傲善哉. 斯言猶如此 而況鄙俚淫媟不經之書哉 精神方旺 而先入者雜亂則畢竟作何等人."

34) 위의 책, 65쪽. "訓蒙字會 小子之學也. 必詳知方言訓釋事物之名 因此而可進於爾雅急就章 小學紺珠等書 又須課習字書韻書 精習偏旁子母音義 盡通于正韻字典正僞說文等書 其於羣經諸史 沛然無所滯矣." 『훈몽자회』의 중요성은 '부의(婦儀)' '사물'에서도 언급하고 있다.

이야기하거나 남에게 그것을 읽기를 권하는 사람이 있으나, 애석하도
다. 사람의 무식이 어찌 이 지경일까?『삼국연의(三國演義)』는 진수(陳
壽)의 정사(正史)와 혼동하기 쉬운 것이다.35)"라거나 '부의(婦儀)'의 '사
물(事物)'에 언급된 "언문으로 번역한 이야기책을 탐독하여 가사를 방
치하거나 여자가 할 일을 게을리 해서는 안 된다", "언문으로 번역한
가곡은 입에 익혀서는 안 된다. 당나라 사람의 시나 장한가(長恨歌)
같은 따위는 요염하고 호탕하므로, 기녀(妓女)들이나 외울 것이니 또
한 익혀서는 안 된다.36)"라고 한 것이 대표적이다. 이는 18세기까지
소설에 대한 부정적 인식과 성차별을 반영한 것으로, 당시 독서 풍토
나 세책(貰冊) 문화 등과 같이 전 시대에 보지 못했던 지식 현상과
지식관을 반영하고 있다는 점에서 의미 있는 현상들이다.

5. 근대 소학 교육의 혼종성

19세기의 소학 교육은 1880년대 이전과 근대식 학교가 설립된
1880년대 이후가 큰 차이를 보인다. 근대 이전의 소학 교육은 18세기
의 전통과 크게 다르지 않았던 것으로 보이는데, 오천석(1964)에서는
신교육 이전의 초등 교육이 '서당'을 중심으로 이루어졌으며, 학과목
은『천자문』,『동몽선습』,『통감』,『소학』, 사서삼경, 사기(史記), 당송
문(唐宋文), 당률(唐律) 등을 대상으로 하였다고 설명한다.37) 여기서도

---

35) 위의 책, 21쪽. "演義小說作奸誨淫 不可接目 切禁子弟 物使看之 或有對人 娓娓誦說 勸人讀之
者 惜乎人之無識 胡至於此. 三國演義 混於陳壽正史 須當嚴辨."

36) 위의 책, 60쪽. "諺飜傳奇 不可耽看 廢置家務 怠棄女紅 至於興錢 而貰之沉惑不已 傾家産者有
之 且其說 皆妬忌淫媒之事 流宕放散 或由於此 安知無奸巧之徒. 鋪張艶異之事 桃動歆羨之情
乎. 諺翻歌曲 不可口習 如唐人詩長恨歌之類. 艶麗流盪妓女之所誦 亦不可習也."

『소학』은 소학 교육의 중요한 교재였음을 확인할 수 있다.

여기서 좀 더 고찰해 볼 것은 이 시기 '소학', 즉 초등 교육의 성격이다. 1850년대 전후에 저술된 것으로 알려진 이규경의 『오주연문장전산고(五洲衍文長箋散稿)』에 따르면 "옛날에는 육서(六書)를 소학이라 하였다. 그러므로 사람이 나서 나이 8세가 되면 소학에 들어갔는데, 주관(周官)의 보씨(保氏)는 국자(國子)를 기르는 일을 맡아서 육서를 가르쳤던 것이다.[38]"라고 하여, '소학'이 본래 어린이를 가르치는 자학(字學)을 뜻하는 개념이었음을 변증한 바 있다. 이와 관련하여 민족문화추진회(1986)에서는 "중국의 고대에는 자학(字學)을 어린이의 교재로 삼았는데, 근세에 와서는 주자의 『소학』을 주교재(主敎材)로 하였다. 그러므로 고학(古學)·금학(今學)의 명칭이 생겼다. 우리나라에서는 일찍이 자학을 어린이의 교재로 한 일이 없고, 근세에 와서 『천자문』, 『유합(類合)』 등 기초적인 것을 가르치는 외에 역시 『소학』이 그 중심을 이루었으므로 이에 대한 연구가 성행하였다.[39]"라고 보충 설명을 하고 있다. 이규경의 변증에 따르면 주나라 육서(六書: 象形, 象事, 象意, 象聲, 轉注, 假借) 이후 한나라 소하의 육체(六體: 古文, 奇字, 篆書, 隷書, 繆篆, 蟲書)를 거쳐, 송나라 삼조 예문지(三朝 藝文志)에 이르기까지 고금 문자를 일컫는 '소학'과 주자의 『소학』이 존재한다는 것이다. 먼저 자학(字學)으로서의 소학과 관련하여, 수나라 『경적지(經籍志)』에 근거하여, 진나라 승상 이사가 지었다는 '창힐편(蒼頡篇)', 한나라 양웅이 지었다는 '훈찬편(訓纂篇)', 후한 낭중 가방(賈魴)이 지었다는 '방희편

---

37) 오천석, 『한국교육사』, 현대교육총서 출판사, 1964, 33쪽.

38) 민족문화추진회, 『국역분류 오주연문장전산고』 8, 민문고, 1989, 원문 47쪽, 번역문 119쪽. "古者 以六書爲小學 故人生八歲 入小學 而周官保氏 掌養國子 敎之六書."

39) 위의 책, 119쪽.

(滂喜篇)'을 합친 '삼창편(三蒼篇)'을 다음과 같이 설명하였다.

[小學古今二學辨證說[40]]

自齊梁之後 音韻之學始聲 顧野王玉篇 陸法言切韻 尤行於世. 小學移爲大人之學矣. 其所謂小學之古書者 三蒼篇[三蒼者 蒼頡篇 訓纂篇 傍喜篇 三蒼一篇. 郭璞注 蒼頡篇 秦丞相李斯作 訓纂 漢揚雄作 滂喜篇 後漢 郎中賈魴作 合三篇 故名. 梁有蒼頡二篇 杜林注 見隋經籍志]. 小學篇 一卷[漢下邳內史王義撰] 小學九卷[楊方撰] 始字一卷 勸學一卷[漢蔡邕撰] 凡將篇[漢司馬相如撰] 太甲篇 在昔篇[漢班固撰] 崔瑗飛龍篇 蔡邕聖皇篇 皇初篇 吳章篇 蔡邕女史篇 合八卷 又幼學二卷[朱育 撰] 始學十二卷[吳郎中峻撰]. 又月儀十二卷 亡 發蒙記一卷[晉著作郎 佐東晳所撰] 張揖字詁[漢張衡傳注右蒼頡篇 漢安紀云 蒼頡篇云邸舍也] 史書[漢安紀 帝年十歲 好學史書 注云 史書者 周宣王太史籒所作書] 凡五十五篇.

제(齊)·양(梁) 이후에 음운의 학이 비로소 이루어져 고야왕(古野王)의 옥편과 육법언(陸法言)의 절운(切韻)이 더욱 세상에 행해짐으로써 소학이 성인의 학으로 변하였다. 이른바 소학의 고서(古書)란 즉 『삼창편(三蒼篇)』이다[삼창이란 '창힐편', '훈찬편', '방희편'이니, 삼창 3권은 곽박이 주석했다. '창힐편'은 진나라 승상 이사가 지었고, '훈찬편'은 한나라 양웅이 지었으며, '방희편'은 후한의 낭중 가방이 지었다. 세 편을 합쳤기 때문에 이 이름이 붙은 것이다. 양나라에 있는 '창힐' 2편은 두임(杜林)이 주석했다. 『수서(隋書)』 '경적지'에 보인다]. 『소학편』 1권[한나라 하비내사 왕의가 찬함], 『소학』 9권[양방이 찬함], 『시학(始學)』 1권·『권학』 1권[한나라 채옹이 찬함], 『범장편』[한나라 사마상여가 찬함], 『태갑편』·『재석편』[한

---

40) 위의 책, 원문 48~49쪽, 번역문 122~123쪽.

나라 반고가 찬함], 최원의 『비룡편』, 채옹의 『성황편』·『황초편』·『오장편』, 채옹의 『여사편』 등 모두 8권, 그리고 『유학(幼學)』 2권[주육이 찬함], 『시학(始學)』 12권[낭중 오항준이 찬함], 또 『월의(月儀)』 12권은 없어졌다. 『발몽기(發蒙記)』 1권[진의 저작랑 동석 찬] 장읍의 『자고(字詁)』[한서 장형전 주석에 '우는 창힐편이다.'라고 했으며, 후한서 안제기 주에 '저(邸)는 사(舍)이다.'라고 하였다], 『사서』[후한서 안제기에 '황제의 나이 10세에 사서 배우기를 좋아했다.'라고 했으며, 그 주석에 '사서라는 것은 주선왕의 태사 주(籒)가 찬한 것이다.'라고 하였다]는 모두 55편이다.

이 내용은 중국의 '소학(小學)'이 '자학(字學)'이었으며, 처음에는 동유(童幼)를 대상으로 한 문자학의 성격을 띠었으나, 양나라·제나라 이후 '대인의 학(大人之學: 성인의 학문)'으로 변하였다는 것이다. 이 변증에 나타난 『삼창편』은 자학(字學)과 관련된 것이며, 그 밖의 『소학편』, 『시학(始學)』 등은 주석과 관련된 것으로 추정된다. 이뿐만 아니라 이규경의 변증에서는 『위서(魏書)』 '왕찬전(王粲傳)', 『당서(唐書)』 '경적지(經籍志)' 등을 참고하여, 자학(字學) 및 주석(注釋)과 관련한 서적을 '모두 옛날의 소학'이라고 규정하였다. 이를 근거로 우리나라의 『천자문(千字文)』(양나라 주흥사가 찬한 것)과 『유합(類合)』(필자 미상이나 유씨 성을 가진 자가 찬한 것이라고도 한다는 주석을 붙임), 『신증유합』, 『훈몽자회』 등이 '자학(字學)'으로서의 '소학'에 속하는 것이라고 하였다. 그러나 주목할 것은 "지금 소학은 곧 주자가 편집한 『소학』"이라고 하면서,[41] "어린이를 가르치는 법과 초학자의 입문의 기본"이 되는 책임을

---

41) 위의 책, 49~50쪽. "今之小學 卽朱子小學 而其題辭 古者小學 敎人以灑掃應對進退之節 愛親敬長隆師親友之道 皆所以敎人倫也. 盖人生八歲 始入小學 五十入大學 古之敎法然也. 凡六篇 立敎明倫敬身稽古嘉言善行 爲其條目."

밝힌 부분이다.42) 즉 조선시대 소학 교육의 기본은 주자가 지은 『소학』
에 있었으며, 다종의 소학 관련 주석서, 율곡의 『격몽요결』, 이덕무의
『사소절』 등이 이 시기 소학 교육의 기본 교재였음을 밝히고 있다.
이와 같은 상황에서 19세기 근대식 학교가 출현하기 이전의 소학 교
육의 지식 지형은 전통적인 인륜 위주의 『소학』을 크게 벗어나지 않
은 것으로 볼 수 있다.

그럼에도 개항 이후 1880년대에 이르러 근대 지식이 유입되고, 학
제(學制) 개념이 출현함에 따라 소학 교육에도 일정한 변화가 나타나
고 있다. 그 중 대표적인 것이 '동문학(同文學)', '원산학사(元山學舍)',
'육영공원(育英公院)' 등이다.

[근대식 학교의 교육과정]

ㄱ. 統緖章程: 設同文學, 掌培植人才, 非學校不出, 非考試不尊, 宜擇聰俊子
弟, 自滿十五歲者, 肄業其中先學外國語文 次及政治理財之道, 各以其性
之所近力之所優 分科考取以備任 使倘有好學深思之士 無論在官去官 雖
年逾旣壯 亦不阻其往肄.43) (동문학을 설치하여 인재 배양을 관창한
다. 인재는 학교가 아니면 나오지 않고, 고시가 아니면 존중받지 못
한다. 마땅히 총준 자제 만 15세 이상인 자를 택하여 업을 마치고,
그중 먼저 외국어문을 배우고, 다음에 정치 이재의 도를 배우게 한
다. 각각 그 품성으로써 힘이 미치는 바 우수한 점을 따라 분과를
나누어 고시하고 이로써 임용을 준비하게 한다. 혹 학문을 좋아하고
심사(深思)하는 선비가 있으면 관직에 있거나 재관(在官)이거나 거

---

42) 위의 책, 50쪽. "爲訓蒙章程初學門基. 故成均月課試 有小學初試 國子監赴試儒生 有小學照訖講."

43) 국사편찬위원회, 『한국근대사 기초자료집 2: 개화기의 교육』, 탐구당문화사 인쇄, 2011,
    '統理交涉通商事務衙門章程'. 32쪽.

관(去官)을 물론하고, 나이가 이미 지나 장년을 넘었더라도 또한 가서 배우는 것을 막지 않는다.)

ㄴ. 學事節目: 府使爲節目成給事, 顧我德源, 山川秀麗, 人才鍾出, 若不敎導, 無以成就, 且今宇內多事, 智力相尙, 咸致富强之業, 而猗我 聖上 深軫治平之策, 復擧興學之政, 此盛曠絶之盛擧, 曷敢不對揚休命乎. 乃於元山社, 建一塾舍, 選子弟美俊者, 延師敎養, 則一鄕父老, 慨然興感, 隨力出財, 設塾延師, 選生徒入學, 風俗之美, 誠爲嘉歎. 卽以此意, 登聞于朝後, 應行條例, 臚列于後, 成給節目爲去乎. 永遵毋替, 期於成就, 才藝需用于朝, 宜當者. 後 [瀛志 六卷, 聯邦志 二卷, 奇器圖說 二卷, 日本外國語學 一卷, 法理文 一卷, 大學豫備門 一卷, 瀛環志畧 十卷, 萬國公法 六卷, 心史 一卷, 農政新編 二卷][44] (부사가 절목을 성급(成給)할 일. 내가 덕원을 돌아보니 산천이 수려하고, 인재가 종출(鍾出)하니, 만약 교도하지 않으면 성취함이 없을 것이다. 또한 지금 나라의 다사(多事)는 지력(智力)을 서로 존중하고 부강(富强)의 업에 이르고자 한다. 이에 성상께서 치평(治平)의 책을 실행하고자 하니, 흥학의 정책에 다시 근거하여 이 융성함을 버리고 어찌 감히 명을 받들어 올리지 않을 수 있는가. 이에 원산사에 숙사(塾舍)를 지어 자제 가운데 우수한 자를 선별하고, 교사를 초빙하여 가르치고 기르고자 하니, 곧 고을의 부로들이 모두 감화하여 힘껏 재물을 내어 숙사를 설치하고, 교사를 초빙하며, 생도를 선발하여 입학시키니, 풍속이 아름답고, 성의가 아름답도다. 이러한 뜻으로 조정에 소식을 전하고, 이에 응하여 조례를 행하며, 여열(臚列) 後에 절목을 성급(成給)하니 이를 준수하고 바꾸지 않음으로, 조정에서 필요한 재예의 성취를 기약하니 마땅한 일이다. 후『영지(瀛

___
44) 위의 책, 35쪽.

志)』6권, 『연방지(聯邦志)』2권, 『기기도설(奇器圖說)』2권, 『일본 외국어학(日本外國語學)』1권, 『법리문(法理文)』1권, 『대학예비문(大學豫備門)』1권, 『영환지략(瀛環志畧)』10권, 『만국공법(萬國公法)』6권, 『심사(心史)』1권, 『농정신편(農政新編)』2권.)

ㄷ. (育英公院) 每日 學習次第: 一 讀書, 二 習字, 三 學解字法, 四 算學, 五 寫所習算法, 六 地理, 七 學文法. 初學卒業後所學諸條: 一 大算法, 二 各國言語, 三 諸般學法 捷徑易覺者, 四 格致萬物[醫學, 農理, 地理, 天文, 機器], 五 各國歷史, 六 政治與各國條約法 及 富國用兵之術, 禽獸草木[45] (매일 학습의 차례는 '1. 독서, 2. 습자, 3. 학해자법, 4. 산학, 5. 사소습산법, 6. 지리, 7. 학문법'으로 하며, 초학 졸업 후의 학업 조항은 '1. 대산법, 2. 각국 언어, 3. 제반 학법을 쉽게 익힐 수 있는 첩경, 4, 만물의 격치[의학, 농리, 지리, 천문, 기기], 5. 각국 역사, 6. 정치 및 각국 조약법·부국 용법술, 금수 초목'이다.)

이 세 규정에 따르면 개항 이후 근대식 학교에서는 일정한 교육과정(章程, 節目 등에 나타남)이 있었으며, 그 교육과정은 전통적인 『소학』을 벗어나 '외국문(外國文)', '기기(器機)', '독서(讀書)', '습자(習字)', '자해(字解)', '산학(算學)' 등 근대 지식을 가르친 것으로 나타난다. 이는 분명 소학 교육의 지식 지형이 획기적으로 변화하고 있음을 의미한다. 그러나 원산학사와 같이 이들 교육과정에 나타난 『영지(瀛志)』6권, 『연방지(聯邦志)』2권, 『기기도설(奇器圖說)』2권, 『일본 외국어학(日本外國語學)』1권, 『법리문(法理文)』1권, 『대학예비문(大學豫備門)』1권, 『영환지략(瀛環志畧)』10권, 『만국공법(萬國公法)』6권, 『심사(心史)』1권, 『농

---

45) 위의 책, 39쪽.

정신편(農政新編)』 등은 소학도를 위한 교재라기보다 근대 지식을 반영한 성인 학도를 위한 교재로서의 성격이 강하다. 이는 어떤 교재를 사용했는지 명확한 추론이 어려우나, 육영공원도 비슷했을 것으로 보인다.

이 점에서 근대식 소학 교육(초등교육)의 개념이 뚜렷이 확립된 것은 1895년 '소학교령(小學校令)' 공포 이후라고 할 수 있다.46) 특히 '소학교령' 제8조에서 "수신(修身), 독서(讀書), 작문(作文), 습자(習字), 산술(算術), 체조(體操), 시의에 따라 체조를 제외하고 본국지리(本國地理), 본국역사(本國歷史), 도화(圖畵), 외국어(外國語) 하나 또는 수 개의 과목을 더하고, 여아를 위하여 재봉(裁縫)을 더할 수 있음"(이상 심상과)을 교과로 설정하고, 제9조에서 "수신(修身), 독서(讀書), 작문(作文), 습자(習字), 산술(算術), 본국지리(本國地理), 본국역사(本國歷史), 외국지리(外國地理), 외국역사(外國歷史), 이과(理科), 도화(圖畵), 체조(體操), 여아를 위한 재봉(裁縫)"을 교과로 설정함에 따라 교과 개념과 근대식 교과서가 출현하였다. 근대계몽기 교과서 발행 실태를 조사한 허재영 엮음(2017)에 따르면, 1895년 당시 학부에서 발행한 교과서로는 다음과

---

46) 이 시기 교육 관련 법령을 정리하면 다음과 같다.

해당 사항	발포일	형식	제목(내용)	출처
서고문 칙령	1894.12.12.	宗廟誓告文	十四條洪範誓告	官報 開國 503.12.12.
	1894.12.13.	綸音	서고문에 따른 윤음	官報 開國 503.12.13.
	1895.2.2.	詔勅	서고문에 따른 詔勅	官報 開國 504.2.2.
관제	1895.3.25.	勅令 46號	學部 官制	官報 開國 504.4.21.
	1895.4.25.		學部 分課規定	
사범교육	1895.4.16.	勅令 79號	漢城師範學校官制	官報 開國 504.4.19.
	1895.7.23.	學部令	漢城師範學校 規則	官報 開國 504.7.24.
소학교	1895.7.19.	勅令 144號	小學校令	官報 開國 504.7.22.
	1895.8.12.	學部令 3號	小學校則 大綱	官報 開國 504.8.15.
중학교	1899.4.4.	勅令 11號	中學校官制	官報 第1228號
	1900.9.3.	學部令 12號	中學校 規則	官報 第1673號

같은 것들이 있다.

[1895년 학부 편찬 교과서 목록]

분야	교과서명	편저자	연도	발행자	형태	문체
독본	國民小學讀本		1895	學部		국한문
독본	尋常小學 卷三		1896	學部		국한문
독본	尋常小學 卷二		1896	學部		국한문
독본	尋常小學 卷一		1896	學部		국한문
독본	牖蒙彙編		1896	學部		국한문
독본	小學讀本		1895	學部		국한문
법률	公法會通(3책)		1896	學部		한문
산술	近易算術		1896	學部		국한문
산술	簡易四則算術		1896	學部		국한문
수신	西禮須知		1896	學部		한문
수신	夙惠記略		1895	學部		국한문
역사	朝鮮歷史		1896	學部		국한문
역사	萬國史略(上下)		1896	學部		국한문
역사	泰西新史攬要(국문2책)	리제마태	1897	學部		국문
역사	泰西新史攬要(漢文本)	리제마태	1877	學部		한문
지리	輿載撮要		1896	學部		한문
지리	萬國地誌		1896	學部		국한문
지리	士民必知(한역본)	헐버트	미상	미상		한문
지리	朝鮮地誌		1895	學部		국한문
지리	士民必知(漢文本)	헐버트	1896	學部		한문
지리	東輿地圖		1896	學部		한문
지리	國文小地球圖着色		1896	學部		국문
지리	小地球圖着色		1896	學部		한문
지리	地璆略論(지구약론)		1896	學部		국문(한자부속)

근대 교과서의 등장은 소학 교육에서 근대로의 지식 지형 변화를 의미한다. 『국민소학독본』, 『심상소학』, 『소학독본』 등의 독본류 교과서뿐만 아니라, 지리·역사·수신·법률 등 다양한 분야의 교과서가 편

찬되었음은 학제 도입에 따른 것이지만, 그 자체로서 지식 변화를 반영한 셈이다.

그럼에도 이 시기 교과서의 지식은 전통적인 소학 교육과 근대의 소학 교육에 필요한 지식이 혼재되어 있었음을 쉽게 확인할 수 있다. 그 중 대표적인 것이 『국민소학독본』과 『소학독본』이다.

총 41과로 구성된 『국민소학독본』은 과별 편제 방식을 취한 점이 특징이며, '대조선국', '광지식(廣智識)'과 같이 근대성을 띤 읽기 자료를 중심으로 구성하였다. '식물변화(7과), 시계(10과), 낙타(11과), 풍(風, 16과), 봉방(蜂房, 벌의 생활, 18과), 기식(氣息, 29~30과), 악어(鰐魚, 36과), 동물천성(動物天性, 37과), 원소(元素, 39과)' 등과 같이 과학 지식과 관련된 내용이나 '광지식(2과), 한양(3과), 지나국(25~26과)' 등과 같이 문명 개화 및 교육과 관련된 과(課), '대조선국(1과), 세종대왕 기사(5과), 을지문덕(22과)' 등과 같이 국가 자주성을 드러낸 과(課), '가필드(17~18과), 아미리가 독립(亞美利加 獨立, 33~35과), 윤돈(倫敦, 14~15과), 유약(紐約, 21과)' 등과 같은 외국 사적과 도시 등 근대 지식을 포함한 자료가 다수 포함되었다. 그러나 같은 시기에 편찬된 『소학독본』은 근대 이전의 소학 교육을 답습하고 있다. 그 내용은 다음과 같다.

[소학독본(小學讀本)의 내용]

단원	내용	문종	성격
立志第一	幼時 입지의 중요성(맹자, 김집, 정봉한, 김장생 예시)	논설문	수신적
勤誠第二	초학하는 사람의 근면 성실(공자, 율곡 인용)	논설문	수신적
務實第三	실질적인 것에 힘씀(공자, 송질, 우계 선생, 백불암 최선생, 맹자, 학봉 선생, 오리 이선생 인용)	논설문	수신적
修德第四	도덕을 함양할 것을 강조(조광조, 서경덕 인용)	논설문	수신적
應世第五	처세하는 도(남효온, 율곡, 정몽주, 유몽인, 이항복, 백문포, 송인수 인용)	논설문	수신적

'입지(立志)', '근성(勤誠)', '무실(務實)', '수덕(修德)', '응세(應世)' 등의
제목에서 확인할 수 있듯이, 이 교재는 전통적인 소학 교재의 입지(立
志), 동지(動止), 처세(處世) 등의 내용을 답습한 것임을 알 수 있다. 이러
한 차원에서 『숙혜기략(夙惠記略)』도 전통적인 교육을 반영한 교재로
볼 수 있다. 이 교재는 여씨 동몽훈(童蒙訓), 양문공 가훈 등의 고사를
바탕으로 '숙혜(夙慧: 사리를 밝힘)하는 방법'을 편집하여 초학자가 힘
쓰도록 하는 데 목표를 두고 편찬한 수신서이다. 태어나서부터 20세
에 이르기까지의 행실을 정리한 것으로, 그 내용은 대부분 중국 고사
를 바탕으로 하였다.

이 시기 근대 이전의 소학 교육과 근대의 소학 교육이 혼재된 상황
은 학부(學部)보다 가정 중심의 교재에서 더 심하게 나타난다. 그 중
하나로 대계 이승희(李承熙)의 『몽어유훈(蒙語遺訓)』은 근대식 학제 도
입 직전인 1888년(조선 개국 497년)에 쓴 것으로, 전통적 소학 교육에
근대 지식이 반영된 모습을 보인다. 이 책의 서문은 다음과 같다.

[몽어유훈(蒙語遺訓) 서(序)47)]
人生智愚正邪之分權輿於蒙幼之養. 古者小學敎之 以內則曲禮之書 禮樂射
御書數之交甚正矣. 然童幼習字之始 尙難析句辨義臻於實用宜有先此而導發
者 今不可考矣. 世敎無方使未辨東西之蒙騃受羣經列史 朦然不省其所指 乃
以讀書爲別事 不知其爲己分之所當行也.
書書我我一生咿唔而無所用 又其辛苦棘澁 遂生厭怠往往從而棄之矣. 近日
西人敎之 以俚談使之樂習而易解捷於誘導之術. 然實潛滋其機巧輕肆之性甚
或無分於先後輕重之紋爲害心法 如毒藥入髓 不可復矣. 余爲是懼 抄常用名

---

47) 黃在英 編, 『蒙語遺訓』, 三峯書堂, 1936. 이 책은 목판본으로 본 연구소에 소장되어 있다.

物事爲等千餘字 爲四言韻名曰正蒙類語 又推其類而文之爲蒙語類訓一篇 始自天地人物之生 以及人道人事王統聖學之顯而大者 以備常談俗語之資畧著其本末先後之次庶蒙幼之易於覺悟 而能潛養其正性爾 朝鮮開國四百九十七年 戊子冬 大溪書

인생의 지혜롭고 어리석음과 바르고 사악함은 어렸을 때의 교육에서 나뉜다. 옛날 소학 교육은『내칙』,『곡례』의 글로 '예악사어서수(禮樂射御書數)'을 이어서 가르치니 심히 올바르다. 어렸을 때 글자를 익히기 시작하면서 어려운 구절을 분석하고 뜻을 변해하여 실제 사용하고자 할 때 먼저 계도할 만한 적합한 것이 있었으나 지금은 상고하기 어렵다. 세상의 가르침이 일정한 방향이 없어 동서가 분별되지 않으므로 여러 경전과 사서를 취합하니 양은 많으나 그 가르치는 바가 무엇인지 살피기 어렵다. 이에 글 읽기가 특별한 일이 되나 자기를 위해 마땅히 해야 할 바가 무엇인지 알지 못한다.

글은 글대로 나는 나대로 일생 동안 읊조리되 소용되는 바가 없다. 또한 그 신고(辛苦)와 극삽(棘澁)이 게으름과 염증을 가져와 포기하게 한다. 근일 서양인의 교육은, (아동을) 가르치는 방법에서 이담(俚談)으로 즐겁게 익히고 쉽게 풀이하여 빠르게 하고자 한다. 그러나 실제로 그것이 만연하면 기교(機巧)가 가볍고 방자한 성품이 심해진다. 혹은 선후 경중의 차례를 분별하기 어려워 독약이 골수에 침입하면 회복하기 어려운 것과 같이, 심법(心法)을 해롭게 한다. 내가 이를 두려워하여 상용(상용)해야 할 명물(名物)과 사위(事爲) 등 천 여 자를 모아 사언(四言)의 운을 지었으니 이름하여『정몽유어(正蒙類語)』이다. 또한 그 유(類)를 추론하여 글을 지어『몽어유훈(蒙語類訓)』한 편을 지었으니, 천지(天地), 인물(人物)이 생겨나는 것으로부터 인도(人道)와 인사(人事), 왕통(王統)과 성학(聖學)의 두드러짐이 위대한 것에 이르기까지 일상의 말과 속어로 간략히 저술하였다. 그 본말과 선후의 차례에 따라 아동을 깨우치기 쉽게 하였으니 능히 잠심하여 그 바른 성품을 기를 수 있게 하였다. 조선 개국 497년 무자년 겨울 대계 씀

'서문'에서 밝힌 바와 같이, 이 책은『내칙』,『곡례』를 본받은 아동용 수신서이다. 전통적인 소학 교육이 '자학(字學)'을 바탕으로 하였듯이, 이승희는『정몽유어(正蒙類語)』(1884년)라는 사자성어의 어휘집과 함께,『몽어유훈』을 편찬하였다.『몽어유훈』은 '일리생생(一理生生: 총 6장)', '만화산수(萬化散殊, 총 8장)', '명기착종(名器錯綜, 총 8장)', '성왕입정(聖王立政, 총 6장)', '성학명도(聖學明道, 총 2장)', '삼재회일(三才會一, 총 4장)', '몽어유훈 자석(蒙語類訓 字釋)'으로 구성되었는데, 만물의 이치로부터 지구와 지리 지식에 이르기까지 기본적인 지식을 풀이한 책이다. 예를 들어 '일리생생(一理生生)'은 "만물이 하나의 이치에서 생겨난다"는 뜻으로, "천지만물은 하나의 이치이니 하나의 이치가 동정(動靜)에 따라 두 기운이 생성된다. 양기는 겉으로 움직인다. 이에 하늘이 생겨나고 음기는 그 안에 응축하여 땅이 생겨난다. 하늘을 엎고 땅에 실려 만물을 변화시키며 오직 사람만이 가장 신령하니 이를 삼재라 한다. 사람이 태어나면 남녀가 있고 남녀가 상합하여 또한 각각 생육(生育)한다. 태어나게 하는 것은 아버지이며 기르는 것은 어머니로, 부모가 생겨나고 또한 남녀가 존재한다. 이(理)는 그러하다는 것이니 그러함을 주관하는 것은 심(心)이며 그것이 순환하는 것은 도(道)이다. 기(氣)는 형태의 시작이니 형태를 신(身)이라 하고 신의 작위(作爲)를 사(事)라 한다."(이상 제1장)와 같은 내용으로 구성되었다. 이 지식은 근대 이전부터 이 시기까지 지속되어 온 만물과 관련된 지식들이다.

그럼에도 제6장 '삼재회일(三才會一)'에는 근대의 지식 지형 변화가 반영되어 있다. 이 장에서는 '경성(經星)', '위성(衛星)', '황도(黃道)', '5대류 6대주' 등의 천문, 지리 지식과 지구상의 인종 구성(청홍백흑황 5종의 인종), 남극대륙 등 근대 지리서 수용 이후의 지식이 나타난다. 다만 이러한 지식이 근대 지식의 재구성을 위한 것이라기보다 새로운 지식을 전통 지식에 맞추어 재해석하고자 한 의도가 강한 것이라는 점은, 근대 이전의 소학 교육의 전통이 쉽게 변화하지 못한 상황을 반영한 것이라는 해석이 가능하다. 즉 다른 분야도 비슷할 수 있겠지만, 한국 근대 시기 소학 교육의 지식 지형 변화가 혼종성(混種性)을 띠며, 그 속도가 급격하지 않았음을 증명한다고 볼 수 있다.

6. 맺음말

지식의 지형 변화는 지식의 내용뿐만 아니라 특정한 시대와 사회에서 중요시하는 지식과 그렇지 않은 지식의 체계를 통해 확인할 수 있다. 이를 확인하는 방법의 하나로 학교 또는 교육 제도, 교육 내용의 변천 등을 검토하는 방법이 있을 수 있는데, 각 시대별 교재 분석도 그 중 하나이다.

이 글은 근대 이전부터 1880년 개항 이후까지의 소학 교육(초등교육 대용어)을 위한 교재를 중심으로 한국에서의 지식 지형 변화의 모습을 탐구하는 데 목표를 두었다. 글 내용을 간략히 정리하면 다음과 같다.

첫째, 한국에서 전통적인 소학 교육은 주자와 유자징이 편찬한 『소학』이 중심 내용을 이루었다. 이 책은 고려시대 수용된 것으로 알려져 있는데, 『근사록』과 함께 '입지, 명륜, 경신'의 마음가짐을 중시한 책이었다.

둘째, 16세기 소학 교육에서의 지형 변화는 율곡의 『격몽요결』, 정경세의 『양정편』 등을 통해 확인할 수 있다. 특히 율곡은 중국에서 수용한 소학류를 대신하여, '독서 궁리'와 '당행지로(當行之路)'를 밝히고자 하는 저술을 내놓았다는 점에서 큰 의미를 찾을 수 있다. 그러나 율곡의 소학 교육이나 정경세의 『양정편』이 지향하는 바는 '수기치인(修己治人)'의 전통적인 수신 윤리를 크게 벗어나지 않았다는 점에서 소학 교육의 지식 지형 자체가 큰 변화를 보인 것이라고 보기는 어렵다.

셋째, 18세기 장혼의 『아희원람』이나 이덕무의 『사소절』은 전통적인 소학 교육의 내용 변화를 보이지 않으나, 지식 유희에 가까운 '아희(兒戲)'와 학업의 본질을 구체화한 '소절(小節: 사소한 예절)'을 주목했다는 점에서 일정한 지식 지형의 변화가 반영된 것으로 볼 수 있다. 특히 『사소절』 '사전'과 '부의'에 언급한 '읽어야 할 책'과 '피할 책', '세책 문화' 등은 그 시대의 지식 문화를 반영한 것이라는 점에서 의미 있는 자료들이다.

넷째, 근대식 학제 도입 이후 소학 교육에도 적지 않은 변화가 일어났다. '동문학', '원산학사', '육영공원'과 같은 근대식 학교에서 교과 개념을 적용한 교육과정이 등장하고, 이를 뒷받침하기 위한 교재를 선택했다는 점이 주목된다. 더욱이 1895년 '소학교령' 발포 이후 근대식 교과서가 등장했는데, 이들 교과서는 근대성과 전근대성이 혼종되어 있음을 확인할 수 있다. 그뿐만 아니라 대계 이승희의 『몽어유훈』과 같이, 전통적인 소학을 기반으로 근대 지식이 가미된 교재도 다수 편찬되었다는 점에서 전통적인 소학 교육의 지식 지형이 어느 한순간 급격하게 변화되지 않음도 확인할 수 있었다.

이러한 차원에서 여아(女兒)를 대상으로 한 소학 교육의 지적 변화도 살펴볼 필요가 있다. 예를 들어 조선 초기 인수대비가 지은 『여소학(女小學)』을 비롯하여, 송시열의 『계녀서』, 각 문중의 '여자소학류' 등의 내용 비교는 소학 교육의 지식 지형 변화와 관련하여 더 연구해야 할 과제이다. 이 과제는 후속 과제로 남겨둔다.

참 고 문 헌

고대혁, 「근사록과 유학의 공부론: 도덕교육적 함의」, 『동방학』 22, 한서대
　　학교 동양고전연구소, 2012, 257~289쪽.

국사편찬위원회, 『한국근대사 기초자료집 2: 개화기의 교육』, 탐구당문화
　　사인쇄, 2011.

김병환·임명희·정환희, 「근사록 관성편의 도덕과 인물 학습이 주는 함의」,
　　『도덕윤리과교육』 41, 한국도덕윤리과교육학회, 2013, 127~154쪽.

민족문화추진회, 『국역청장관진서 4: 사소절』, 민속문화문고, 1983.

민족문화추진회, 『율곡집』 1, 민족문화문고, 1986.

민족문화추진회, 『국역분류 오주연문장전산고』 8, 민문고, 1989.

서현아·최미현·최남정, 「우복 정경세 양정편에 나타난 유아 예절교육의
　　현대적 의미」, 『유아교육학논집』 10(3), 한국영유아교원교육학회,
　　2006, 29~54쪽.

송희준, 「근사록의 도입과 이해」, 『한국학논집』 25, 계명대 한국학연구원,
　　1998, 131~145쪽.

신현국(申鉉國), 『학례유범(學禮遺範)』(석판본, 간행지 미상), 1964.

오천석, 『한국교육사』, 현대교육총서출판사, 1964.

율곡선생기념사업회, 『국역 율곡전서 정선』, 율곡선생기념사업회, 1957.

이승연, 「소학 이념의 연속성과 불연속성: 이덕무의 사소절을 중심으로」,
　　『동양철학연구』 55, 동양철학연구회, 2008, 225~254쪽.

이응백, 『국어교육사연구』, 신구문화사, 1975.

장혼, 한용진·서범종 옮김, 『아희원람』, 한국학술정보, 2008.

허재영 엮음, 『근대계몽기 학술 잡지의 학문 분야별 자료』(권1~권9), 경진
　　출판, 2017.

허재영 편, 『국어사 국어교육 자료집』 1(양정편, 아희원람, 몽학, 계몽편), 박이정, 2008.

黃在英 編, 『蒙語遺訓』, 三峯書堂, 1936.

정영태, 예등(http://cafe.daum.net/yedung 정씨 문중의 한 분인 정영태 운영)

조선왕조실록(http://sillok.history.go.kr)

19세기 중국 근대지식의 수용과 장지동

: 장지동의 『권학편』을 중심으로

윤지원

1. 서론

근대화 개념의 기원은 서양이다. 근대화는 서양사의 시대 구분에 있어 암흑시대로 이야기되는 중세에 이은 시대를 유럽의 사학자들이 근대로 설정한 것이 그 시작이었다. 그리고 16세기 르네상스 이후 서구에 나타난 지속적인 현상들을 포괄적으로 지칭하는 용어였다. 17세기~19세기 서양의 국가들은 내셔널리즘을 토대로 국민국가를 건설하고 정치와 경제 사회와 사상 등의 분야에서 근대성을 발전시켜 부강한 국가를 건설했다. 그들이 이룩한 국가가 근대국가이며 서양 근대화의 총체가 근대 서양문명이다. 이 서양문명은 내셔널리즘을 토대로 끝없는 이윤 추구와 자유경쟁을 속성으로 하는 자본주의를 무기로 경쟁적 해외팽창을 추구하는 공격적 문명이었다. 이 같은 특성의 근대 서양문명은 19세기 후반 막강한 자본과 군사력을 동원한 제국주의 정책을 통해 다른 문명권에 대하여 군사적 경제적 침탈을 감행함으로써 근대 서양문명의 세계화를 이룩하게 된다.

중국의 근대화[1]는 일반적으로 서양문명의 충격과 그 반응의 이론으로 설명할 수 있다. 서구의 근대화가 역사의 진보과정 가운데 자기 진화의 현상이었다면, 중국의 근대화는 이질적 문명인 서양문명과의 충돌 가운데 작용 또는 반작용을 통해 이루어졌다. 군사적 경제적 침탈에 의한 서양문명의 충격으로 전통적 문명이 붕괴의 현실에 직면하면서 중국의 반응은 동양적 민족주의의 전개와 근대화를 위한 노력의 두 방향으로 나타나게 된다. 이들 양자 즉 중국의 민족주의[2]의 전개와 근대화를 위한 노력은 상호 불가분의 관계였다. 전자가 서구 제국주의 문명의 침입에 대한 이념적 성격의 결과물이라면, 후자는 서양문명의 침탈에 대한 정치와 경제, 사회와 문화의 측면에서 적응해가는 생존의 과정이었다. 그러므로 중국의 민족주의의 성격은 근대화의 질과 방향을 결정하게 된다.

중국은 유구한 문화 전통을 지녔고 수천 년 동안 이민족의 침입을 받았지만, 문화에 대한 자존심으로 자신들을 지켜온 역사를 지니고 있다. 만일 서양의 문화 충격이 없었더라면 중국인들의 근대지식에

---

1) 중국이 아편전쟁에서 굴복해 개항함으로써 중국의 근대가 시작되었고 그 전쟁으로 시작된 불평등 조약(남경조약)은 반식민지의 시작이었다.

2) 중국 민족주의의 성격은 수백 년 동안 동아시아의 종주국으로 군림해 온 중국이 아편전쟁에서 서양 국가인 영국에게 연달아 패해 영토의 일부를 할양하는 굴욕을 당하고, 이어 서구 열강과 맺은 불평등 조약에 따라 국가 주권이 제약을 받게 된 것과 관련 있다. 당시 중국인들은 오랑캐 문화로 비하했던 서양문화가 그들의 문화보다 우수하다는 것을 인정할 수밖에 없는 것에 대하여 자괴심을 가졌고, 국가와 문화 붕괴의 위기 앞에 그에 대한 극복을 위한 자성, 그리고 서양을 극복하려는 민족적 욕구 등이 복합적 감정을 가지고 있었다.

대한 자각은 없었을 것이다. 서양문명은 농촌이 도시에 종속되는 것처럼 미 개화 국가를 문명국가에 종속되게 하였다. 동아시아의 근대화 과정은 서구의 입장에서는 새로운 세계에 대한 발견과 도전이었지만 다른 민족에게는 재앙이었다. 그들은 토지와 재물을 약탈했을 뿐만 아니라, 심한 경우 다른 국가의 주권마저 빼앗았다. 특히 중국의 경우 사회의 전통질서를 무너트렸고 중국인이 스스로 문화 노선을 선택할 수 없게 함으로써 수많은 논쟁을 발생시켰다. 당시 일부 지식인들은 근대 중국이 낙후된 근본 원인이 전통문화에 있다고 생각했다.

19세기 중국은 서양문명의 충격에서 스스로 전통을 보호하고 자신들의 문화 존엄성을 지키려 하였다. 하지만 서양문명에 대한 이 같은 태도는 중국 민족의 당대 비극으로 이어지고 만다.[3] 비록 중국 민족이 뿌리 깊은 전통을 지녔지만 결국 그들의 문화유산은 근대화의 걸림돌이 되고 말았다. 청 조 말기 봉건체제의 한계성을 인식한 지식인 집단은 근대화를 지향하며 일련의 개혁을 추진한다. 그들은 전통의 도체기용(道體器用)의 관점에서 출발하여 중체서용(中體西用)의 문화융합 모델을 제시하였으며, 중국 전통문화를 근본으로 서양의 기술을 운용해야 한다고 주장했다. 그들은 서학을 받아들이고 양무(洋務)를 개설하였으며, 서양의 군사 장비와 기계생산 방식을 광범위하게 도입했다. 또한 전문적으로 서양의 문물을 번역하는 동문관의 설립을 통해 서양 근대과학의 성과를 소개했다. 이 같은 양무파의 노력은 중국이 현대화라는 고난의 역정에서 내디딘 첫걸음이었다.

---

3) 근대 중국의 역사는 서양문명에 대한 저항의 역사이다. 당시 보수파나 온건적 지식인들은 서양문화에 저항하기 위해 전통 유가 사상을 방패로 사용하였다. 그들은 하늘과 도(道)는 변하지 않는다는 믿음으로 서양의 문화와 사회변혁을 반대했다. 그리고 그 결과 사회가 정상적으로 발전할 수 없었고 수많은 모순과 충돌이 나타났다.

본 글은 양무파의 대표적 인물인 장지동의 저서인 『권학편』을 중심으로 그의 근대지식의 수용에 대하여 연구하는 것을 목적으로 한다. 이를 위해 먼저 『권학편』의 저술 목적과 내재 논리에 대해 살펴보고 나아가 그의 교육 개혁론에 대해 연구할 것이다. 장지동의 『권학편』에 대한 연구는 중국의 근대지식이 수용·형성되는 과정과 청말 교육개혁을 이해하고 중국 근대 지식 지형을 파악하기 위한 기초 작업이다.

2. 『권학편』의 저작목적과 구조

장지동이 『권학편』을 저술한 시기는 1898년 3월이다. 당시 중국은 굴욕과 격변의 시기를 겪고 있었다. 청일전쟁이 끝나고 입헌군주제를 필두로 정부 조직, 교육, 산업, 상업, 군사 등 사회 전 분야의 개혁을 내세운 무술 변법운동과 의화단의 난이 일어났다. 개혁 운동은 비록 보수파의 반격으로 100일 천하에 끝났지만 이는 사회 지식인들의 개혁에 대한 의지를 보여주었다. 당시 장지동은 어떠한 목적으로 『권학편』을 저술한 것일까? 장지동은 『권학편』의 서문에서 책의 저작 목적에 대해 다음과 같이 밝히고 있다.

"나는 국내의 사대부들이 현재 상황에 안주하며 재난이 닥칠 것을 모를까 봐 초나라의 일을 말했으며 일부 사람들이 강함을 꾀하지 않고 자포자기할 것을 염려해 노나라의 일을 말했다. …… 국가멸망의 위기를 인지할 때 강대국의 중요성을 알 수 있다."[4]

장지동은 "구자는 통을 모르고 신자는 그 근본을 모른다."라고 말하며 지통(知通), 지본(知本)5)할 것을 주장한다. 그는 학자가 마음의 평온함을 지키지 못한다면 중심이 없어져 잘못된 이론이 만연하고 적이와도 상대할 수 없으며 적이 오지 않아도 그들이 넘보지 못하도록나라를 지킬 사람이 없다고 생각했다. 그리고 초나라와 노나라의 일을 들어 현실을 자각하고 부강을 위해 노력할 것을 촉구한다.

"근면해야 살 수 있다고 백성을 훈계했고 매일 군비를 점검하라고 군사들에게 당부했으며 재난은 불시에 닥칠 것이라고 나라 사람들을 일깨웠다."6)

장지동은 초나라의 장왕이 패권을 잡을 수 있었던 이유가 현실에대한 각성에 있었다고 생각했고 이미 중국이 멸망의 위기에 직면했음을 인식하고 끊임없이 노력해야 한다고 주장한다. 그리고 그는 노나라의 부흥을 위해 공자가 한 말을 인용하며 지인용의 원리를 실천할수 있으면 당장은 어리석더라도 틀림없이 똑똑해질 것이며 유약하더라도 반드시 강해질 것이라고 말한다.

이상의 내용에서 우리는 장지동의 저작목적이 중국의 부국과 자강에 있음을 알 수 있다. 장지동은 『권학편』의 내편과 외편에서 모두부강의 방법을 제시하고 있으며 외편에서는 방법의 타당성을 서술하고 있다. 그리고 그는 중국의 지식인들이 오지(五知)를 알고 실천하기

---

4) 張之洞, 『勸學篇·序』, 中州古籍出版社, 1998, 44쪽. "吾恐海内士大夫, 狃於晏安而不知禍之將及也, 故舉楚事. 吾又恐甘於暴棄而不複求強也, 故舉魯事."(『勸學篇』의 출처는 이후 편명만 표기)
5) 知通은 知本은 어떠한 상황에서도 자신의 국가와 문화를 사랑해야 함을 가리킨다.
6) 『勸學篇·序』"以民生在勤箴其民, 以日討軍實儆其軍, 以禍至無日訓其國人."

를 원했다. 장지동은 서문에서 "내편과 외편의 내용을 종합하면 오지가 된다."라고 이야기한다. 그는 오지를 설명하며 『권학편』 전체의 목적을 요약 밝히고 있다. 그가 이야기하는 오지(五知)는 다음과 같다.

오지(五知)	내용
지치(知恥)	일본의 유신개혁, 터어키의 의회제도 선포, 쿠바의 민족혁명, 그리고 태국의 변법 등의 역사적 사실을 알고 중국이 이보다 못함을 부끄러워해야 한다.
지구(知懼)	인도 미얀마 이집트 베트남 조선 폴란드 등의 나라들 분열되거나 식민지가 된 역사를 가지고 있다. 중국은 외세에 의해 침략당할 것을 두려워해야 하며 노력해야 한다.
지변(知變)	중국은 변법을 알고 바꾸어야 한다. (그 습관을 바꾸지 못하면 법을 바꿀 수 없고 그 법을 바꾸지 못하면 그 기를 바꾸는 것은 불가능하다.)
지요(知要)	변법의 과정에서 중학은 고대의 것을 배우는 것보다 잘 활용하는 것이 중요하며 서학은 서예가 중요한 것이 아니라 서정이 중요한 것이다.
지본(知本)	자신의 국가와 풍속을 잊지 말고 유교의 도를 지켜야 한다.

그는 오지를 통해 서양의 침략에 맞설 수 있도록 민족의식을 자각하고 구법의 개혁과 선진문화의 수용을 통해 스스로 부국 자강을 위해 노력할 것을 주장한다. 장지동은 "오늘의 시국에는 오로지 충성과 애국을 진작하고 부강을 도모하며 조정을 존숭하고 사직을 보호하는 것이 가장 중요한 가치"[7]라 말한다.

앞서 언급했듯 장지동은 무술변법파와 친분이 있었지만, 정치적으로는 개혁을 반대하는 양무파와 의견을 같이했다. 장지동은 호광 총독 시절 양계초가 창간한 『시무보(時務報)』와 담사동이 만든 『상학보(湘學報)』를 전성의 관리들과 호북의 각 지방에서 구독하도록 행정명령을 내려 유신파를 지지하고 지원하였다. 하지만 『시무보』에 민권을 요구하는 주장이 게재된 후 『시무보』를 호북성에서 판매하지 못

---

7) 『勸學篇·同心』 "今日時局, 惟以激發忠愛, 講求富强, 尊朝廷, 衛社稷爲第一義."

하게 하였고『상학보』에 강유위의 공자개제설(孔子改制說)이 실리자 『상학보』를 폐간시킨다. 이 같은 개혁 방향은 개혁 운동 초기 그들에게 동조하였던 상층신사의 개혁 수준을 넘어서는 것으로 그들의 격렬한 반발을 불러일으켰다. 장지동 역시 예외는 아니었다. 장지동은 말한다.

"민권론을 번성하도록 놓아두면 어리석은 백성들은 기뻐할 것이고 불순한 무리들은 활개를 칠 것이며 기강은 바로 서지 않고 큰 혼란이 여기저기서 일어날 것이다. 이러한 주장을 하는 사람이 혼자만 편하게 살 수 있을까? …… 민권설은 적들이 듣고 싶어 하는 사조인 것이다."[8]

"만약 사람들이 모두 자주적이라면 …… 자식은 아버지를 따르지 않고 학생은 스승을 받들지 않고 아내는 지아비를 따르지 않고 천민은 귀족에 복종하지 않아 약육강식의 상황이 벌어질 것이다. 그리하여 인류는 오래지 않아 멸망할 것이다."[9]

이후 장지동은 유신파가 만든 학술단체인 강학회에 가입하여 활동하기도 하였으나 서태후가 엄금할 것을 결정하자 강학회를 해산하도록 강요하고 회보를 금지한다. 구홍명은 장지동에 대해 다음과 평한다.

"문양(文襄)이 서법을 본받은 것은 유럽화를 원했기 때문이 아니다.

8) 『勸學篇·正權』 "使民權之說一倡, 愚民必喜, 亂民必作, 紀綱不行, 大亂四起, 倡此議者, 豈得獨安獨活? …… 是民權之說, 固敵人所願聞者矣."
9) 『勸學篇·正權』 "若人皆自主, …… 子不從父, 弟不尊師, 婦不從夫, 賤不服貴, 弱肉強食, 不盡滅人類不止."

문양이 부강을 도모한 본뜻은 부강에 있었던 것이 아니다. 서법을 본받아야 부강을 도모할 수 있고, 부강을 이룩해야 중국을 보호할 수 있으며, 중국을 보호해야 유교를 보호할 수 있기 때문이다."10)

『권학편』의 구조 및 내용을 살펴보면 다음과 같다.

번호	내/외편	편명	중심 내용
1	중학	同心	나라와 유교 그리고 민족을 보전하는 것은 하나의 마음이다.
2	중학	教忠	청 왕조의 덕을 찬양하고 신하와 백성을 충성스럽고 착하게 하여 보국한다.
3	중학	明綱	중국의 정체성인 유학의 삼강을 명백히 밝혀 예정의 근본으로 한다.
4	중학	知類	신명의 후예로서 보종을 위해 노력한다.
5	중학	宗經	성현의 말씀을 받들어 근본으로 삼는다.
6	중학	正權	질서를 명확히 구분, 백성을 안정시킨다.
7	중학	循序	중학을 배워 근본에 통달하고 서학을 연구한다.
8	중학	守約	중학의 보존을 위해 필요 시 서학을 선택한다.
9	중학	去毒	서학의 병폐를 알리고 이를 제거한다.
1	서학	益智	무지하고 미혹됨을 버리고 지혜를 닦음
2	서학	遊學	해외 유학 장려
3	서학	設學	학교 설립 추진 및 교육진흥
4	서학	學制	학교제도
5	서학	廣譯	서학의 책들을 많이 번역한다.
6	서학	閱報	신문을 통해 시사 보도 실시
7	서학	變法	구습의로부터 벗어나 제도를 개혁
8	서학	變科擧	과거제도를 개혁한다.
9	서학	農工商學	부국을 위하여 농공 상학을 진흥한다.
10	서학	兵學	강병책을 위하여 군사교육을 진흥한다.
11	서학	鑛學	지하자원의 활용을 위해 유관 학문을 진흥한다.
12	서학	鐵路	철도개발을 통해 전국 개발

10) 『張文襄幕府記聞·淸流黨』 "文襄之效西法, 非歐化也. 文襄之圖富强, 志不在富强也. 蓋欲借富强以保中國, 保中國即所以保名教."

번호	내/외편	편명	중심 내용
13	서학	會通	중학과 서학에 모두 통한다.
14	서학	非弭兵	군사력에 힘쓴다
15	서학	非攻敎	중국의 교를 밝히고 서교를 공격하지 않는다.

『권학편』은 모두 24편으로 내편과 외편으로 나누어져 있다. 내편은 "본에 중점을 두고 인심을 바르게 하는 것" 외편은 "방법에 중점을 두어 풍기를 진작하는 것", 즉 본(本)과 통(通)을 기준으로 구분하고 있다. 내학 9장은 중학을 외편 15장은 서학에 대해 말하고 있다. 여기서 장지동이 말하는 본은 절대 변할 수 없는 유가의 가치로서 강상명교(綱常名敎)를 지칭하며 통은 모든 일을 대상으로 시세에 따라 임기응변하는 것을 말한다. 분량에 있어 외편이 더 많은 부분을 차지하는데 익지, 농공상학, 병학, 광학, 철로는 신학의 유용성과 그 수용에 대해, 유학, 설학, 학제, 광역, 열보, 변법, 변과거는 신학 수용을 위한 제도의 개혁을 주장하고 있다. 회통은 중학과 서학의 조화를, 비미병은 군사력에 힘쓸 것을, 비공교는 기독교를 공격하지 않는 것이 중심 내용이다.

3. 『권학편』의 내재 논리

'중체서용(中體西用)'[11)의 명제가 『권학편』의 핵심사상이며, 장지동

---

11) 방극립에 의하면 中體西用의 기본함의는 다음과 같다. ① 본체(실체)와 작용, 공능, 속성의 관계 ② 본체와 현상의 관계. 方克立, 「中国哲学中的体用范畴」, 『中国社会科学』, 1984年 第5期. 중체서용론의 기본범주인 체와 용의 개념은 본래 불교에서 유래한 것이다. 윤지원, 「중국 근대 지식지형과 장지동의 개혁사상」, 『儒敎思想文化研究』, 2019, 439~440쪽. 유가에서 체는 본체, 근본을 용은 체의 작용, 응용을 뜻하는 것으로 북송 호원이 명체달용(明體

이 중국 근대 '중체서용' 사상의 집대성자라는 것은 의심할 여지가 없다. 하지만 중요한 것은 장지동이 『권학편』에서 어떻게 '중체서용'의 사상을 논술하고 있는가이다. 청대 말엽 사상사의 흐름 속에서 '중체서용'의 명제는 끊임없이 변화하고 발전하였다. 그 때문에 장지동 『권학편』의 내재 논리에 대한 고찰은 먼저 '중체서용' 적 사고의 기원으로부터 시작되어야 한다. '중체서용' 적 사유는 어디에서 시작되었을까? 다수의 학자는 '중체서용' 사고의 기원을 아편전쟁 직후 임칙서(林則徐)나 위원(魏源)이 주장했던 "오랑캐의 선진기술을 배워 오랑캐를 제압한다(師夷之長技以制夷)."는 서구에 대한 학습 태도에서 찾고 있다. 그러나 이들은 서학에 대해 자세히 언급하지 않았을 뿐만 아니라 서양문명의 강점에 대해서도 깊이 이해하지 못하고 있었다.

중국 근대 서학은 중국 신지식의 중요한 근원이었다. 당시 서학은 명말 청초 천주교 예수회의 선교사들에 의해 유입된 서학, 청대 말엽 서양의 선교사들에 의해 들여온 서학 그리고 일본을 경유 해 들어온 서학을 지칭하였다. 그리고 이는 "서학동점(西學東漸)"의 시작이 아편전쟁 즉 서양과 중국의 군사적 충돌 직후가 아닌 명대 중후기 시작된 지리적 발견 이후라는 것을 의미한다. 명나라 만력(萬曆) 시기 예수회 선교사의 도래는 중국의 학술사상에 변화를 초래한다. 이 시기 서양의 과학기술은 신속하게 발달하고 있었고 상대적으로 중국의 과학기술 발전은 낙후되어 있었다. 당시 중국의 일부 사대부들과 황제는

達用)을 주장한 이후 소강절, 이정, 장횡거 등에게는 본체론의 개념으로 주자에 이르러서는 경전해석의 중요개념이 되었다. 「중용장구」, 「주자어류」, 「논어집주」 등에 보이며 유학자들은 의(義)와 리(利), 본(本)과 말(末)의 대용으로 사용하였다. 근대 이후에는 학자들마다 다양한 의미로 사용하였는데 중국번은 "자립을 체로, 성실함을 확충하는 것을 용으로[以自立爲體 以推誠爲用]", 당문치는 "이학을 체로 경제를 용으로[理學爲體 經濟爲用]", 풍계분은 중국의 윤상명교를 본으로 삼고 서양의 부강지술로 그것을 보충해야 한다고 주장한다.

과학기술 측면의 서학을 수용하였으나 그 사상적인 측면의 영향은 크지 않았고 "서학동점"은 옹정제의 천주교 금교정책과 로마 교정의 선교정책의 변화로 인해 중단된다. 하지만 선교사와 일부 중국인들의 과학서적 번역에 의한 서학의 수입은 계속 이루어지고 있었다. 1605 년 마테오리치가 편집한 자연 철학저작인『건곤체의』12)는『사고전서』에 "서학이 중국에 전래한 시작이다(西學傳入中國之始)"라고 기록되어 있다. 마테오리치뿐만 아니라 알레니와 아담 샬 등의 사람들 역시 서학의 전래에 중요한 역할을 하였다. 비록 이 같은 서학의 영향이 당시 중국의 천문학과 수학 그리고 지도학 등의 방면에 집중되어 있었고 그 지식 역시 널리 보급되지 않았지만, 서학에 대한 사대부들의 인식에 대한 문제는 이미 태동하고 있었다.

아편전쟁 이후 일부 사대부들은 서학 특히 군사기술에 대하여 새로운 인식을 하게 되었고 이를 이용해 중국의 국력을 향상하기를 기대했다. 당시 세계에 눈을 뜬 위원(魏源)은『해국도지(海國圖志)』에서『사주지(四州志)』와『강유기행(康輶紀行)』을 기초로 비교적 상세하게 세계의 지리와 역사에 대하여 묘사하고 있다. 그는 책에서 100종이 넘는 자료를 인용하여 서양 각국의 지리, 역사, 정치 그리고 선진과학기술에 대하여 체계적으로 소개하였으며 이는 과거의 서학의 범주를 넘어서는 것들이었다. 그는 당시 폐쇄적이었던 중국인들이『해국도지』라는 망원경을 통해 중국 중심의 세계관을 깨고 새로운 세계와 근대 문물에 대해 인식하기를 원했다. 또한 위원은 공업과 상업을 중시했을 뿐만 아니라 그 관심을 정치와 경제까지 확장한다.『해국도지』에

---

12) 마테오리치의『건곤체의』는 상·하권으로 상권은 지구와 천체구조, 지구와 오성의 상호관계의 원리에 대하여 논한다. 하권에서는 기하학의 문제 18개를 나열하고 수학 도형 가운데 원형이 가장 포용성이 있으며 아름답다는 것을 증명한다.

서 그는 서양의 "강한 배와 위력적인 포(堅船利炮)"에 대해 경탄했을 뿐만 아니라 나아가 서양 근대 자본주의와 민주 정치 체제까지 소개하고 있다.

위원의 『해국도지』가 당시 중국인들에게 세계에 대한 지식을 소개하였고 "오랑캐의 선진기술을 배워 오랑캐를 제압한다(師夷之長技以制夷)."는 주장을 제시하였지만, 중학과 서학의 문제에 있어 위원은 청초의 학자들과 같이 오직 용(用)의 측면에서만 서학을 채용하고 있다. 이소평(李素平)은 『해국도지』에 나타난 위원의 서양문명에 대한 태도에 대해 다음과 같이 말한다.

"위원의 서양문명에 대한 소계와 질의 그리고 비평은 이후 양무운동과 중체서용의 논쟁 그리고 5·4 시기 대규모 중서 문화논쟁에 불씨를 제공한다. …… 『해국도지』에서 위원은 동·서양문명에 대한 의식(물질적, 정신적) 관념을 갖지 못했을 뿐만 아니라 처음부터 끝까지 '도기', '체용'의 각도에서 서양문화를 소개 서술하고 있지 않다. 위원의 전체 사상적 배경에서 보았을 때 경세치용에 대한 추구와 변화에 관한 주장만이 일관된다."13)

정위지는 "위원이 『해국도지』를 쓸 때 비록 명확히 중체서용과 같은 형식은 없었으나 이미 유사한 생각은 있었기 때문에 역사 문헌을 인용하여 기록하는 방식을 채용한 것이다. 그 때문에 청초의 사람들과 위원의 서학에 대한 인식 방향은 중체서용론의 근원이 된다."라고 말한다.14) 이와 같은 중체서용의 논리는 중학과 서학의 충돌이 격화

---

13) 李素平, 「〈海国图志〉和师夷之长技以制夷」, 『北京印刷学院学报』, 2001, 第3期.

되기 시작하던 청대 말엽 크게 유행하게 된다. 위원이 "오랑캐의 선진 기술을 배워 오랑캐를 제압한다(師夷之長技以制夷)."는 주장을 제기한 후 20년간 중국과 서양의 충돌은 끊임없이 격화되고 있었다. 아편전 쟁의 패배라는 충격적 사건을 통해 중국의 지식인들은 그들의 인식과 현실 사이에 커다란 괴리가 있다는 것을 깨닫게 되었지만 사실 그들 의 문화 우월적 태도는 크게 바뀌지 않았다. 그들은 양이(洋夷)들이 일시적으로 중국의 혼란을 초래하였지만 그들의 기예와 술수는 중국 인의 생존에 위협이 된다고 생각하지 않았다. 중국인들에게 있어 서 양의 기술은 문화의 지엽적인 부분에 불과했고 유교의 강상윤리(綱常 倫理)는 중국문화의 근본이었다. 하지만 제2차 아편전쟁의 패배는 그 들의 인식에 경종을 울리는 계기가 되었다. 이때부터 서양의 기술을 적극적으로 수용하여 그들에게 맞서야 한다는 주장이 등장했고, 양무 파(洋務派) 지식인들이 역사의 무대에 등장함으로써 중국 사상계의 흐름은 크게 변화하게 된다.

1861년 풍계분(馮桂芬)은 『교빈여항의(校邠廬抗議)』에서 '중체서용' 의 사상을 제기한다. 『교빈여항의』는 풍계분의 정론집으로 함풍조(咸 豐朝) 이후 사회변혁에 대한 그의 개혁방안을 대표한다. 정론 47편이 수록되어 있으며 상·하책으로 구성되어 있다. 책의 내용은 정치, 군 사, 문화, 경제의 영역 등을 포괄하며 서학의 수입과 과거제 개혁 등의 건의는 양무파에 수용되어 이후 양무운동의 강령이 된다. 주목할 점 은 그가 채서학의(采西學議) 장에서 중학과 서학의 관계에 대한 원칙인 "중국의 윤상명교를 원본으로 삼고, 제국의 부국강병의 술로서 이를 보완해야 한다."15)는 주장을 제기한 것이다. 풍계분의 주장은 이후

---

14) 丁伟志, 「"中体西用"论在洋务运动时期的形成与发展」, 『中国社会科学』, 1994, 第1期.

중국번이나 이홍장 등을 비롯한 여러 양무파(洋務派) 인사들에게 주목받으며 서양문명에 대한 그들 사상의 내재적 원리이며 동시에 양무파 중체서용론의 발단이 된다. 물론 그들의 중체서용론은 체와 용이 분리되어 있고 체와 용의 긴장 관계가 결여되어 있어 초기 변법파에서 주장했던 체용 일치적인 중체서용론과는 분명한 차이가 있었다. 이후 1895년 『만국공보(萬國公報)』의 편자이자 상해중서서원의 총교습이었던 심수강(沈壽康)이 "중·서 학문은 본래 서로 각기 득실이 있으나 화인을 위해서 도모한다면 마땅히 중학을 체로 삼고 서학을 용으로 삼아야 한다."고 주장한 이후 여러 사람에 의해 이 개념이 채용되며 당시 사회의 유행 사조가 된다.

19세기 후반 양무운동의 개혁 논리인 '중체서용'은 양무운동 당시 널리 쓰였음에도 불구하고 "중학을 본체로 서학을 용도로 삼는다(中學爲體, 西學爲用)."는 형식과 의미가 있지 않았다. 1898년 3월 장지동이 『권학편』에서 "구학을 본체로 신학을 용도로 삼는다(舊學爲本, 新學爲用)."고 주장하며 구학과 신학을 중학과 서학으로 표현하고 중학과 서학의 구체적 내용을 두 범주로 상세하게 분류, 체계적으로 설명함으로써 '중체서용'의 명제는 유행하게 된다. 그가 『권학편』을 저술한 1898년은 무술개혁 운동이 본격적으로 전개되던 시기로 신·구학의 다툼이 나날이 심화되고 있었다. 장지동은 당시 신학과 구학의 첨예한 갈등에 대해 다음과 같이 말한다.

---

15) 馮桂芬, 『校邠廬抗議』收入『續修四庫全書·子部·儒家類』其詳文爲. "夫學問者, 經濟所從出也, 太史公論治曰: '法後王. 爲其近己而俗變相類, 議卑而易行也.' 愚以爲在今日又宜曰: '鑒諸國'. 諸國同時並域, 獨能自致富強, 豈非相類而易行之尤大彰明較著者? 如以中國之倫常名教爲原本, 輔以諸國富強之術, 不更善之善者哉?"

"시대를 구원하려는 사람은 신학을 말하고 도의 훼손을 걱정하는 사람은 구학을 지키려 한다. 구학파는 목이 막힌다고 먹지 않고 신학파는 너무 많은 것을 한꺼번에 보아서 양이 도망친다. 구학파는 회통을 모르고 신학파는 근본을 모른다. 회통을 모르면 상황에 맞게 적에 대처할 줄 모르고 근본을 모르면 기본 윤리를 깎아내리는 마음이 생긴다. 상황이 이러면 구학파는 점점 신학에 대해 우려하고 신학파는 점점 구학을 싫어하게 되어 서로를 공격한다."16)

"오늘날의 신학과 구학은 서로 헐뜯고 멀리한다. 그 뜻이 통하지 않는다면 구학문은 신학문을 혐오하고 잠깐 부득이하게 활용하는 것으로 생각한다. 신학문은 구학문을 경시하고 당장은 갑자기 모두 다 폐기할 수가 없어서 그것을 남겨둔다고 생각한다. 네모난 장부와 둥근 구멍의 만남처럼 영원히 의견이 맞지 않음은 행동에 명분이 없고 일을 해도 성과가 없다고 의심한다고 할 수 있을 뿐이다."17)

장지동은 신학파가 근본을 모르고 구학파가 회통을 모르는 것에 대해 비판한다. 그는 회통을 모르면 변화하는 상황을 제어하는 방법을 모르게 되어 적에게 대항할 수 없고 근본을 모르면 명교를 깎아내리는 마음이 생기게 되어 근본이 사라질 것을 걱정한다. 이러한 장지동의 태도는 명확하게 그가 신·구학을 모두 비판하고 있음을 나타낸다. 그의 관심은 시세를 모르고 부질없이 완고하기만 한 수구파와

---

16) 『勸學篇·序』, "於是圖救時者言新學, 慮害道者守舊學, 莫衷於一. 舊者因噎而食廢, 新者歧多而羊亡. 舊者不知通新者不知本. 不知通則無應敵制變之術, 不知本則有非薄名教之心. 夫如是, 則舊者愈病新, 新者愈厭舊, 交相爲愈."

17) 『勸學篇·會通』, "今日新學, 舊學互相訾謷, 若不通其意, 則舊學惡新學, 姑以爲不得已而用之, 新學輕舊學, 姑以爲猝不能盡廢而存之, 終古枘鑿, 所謂"疑行無名, 疑事無功"而已矣."

진짜 유신을 모르고 부회 하는 유신파의 대립을 해소하고 서양세력에 대응하여 중국의 위기를 극복하는 것에 있었다. 장지동은 이 같은 문제의 해결 방법을 중체서용의 논리에서 찾는다. 그는 말한다.

"이 시국에 중국의 강화를 도모하려면 중학을 보존하면서도 서학을 말하지 않을 수 없다. 그러나 중학의 기초를 굳건히 하고 그것을 단서로 상황 판단을 하지 않으면 강한 자는 제멋대로 행동하는 두목이 되고 약한 자는 노예가 되어 그 해로움은 서학을 알지 못하는 경우보다 더 심하다. 최근 영국의 신문에서는 중국이 변법자강을 하지 않으려 하고 공교(孔敎)만을 믿는 것이 폐단이라고 비하했는데 이는 대단한 오류이다. …… 오늘날 학자는 반드시 경전을 숙지하여 우리 중국의 성현들이 확립해놓은 교리의 핵심을 잘 알고, 역사를 공부해서 역대 중국의 치란(治亂)과 구주의 풍토를 알고, 자(子)와 집(集)을 섭력해서 우리 중국의 학술적 글들에 통달할 것을 우선의 과제로 삼아야 한다. 그 후에 서학 중에서 우리가 가지고 있지 않은 점을 보충할 수 있는 것을 뽑아서 활용하고 서양의 정사에서 우리의 병폐를 치료할 수 있는 것을 가져와야 한다."18)

장지동은 중국을 강하게 만들고 중학을 보존하기 위해서는 서학을 배워야 한다고 생각했다. 그는 중학에는 어둡고 서학에만 밝으면 약한 자가 되어 노예가 되기 때문에 중학의 기초를 굳건히 할 것을 주장한다.

---

18) 『勸學篇·循序』, "今欲强中國, 存中學, 則不得不講西學. 然不先以中學固其根柢, 端其識趣, 則强者爲亂首, 弱者爲人奴, 其禍更烈於不通西學者矣. 近日英國洋文報護中國不肯變法自强, 以爲專信孔敎之弊, 此大誤也. …… 今日學者, 必先通經以明我中國先聖先師立敎之旨, 考史以識我中國曆代之治亂, 九州之風土, 涉獵子, 集以通我中國之學術文章, 然後擇西學之可以補吾闕者用之, 西政之可以起吾疾者取之."

신구를 함께 공부한다. 사서오경, 중국 역사, 정치서, 지도가 구학이고 서양제도, 서양기술, 서양 역사가 신학이다. 구학이 체이고 신학은 용이며 한쪽에 치우쳐서는 안된다.[19]

중학은 내학이며 서학은 외학이다. 중학은 몸과 마음을 가다듬고 서학은 세상일을 처리한다. 경문에서만 다 찾을 필요도 없고 경전의 가르침에서 다 벗어날 필요도 없다. 마음은 성인의 마음이고 행동은 성인의 행동이면서 효제충신을 덕으로 삼고 군주를 잘 섬기고 백성을 보호하면서 정사를 펴나간다면 아침에는 증기기관을 움직이고 저녁에는 철로를 달린다고 해도 성인의 집단에는 해를 끼치지 않는다.[20]

장지동은 사서오경과 중국의 역사 정치서 지도를 구학으로 서정(西政), 서예(西藝), 서사(西史)를 신학으로 정의하고 있으며 중학은 내학으로 심신을 다스리고 서학은 외학으로 세사에 응대한다고 말한다. 즉 중학은 유가의 경서와 역사를 중심으로 사람의 마음을 바르게 하고 뿌리를 튼튼히 하는 것이며 서학은 전통적 학문 분류를 뛰어넘어 서정(西政)은 학교(學校), 지리(地理), 탁지(度支), 부세(賦稅), 무비(武備), 율례(律例), 근공(勤工), 통상(通商)을 그리고 서예(西藝)는 산(算), 회(繪), 광(礦), 의(醫), 성(聲), 광(光), 화(化), 전(電)[21] 등의 학문으로 세상의 일을

---

19) 『勸學篇·設學』, "新舊兼學. 四書五經中國史事政書地圖爲舊學. 西政西藝西史爲新學. 舊學爲體, 新學爲用, 不使偏廢."

20) 『勸學篇·會通』, "中學爲内學, 西學爲外學; 中學治身心, 西學應世事. 不必盡索之於經文, 而必無悖於經義. 如其心聖人之心, 行聖人之行, 以孝弟忠信爲德, 以尊主庇民爲政, 雖朝運汽機, 夕馳鐵路, 無害爲聖人之徒也."

21) 『勸學篇·設學』, "其學堂之法約有五要: 一曰新, 舊兼學. 四書五經, 中國史事, 政書, 地圖爲舊學. 西政, 西藝, 西史爲新學, 舊學爲體, 新學爲用, 不使偏廢. 一曰政, 藝兼學, 學校地理, 度支賦稅, 武備律例, 勤工通商, 西政也; 算繪礦醫, 聲光化電, 西藝也."

처리하는 것이다.

장지동이 서학을 적극적으로 수용할 것을 주장하면서도 중학을 체로 삼을 것을 주장하는 것은 보교(保敎)를 중시하기 때문이었다. 그는 『권학편』서문에서 정치와 학문을 안과 밖의 관계로 정의하며 삼강(三綱)을 중국 성현들이 전한 예정(禮政)의 근본이라고 말하고 서학을 수용하더라도 반드시 중학에 먼저 통달해야 한다고 주장한다.22) 장지동은 보국(保國)과 보교(保敎)를 위해서는 서학을 수용하지 않을 수는 없으나, 중학의 기초가 받쳐주지 않으면 서학을 모르는 것보다 더 큰 화를 초래하리라 생각한다.

이 같은 장지동의 중체서용론은 중학과 서학을 체·용의 관계로만 규정하며 중국 전통의 체·용 논리가 아닌 기능적 구분을 통해 선후의 관계로 중학과 서학을 이야기하고 있다. 그는 중학과 서학을 내성외왕(內聖外王)의 사유 속에서 때로는 본말 또는 주보의 관계에서 언급한다. 근대 서양의 학문을 수용하면서 본질적으로 서로 다른 지적전통의 흐름인 중국의 유교가 어떻게 체의 역할을 할 수 있는지에 대한 그의 설명은 매우 부족해 보인다. 장지동의 주장은 기본적으로 체와 용의 분리는 전제하고 있다. 이에 대해 엄복(嚴復)은 중학에는 중학의 체와 용이 서학에는 서학의 체와 용이 있어 각기 병립할 수 있지만 합치면 중학과 서학 모두 망한다고 강력히 비판한다.

체용은 하나의 사물에 대해 사용하는 말입니다. 소라는 체가 있으면 무거운 짐을 지는 용이 있습니다. 말이라는 체가 있으면, 멀리 가는 용이 있습니다. 소를 체로 삼고 말을 용으로 한다는 것은 들어 본 적이 없습니

---

22) 『勸學篇·循序』, "先入者爲主, 講西學必先通中學, 乃不忘其祖也."

다. 중국과 서양의 학문은 각 인종의 얼굴색이 다른 만큼이나 차이가 나므로 억지로 비슷하다고 말할 수 없습니다. 그러므로 중국의 학문에는 중국 학문의 체와 용이 있고, 서양 학문에는 서양 학문의 체와 용이 있습니다. 이를 나누어 놓으면 각각 쓸모가 있지만, 합치면 둘 다 못쓰게 됩니다. 이것을 하나로 해서 이쪽의 체와 서쪽의 용을 합치자고 주장한다면, 이는 잘못된 주장이며 또한 논리적으로 성립할 수도 없습니다. 어떻게 그 말을 실행에 옮길 수 있겠습니까?[23]

4. 『권학편』의 교육개혁론[24]

아편전쟁 이후 서구의 침략은 중국 내 서양의 문화와 교육사상이 들어오는 계기를 제공하게 된다. 지식인들은 개방과 서구열강의 침략에 대한 대안의 필요성에 대해 고민했고 국가적 위기를 타개하고 부강을 이루기 위하여 새로운 교육제도의 설립 주장한다. 근대교육의 도입만이 국가의 문제를 해결할 수 있다는 교육구국(敎育救國)의 담론은 지식인들의 시대적 과제였다. 당시 봉건 지주계급 출신으로 교육을 통해 사회를 변화시키고자 하였던 장지동은 『권학편』을 통해 새로운 교육에 대한 자신의 주장을 펼친다. 그는 전통적인 유학의 영역을 확장 시켜 동양적 교육모델을 새로운 지평에서 제시하고 있다.

장지동은 먼저 중체서용의 논리를 바탕으로 학당의 설립[25]을 주장

---

23) 嚴復, 『嚴復集』, 「與外交報主人論敎育書」 3冊, 558쪽. "體用者, 即一物而言之也. 有牛之體, 則有負重之用; 有馬之體, 則有致遠之用. 未聞以牛爲體, 以馬爲用者也. 中西學之異也, 如其種人之面目然, 不可強謂似也. 故中學有中學之體用, 西學有西學之體用, 分之則並立, 合之則兩亡."

24) 윤지원, 「중국 근대 지식지형과 장지동의 개혁사상」(『儒敎思想文化硏究』, 2019)의 내용을 발췌, 수정 보완함.

한다. 그는 근대적 학당의 설립이 중국의 미래라 생각했고 전형적인 사대부 교육의 전통을 허물어 새로운 교육의 장을 만들고자 했다. 그가 교육개혁의 중점으로 생각한 부분은 학당의 설립과 학제 그리고 과거제도의 개혁이었다. 장지동은 교육개혁을 위해 학당의 설립이 가장 급선무라는 것을 인식하고 다음과 같이 말한다.

"일이 빠르고 문제가 없기를 바란다면 나라에 골고루 학당을 세우지 않으면 안 된다. 각 성 도, 부, 주, 현에는 반드시 학당이 있어야 한다. 경사에는 대학당, 도와 부에는 중학당, 주와 현에는 소학당을 세울 수 있다. 중학당과 소학당은 사람을 뽑아 대학당으로 올려보낸다."26)

장지동은 중국이 가난한 것은 인재에서 가난한 것이며 인재의 완성은 학교라 생각했다. 하지만 계속되는 내전과 패전 후 보상금의 지급, 농민혁명의 진압경비 등 청 정부의 재정 적자 상태에서 많은 학당의 설립은 현실적으로 불가능한 것이었다. 그는 이 같은 문제를 해결하기 위해 지방서원과 사당 그리고 불교사원의 개조를 주장한다. 서원을 개조하면 서원이 바로 학당이 되기 때문에 학당이 불필요하게 많아지지 않으며 불교사원을 학당으로 개조한다면 건물과 토지가 다 갖추어져 있어 학당설립에 유리하다는 것이었다. 장지동의 이 같은

---

25) 양무운동 시기 중국의 교육은 신식 학당의 설립을 계기로 새로운 국면을 맞게 된다. 1862년 북경에 중국 최초의 근대적 교육기관인 경사동문관(京師同文館)이 설립되었으며 이후 외국어와 과학기술의 습득을 목표로 상해광방언관(上海廣方言館), 광주동문관(光州同文館), 천진전보학당(天津電報學堂), 복주항정학당(福州航政學堂) 등과 같은 양무학당이 설립되었다.

26) 『勸學篇·設學』, "各省各道各府各州縣皆宜有學, 京師, 省會爲大學堂, 道府爲中學堂, 州縣爲小學堂, 中小學以備升入大學堂之選."

주장은 당시 학당설립을 위한 가장 현실적이며 구체적인 방법이었다.

학당설립의 중요성을 인지한 장지동은 「설학」편에서 학당설립의 6가지 원칙에 대해 제시한다.[27]

① 신·구학을 함께 공부한다. (중학과 서학을 함께 배운다.)

② 제도와 기술을 함께 공부한다. (서정과 서예를 겸하며 대학당과 중학당에서는 서정을 그리고 소학에서는 서예를 중심으로 배운다.)

③ 소년을 가르쳐야 한다. (산술은 사고가 날카로운 사람이, 회화는 눈이 좋은 사람이, 물리, 화학, 제조는 머리가 좋은 사람이 배워야 한다.)

④ 팔고문을 가르치지 않는다. (신학문은 모두 과목이 될 수 있지만 그것은 팔고문과 다르지 않다. 경서와 함께 역사, 지리, 정치, 수학을 배우는 것은 팔고문에도 유익하다.)

⑤ 이익 다툼을 금한다. (학당은 숙식시설을 갖추고 학비를 받도록 해서는 안 되고, 반대로 보조금을 주어서도 안 된다.)

⑥ 교사들에 대한 요구가 지나쳐서는 안 된다. (초창기에는 좋은 교사들이 많을 수가 없다.)

장지동은 만약 학당을 신속하게 설립할 수 없다면 뜻 있는 사람들이 학회를 만들어 함께 공부할 것을 권장한다. 그는 "시작할 때는 둘, 셋이지만 점점 열 배 혹은 백배가 된다. 정성이 있다면 천 리 밖에서도 그에 호응하는 사람이 반드시 나타난다."[28]라고 말하며 백노(伯魯)와

---

27) 장지동은 『辨學要旨』에서 학교 운영에 대한 원칙을 5가지 제시하고 있다. ① 교과서는 실용적인 것으로 하고 邪書(민권, 자유, 평등의 사상이 실린 책)는 금한다. ② 문무가 상호보완 되어야 한다. 때문에 문학당에는 무과를 무학당에는 문과를 설치한다. ③ 교원은 문학과 서학에 능통한 자를 선발한다. ④ 교칙, 시험과 졸업을 엄격히 실행한다. ⑤ 유학을 강의하되, 공리공담을 금하고 서양철학도 금한다.

월나라 구천의 예를 들어 국가의 흥망이 교육에 있음을 강조한다.

교육개혁을 통해 과거제의 폐단을 극복하고 새로운 학문을 받아들이고자 하는 그의 사고는 「학제」의 장에서도 구체적으로 드러난다. 우선 장지동은 학교제도를 전문학교와 공공학교로 구분한다. 그에 의하면 전문학교는 세심하고 깊은 곳까지 연구해 남들이 하지 못하는 것을 해내며 평생 공부하는 학교이며, 공공학교는 정해진 내용만을 공부하며 정해진 이치만을 알고 기간도 3년이나 5년으로 정해져 있다.29) 사실 이러한 구분은 고등 전문 인력의 양성과 하급관리를 양성하는 기관을 나누어 교육의 기회를 확장하는 것에 그 목적이 있었으며 기존의 서원제도와 가장 큰 차이점이라고 할 수 있다. 장지동은 소학·중학·대학의 3단계 학제를 주장하며 그 교육 내용에 대해 다음과 같이 정리한다.

"소학당에서는 사서를 공부하고 중국의 지리와 역사를 어느 정도 알고 있고 산수나 제도, 과학지식을 약간 알고 있는 자를 모두 받는다. 중학은 각 분야에서 소학보다는 조금 심화시켜서 오경과 통감, 정치학, 외국의 언어와 문학 등을 배운다. 대학당에서는 더욱 심화시키고 배우는 양도 늘린다."30)

---

28) 『勸學篇·設學』, "始則二三, 漸至什伯, 精誠所感, 必有應之於千裏之外者."

29) 『勸學篇·學制』, "外洋各國學校之制, 有專門之學, 有公共之學. 專門之學極深研幾, 發古人所未發, 能今人所不能, 畢生莫殫, 子孫莫究, 此無限制者也; 公共之學所讀有定書, 所習有定事, 所知有定理, 日課有定程, 學成有定期, 或三年, 或五年."

30) 『勸學篇·設學』, "小學堂習四書, 通中國地理, 中國史事之大略, 算數, 繪圖, 格致之粗淺者. 中學堂各事較小學堂加深, 而益以習五經, 習『通鑒』, 習政治之學, 習外國語言文字. 大學堂又加深, 加博焉."

이와 같은 장지동의 학제 개혁안에 관한 주장은 단순히 제안으로 끝나지 않고 후에 근대 학제의 면모를 갖춘 1903년 주정학당장정(奏定學堂章程)으로 구체화된다.

마지막으로 장지동은 학당의 건립과 학제의 정비를 바탕으로 과거 제도의 개혁을 주장한다. 과거제도는 수 왕조부터 명·청 시대까지 이어진 중국 왕조의 관리선발 방식이었다. 과거제도 실행의 목적은 인재를 등용하는 것이었으며 유학적 지식과 소양을 통해 당시의 지식인들은 관직의 길로 나아갈 수 있었다. 그리고 과거제도의 실행은 중국 고대 교육기관인 관학과 사학 그리고 서원 등의 발전을 촉진시켰다. 하지만 시간이 지날수록 과거제도의 여러 폐단이 드러나기 시작했다. 특히 명·청 시대에는 경직되고 고정적인 기준인 팔고문(八股文)이 과거시험의 주요 형식이었고 답안은 반드시 일정한 형식에 맞추어 작성해야 했다. 과거시험을 위해 지식인들은 유교 경전을 공부했고 이는 중국 지식인들의 사상을 편협하게 만들고 천문과 지리, 농학과 상학과 같은 민생에 대한 학문에 무지하게 하였다.

근대에 들어 수천 년을 지속해온 과거제는 서양의 학문 수용과 제도적 한계로 말미암아 붕괴하기 시작한다.[31] 장지동은 당시 과거제의 폐단에 대해 "과거를 관장하는 주사가 편하기 위해 형편없는 것을 숨기고, 과거를 보는 이가 실력이 없는데 행운을 바라기 때문에 3차 시험이 실질적으로 1차에 그치는 폐단이 생긴다. 경서 위 공백에 써놓은 경문 해설이나 이해하고 골목에서 우수답안으로 뽑아놓은 글이나 읽으니 경전의 본래 의미나 옛 학자들의 주장은 거의 알 수 없다.

---

31) 청말 출세의 주요 수단이었던 과거제는 그 폐단이 갈수록 심해지게 된다. 당시 거인(擧人) 공생(貢生), 감생(監生), 생원(生員)과 같은 과거공명(科擧功名)도 경제력이 있다면 연납제(捐納制)를 통해 얼마든지 획득할 수 있었다.

최근 몇십 년 동안 문체는 날이 갈수록 가벼운 말로 세워지고 있으며 고금을 함께 알지 못하고 세상 운영을 진지하게 대하지 않을 뿐 아니라 소위 팔고문의 형식화된 글쓰기까지 더해져 글이 망가지고 있다"32)고 비판한다.

장지동은 학당제도를 보다 활성화하기 위해 과목의 증설과 특과의 설치를 통한 과거제도의 개혁을 구상한다. 먼저 그는 삼장제(三場制)의 개혁을 주장한다.

> "1차 시험에서는 중국의 역사, 청조의 정치론 5도를 치르며 중학 경제라 한다. …… 2차 시험은 시무책 5도를 가지고 오 대륙 각 나라의 정사, 전문적 기술을 문제로 낸다. 정사로는 지리, 관제, 학교, 재부, 병제, 상무 등이며 예로는 격치, 제조, 성, 광, 화전 등이다. 이것이 서학 경제이다. 3차 시험은 사서 문장 2편과 오경 문자 1편을 본다."33)

장지동은 기존의 삼장제 가운데 제2장에서 시무책과 서학을 시험함으로써 새로운 학당 교육의 효과를 기대했다. 그는 1차 시험에서 학식이 많은 인재를 2차 시험에서 학식이 많은 가운데 서학을 공부하고 재능이 있는 인재를 3차 시험에서는 재능이 있는 사람 가운데 불순하지 않은 사람을 선발할 것을 강조한다. 그는 3차 시험에 합격한 사람은 성현을 뒤따르고 도리에 대한 견해에 결점이 없는 사람일 것

---

32) 『勸學篇·變科擧』, "主司取便以藏拙, 擧子因陋以僥幸, 遂有三場實止一場之弊. [錢曉征語] 所解者高頭講章之理, 所讀者坊選程墨之文, 於本經之義, 先儒之說, 槪乎未有所知. 近今數十年, 文體日益佻薄, 非惟不通古今, 不切經濟, 並所謂時文之法度, 文筆而俱亡之."

33) 『勸學篇·變科擧』, "第一場試以中國史事, 本朝政治論五道, 此爲中學經濟. …… 二場試以時務策五道, 專問五洲各國之政, 專門之藝, 政如各國地理官制, 學校, 財賦, 兵制, 商務等類, 藝如格致, 制造, 聲光化電等類, 此爲西學經濟. …… 三場試四書文兩篇, 五經文一篇."

으로 생각했다. 또한 그는 시무 인재를 선발하기 위해 특과(特科) 설치를 주장한다. 특과는 2년에 한 번씩 실시되며 산학(算學)만을 시험하여 시무 인재를 선발하는 제도로 시문에 능하지 않아도 응시할 수 있는 제도였다.

5. 나가는 말

이상 장지동의 『권학편』을 중심으로 19세기 중국 근대지식에 대한 장지동의 태도와 중체서용론 그리고 교육 개혁론의 내용에 대하여 살펴보았다. 19세기 중반 이후 중학과 서학의 위상 변화는 당시 지식 지형의 변화를 초래하였다. 장지동의 『권학편』에 등장하는 '구학위체, 신학위용(舊學爲體, 新學爲用)'은 바로 이 같은 지식지형의 변화를 반영한 것이었다. 그는 국가 부강을 위해서는 서학의 수용을 통해 국민의 자질을 계발하는 것이 전제라 생각했고 『권학편』을 통해 종전의 양무적 전문학당을 통한 교육이 아닌 학당의 설립과 학제의 수립 그리고 과거제도의 개혁으로 이루어지는 체계적 교육 개혁론을 주장한다.

장지동은 한편으로 국가 흥망의 관건이 교육에 있음을 강조하며 직면한 위기를 해소하기 위해 제도와 기술을 아우르는 각종 서양의 학문을 수용할 것을 다른 한편으로는 중국의 전통 가치를 버리거나 자주나 민권설을 수용하여 권력을 백성에게 분산되는 것을 강력하게 반대한다. 이는 체제와 전통적 가치를 보존하며 생존을 위해서는 지식을 바꿀 수 있다는 일종의 이원론적 태도이다. 이 같은 장지동의 태도는 『권학편』의 내재 논리인 중체서용론의 바탕이 된다.

하지만 그는 엄밀한 체용의 논리에서 중학과 서학을 사유한 것은 아니었다. 본래 중국 전통철학에서 체와 용은 분리될 수 없다. 장지동은 체와 용이 나눌 수 없는 개념임을 알면서도 중국에서는 체를 서양에서는 용만 떼어내어 서로 붙이려 한 것이었다. 엄복의 비판처럼 장지동의 논리는 소에다 말을 붙이고 말에다 소를 붙이는 절충주의였다. 고위관료이며 청조에 대한 충성심이 강한 장지동이 전통적 가치에 반하는 파격적 주장을 내세운 것은 그만큼 새로운 지식 수용이 절실했기 때문이었을 것이다. 기존의 중학이 현실에 맞지 않음에도 불구하고 현실의 위기극복과 군주전제정치를 강화하기 위해 유학을 현실에 맞게 재해석하고 축소하여 교육과정에 반영한 장지동의 개혁사상은 결국 실패로 돌아가게 된다.

참 고 문 헌

張之洞, 『勸學篇』, 中州古籍出版社, 1998.

장지동 지음, 송인재 옮김, 『권학편』, 산지니, 2017.

王栻 主編, 『嚴復集』 全5冊, 北京: 中華書局, 1986.

양일모, 『옌푸 중국의 근대성과 서양사상』, 태학사, 2008.

陳學恂 編, 『中國近代敎育文選』, 人民敎育出版社, 1987.

閔鬥基, 『중국근대 개혁운동의 연구: 강유위중심의 1898년 개혁운동』, 일
    조각, 1985.

조병한, 「19세기 중국 개혁운동에서의 '中體西用'」, 『동아시아역사연구』
    第2輯, 1997.

임춘성, 마소조, 「양무파와 유신파의 중체서용」, 『中國學報』 第46輯, 2002.

윤지원, 「엄복의 근대인식과 중·서학의 회통」, 『儒敎思想文化研究』 第76
    輯, 2019.

윤지원, 「중국 근대 지식지형과 장지동의 개혁사상」, 『儒敎思想文化研究』
    第77輯, 2019.

심형철, 「장지동의 교육개혁론 연구」, 한국교원대학교 석사논문, 1996.

任 放, 「近百年張之洞硏究述評」, 『近代史硏究』 第2期, 2003.

楊宏偉, 「張之洞的西學態度及其演變硏究」, 河北師範大學 碩士論文, 2007.

段紅智, 「張之洞中西文化觀硏究」, 河北大學 碩士論文, 2005.

祝婷婷, 「張之洞的『勸學篇』硏究」, 東北師範大學 博士論文, 2013.

李素平, 「〈海国图志〉和师夷之长技以制夷」, 『北京印刷学院学报』, 2001年 第
    3期.

丁伟志, 「"中体西用"论在洋务运动时期的形成与发展」, 『中国社会科学』, 1994
    年 第1期.

학제기 번역교과서와 지식인들의 영향 관계

: 아베 다이조(阿部泰藏)의 『수신론(修身論)』을 중심으로

김정희

1. 들어가며

일본의 근대 교육은 서구문명을 받아들여 국민국가를 형성하는 데 있어서 교육이 어떠한 방식으로 이루어져야 하는지에 대한 지식인들의 논의에서부터 시작되었다고 해도 과언이 아닐 것이다. 특히 기존의 학문의 중심이었던 한학(漢學), 국학(國學) 등이 사족(士族)뿐만 아니라 서민의 생활 전반에까지 침투하고 있었다는 점을 생각해보면, 서구의 문명을 어떻게 서민의 문화로 만드는가 하는 것이 중요한 논점이 될 수밖에 없었다. 문명을 서구의 도시에서 탄생한 합리성, 체계성을 지닌 사상, 기술이라고 한다면 문화는 생활경험을 통해 감각적으로 신체에 스며든 개별적 행동양식이라고 할 수 있다. 따라서 문명과 문화의 상극과 갈등을 극복하고자 하는 것이 근대 교육의 핵심이 되었다.

이러한 문제의식을 바탕으로 시민을 대상으로 한 서양 사상을 교육해야 한다는 점은 일찍부터 논의가 되고 있었다. 그러나 그것을 시행한다는 것은 어려운 일이 아닐 수 없었다. 구 세력의 배제는 물론이고, 일반인들 대상으로 평등한 교육을 실시한 적이 없는 상황 속에서 민중이 그것을 어떻게 받아들일지, 인식의 측면에서도 큰 문제를 안고 있었다. 뿐만 아니라 전 국민에 대한 교육을 실시하고자 한다면 그 제도가 마련되어야 하며, 그것을 위해서는 막대한 비용이 들기 때문에 경제적인 문제도 고려하지 않을 수 없었다. 그리고 무엇보다도 메이지 정부가 지향하는 서구 사상을 교육할 수 있는 인물은 소수에 지나지 않아서 제도가 뒷받침되어도 실제로 교육을 실시한다는 것은 쉽지 않았다.

이와 같은 상황 속에서 1872년에 처음으로 일본에서 근대적인 학제가 성립되었다. 이 학제가 성립된 시기는 메이지 정부의 실력자인 이와쿠라 도모미(岩倉具視)를 중심으로 한 이와쿠라 사절단이 구미회람을 목적으로 요코하마(横浜)를 출발(1871년 11월 12일)한 이듬해였다. 그리고 문부성(文部省)이라는 교육을 담당하는 행정기관이 만들어진 것은 1871년 9월 2일의 일로, 이와쿠라 사절단이 파견되기 전이었다. 그러나 기도 다카요시(木戸孝允), 오쿠보 도시미치(大久保利通) 등이 모두 이 사절단에 포함되어 당시 정부의 핵심인물들이 문부성이 성립된 지 2개월 만에 대거 해외로 나가고, 이른바 사쓰마(薩摩), 조슈번(長州藩) 출신이 아닌 인물들이 남아서 행정과 정치를 담당하게 되었다. 따라서 초대 문부성 장관으로 사가번(佐賀藩) 출신이자 유수정부(留守政府)의 인사 중 한 사람인 오키 다카토(大木喬任)가 임명되었다. 이 유수정부가 교육개혁으로 성립한 학제는 사실 이와쿠라 사절단과의 약속을 어긴 것이었다. 유수정부는 사절단이 출발하기 전에 신진 인사와 새로운 정책은 실시하지 않는다는 12개조의 약속을 했음에도 불구하고[1] 그들이 없을 때 급진적인 교육개혁을 단행한 것이었다. 그 급진성 때문에 이 학제에는 많은 문제점이 있었고, 이와쿠라 사절단이 귀국한 후에도 과연 이 학제가 존립할 수 있는지 등의 불안요소를 안고 있었다. 그러나 최초로 만들어진 일본의 근대적인 학제라는 점에서 교육사에서는 중요한 의미를 가지고 있으며, 이것이 기반이 되어 이후에도 근대적 교육이 실시될 수 있었다는 점에서는 평가할 만한 일이라고 하겠다.

이러한 당시의 학제성립 과정을 바탕으로 본고에서는 수신과목의 교과서로 번역교과서가 사용된 것에 주목하고자 한다. 학제에서 번역교과서가 사용될 수밖에 없었던 점은 당시의 시대 상황을 고려한다면 어쩌면 당연한 결과라고 할 수 있다. 왜냐하면 일부 지식인들도 서구의 사상을 받아들이는 중이었고, 따라서 그것을 완전히 이해하고 있던 인물들은 없었기 때문에 메이지 정부가 목표로 하는 서구의 사상 주입을 위한 기본적인 교과서를 만들 수 없는 상황이었다. 특히 수신과목이 국민의 정신과 도덕성 함양을 목표로 한 점에서 직접적으로 서양의 사상을 가르칠 수 있는 교과목이라는 특징을 가지고 있었다. 따라서 수신과목의 교과서는 서양의 원문을 번역한 것으로 교육하는 것이 효과적이었다고 할 수 있다.

본고에서는 학제에서 수신교과서로 채택한 5개의 번역교과서 중 당시 일본에 많은 영향을 미친 프랜시스 웨일랜드(Francis Wayland, 1796~1865)의 『도덕과학요강(道德科学要綱)』(원문제목: *Elements of Moral Science*)[2](1835)의 축약본을 번역한 아베 다이조(阿部泰蔵)의 『수신론(修

---

1) 田中彰, 『明治維新』, 岩波書店, 2000, 128~129쪽.

身論)』(1872)에 대해서 살펴보고자 한다. 이를 위해서는 먼저 학제의 성립 과정, 웨일랜드 사상의 수용과 당시 지식인들의 영향 관계에 대해서 살펴보고, 이『수신론』의 성격과 특징, 그리고 교과서로 사용된 이유에 대해서 고찰해보기로 하겠다.

2. 학제의 성립과 번역교과서

1872년 9월 4일에 학제의 이념을 담은 태정관 포고(太政官布告) 제214호가 공포되었는데 이것을 「피앙출서(被仰出書)」라고 한다. 여기에서 「피앙출서」의 내용의 일부를 인용해 보고자 한다.

(1) 사람들이 스스로 입신하고, 재산을 관리하고(其産を治め), 사업을 번성하게 하고(其業を昌にして), 그렇게 함으로써 그 일생을 완수할 수 있는 이유가 무엇이냐 하면 그것은 다름 아닌 수신(修身)하고, 지식을 넓히고 재능과 재예를 신장시키는 것에 의한다. 그 수신하고, 지식을 받아들이고, 재능과 재예를 신장시키는 것은 학문에 의해서만 가능하다. 이것이 학교를 개설해 놓은 이유로 보통 때의 행동, 언어, 서도(書)와 산술을 비롯하여 사관(士官), 농민, 각종 직능인, 기예에 종사하는 사람, 그리고 법률, 정치, 천문, 의료 등에 이르기까지 대체로 사람들이 영위하는 것에 학문이 관계하지 않는 것은 없다. 사람은 그 재능에 따라 스스로

---

2) 이 책의 제목은 연구자들 사이에서도 다양하게 번역되고 있다. 예를 들어『수신론』이라고 번역하기도 하고,『도덕과학』이라고 번역하기도 한다. 본고에서는 ミヤン・マルティン・アルベルト, 「阿部泰蔵『修身論(原典 F. Wayland, *Elements of Moral Science*)における「God」の翻訳をめぐって」,『一神教世界』(2), 2011.3이라는 논문에서 사용한『도덕과학요강』이라는 용어를 사용하기로 하겠다.

힘써 학문에 종사하여 비로소 생활을 꾸리고 자산을 만들어 사업을 번영시킬 수 있다. 그러므로 (2) 학문은 입신을 위한 재원이라고 해야 하고, 인간인 자 학문을 하지 않아도 될 자가 누가 있겠는가? 길을 잃고 기아에 허덕이고 가정을 파탄시키고 자신의 몸을 망치는 무리는 결국 학문을 하지 않아서 이와 같은 잘못을 저지르는 것이다. 지금까지 학교가 세워진 후 여러 해가 지났다고는 해도 때에 따라서는 그 방식이 옳지 못해서 사람들이 그 방향을 잘 잡지 못하고, 학문은 무사 이상의 사람들과 관계된 일이라고 생각해서 농업, 공업, 상업에 종사하는 사람, 그리고 여성과 아이들은 이것을 도외시하고 학문이 무엇인가를 분별하지 못한다. 또한 무사 계급 이상의 사람 중에 드물게 학문을 하는 자가 있더라도 자칫 학문은 국가를 위해 하는 것이라 주장하며 학문이 입신의 기초임을 모르고 (3) 어떤 자는 문장을 암송하는 것에 몰두하고 공리허담(空理虛談)의 길로 빠져들어 그 논리가 고상한 것 같아 보이기는 하나 이것 중에는 실제로 자신이 행하고 시행할 수 없는 것이 적지 않다. 이것은 즉 오랜 세월 동안 따라 왔던 예부터의 나쁜 관습으로, 문명이 널리 보급되지 않고 재능과 재예가 신장되지 않아 빈곤한 자와 파산한 자, 집을 잃은 자들과 같은 무리가 많은 이유이다. 그렇기 때문에 사람은 학문을 해야 한다. 학문을 배우기 위해서는 당연히 그 취지를 잘 이해해야 한다.

(1)人々自ら其身を立て其産を治め其業を昌にして以て其生を遂る所以のものは他なし身を修め智を開き才芸を長するによるなり而て其身を脩め智を開き才芸を長するは学にあらされは能はす是れ学校の設ある所以にして日用常行言語書算を初め士官農商百工技芸及ひ法律政治天文医療等に至るまで凡人の営むところの事学あらさるはなし人能く其才のある所に応し勉励して之に従事し而して後初て生を治め産を興し業を昌にするを得へしされは(2)学問は身を立るの財本共云へき者にして人たるもの誰か学はすして

可ならんや夫の道路に迷ひ飢餓に陥り家を破り身を喪の徒の如きは畢竟不学よりしてかかる過ちを生するなり従来学校の設ありてより年を歴ること久しと雖も或は其道を得さるよりして人其方向を誤り学問は士人以上の事とし農工商及ひ婦女子に至つては之を度外にをき学問の何物たるを弁せす又士人以上の稀に学ふ者も動もすれは国家の為にすと唱へ身を立るの其たるを知らすして(3)或は詞章記誦の末に趨り空理虚談の遂に陥り其論高尚に似たりと雖も之を身に行ひ事に施すこと能はさるもの少からす是即ち沿襲の習弊にして文明普子からす才芸の長せすして貧乏破産喪家の徒多き所以なり是故に人たるものは学はすんは有へからす之を学ふには宜しく其旨を誤るへからす3)

　여기에서 주장하는 것은 인민이 배우는 것은 개인의 입신, 치산, 창업을 위한 것이라는 점(밑줄 부분(1)), 모든 사람들이 학문을 해야 한다는 교육 기회의 평등(밑줄 부분(2)), 그리고 그 학문은 자기 자신이 행할 수 있는 실학이여야 한다는 점이다(밑줄 부분(3)). 「피앙출서」의 교육이념의 특이성은 국가가 우선이 아니라 개인의 입신에 중점을 두고 있다는 것이다. 이러한 「피앙출서」의 성립은 당시 지식인들의 관계에 의한 것이라고 할 수 있다. 학제가 공포되기 전인 1872년 2월에 후쿠자와 유키치(福沢諭吉)의 『학문의 권장(学問のすすめ)』「초편(初編)」(이하, 「초편」으로 표기한다)이 발표되었다. 이 「초편」이 학제의 이념을 명시한 「피앙출서」에 지대한 영향을 미친 것은 이미 선행연구들이 지적한 바이다.4) 즉 「피앙출서」의 이념이 「초편」의 개인의 독립과

---

3) 竹中輝雄, 『明治五年「学制」通説の再検討』, ナカニシヤ出版, 2013, 418~419쪽.

4) 土屋忠雄, 『明治前期教育政策史の研究』, 文教図書, 1968, 56쪽; 尾形裕康, 『学制成立史の研究』, 校倉書房, 1973, 85쪽; 井上久雄, 『増補学制論考』, 風間書房, 1991, 448쪽.

입신을 위해서 학문, 특히 실학을 배워야 한다는 주장과 매우 유사하다는 것이다.

문부성이 성립되었을 당시(1871년 7월 18일)에는 현재의 장관에 해당하는 문부경(文部卿)의 자리는 공석이었다. 사실상 문부성의 책임자로 부임한 인물은 문부대보(文部大輔)인 에토 신페이(江藤新平)였다. 그러나 그는 8월 4일에 다시 좌원일등의관(左院一等議官)으로 전출되었다. 문부성이 성립된 30일 후인 8월 28일에 드디어 문부경으로 민부성(民部省)의 장관이었던 오키 다카토가 임명되었다.5) 오키는 도쿄부지사(東京府知事, 1869년 1월 16일~8월 22일), 민부대보(民部大輔, 1870년 7월~1871년 7월), 민부경(民部卿, 1871년 8월 29일~9월 11일)을 거쳐 문부경(1871년 9월 12일~1873년 4월 19일)이 되었는데, 그는 도쿄부지사 시절부터 인민을 궁핍으로부터 해방시키는 방법으로 실질적인 직업을 가지게 할 필요가 있다는 것을 절감하여 그 지원정책 등에 진력하였다. 뿐만 아니라 공장을 지어 민중이 직업을 가지도록 하였고6) 이러한 경험에서 그는 "만민은 이 세상에 있는, 배우면 알고 가르치면 익힌다. 다시 말해서 그 영지(靈智)는 하늘에서 부여한 것으로, 이것을 배우고 익히게 해야 한다."7)라고 주장하였다. 즉 오키는 민중의 시점에서 배워야 한다는 점을 강조하고, 그것이 결과적으로 나라의 부국강병으로 이어진다고 주장하였다. 이러한 오키의 주장은 후쿠자와 유키치가 『학문의 권장』「3편」에서 주장한 "일신의 독립은 일국의 독립(一身独立して一国独立)"8)이라고 한 것, 즉 개인의 독립이 결과적으로 국가의

---

5) 重松優, 『大木喬任』, 佐賀城本丸歴史館, 2012, 5~48쪽.
6) 湯川文彦, 「明治初年の民政改革における〈教育〉の台頭」, 『日本の教育史学』 58, 2015, 7~8쪽.
7) 본문의 인용은 国立国会図書館憲政資料室所蔵, 「憲政史編纂会収集文書」 468(문서번호)에 의한다.

독립으로 이어진다는 주장과 일맥상통한다고 할 수 있다. 따라서 도쿄부지사와 민부경을 역임하면서 민생을 궁핍에서 벗어나게 하고자 인민의 생활 증진과 그것을 위한 교육의 중요성을 인식한 오키가 당시 베스트셀러였던 후쿠자와의 「초편」에 크게 공감했을 것이라는 점은 쉽게 추측해 볼 수 있다.

또한 오키의 학제 이념의 구상에 공감하고 실질적으로 움직였을 것으로 추정되는 인물이 미쓰쿠리 린쇼(箕作麟祥)이다.[9] 그는 오키 다카토가 문부경이 되기 이전부터 에토 신페이와 협의하여 문부성의 관제(官制)와 직장(職掌)을 정하는 데 힘썼다. 학제를 만들기 위해서는 그 초안의 작성에 착수해야만 했는데, 1871년 12월에 '학제취조계(学制取調係)'로 12명의 인물이 임명되었다. 미쓰쿠리 린쇼는 문부소박사(文部小博士) 겸 사법중판사(司法中判事)로 학제취조계의 위원장으로 임명된 인물이다. 그는 1864년에 외국봉행지배번역 어용두취(外国奉行支配翻訳御用頭取)로써 후쿠자와 유키치와 영문의 외교문서 번역에 종사한 경력을 가지고 있었다. 이와 같은 경력을 가지고 있기 때문에 미쓰쿠리가 서양의 자유, 평등사상에 대해서 당시 지식인들 중 누구보다도 잘 이해하고 있었을 것이라고 판단된다. 이러한 활동들을 통해서 미쓰쿠리 린쇼가 인민의 재능을 발현시키기 위한 교육을 주장한 오키의 사상에 크게 공감했을 것으로 생각된다. 또한 후쿠자와 유키치는 그의 과거의 동료로, 그가 「초편」의 사상을 흡수했을 것이라는 점도 짐작해 볼 수 있다.[10]

---

8) 福沢諭吉, 『学問のすすめ』, 日本評論社, 1941, 114쪽. 후쿠자와 유키치, 『학문의 권장』(남상영, 사사가와 고이치 옮김, 소화, 2012)을 참조하여 필자가 번역하였다.

9) 七戸克彦, 「現行民法典を創った人々(5)主査委員2: 箕作麟祥·村田保」, 『法学セミナー』 54(9), 2009, 72~73쪽.

이러한 당시 지식인들의 교류에 의해서 1872년 9월 4일에 학제의 성격과 구성을 담은 '문부성 포달 제13호 및 제14호'를 발포하여 최초로 근대적 학제가 성립되었다. 이 학제에서는 학교 계통을 대학, 중학, 소학으로 나누고 소학교는 다시 상등(上等)과 하등(下等)으로 구분하였다. 하등소학은 6~9세까지의 4년간, 상등소학은 10~13세까지의 4년간을 원칙으로 하고, 이 상하소학을 다시 각각 8급으로 나누었다. 그리고 같은 해에 소학교칙(小學校則)11)이 발포되었는데 이것은 오늘날의 학습지도요령에 해당한다. 당시 소학 학생들이 소속하는 등급에서의 교과, 교과내용, 교수 방법, 교과서, 배당시간 등을 정리한 것이다. 여기에서는 수신과목인 '수신구수(修身口授)'의 교과서로 다음의 5개를 지정하고 있다.

등/급	수신교과서	원문
하등 8·7	아오키 스케키요 역(青木輔清 訳), 『소학교유민가동몽해(小学教諭民家童蒙解)』(1874)	F. Wayland, *Wisdom*
	후쿠자와 유키치(福沢諭吉) 『도모오시에구사(童蒙をしへ草)』(1872)	R. Chambers, *Moral Class Book*
하등6	미쓰쿠리 린쇼(箕作麟祥) 『태서권선훈몽(泰西勧善訓蒙)』 전편(前編)(1871)	C. Bonne, *Cours élémentaire*(초등과)
	상동 후편(後編)(1873)	H. Winslaw, *Moral philosophy*
	상동 속편(続編)(1874)	L. Hickock, *A System of Moral Science*
	아베 다이조(阿部泰蔵) 『수신론(修身論)』(1872)	F. Wayland, *Elements of Moral Science*
하등5	神田孝平 訳 『性法略』(1871)	S. Vissering, *Natuur regt*(자연법)

10) 이 부분의 자세한 내용에 대해서는 김정희, 「일본 근대기 학제(學制)의 성립과정: 학제의 교육이념을 중심으로」, 『한국일본교육학회』 24(2), 2019.10, 23~38쪽을 참조하기 바람.
11) 「学制百年史」文部省 http://www.mext.go.jp/b_menu/hakusho/html/others/detail/1317552.htm (검색일: 2019. 11. 2) 소학교칙의 자세한 내용에 대해서는 松尾由希子, 「「学制」成立期の小学校・中学校における教育課程の編成に関する基礎的研究(1)ー文部省及び東京師範学校の「小学教則」・「中学教則」の分析ー」, 『静岡大学教育研究』(11), 2015.3, 1~23쪽을 참고하였다.

이 목록에서 주목할 점은 웨일랜드의 저서가 2개나 포함되어 있다는 점이다. 이것은 바로 학제를 주도적으로 만든 인물들이 웨일랜드의 사상에 많은 영향을 받았다는 것을 의미하는 것이라고 할 수 있다. 특히 그의 저서 중에서 일본에 잘 알려져 있는 것은 『도덕과학요강』과 『경제론(The Elemsents of Political Economy)』이다. 다음 장에서는 웨일랜드의 사상과 『도덕과학요강』의 성립과정에 대해서 고찰해 보고자 한다.

3. 『도덕과학요강』과 축약본의 성립

프랜시스 웨일랜드는 경제학과 교육학 분야에서 큰 공헌을 한 인물로 알려져 있다. 근대 사상인 자유권, 소유권 등을 주장하였고 그의 도덕철학 사상을 담은 저서인 『도덕과학요강』은 당시 미국에서 베스트셀러가 된 교과서이다. 그가 이 교과서를 만들게 된 계기에 대해서 먼저 살펴보도록 하자.[12]

웨일랜드는 30세 정도에 브라운 대학의 학장으로 취임하여 도덕철학을 강의하게 되었는데 이 과목의 목적은 제목에서 알 수 있듯이 학생들의 인격함양에 있었다. 이 수업에 사용할 교과서를 선택하는데 있어서 웨일랜드는 기존에 사용했던 것 대신에 자신의 사상을 담은 교과서 제작에 착수하게 된다. 웨일랜드가 활동했던 19세기는 신앙과 이성이 대립을 하던 시기였다. 기존의 신과 자연과학이 조화를

---

12) 이 문제에 대해서는 ミヤン・マルティン・アルベルト, 위의 논문, 75~78쪽과 松野修, 「明治初期翻訳道徳教科書の受容過程」, 『社会科教育研究』 58, 1987, 15~31쪽을 참조하였다.

이루고 있었던 것과는 달리 경험과 관찰, 분석에 의한 근대 과학은 신과의 관련성을 부정하는 방향으로 움직이고 있었다. 따라서 당시 신학자들은 이러한 현상을 어떻게 타개해 나갈 것인가 하는 문제에 봉착하였다. 신학자였던 웨일랜드 역시 이 문제를 타개하기 위해서 신과 근대의 경험적 과학의 양립 가능성에 대해서 숙고하였고 그 결과로 나온 것이 『도덕과학요강』이었다. 그는 자연과학분야에서 발견된 법칙의 보편성을 신이 보증하고 있다고 해석하였다. 기독교적 윤리를 바탕으로 신앙과 과학을 조화시키기 위한 노력의 결과가 『도덕과학요강』의 집필이었다고 할 수 있다.

이와 같은 이유에서뿐만 아니라 당시 대학에서 사용하고 있었던 윤리교과서의 내용에 대해서 의구심을 품은 것도 웨일랜드가 『도덕과학요강』을 집필하게 된 계기가 되었다. 당시에 사용한 교과서는 영국의 기독교 철학자인 윌리엄 페일리(William Paley, 1743~1805)가 지은 『도덕과 정치 철학의 원리(The Principles of Moral and Political Philosophy)』(1785)였다. 공리주의 철학자였던 그는 행위의 결과를 중시하고 양심이나 도덕적 직관에 대해서는 부정하였는데 웨일랜드에게는 결과보다는 양심과 도덕이 중요했기 때문에 페일리의 교과서에 관해서는 부정적인 견해를 가지고 있었다. 또한 페일리는 자연신학을 주장한 인물로, 웨일랜드는 이와 대치되는 계시신학의 중요성도 강조하였다. 자연신학이 신의 존재를 인간의 이성이나 경험으로 인식할 수 있는 자연에서 찾는 것이라고 한다면, 계시신학은 자연신학의 방법으로는 신의 존재를 인식할 수 없고 성경의 계시로서 신에 대해 알 수 있다는 교리를 바탕으로 하고 있었다. 웨일리는 과학과 신앙의 양립을 주장하면서도 자연신학의 문제점을 지적하여 계시신학에서 중요시하는 성서를 도입하여 종교와 과학이 양립할 수 있는 점을 모색하고자 했던 것이다.

이러한 당시의 상황을 배경으로 1835년에 『도덕과학요강』이 발표되었다. 이 저서는 전국의 많은 대학, 고등학교에서 교과서로 채용되었고 그 인기는 30년 이상이나 지속되었다고 한다. 몇 번의 개정을 걸쳐 1865년에 4번째 개정판이 발표되었는데 여기에서는 기존의 내용에서 노예제도와 전쟁, 혁명에 대한 견해가 바뀌어 이에 대해서 비판적인 시각을 제시하고 있다. 또한 1835년에 초판본이 발행될 때 웨일랜드는 중학교 교육을 위해서 『도덕과학요강』의 축약본도 출판하였다. 웨일랜드는 모든 인간의 행위는 도덕적 성질에 의해서, 즉 선악이라는 성질에 의해서 이루어지며, 이 도덕적 성질에 의한 행위는 그에 상응하는 결과를 초래한다고 하였다. 다시 말해서 도덕적 행위는 행복을 가져오고, 비도덕적 행위는 불행을 가지고 온다고 설명한 것이다. 행위의 도덕성은 인간의 양심에 의한 것으로, 페일리의 견해와는 두드러진 차이를 보이고 있다는 것을 알 수 있다. 웨일랜드는 인간의 행위의 가치기준을 양심에 있다고 주장하였는데, 그러나 양심이라는 것은 변질될 수도 있고 그것만으로는 세상에서는 판단할 수 없는 일들도 많다. 따라서 우리가 판단할 수 없고, 알 수 없는 것들을 가르쳐주는 유일한 것이 성서라는 것이다. 웨일랜드는 자연신학에 성서와 양심을 더함으로서 학생들의 도덕교육을 강화하고자 하였다.

여기에서 『수신론』의 원문인 『도덕과학요강』 축약본에서 밝힌 교육의 목적에 대해서 확인해 보자. 도덕적 정신을 함양하는 것, 책임감을 가지게 하는 것, 신에게 복종해야 하는 의무를 깨닫는 것, 미덕을 찬양하고 악덕을 멀리하는 것, 자기억제, 고귀한 품성 및 경건한 은혜를 가르치고 실천할 수 있게 하는 것이다.

Hence his constant object should be so to conduct the recitations on this subject as to leave a moral impression on the mind of the student, to awaken in him a conviction of his own responsibility, and of his obligation to obey God, to create in him a love of virtue and a hatred of vice, and to teach him the blessings derived from self-government, purity of character, and undissembled designed as aids for learning the text, but as exercises for practice after the text has been learned. (4~5)13)

이러한 교육목적에서 알 수 있듯이 기독교의 신의 존재를 인식하며 생활 속에서 실천할 수 있는 도덕적 덕목들을 교육하는 것이 이 저서의 집필의도라는 것을 알 수 있다.

이토 마사오(伊藤正雄) 씨의 연구에 따르면 메이지 초기는 웨일랜드 붐의 시대였다고 한다.14) 당시 일본에는 『도덕과학요강』과 그의 『경제론』이라는 서적의 원서가 상당수 유입되었고, 아주 짧은 시간에 일본어 번역이 이루어졌다. 1873~1882년 사이에 일본에서 『도덕과학요강』을 번역하거나 소개한 교과서의 수는 10종류에 달한다.15) 이와 같이 웨일랜드의 저서는 일본에도 유입되어 많은 영향을 미쳤고 『도덕과학요강』의 축약본은 학제시대에 소학교 수신과목의 교재로 사용된다. 다음 장에서는 1872년에 성립된 일본 최초의 학제에서 소학교 수신용 교과서로 사용한 아베 다이조 번역의 『수신론』을 원본인 웨일랜드의 축약본과 비교하여 그 특징에 대해서 분석하고자 한다.

---

13) 이하 축약본의 원문은 Francis wayland, *Elements of moral science; Abridged, and adapted to use of schools and academies, by the author*, Boston: Gould and Lincoln, 1875에 의하고 이하 페이지수를 표시하였다.

14) 伊藤正雄, 『福沢諭吉論考』, 吉川弘文館, 1969, 107~109쪽.

15) 海後宗臣編, 『日本教科書大系: 近代編 第三巻 修身』, 講談社, 1962, 573~574쪽.

4. 아베 다이조의 『수신론』의 특징

아베 다이조의 『수신론』은 앞서 수신교과서 목록에서 확인했듯이 미쓰쿠리 린쇼가 번역한 『태서권선훈몽』과 함께 하등 제6급의 학생들이 사용하는 교과서였다.16) 웨일랜드의 『도덕과학요강』이 당시에 많이 번역된 것은 이전에는 없었던 전대미문의 사건으로, 그 배경으로는 1873년 2월에 오랫동안 탄압의 대상이었던 기독교의 포교가 인정된 것을 들 수 있다. 이 많은 번역본 중에서 아베의 『수신론』(전3권)은 1872년에 문부성에서 수신구수의 표준 교과서로 간행된 것으로, 1835년에 간행된 웨일랜드의 『도덕과학요강』의 축약본을 번역한 것이다. 이 번역서에서는 신학자인 웨일랜드를 '미국합중국 수신학 박사'라고 소개하고 있다. 이 『수신론』의 구성을 원문인 축약본과 비교해 보면 다음과 같다.

장	축약본 목차	『수신론』 목차	목차 번역
Part First	Theoretical Ethics	修身論前編	수신론 전편
Chapter I	Moral Law, Moral Action, and of Intention	修身の定則 所作 志	수신의 정칙 행위 마음가짐
Chapter II	Conscience	本心	본심
Chapter III	Is a man sure he does right, when his conscience does not reprove him?	本心己をせめさるときは其の行必す是なりや否やを論す	본심이 자신을 탓하지 않을 때에는 그 행위가 반드시 이것인지 아닌지에 대해서 논한다.
Chapter IV	Happiness	楽を論す	즐거움에 대해서 논한다.
Chapter V	The Imperfection of Coscience		

---

16) 1872년의 소학교칙에 따르면 하등 제6급의 교과목으로는 습자(修治), 단어서취(単語書取り), 산술(算術), 회화 읽는 법(会話読方), 독본 읽는 법(読本読方), 수신구수(修身口授) 등이 있었다. 松尾由希子, 위의 논문, 16~19쪽.

장	축약본 목차	『수신론』목차	목차 번역
ChapterVI	The Nature and Defects of Natural Religion		
ChapterVII	The Holy Scripture		
Part Second	The Duties of Man to God, and to his Fellow Man, of Love to God, or Piety		
Chapter I	Our Obligation to Love God		
Chapter II	Prayer		
Chapter III	The Observance of Sabbath		
	Love to Man, or Morality	後編 巻一	후편 권1
Chapter I	The Duties of Reciprocity	人間相互の職務を論す	인간 상호의 직무에 대해서 논한다.
Chapter II	Personal Liberty, and the Modes in which it may be violated	身体の自由及ひ之を破るの方法を論す	신체의 자유 및 그것을 파괴하는 방법에 대해서 논한다.
Chapter III	Property	所有を論す	소유에 대해서 논한다.
Chapter IV	Character	品性	품성
Chapter V	Reputation	評判	평판
Chapter VI	Veracity	真実『正直, 誠実』	진실『정직, 성실』
		巻二	권2
Chapter VII	The Duties and Rights of Parents	親の職務とその権	부모의 직무와 그 권리
Chapter VIII	The Duties and Rights of Children of the Duration of these Rights and Duties(sub-section)	子の職務とその権 附 子の職務と権との存する時間を論す	아이의 직무와 그 권리 첨부 아이의 직무와 권리가 있는 시간에 대해서 논한다.
Chapter IX	Duties of Citizens	人民の職務を論す	인민의 직무에 대해서 논한다.
	The Duties of Benevolence	仁恵の職務を論す	인혜의 직무에 대해서 논한다.
Chapter I	Benevolence	仁恵	인혜
Chapter II	타이틀 없음		
Chapter III	Our Duties to Brutes	畜類に対しての職務を論す	가축류에 대한 직무에 대해서 논한다.

위의 표에서 가장 눈에 띄는 것은 축약본 Part First의 Theoretical Ethics 부분 중 일부(표의 배경이 회색인 부분)를 『수신론』에서는 삭제했

다는 것이다. 이 부분은 목차의 제목에서 가늠할 수 있듯이 기독교의
교리와 직접적으로 관련된 부분이다. 또한 『수신론』은 축약본의 부와
장 구성을 변형하고 있는데 축약본은 전체를 3부로 나누어 1부는 윤
리학 원론으로 하여 기독교의 윤리를 바탕으로 하고 있으며, 2부는
하나님과 인간과의 관계를 바탕으로 시민사회에서의 인간의 상호관
계에 관한 의무 및 권리 등 인간관계에 관한 실천적인 내용을 담고
있다. 3부는 인자함과 은혜로움에 대해서 짧게 논하고 있다. 이에 비
해서 『수신론』은 축약본의 'Love to Man, or Morality' 이하를 '후편
권1'로 하고 Chapter Ⅵ 이하를 후편의 '권2'로 나누고 있어, 크게 본심
을 바탕으로 한 윤리적 문제와 실천적 행동으로 구분하고 있다는 것
을 알 수 있다. 실제로 아베는 서문에서 "이 책을 나누어 전후를 편으
로 한다. 전편은 도리에 대해서 논하고 후편은 실행에 대해서 이야기
한다(此書分て前後に編とす前編は道理を論し後編は実行を説く)."[17]고 하여
도리에 대해서 서술한 전편에 기독교와 관련된 내용이 많을 것이라는
점을 짐작할 수 있다.

　『수신론』이 서구의 문명사상과 실학 정신을 도덕과 결부시켜 교육
하는 수신과목의 공식적인 교과서라는 것을 고려하면 당연히 본서에
서 기독교의 색채는 제거되어야만 했다. 그렇다면 축약본의 번역과정
에서는 앞서 언급한 웨일랜드의 저술 의도, 즉 신(하나님)의 존재를
인식하고 그를 바탕으로 한 양심과 성서의 가르침으로 도덕적 실천을
주장하고자 한 취지는 변질될 수밖에 없다. 이러한 변질은 당연히
번역의 과정에서 이루어질 수밖에 없으며 따라서 기독교의 신, 성경

---

17) ウェーランド 著・阿部泰蔵 訳・文部省 編纂, 『修身論』 前編, 松村書屋, 1878, 이 부분은 범례로
　　페이지수가 없다. 또한 본문은 한자와 가타카나 표기로 되어 있으나 편의상 가타카나를 히라
　　가나로 표기하였다. 이하 이 책의 본문을 인용할 때에는 본문 옆에 페이지수를 표시하였다.

등의 용어를 어떻게 처리할 것인지, 게다가 이와 같은 기독교 관련 용어를 기존의 일본인들의 인식을 바탕으로 어떻게 변용시킬지 하는 점이 번역의 관건이었다고 할 수 있다. 그는 범례에서 번역의 방침에 대해서 다음과 같이 밝히고 있다.

하나, 원서 전편의 끝부분과 후편의 서두에서 여러 장에 걸쳐 논의가 있는데 어린이들이 이해하기 어려운 것이 많기 때문에 본의는 아니지만 역자는 이것을 약간 생략했다.
하나, 본문 안에서는 고서를 인용하였다. 여러 장, 여러 구 중에서 1장, 1구를 인용하여 문장의 뜻이 이어지지 않는 부분도 간간히 있다.
一、原書前編の尾りと後編の首めとに於て尚数章の議論あれは童蒙の解し難きこと多きを以て訳者其本意に非らすと雖も姑く之を削除す。
一、書中古書を引用する者多し譬くは漢籍数中に詩經書經等を引用する如章く数章数句の中より一章一句を引用するをて以て文意連続せさる者間々之あり。

위의 범례에서 알 수 있는 것은 소학교 학생들이 읽기에 어려운 부분은 삭제했다는 것이다. 원래 웨일랜드의 축약본은 그 대상이 소학교가 아닌 중고등학교 학생을 대상으로 한 것으로, 따라서 일본의 소학교 학생들에게는 당연히 어려운 내용이었다고 할 수 있다. 아베는 이러한 부분의 개변이 필요하다고 판단하여 내용의 일부를 삭제하였고, 뿐만 아니라 실제로 삭제한 부분을 살펴보면 그 내용이 기독교의 교리와 관련이 깊은 부분이라는 것이 드러난다. 또한 『수신론』에는 '고서'의 인용이 많다는 것을 언급하고 있는데 이 '고서'라고 하는 것은 '성서'를 가리키는 말로, 양심, 도덕과 관련된 성서의 내용은 문장이 자연스럽게 이어지지 않아도 삭제하지 않고 인용했다는 것을 알 수 있다. 그렇다면 실제로 『수신론』의 본문에서 기독교의 하나님에 관한 것은 어떻게 처리되었는지 본문을 통해서 살펴보도록 하자.

제1장 1조인 수신의 정칙(修身の定則)에서는 물을 끓이면 수증기가 되고 얼리면 얼음이 된다는 화학적 현상을 설명하면서 모든 일에는 원인과 결과가 있다고 한다. 그리고 그 결론으로,

이처럼 원인과 실효가 일정하게 유지되는 것은 이것의 관계를 서로 멀어지지 않게 하는 힘과 시간과 공간을 막론하고 이 힘을 사용하는 자가 있기 때문이다. 그렇기 때문에 자연의 정해진 규칙이 있는 것은 만물을 주재하는 하늘이 있다는 증거이다.

斯く原因と実効と一定離れるへからさるは之をして関係相離れさらしむる力と何れの時を論せす何れの地に於ても此の力を使用する者と無きことを得す故に自然の定則あるは万物を主宰する天あるの証なり (1)

라고 하고 있다. 이 인용문의 요점은 모든 것에 원인과 결과라는 자연의 법칙이 있는 것은 그것을 주재하는 하늘(天)이 있기 때문이라는 것으로, 이 부분의 원문을 인용해 보면 다음과 같다.

it is evident, that two events could not be thus invariably connected, unless there were some power exerted to connect them, and some being, who, at all times, and in all places, exerted this power. Hence the fact, that the laws of nature exist, teaches us the existence of the Supreme Being, the Creator and Preserver of all things. And hence, every change which we see, is a proof of the existence of God. (12)

아베가 '天'으로 번역한 것은 원래 원문에서는 기독교의 유일신인 'God'임을 알 수 있다. 일본에서는 전통적으로 만물을 주재하는 유일 신이라는 관념이 존재하지 않는다. 일본에 널리 퍼진 불교도 유일신 과는 거리가 있으며 원래 토착신앙에서 발전한 신도(神道)는 만물에는 혼이 깃들어 있다는 관념을 바탕으로 하고 있다. 그렇기 때문에 『고사 기(古事記)』에서는 '800만 신(八百万の神様)'이라는 표현을 확인할 수 있 을 정도이다. 따라서 기독교의 유일신인 'God'를 번역하는 것은 상당 히 어려운 작업이었다고 할 수 있다. 위의 본문은 세상의 이치에 대해 서 논한 부분으로, 그렇다면 인간의 도덕에 대해서 설명한 부분에서 는 'God'를 어떻게 번역하고 있는지 확인해 보자.

(이런—필자) 사람이 있다. 타인은 나쁜 짓이라고 생각하는 소행을 하고 **본심**으로는 자신을 탓하지 않는다. 그렇기 때문에 다른 사람은 맹세를 하는 것을 죄라고 생각해도 그 사람은 맹세를 하는 것은 조금도 해가 없다고 한다. 이것은 무엇 때문인가? 또한 하늘이 이것을 본다면 이와 같은 자는 진정한 죄를 저지른 것이 아니겠는가?

人あり他人は悪事と思ふ所行を為せりこれの**本心**は己れを責めさる事あり 故に他人は誓を為すを罪なりと思へと其人に在ては誓を為して毫も妨なし と謂ふ者あり是れ何の故そ且天より之をみれは此の如き者は真実の罪に非 らさるや (18)

We frequently observe that some men are not reproved by their **consciences** for doing things, for which others feel very guilty. Thus, some persons swear, and say it is no harm, while others would feel very guilty if they did so. Now, how is this to be accounted for; and how does this affect their real guilt in the sight of God? (39)

이 부분은 인간의 행동기준을 본심으로 보고 행위의 죄에 대해서 이야기하고 있다. 여기에서 밑줄 친 '하늘(天)'은 기독교의 '하나님(God)'으로, 다른 사람이 죄라고 여기는 행동을 하고 그에 대해서 양심의 가책을 느끼지 않는다는 것은 하나님이 보기에 진정한 죄라고 생각할 것이라는 기독교의 도덕윤리가 포함되어 있다는 것이 드러난다.

위의 2개의 인용문에서 아베는 기독교에서 만물을 주재하는 'God'를 전부 '天'으로 번역하고 있다. 일본에서 '天'이 근대 이전에 가지고 있었던 의미를 확인해 보면 (1) 천공, 하늘, (2) 천지만물의 주재자, 전지전능한 신, 조물주, (3) 자연적으로 정해진 운명, (5) 불교에서 번뇌의 세계인 육도(六道) 중 가장 훌륭한 과보(果報)를 받는 유정(有情)이 사는 세계, (4) 최상이라는 것을 알 수 있다.[18] 일본에서 'God'를 '神'으로 번역하는 것이 정착하기 시작한 것은 1870년대 이후였다고 한다.[19] 아베는 『수신론』에서 'God'를 일관적으로 '天'으로 번역하였는데, 일본 고유사상에서 天은 조물주라는 의미, 하늘의 섭리·도리라는 의미를 가지고 있어서 조물주이자 세상을 주재하고 윤리적 기준이 되는 'God'라는 용어를 '天'으로 번역했다는 것을 짐작할 수 있다. 또한 조물주, 창조주를 뜻하는 'creator'도 '造物主', 또는 '天'으로 해석하고 있다.

또한 아베의 『수신론』에서 눈에 띄는 용어로 지적할 수 있는 것이 '本心'이다. 목차에서 'Conscience'라는 단어를 '本心'이라고 번역하고 있고 위의 인용 본문에서도 'Consciences'를 '본심'(진한 글씨)으로 번역하고 있다. 일본에서 통용되었던 '본심'의 의미를 사전에서 확인해

---

18) 「天」『日本国語大辞典』https://japanknowledge.com/psnl/display/?lid=200202eb11c28Uh08Vl7 (검색일: 2019. 11. 3)

19) ミヤン・マルティン・アルベルト, 위의 논문, 82쪽.

보면 (1) 원래 가지고 있는 올바른 마음, 진심, 양심, (2) 본성, (3) 진실한 마음, (4) 본래 가지고 있는 마음[20]이라는 뜻으로 사용되고 있었다는 것을 알 수 있다. 특히 이 단어는 『맹자』의 〈고자(告子)〉 상편 중 "이것을 일컬어 그 본심을 잃었다고 한다(此之謂失其本心)."[21] 라는 문장에서 나오는 것으로 '본연의 선한 마음'이라는 의미로 사용되고 있다. 맹자는 본심을 인간이 태어나면서 가지고 있는 선한 마음으로 간주하고 상황에 좌우되지 않고 선한 쪽으로 행동하는 마음이라고 하였고 유교의 영향을 받은 일본에서도 맹자의 '본심'이라는 용어가 널리 인식되고 있었기 때문에 아베는 'Conscience'를 '本心'으로 번역한 것이다.

이와 같이 아베는 일본에 영어가 유입되어 그것의 번역어가 확정되어 있지 않은 메이지 초기라는 상황에서 종교적 색채는 최대한 없애고 기존의 사상을 바탕으로 한 번역을 함으로써 『수신론』을 공교육에 사용하기 적합한 텍스트로 구성했다는 점이 드러나는 것이다.

5. 웨일랜드의 수용과 메이지 초기의 지식인들

아베가 웨일랜드의 『도덕과학요강』의 축약본을 번역한 것은 사실 우연이 아니었다. 메이지 초기에 웨일랜드에 대한 관심을 불러일으킨 장본인은 교육기관인 게이오의숙(慶応義塾)을 설립한 후쿠자와 유키치였다. 그는 막부(幕府) 말기에 미국을 방문했는데 그가 2번째로 미국

---

20) 「本心」『日本国語大辞典』 https://japanknowledge.com/psnl/display/?lid=200203e5ff48a22689z9 (검색일: 2019. 11. 3)
21) 성백효 역주, 「告子章句上」『개정증보판 孟子集註』, 전통문화연구회, 2007, 464쪽.

에 갔을 때 처음으로 웨일랜드의 『경제론』을 가지고 일본으로 돌아왔다. 그가 이 서적에 커다란 감명을 받아 1868년 초여름에 우에노(上野) 전쟁의 포성을 들으면서 학생들에게 『경제론』을 가르치고 있었다는 것은 유명한 일화이다.22) 게이오의숙에서 이 『경제론』의 강의는 화, 목, 토요일에 이루어졌고 후쿠자와는 『경제론』을 번역하려고 하였으나 일부만 번역하고 완결하지는 못했다. 그리고 이와 비슷한 시기에 웨일랜드의 또 다른 서적인 『도덕과학요강』이 후쿠자와의 눈에 띄게 된다. 이 서적을 입수하게 된 경로에 대해서 그는 다음과 같이 회상하고 있다.

메이지 원년(1868년—필자)의 일이라고 생각한다. 어느 날 오바타 도쿠지로 씨가 산책 도중에 책방의 점두에서 1권의 오래된 책을 발견하고 의숙으로 가지고 와 이것을 보니 미국에서 출판한, 웨일랜드가 편찬한 모럴 사이언스라는 제목으로 된 원서였다. 표제는 도덕론임에 틀림없었다. 동지들이 다가와 우선 그 목록에 따라 책 안의 이곳저곳을 2, 3장씩 정독하니 바로 도의에 대해서 논한 것으로 매우 재미있었다.
明治元年の事と覚ゆ或日小幡篤次郎氏が散歩の途中書物屋の店頭に一冊の古本を得たりとて塾に持帰りて之を見れば米国出版ウエーランド編纂のモラルサイヤンスと題したる原書にして表題は道徳論に相違なし同志打寄り先づ其目録に従て書中の此処彼処を二三枚づづ熟読するに如何にも徳義一偏を論じたるものにして甚だ面白し23)

---

22) 福沢諭吉, 『福翁自伝』, 時事新報社, 1934, 340쪽.
23) 福沢諭吉, 『福沢撰集』, 岩波文庫, 1928, 49~50쪽.

서양에서 기독교를 바탕으로 한 도덕교육이 성행하고 있었던 것은
후쿠자와도 잘 알고 있었고, 따라서 우연히 발견한 웨일랜드의『도덕
과학요강』이 그의 주목을 끌었음에 틀림없다. 이것을 게이오의숙에
서 교과서로 사용하기 위해서 1869년에 마루야(丸屋)에 60부를 주문했
다고 한다. 당시 게이오의숙의 커리큘럼 중에서 웨일랜드의 서적을
사용한 상황에 대해서 니시카와 슌사쿠(西川俊作) 씨가 조사한 바에
따르면 다음과 같다.[24]

연도	도덕과학요강	경제론	도덕과학요강 축약본	경제론 축약본
1872	제2등(等)	제2등	제4·5등	제3등
1873	본등(本等)3년	본등4년		
1874	정칙(正則)4년/5년 변칙(變則) 1·2등	정칙4년/5년 변칙 2등	정칙2년 변칙 3·4등	변칙 3등
1876	본과(本科) 3등	본과 3·2등	본과 5등	예비 어른1번
1880		본과 4·3등		

위의 표를 살펴보면 우선 '등(等), 년(年)'으로 학년제가 구성되어
있다는 것을 알 수 있는데, 당시 게이오의숙에서는 학년제의 변경이
빈번하게 이루어져 학년(또는 등급)에 따른 정확한 대상연령을 파악하
기가 쉽지 않다. 그러나『도덕과학요강』과『경제론』, 그리고 그것들
의 축약본이라는 점을 고려할 때 '등'의 경우에는 1등이 가장 높은
연령을 대상으로 하고 있고, '년'의 경우에는 1학년이 가장 낮은 연령
을 대상으로 하고 있다는 점을 짐작해볼 수 있다. 특히 후쿠자와는
1869년이 되면 자신이 강의하던『경제론』을 고하타 도쿠지로(小幡篤

---

24) 게이오의숙에서 이루어진 웨일랜드의 수업에 대해서는 西川俊作,「福沢諭吉、F.ウエーラン
ド、阿部泰蔵」,『千葉商大論叢』40(4), 2003. 3을 참조하였다.

次郎)에게 맡기고 자신은 『도덕과학요강』을 직접 강의하기 시작한다. 후쿠자와에게 웨일랜드의 경제, 도덕사상이 강한 영향을 미쳤다는 것을 알 수 있는 것이다.

앞에서도 언급했듯이 후쿠자와 유키치는 1872년 2월에 『학문의 권장』「초편(初編)」을 세상에 발표하였고 이것은 큰 반향을 일으켜 초유의 베스트셀러가 되었다. 이 『학문의 권장』 17편이 발표된 시기는 1872년 2월부터 1876년 11월까지로 위의 게이오의숙의 커리큘럼과 비교해 보면 그 발표시기가 일치하는 것을 알 수 있다. 실제로 후쿠자와는 『학문의 권장』 8편에서 웨일랜드의 『도덕과학요강』에 대해서 "미국의 웨일랜드가 쓴 책 모럴 사어언스에 신심의 자유에 대해 논한 내용이 있다(「亜米利加「エイランド」なる人の記したる「モラルサイヤンス」という書に、人の心身の自由を論じたることあり」)."(160)라고 언급하고 있다.

『학문의 권장』에 나타난 웨일랜드의 『도덕과학요강』의 영향에 대해서는 이타쿠라 다쿠조(板倉卓造) 씨가 지적하고 있는데25) 그 부분을 목차를 통해서 확인해보자.

『학문의 권장』의 목차	『도덕과학요강』의 해당 부분 목차26)
제2편 인간은 동등하다는 것(人は同等なる事)	The Duty of Reciprocity
제6편 국법의 고귀함에 대해서 논한다(国法の尊きを論ず).	The Duties of Citizens
제7편 국민의 직분에 대해서 논한다(国民の職分を論ず).	동일
제8편 우리 마음대로 타인의 신체를 억제해서는 안 된다(我心を以て他人の身を制す可らず).	Nature of Personal Liberty

25) 板倉卓造, 『福沢諭吉の人と思想』, 福沢先生研究会, 1940.

26) 본문의 인용은 Francis Wayland, *The elements of moral science*, The Belknep Press of Harvard University Press, Massachusetts; Cambridge, 1963에 의한다. 이것은 1837년에 출판된 것을 저본으로 하고 있다. 이하 본문을 인용할 때에는 페이지 수를 표시하였다.

『도덕과학요강』은 크게 두 파트로 나뉘어 있는데 첫 번째 파트는 'Theoretical ethics'로 윤리에 관한 이론, 특히 기독교를 바탕으로 한 도덕론이 중심이 되고 있다. 두 번째 파트는 윤리의 실천 부분(Practical ethics)으로 위의 이타쿠라 씨가 언급하고 있는 것은 실천 부분 중에서도 'Reciprocity'라는 부분에 속하는 내용들이다. 이러한 경향에서 비추어 볼 때 후쿠자와 유키치는 기독교를 바탕으로 한 윤리 사상에는 전혀 관심이 없고, 윤리의 실천 부분, 특히 평등, 시민의 의무, 자유와 타인과의 관계 등 그야말로 서구의 근대적 시민사상에만 주의를 기울이고 있었다는 사실을 알 수 있다. 『학문의 권장』 중 일부는 웨일랜드의 사상을 바탕으로 후쿠자와가 일본의 예를 들면서 자유롭게 기술한 것으로, 웨일랜드의 사상의 대부분은 『도덕과학요강』에 의한다. 그러나 제6편 '국법의 고귀함에 대해서 논한다.'의 서술은 『도덕과학요강』의 원본이 아니라 축약본의 내용과 매우 유사하다는 점에 주목할 필요가 있다. 후쿠자와가 이 부분은 영어원문과 대조해 보았을 때 거의 축약본을 참조로 했을 것[27]으로 추측된다. 왜냐하면 웨일랜드의 축약본은 원본에 비해 문장이 간단하고 명료한 것이 특징으로, 정부와 국민의 관계를 논한 부분을 알기 쉽게 서술하고 있기 때문이다. 특히 『학문의 권장』 제6편 중 축약본과 흡사한 것은 정부의 성질에 관해서 논한 부분으로, 축약본에서는 이것이 'Of the Nature of Government'라고 하는 제목 하에 수록되어 있다. 그에 반해서 『도덕과학요강』에는 이 정부에 관한 내용이 3장으로 나뉘어 수록되어 있다.[28] 따라서 후쿠자와가 『학문의 권장』을 서양에 대한 지식이 없는 일반인들에게 그에

---

27) 伊藤正雄, 위의 논문, 37~40쪽.
28) 伊藤正雄, 위의 논문, 37쪽.

대한 교육을 할 목적으로 서술한 책이라는 점에서 이 부분을 알기 쉽게 요약한 축약본을 참조했을 것이라고 생각된다.

본 장의 서두 부분에서 아베 다이조가 『도덕과학요강』의 축약본을 번역한 것은 우연이 아니라는 점을 먼저 언급하였다. 사실 아베는 유학과 난학(蘭學)을 배운 후 1868년에 게이오의숙에 입학한 후, 무진전쟁(戊辰戰爭)으로 인해 일시적으로 번(藩)으로 돌아갔다가 전쟁이 끝난 이듬해(1870)에 다시 게이오의숙으로 돌아간 경력을 가진 인물이다. 아베가 다시 학교로 돌아간 시기를 살펴보면 그가 후쿠자와의 『도덕과학요강』에 관한 강의를 들었을 가능성은 충분하며, 적어도 그 서적에 대한 논의에 아베가 관여했을 가능성을 생각해 볼 수 있다. 후쿠자와의 회상록에는,

처음에는 이것을 읽는 것이 매우 곤란했지만 3, 4번을 반복해서 읽자 시간이 조금 지나서 그 뜻을 풀이할 수 있었다. 장마다, 구마다 눈과 귀에 새롭지 않은 것이 없고 절묘한 문법, 신기한 논의, 마음과 혼을 놀라게 하여 식음을 전폐하였다. 그와 동시에 또한 웨일랜드의 수신론을 얻어서 이에 대해서 연구하니 처음으로 인의오상 외에 다른 도덕의 가르침이 있다는 것을 알았다. 이때 유키치는 바로 '챔버' 씨의 『경제학』 번역에 종사하고 있었고, 사중의 고하타 군 형제를 비롯해서 여러 명의 동지가 밤낮없이 이것(『도덕과학요강』─필자)에 대해서 논하고 이야기하기에 여념이 없었다.

初は之を読むこと頗る困難なりしかども、再三再四復読して漸くその義を解すに及び、毎章毎句、耳目に新ならざるものなく、絶妙の文法、新奇の議論、心魂を驚破して食を忘るるに至れり。同時に又英氏の修身論を得て之を研究し、始めて仁義五常の外に又道徳の教あるを知り、この時に諭吉は正に「チャンブル」氏「エコノミー」の翻訳に従事し、社中小幡君兄弟を始めとして数名の同志、夜となく日となく、此を談じ彼を話して余念有ることなし。[29]

이라고 적혀 있어 당시 『도덕과학요강』에 대해서 게이오의숙의 다수의 사람들이 흥미를 보이며 연구했다는 사실을 알 수 있다. 게이오의숙 안에서의 이와 같은 분위기는 당연히 서로의 사상에 영향을 주었을 것이며, 그 증거로 들 수 있는 것이 번역어이다. 앞서 아베가 『수신론』에서 'God'를 '天'으로 해석했다는 점을 지적하였다. 당시 『도덕과학요강』을 번역한 10여 종의 번역서들은 'God' 또는 'Creator'를 '神天', '天帝', '上帝', '造物主' 등 다양하게 해석하고 있다.[30] 위의 인용문에서 게이오의숙의 동지들이 웨일랜드의 『도덕과학요강』에 열중하고 있을 때 후쿠자와는 챔버(chambers)의 『경제학(economy)』을 번역하고 있었다는 것을 알 수 있는데 이것은 1868년에 간행된 후쿠자와의 『서양사정외편(西洋事情外編)』의 원문이다. 여기에서 후쿠자와는 'God' 또는 'Creator'를 '天'으로 번역하고 있다. 『서양사정외편』의 첫 문장을 예로 들어 보자.

사람이 태어나는 것은 하늘이 여기에 주는 기력에 의한 것으로, 여기에 성질을 가지고 태어난다. 이 기력과 성질에 의해서 외부의 사물의 성질에 맞추어 영화를 누리고 아침이슬과 같은 생명을 마치게 되는 것이다.
人の生ずるや、天より之に与うるに気力を以てし、之に附するに性質を以

---

29) 福沢諭吉, 『福沢全集』 4, 国民図書, 1925~1926, 578쪽.
30) ミヤン・マルティン・アルベルト, 위의 논문, 84~85쪽.

てし、此気力と性質とに由て、外物の性に応じ、以て身を全して、朝露の命を終ることを得るなり。[31]

Man, in being placed upon the earth by his Divine Creator, has been invested with certain powers and dispositions which bear a relation to the qualities of the external world, and appear as designed to enable him to live and thrive in this transient scene of being.[32]

이와 같은 번역어의 유사점은 바로 게이오의숙에서 동거동락하면서 함께 연구한 후쿠자와와 아베 사이의 영향에 의한 것이라고 생각된다. 또한『학문의 권장』이 웨일랜드의 사상을 흡수한 부분과『수신록』의 구성을 통해서도 서구의 근대 시민사상이 많은 부분을 차지하고 있다는 점에서 두 사람의 관심이 동일했다는 점도 드러난다. 앞 장에서 살펴본『수신록』의 목차를 통해서도 알 수 있듯이 윤리에 대한 이론편과 실천편의 분량을 비교해 볼 때 압도적으로 실천편이 많다는 것을 알 수 있다. 그 실천편의 내용은 후쿠자와가『학문의 권장』에서 다루고 있는 인간 상호간의 관계에서의 책임, 자유에 관한 것과 연결되어 있다. 양자의 내용 중에 공통되는 부분을 정리해 보면 다음과 같다.

『학문의 권장』	『수신론』
제2편 인간은 동등하다는 것 제6편 국법의 고귀함에 대해서 논한다.	후편 제1장 인간 상호의 직무에 대해서 논한다.
제8편 우리 마음대로 타인의 신체를 억제해서는 안 된다.	후편 제2장 진퇴의 자유 및 이것을 파괴하는 방법에 대해서 논한다.

---

31) 福沢諭吉,『福沢全集』1, 国民図書, 1925~1926, 423쪽.
32) 챔버의『경제학』의 본문은 伊藤正雄, 위의 논문, 144쪽에서 재인용.

『학문의 권장』	『수신론』
제8편 우리 마음대로 타인의 신체를 억제해서는 안 된다.	후편 제7장 부모의 직무와 그 권리에 대해서 논한다.
제7편 국민의 직분에 대해서 논한다.	후편 제9장 인민의 직무에 대해서 논한다.

이와 같이 웨일랜드의 사상은 후쿠자와를 중심으로 한 게이오의숙의 동지 사이에서 깊이 침투했으며 뿐만 아니라 당시 후쿠자와의 『학문의 권장』의 영향력을 통해서 메이지 초기 지식인들에게 지대한 영향력을 미쳤다는 것을 알 수 있다. 따라서 이러한 웨일랜드의 유행에 힘입어 아베가 번역한 『수신론』이 소학생의 '수신구수'에서 사용할 도덕교과서로 간행된 것이다. 뿐만 아니라 제2장에서 고찰한 것처럼 『수신론』을 도덕교과서로 사용한 것은 당시 학제초안을 작성한 미쓰쿠리 린쇼, 문부성장관이었던 오키 다카토와 후쿠자와 유키치 등을 중심으로 한 지식인 네트워크에 의해서도 가능했다고 생각된다.[33]

6. 교과서와 혁명론

아베의 『수신론』 제9장 '인민의 직무에 대해서 논한다.'의 2조에서는 정부의 종류에 대해서 서술하고 있다. 영국, 러시아의 경우에 대해서 설명한 후, 별도로 3조를 마련하여 미국 정부가 성립되기까지의 간략한 역사에 대해서 언급하고 있다. 미국은 영국으로부터 온 이민자들로 이루어진 나라로 따라서 영국의 식민지적 입장이었으며 그로부터 독립하기 위해서 독립전쟁을 치른 역사에 대해서 기술하고 있다.

---

33) 김정희, 위의 논문, 28~31쪽.

이민의 권한이 강대해지자 본국과의 사이에 틈이 생겨 결국 아메리카 혁명의 난이 일어났다. 오랫동안 영국의 관할을 벗어나 만국의 허가를 얻어서 선이라고 여기는 도리를 바탕으로, 좋아하는 방법으로 다른 정부를 세워 자유를 얻었다.

移民の権柄強大なるに及を本国と隙を生れ終に亜墨利加革命の乱となりて永く英国の管轄を離れ万国の許を受て其善とする可の道理に本つき其好む可の方法を以て別に政府を立るの自由を得たり (25)[34]

여기에서 주목하고 싶은 것은 독립전쟁을 혁명으로 설명하고 있는 점이다. 혁명을 통해서 자유를 얻은 미국의 역사에 주목하고 있는데, 단순히 아베가 미국의 정부성립까지의 역사를 번역하고 있다고 간주할 수도 있지만 이 '혁명'이라는 용어에 대해서는 주목할 필요가 있다. 왜냐하면 아베와 동료인 후쿠자와는 정부와 시민의 관계에 대해서 설명하면서 혁명을 부정하고 있기 때문이다.

셋째, 정리에 몸을 바친다는 것은 하늘의 도리를 믿어 의심치 않는 것으로, 폭정에 시달리고 가혹한 법 때문에 고통 받을지라도 참고 뜻을 굽히지 않으며 어떠한 무기도 사용하지 않고 무력에 의지하지도 않으며 오직 정의를 정부에 호소하는 것이다. (…중략…) 힘으로 대항하는 것은 하나를 얻으려다가 백을 잃을 염려가 있고, 도리를 따져 정부에 호소하는 것은 정부의 나쁜 정책만을 시정하려는 것으로 다른 일은 일어나지 않는다.

第三 正理を守て身を棄てるとは、天の道理を信じて疑はず、如何なる暴政

---

34) ウェーランド 著·阿部泰蔵 訳·文部省 編纂, 『修身論』 後編 巻二、松村書屋, 1874.

の下に居て如何なる苛酷の法に窘めらるるも、其苦痛を忍て我志を挫くことなく、一寸の兵器を携へず片手の力を用ひず、唯正理を唱て政府に迫ることなり。(…中略…) 力を以て敵対するものは一を得んとして百を害するの患あれども、理を唱て政府に迫るものは唯除く可きの害を除くのみにて他に事を生ずることなし。(156~157)

후쿠자와는 정부에 대해서 시민들이 폭력을 사용하는 것을 반대하고 오로지 정부에 호소하는 것이 옳다고 이야기하고 있다(밑줄 부분). 이와 같이 혁명에 대한 양자의 의견이 나뉘고 있는 점에 주의해야 할 것이다. 단지 아베가 웨일랜드의 축약본을 그대로 번역하여 미국의 역사를 서술하고 있는 것으로만 간주할 수 없는 이유는 이것이 메이지 정부의 정당성과 관련이 있기 때문이다. 메이지 정부야말로 200여 년 동안 지속되어 왔던 막번(幕藩)체제를 무너뜨리고 수립된 정부로, 혁명은 이들 정부 수뇌부가 주도한 메이지 유신을 상기시키기 때문이다. 혁명은 반드시 폭력이 수반되며, 그렇기 때문에 위에서 인용한 후쿠자와의 정부와 시민과의 관계는 혁명을 통해 수립된 메이지 정부를 부정하는 논리로도 작용할 수 있다. 후쿠자와의 이와 같은 주장은 그가 당대를 대표하는 지식인이었음에도 불구하고 메이지 정부의 요직에 진출하지 않은 이유와도 관련이 있다. 그는 지식인의 의무 중 하나로 정부 밖에서 정부를 견제할 수 있는 역할을 해야 하는 것을 들고 있다.[35] 평생 동안 언론의 중심에 서 있으면서도 정계에는 진출하지 않고 재야에서 활동한 그는 메이지 유신과 그것을 통해 수립된 정부의 정책에 비판을 가하거나, 필요에 따라서는 그것에 협조

---

35) ひろた まさき, 『福沢諭吉』, 岩波現代文庫, 2015, 116~117쪽.

하는 역할을 수행했다. 그러한 점에서 후쿠자와는 메이지 유신과는 관계없이 서양에서 논의되는 혁명에 관한 여러 가지 의견 중 그가 계몽에 필요하다고 생각하는 것을 자유롭게 『학문의 권장』 속에서 피력했다고 할 수 있다.

당시 일본으로 유입된 외국 서적 중에는 사회관, 정치체제에 관해서 서술한 것들이 다수 유통되고 있었다. 후쿠자와가 『학문의 권장』을 서술하는 데 결정적인 영향을 받은 웨일랜드도 『도덕과학요강』에서 시민의 혁명에 대해서 다음과 같이 언급하고 있다.

The cause of all oppression is the wickedness of man. But civil war is in its very nature a most demoralizing process. It never fails to tender men more wicked. Can it then be hope that a form of government can be created, by men already worse than before, better than that which their previous but less intense wickedness rendered intolerable? (337)

웨일랜드는 여러 가지 정부의 형태에 대해서 설명하면서 미국의 정부에 대해서 설명하는 대목에서는 위와 같이 폭동(혁명)에 의한 정부의 전복에 대해서는 부정적으로 언급하고 있다. 이것은 웨일랜드가 독립전쟁을 정당화하고 있지 않다는 것을 의미한다. 그가 혁명에 대해서 부정적인 이유는 시민사회를 지배하는 원리는 신이 정한 법이고, 우리들이 시민사회 속에서 살아가는 것은 개인의 의지가 아닌 신의 의지이기 때문에 신에 대한 의무를 짊어지고 있는 한 편의적으로 바꿀 수 있는 것이 아니기 때문이라는 논리에 근거한다.[36] 이러한

---

36) 松野修, 위의 논문, 19쪽.

점을 고려해 보면 위에서 살펴본 후쿠자와의 혁명부정의 원칙과는 그 근거가 다르지만 어쨌든 혁명 자체를 부정한다는 점에서는 일맥상통한다고 할 수 있다.

웨일랜드의 축약본에서는 미국의 독립운동에 대해서만 간략하게 언급하고 정부와 시민의 관계에 대한 구체적인 의견은 제시하지 않았다. 따라서 아베도 미국에서 독립전쟁이 일어났다는 사실에 대해서 웨일랜드가 서술한 것을 일단 그대로 번역한 것이지만, 그러나 혁명이라는 것은 당시 상당히 민감한 이슈였던 것은 분명하다. 그것은 학제 시기의 수신교과서 중 동일한 6급 교과서였던 『태서권선훈몽』의 예를 살펴보면 명확히 드러난다. 이 『태서권선훈몽』 정편, 후편, 속편은 앞에서 설명한 대로 각각 다른 외국서적을 번역한 것이다. 여기에서는 특히 후편에 주목하고자 하는데 이것은 윈슬로의 'Moral philosophy'를 번역한 것으로, 그는 혁명에 대해서 자유를 확대할 의도를 가지고 정부를 갑자기 변혁하는 것은 착실한 방법이 아니라고 하면서 혁명에 대해서 부정적으로 생각하고 있는데[37] 이 부분을 미쓰쿠리는 『태서권선훈몽』에서 번역하고 있지 않다. 그는 원문과는 달리 정부가 제대로 기능을 하지 않고 악행과 부정행위를 일삼을 때에는 인민에게는 그 정부를 뒤집을 권리가 있다는 것을 첨부하고 있다.

악하고 잔학한 부정한 정부라고 하더라도 실제로 그것이 존재할 때에는 인민은 이것을 뒤집을 권한이 없다고 보아야 할 것인가? 이것은 너무나 이치에 맞지 않는 말로써 저 고명한 권선학가 '닥터 페리' 씨와 같은 사람도 일찍이 인민의 정부에 저항할 권한이 있다는 것을 인정하였다.

---

37) 위의 논문, 25쪽.

悪虐不正の政府と雖ども現に其の存する時は、人民之を覆す可きの権なし
と為す可きや。此甚だ非理の言にして彼の高名なる勧善学家「ドクトル
ペーリー」氏の如きも亦嘗て人民の政府に抵敵す可き権あるを許認し[38]

　본문을 통해서 미쓰쿠리가 메이지 유신을 의식하여 일부러 혁명에
대한 긍정론을 기입했다는 것이 드러난다. 이러한 미쓰쿠리의 작업에
서 미루어 볼 때, 수신교과서인 아베의 『수신론』이 혁명을 있는 그대
로 서술한 점은 메이지 유신을 의식한 행위라고 할 수 있다. 아울러
후쿠자와의 『학문의 권장』은 정부와는 관계없이 시민을 대상으로 어
디까지나 개인적인 주장을 펼친 서적이라는 점에서 혁명론에 대한
자신의 의견을 자유롭게 서술한 것이라고 할 수 있다. 일본에서 최초
로 성립된 학제에서는 미국의 혁명(독립전쟁)에 대한 기술을 삭제하거
나 이에 대해서 부정하지 않고 그대로 번역, 또는 긍정하고 있는 것을
수신교과서로 채택했다는 점을 알 수 있다. 이것은 역시 메이지 유신
에 의해서 성립된 정부의 당위성을 뒷받침하며 학생들에게 혁명에
의한 자유의 쟁취라는 인식을 심어주고자 했다는 점과 연결될 수 있
을 것이다. 즉 막번체제에서의 불평등, 자유의 결여와는 대조적으로
새로운 정부는 개인의 자유와 평등을 보장한다는 의식을 교과서를
통해서 교육하고자 한 것이다. 이러한 교과서의 선정은 학제의 서문
인 「피앙출서」에서 강조한 개인의 평등, 자유보장의 이념을 반영한
것이라고 할 수 있다. 이와 같이 메이지 정부가 지향하는 서구의 개인
의 자유와 평등 의식 등의 이식을 위해서 미국의 독립전쟁(혁명)과
자유의 획득이라는 프레임이 교육에 이용되었던 것을 알 수 있다.

---

38) ウヰンスロウ 著, 『泰西勧善訓蒙』 後編 3, 中外堂, 1875, 38쪽.

7. 나오며

1872년에 성립된 일본 최초의 근대적 학제의 교육이념은 이후 일본의 교육정책에서는 볼 수 없을 정도로 획기적인 것이었다. 「피앙출서」는 자유와 평등, 입신, 실학 중시 등 서양의 사상을 민중들에게 심어주고자 한 당시 지식인들의 사상을 반영한 것이라고 할 수 있다. 이 교육이념에 따라서 사용한 것이 수신과목의 번역교과서들이었다. 기독교를 바탕으로 한 도덕교육서인 웨일랜드의 『도덕과학요강』의 축약본을 비롯한 5개의 수신교과서는 서양의 윤리사상을 담은 서적들을 그대로 번역한 것이었다. 그러나 일본의 전통적인 사상과 기독교 사상은 분명히 충돌하는 부분이 있었고, 따라서 서양에서 유입된 서적을 어떻게 번역하는가, 또는 어떻게 개변하는가 하는 점이 당시 번역자들이 안고 있는 중요한 문제였다고 할 수 있다. 이러한 점에 대해서 본고에서는 아베 다이조의 『수신론』을 중심으로 살펴보았다.

또한 이 아베가 번역한 『수신론』의 원문인 웨일랜드의 『도덕과학요강』과 그것의 축약본이 당시 메이지 초기 지식인들에게 얼마나 많은 영향을 주었는지를 아베와 게이오의숙의 동료였던 후쿠자와 유키치와의 관계를 통해서 고찰해 보았다. 그리고 이러한 지식인들의 관계가 번역의 과정에도 영향을 미치고 있었으며, 뿐만 아니라 아베의 『수신론』이 학제의 수신교과서가 될 수 있었던 것은 당시 유수정부의 관료들과 맺어진 지식인 네트워크에 의한 것이라는 점도 분석하였다.

마지막으로, 교과서라는 것이 당시 메이지 정부의 사상을 반영하고 있다는 점에서 본고에서는 『수신론』이 미국의 독립운동(혁명)에 관한 부분을 그대로 번역하고 있다는 점에 주목하였다. 이 점은 동일한 6급의 수신교과서로 채택된 미쓰쿠리 린쇼의 『태서권선훈몽』과 비교해 보면 그 의도가 분명하게 드러난다. 『태서권선훈몽』의 원문인 윈슬로의 'Moral philosophy'에서는 혁명에 대해서 부정하고 있지만, 미쓰쿠리는 이 부분을 그대로 번역하지 않고 혁명을 인정하는 문장으로 바꾸었다. 웨일랜드의 축약본에는 미국의 독립운동에 대한 기술이 간략하게 역사적 사실로만 기술되어 있으나 『도덕과학요강』에서 웨일랜드는 미국의 독립운동에 대해서 부정적인 견해를 제시하였다. 『수신론』이 단순히 웨일랜드의 축약본을 그대로 번역한 것이라고도 볼 수 있지만 미쓰쿠리의 내용 변경의 사례에서 미루어 볼 때 아베는 미국의 독립운동에 대해서 충분히 인식하고 있었을 것이라고 짐작된다. 미국의 독립운동(혁명)은 혁명을 통해서 정부를 수립한 메이지 유신을 상기시킨다. 당시 교과서에서 이러한 독립운동의 역사를 삭제하거나 부정하지 않고 그대로 번역한 것은 이것이 메이지 유신의 정당성의 논리와도 결부되기 때문이다.

이와 같은 분석을 통해서 초기 메이지 정부가 지향했던 교육을 아베의 『수신론』이 수신교과서로써 충실히 수행했다는 점을 알 수 있다. 그러나 앞서 언급했던 것처럼 유수정부에 의해서 성립된 학제는 이와쿠라 사절단의 귀국 후 서양의 교육에 대해서 자세히 시찰한 다나카 후지마로(田中不二麿)에 의해 전면적으로 개편된다(1879). 그리고 이후 일본 근대의 수신교육은 유교, 국학과 접목된 황도주의(皇道主義) 교육으로 점차 옮겨가게 된다. 이러한 점을 고려해 볼 때 학제기의 번역교과서는 국민에게 서양의 사상을 가장 충실하게 전달한 매개체였다고 평가할 수 있을 것이다.

참 고 문 헌

김정희, 「일본 근대기 학제(學制)의 성립과정: 학제의 교육이념을 중심으로」, 『한국일본교육학회』 24(2), 2019.10.

성백효 역주, 『개정증보판 孟子集註』, 전통문화연구회, 2007.

Francis wayland, *Elements of moral science; Abridged, and adapted to use of schools and academies, by the author*, Boston: Gould and Lincoln, 1875.

Francis Wayland, *The elements of moral science*, The Belknep Press of Harvard University Press, Massachusetts: Cambridge, 1963.

板倉卓造, 『福沢諭吉の人と思想』, 福沢先生研究会, 1940.

伊藤正雄, 『福沢諭吉論考』, 吉川弘文館, 1969.

井上久雄, 『増補学制論考』, 風間書房, 1991.

ウヰンスロウ 著, 『泰西勧善訓蒙』後編 3, 中外堂, 1875.

ウェーランド 著・阿部泰蔵 訳・文部省 編纂, 『修身論』前編, 松村書屋, 1878.

ウェーランド 著・阿部泰蔵 訳・文部省 編纂, 『修身論』後編 巻二, 松村書屋, 1874.

尾形裕康, 『学制成立史の研究』, 校倉書房, 1973.

海後宗臣 編, 『日本教科書大系: 近代編 第三巻 修身』, 講談社, 1962.

国立国会図書館憲政資料室 所蔵, 「憲政史編纂会収集文書」 468(문서번호).

重松優, 『大木喬任』, 佐賀城本丸歴史館, 2012.

竹中輝雄, 『明治五年「学制」通説の再検討』, ナカニシヤ出版, 2013.

田中彰, 『明治維新』, 岩波書店, 2000.

土屋忠雄, 『明治前期教育政策史の研究』, 文教図書, 1968.

七戸克彦, 「現行民法典を創った人々(5)主査委員2: 箕作麟祥・村田保」, 『法学セミナー』 54(9), 2009.

西川俊作,「福沢諭吉、F.ウエーランド、阿部泰蔵」,『千葉商大論叢』40(4), 2003. 3.

ひろた まさき,『福沢諭吉』, 岩波現代文庫, 2015.

福沢諭吉,『福沢全集』1, 国民図書, 1925~1926.

福沢諭吉,『福沢全集』4, 国民図書, 1925~1926.

福沢諭吉,『福沢撰集』, 岩波文庫, 1928.

福沢諭吉,『福翁自伝』, 時事新報社, 1934.

福沢諭吉,『学問のすすめ』, 日本評論社, 1941.

松尾由希子,「「学制」成立期の小学校・中学校における教育課程の編成に関する基礎的研究 (1): 文部省及び東京師範学校の「小学教則」・「中学教則」の分析―」,『静岡大学教育研究』(11), 2015. 3.

松野修,「明治初期翻訳道徳教科書の受容過程」,『社会科教育研究』58, 1987.

ミヤン・マルティン・アルベルト,「阿部泰蔵『修身論(原典 F. Wayland, *Elements of Moral Science*)』における「God」の翻訳をめぐって」,『一神教世界』(2), 2011. 3.

湯川文彦,「明治初年の民政改革における〈教育〉の台頭」,『日本の教育史学』58, 2015.

「学制百年史」, 文部省
http://www.mext.go.jp/b_menu/hakusho/html/others/detail/1317552.htm(검색일: 2019. 11. 2)

「天」『日本国語大辞典』
https://japanknowledge.com/psnl/display/?lid=200202eb11c28Uh08Vl7(검색일: 2019. 11. 3)

「本心」『日本国語大辞典』
https://japanknowledge.com/psnl/display/?lid(검색일: 2019. 11. 3)

부록

신현국의 『학례유범』 발췌 번역

허재영 번역

해제 이 책은 신현국(1869~1949)이 편찬한 학례 관련 자료로 편찬 연대는 정확하지 않다. 신현국은 평산(平山)이 본(本)으로 자는 사현(士賢), 호는 직당(直堂)이다. 그는 1881년에 곽정현(郭鼎鉉)에게 수학하고, 박세화(朴世和)를 사사하였다. 1895년 국모가 시해되자 의병을 일으키려다가 뜻을 이루지 못하였으며, 1905년에 스승 박세화가 을사늑약(乙巳勒約)에 분개하여 거의(擧義)하였다가 적에게 잡혀 투옥되자 동문인 이수영(李守榮)과 함께 달려가 목숨을 걸고 의분(義憤)의 글을 써서 일본을 크게 꾸짖었다. 결국 그 일로 적에게 구금되어 대구에서 옥고를 치렀다. 1910년 8월 박세화가 순절한 뒤 여주 대포산(大布山) 아래에서 강도(講道)에 전념하며 많은 후진을 배출하였다. 경전과 이기설에 정진하였고, 량치차오(梁啓超)의 논설이 유교정신에 위배된다고 하여 통렬히 비판하였다.

『학례유범』은 3권 1책으로 발행 연도는 정경훈(2017)에 따르면, 1964년 문인 정규해가 주간하여 간행한 책으로 알려져 있다. 총 3권 1책으로 그 내용은 다음과 같다.

	내용
권1(卷之一)	학궁의절(學宮儀節): 사도(師道): 학술(學術), 종사(從師), 학교모범(學校模範), 사목(事目), 은병정사 학규(隱屏精舍 學規), 한천서사 유규(寒泉書社 遺規), 월능육정(月能六程), 백록동서원 게시(白鹿洞書院 揭示), 여숙강규(閭塾講規), 관자학규(冠者學規), 위학오조(爲學五條), 동몽학규(童蒙學規), 공수의(拱手儀), 읍의(揖儀), 배의(拜儀), 서사 조강의(書社朝講儀), 서사 석강의(書社夕講儀), 삭망 배읍의(朔望拜揖儀), 서사 상읍의(書社相揖儀), 장소유 자중 상읍 「주선절선」도(長少幼自中相揖「周旋折旋」圖), 서사비원록(書社備員錄), 시상의(施賞儀), 시벌의(施罰儀), 과목식(課目式), 퇴도서원 상읍례 「홀기」(退陶書院相揖禮「笏記」), 상읍례도식(相揖禮圖式), 서사 순강의(書社旬講儀), 사맹삭회알선사 「급취위의」(四孟朔會謁先師「及就位儀」), 서사 예식의(書社禮食儀), 서사 습례 절차(書社習禮節次), 서사 음례 약속(書社飮禮約束), 향음 주례 홀기(鄕飮酒禮笏記), 사상견례 홀기(士相見禮笏記), 집지례 홀기(執贄禮笏記)
권2(卷之二)	거가의절(居家儀節): 정윤리(正倫理), 봉선(奉先), 사친(事親), 삭망 참알의(朔望參謁儀), 시절상수의 「부 참알위차도」(時節上壽儀「附 參謁位次圖」), 독은의(篤恩儀), 종법(宗法)
권3(卷之三)	거향의절(居鄕儀節): 이중 입계 약속(里中立契約束), 강신의(講信儀), 제토신의(祭土神儀), 이사제축식 「병 제찬도」(里社祭祝式「並 祭饌圖」), 향약강의(鄕約講儀), 향약(鄕約), 향약사목(鄕約事目) 거관의절(居官儀節) 치상의절(致喪儀節): 초종(初終), 소렴(小斂), 대렴(大斂), 분상(奔喪), 치장(治葬), 천구(遷柩), 발인(發引), 급묘(及墓), 반곡(反哭), 상중변례(喪中變禮), 거상잡의(居喪雜儀), 제례통고(祭禮通攷) 방상의절(方喪儀節) 심상의절(心喪儀節): 선사유실조치(先師遺室措置)

이 가운데 '학궁의절'의 '학교모범'과 각종 교육기관의 '학규'는 근대 이전의 교육과정과 교육 제도를 이해하는 데 매우 중요한 의미를 갖는다. 이 책에서는 '학궁의절' 가운데 사도(師道): 학술(學術), 종사(從師), 학교모범(學校模範), 사목(事目), 은병정사 학규(隱屏精舍 學規), 한천서사 유규(寒泉書社 遺規), 월능육정(月能六程), 백록동서원 게시(白鹿洞書院 揭示), 여숙강규(閭塾講規), 관자학규(冠者學規), 위학오조(爲學五條) 등

을 발췌하여 번역한다.

참 고 문 헌

권오영, 「직당집 해제」, 『직당집』, 내재문화연구회, 2002.

신현국, 『학례유범』(단국대학교 일본연구소 소장본), 간사지 미상, 1964.

정경훈, 「직당 신현국의 생애와 사상」, 『동방한문학』 72, 동방한문학회, 2017, 151~180쪽.

學禮遺範 序

禮者人之體也. 人而無禮 便是無軆. 豈有無軆 而可謂之人者乎. 故孔子
以無禮爲非人 程子以一失再失爲夷狄禽獸. 此人之所以爲人者 以其有
禮也. 豈可斯須不軆 以爲非人夷獸之歸矣哉. 粤自神州陸沈 斯禮在東羣
賢迭興講 而明之君君臣臣父父子子 而人得以爲矣. 逮至季世 島夷猖獗
東華遂以禮隨而泯世 皆駸駸然爲夷爲獸 至於無父無君而極矣. 嗚呼尙
忍言哉. 直堂申先生適丁 此辰目見冠履到 施天地飜覆 而鯨濤鰐 瀾愈益
澒洞 則痛斯禮之泯滅 哀粹先賢遺規 名曰學禮遺範 書凡七大儀節也. 其
爲禮也. 首先學宮終以心喪中之以居家 居鄕 居官 若致喪方喪 盖此等節
目之行 皆自師道中做出來 故以此始終而包列 許多于中者歟 噫世之治
亂國之興 喪人心之邪正 俗尙之淳漓 莫不繫乎. 師道之立不立 此先生當
日之意 可謂精詳縝密 而亦可見良工心獨苦也. 本孫東瑚 若從孫東熙 瀝
出百艱之力 刊本稿訖繼 此入刊而行 將沐梨[1]矣. 囑以弁文 余以菲學 是
何敢甬然得 有與於校讐之役[2] 而竊有所感傷者 昔明道先生 論邪說之害
以塗生民之耳目 溺天下於污濁 爲世道之憂 至于今日則 不惟塗之溺之
剝奪精神 沒身幻化浮. 況呑吐於萬丈潢潦之中 而不自覺悟 遂使東華衣
冠文物 無復影響於覆載之間[3] 此誠太息之不足 而繼之以痛哭者也. 誰

---

1) 목리(沐梨): 저작 내용을 새기기 위해 나무판을 마련하는 일로, 중국에서는 보통 대추나무
   와 배나무를 사용했는데, 우리나라는 가래나무를 많이 사용했다.
2) 교수지역(校讐之役): '교수'는 둘 이상의 이본을 갖고 틀린 곳을 고치는 일을 말함.

將此書 揭明於今日之下 使人人得免爲無體之人耶 爲之抆涕而書之卷端
如此云. 爾閼逢執徐⁴⁾元月下瀚 後學 月城 鄭紈海 謹書.

번역 예는 사람의 몸과 같다. 사람이 예의가 없으면 이는 곧 몸이
없는 것이니 어찌 몸이 없고야 가히 사람이라 하겠는가. 그러
므로 공자께서는 예가 없으면 사람이 아니라고 하셨고, 정자께서도
예를 한 번 잃고 두 번 잃으면 오랑캐와 금수가 된다고 하셨다. 이는
사람이 사람되는 까닭이 예가 있기 때문이다. 어찌 가히 몸체가 아닌
것으로 사람이 아니며 오랑캐와 짐승으로 돌아가고자 하는가. 아, 신
주 육황 이래로 예가 동국에 있어 현자가 강론을 홍성하게 하여 임금
은 임금답고 신하는 신하다우며 아버지는 아버지답고 자식은 자식다
움을 밝히고, 사람이 이를 깨치게 하였다. 세상이 말세가 되어 섬나라
오랑캐가 창궐하여 동국의 영화가 드디어 망하고 예가 무너지며 세상
이 멸망하니 모두 갑자기 오랑캐가 되고 짐승이 되어 부모도 없고
임금도 없음이 극에 달했으니, 어찌 차마 말로 하겠는가. 직당 신 선생
이 정미년(1907)에 귀양을 가서 이 경황을 목도하고 관구(冠屨)를 뒤집
어 천지를 뒤엎고자 하였으나 사나운 물결만 더욱 심해져 이 예가
사라짐을 통탄하시고, 선현이 남긴 규범을 모아『학례유범』이라 이름
하고 무릇 칠대 의절을 쓰고자 했으나, 첫머리에 먼저 학궁(學宮)을
마치고 심상(心喪) 중에 거가(居家), 거향(居鄉), 거관(居官)을 마치 상을
당하여 정성을 다하듯 이 절목을 모두 행하였으니 모두 사도(師道)로
부터 나온 것이다. 그러므로 이로써 시종일관 열거한 것이 많고 많으

---

3) 복재지간 = 천지지간.
4) 집서(執徐): 12지의 '진(辰)'.

니 아, 세상이 어지러움을 다스리고 나라를 흥하게 하며 인심이 상한 것을 바르게 하고 풍속을 순하게 하는 일과 관계되지 않은 것이 없다. 사도(師道)가 확립되고 그렇지 않음은 선생이 시대를 맞이하는 뜻이니 가히 정교하고 상세하며 긴밀하다 할 것이다. 가히 양공(良工)을 보고 마음으로 괴로워한 것을 볼 수 있다. 본 손 동호와 종손 동희와 함께 온갖 괴로움을 겪으면서 본고를 계속 간행하고자 입간하고 판을 마련하였다. 아울러 내게 글을 부탁하였으니 이 어찌 감히 감당할 일이며, 아울러 교정하는 일을 맡겼다. 감히 느끼는 바는 옛날 명도선생(주자)이 요망스러운 학설이 다투어 일어나 백성(생민)의 이목을 가리고 세상을 혼탁에 빠뜨려 세상의 도리를 걱정하셨으니, 금일에 이른즉, 오직 이목을 가리고 혼탁에 빠뜨리는 것만 아니라 정신까지 박탈하여 몸을 망치고 부화(浮華)하게 되었다. 하물며 만 길이나 되는 고인 물을 삼키고 뱉는 가운데 스스로 깨치지 못하니 드디어 우리나라의 의관문물이 다시 천지간에 회복되지 않아, 정성이 부족함을 탄식하고 끊임없이 통곡하는 것은, 누가 장차 이 글을 게재하여 오늘날을 밝게 하며, 사람으로 하여금 몸뚱아리가 없는 사람을 면하게 하겠는가 하는 것이다. 이로 눈물을 닦고 책의 첫머리에 이와 같이 쓰니, 집서(執徐, 甲辰, 1964년) 원월(음력 정월) 하한(하순)에 후학 월성 정규해(鄭紅海)가 삼가 쓴다.

권1(卷之一) 학궁의절(學宮儀節)

사도 제1(師道 第一)

有天地卽有君師 乾坤繼以屯蒙屯建侯 作之君蒙養正 作之師皆利貞「胡炳文語」天地之用付與儒者大矣. 國家之安位在朝士之賢否 朝士之賢否在儒術之邪正. 是儒術爲天下之大本. 故朱子曰 師道立則善人多 善人多則朝廷正 而天下治矣.

周禮 大司徒以鄕三物敎萬民曰 六德六行六藝 是乃昔周盛時 立萬世大法也. 三代之隆 自王宮國都以及州黨閭巷 莫不有學 此建學次序極 其廣大也. 自天子之元子 以至公卿士大夫之適子 與凡民俊秀 莫不入學. 此敎育規模極 其弘遠也. 塾升之黨 黨升之州 州賓興於太學. 此選士節度極其縝密也. 敎學則以尊道德明倫理 以本立志居敬存心窮理力行五者 萬世不易之旨訣也.

然三代以前 師道在上 故治敎明而禮樂興. 三代以後 師道在下 故治敎弛而禮樂廢. 欲爲天下文明之治 雖帝王之尊 必有師焉. 伊尹之於太甲有訓 傅說之於武丁 有命師 尙父陳丹書於武王也. 乃言曰 先王之道不北面王遂下堂東面 而立受書之言.[5]

---

5)『제감도설(帝鑒圖說)』81例. 명 장거정(明張居正). "周史紀: 武王召師尙父而問曰: "惡有藏之約, 行之行, 萬世可以爲子孫常者乎?"師尙父曰: "在『丹書』。王欲聞之, 則齋矣。"三日, 王端冕, 下堂南面而立。師尙父曰: "先王之道不北面。"王遂東面立, 師尙父西面道書之言曰: "敬勝怠者,

伊川先生6)上疏曰 古之人君必立師傅保之 官師所以導之敎訓 傅所以
傅之德義 保所以 保其身體 傅德義者 防見聞之非節嗜欲之過 保身體者
適起居之宜存畏敬之心也. 正君養德所以爲治天下之本也.

世子國之本也. 敎之善其道 然後可以保有天下國家 其義不亦重乎.

文王之爲世子曰 三省其親至於寢門外 問安否於內竪7) 其有不安節色
不滿容行不正履 湯藥必親嘗之進饌 必敬視之親復膳 然後亦復初 武王
之爲世子亦然.8)

成王踐阼9)之初 周公相之杭世子法於伯禽 成王知父子君臣長幼之道
成王有過撻伯禽以示 成王世子之道遂以成德 此乃周家八百年基業也.
(…中略…)

번역 천지가 있으면 임금과 스승이 있고, 건곤은 둔몽괘와 둔건후로
이어지니, 군몽(君蒙)과 양정(養正: 바른 도리를 닦아 기름)을 짓
고, 사개이정(師皆利貞)을 지었다. 「호병문(胡炳文)10)이 말함」 천지의
쓰임이 유학자와 더불어 큰 것이다. 국가의 안위는 조정 신하의 현부
(賢否)에 달려 있고, 조정 신하의 현부는 유술(儒術: 유가의 학술)이 바르

昌; 怠勝敬者, 亡; 義勝欲, 從; 欲勝義者, 凶.' 藏之約, 行之行, 可以爲子孫常者, 此言之謂也."
    王聞之而書於席、幾、鑒、盥、盤、楹、杖、帶、履、觴、豆、戶、牖、劍、弓、矛, 皆爲銘焉."

6) 이천 선생: 중국 송나라 때 유학자 정이(程頤, 1033~1107). 낙양 이천 사람이어서 이천
    선생으로 불린다. 그의 형 정호(程顥 1031~1085)는 명도 선생(明道先生)이다.

7) 내수(內竪): 내정의 소신(小臣).

8) 『예기』 권2, 243. 문왕세자 제8 참고. "文王之爲世子 朝於王季 日三 鷄初鳴而衣服 至於寢門外
    問內竪之御者曰 今日 安否 何如? 內竪曰 安. 文王乃喜 及日中 又至 亦如之 及暮 又至 亦如之.
    其有不安節則內竪以告文王 文王色憂 行不能正履 王季復膳 然後 亦復初 食上 必在親視寒暖之
    節 食下 問所膳 命膳宰曰 末有原. 應曰 諾. 然後 退."

9) 천조(踐阼): 임금의 자리를 이음. 선왕이 사망할 경우와 양위할 경우가 있음.

10) 호병문(胡炳文, 1250~1333): 중국 원나라의 학자. 『주역』에 정통하고 주희의 학문을 깊이
    연구함. 『주역본의통석(周易本義通釋)』, 『사서통(四書通)』, 『운봉집(雲峰集)』이 있음.

고 그렇지 못함에 달려 있다. 유가의 학술은 천하의 큰 근본이다. 그러므로 주자가 사도(師道)가 확립되면 선인(善人)이 많고, 선인이 많아지면 조정이 바르고 천하가 다스려진다고 하였다.

주례에서는 대사도(교육을 맡은 관리)는 세 가지로 만민을 가르쳐야 한다고 말했는데, 육덕, 육행, 육예가 그것이며, 이는 옛날 주나라가 성할 때 만세에 이어지는 대법을 확립한 것이다. 삼대의 융성함은 왕궁 국도에서 주(州) 당(黨) 여항에 이르기까지 학교가 없는 곳이 없었기 때문이다. 그 건학(建學)의 차서(次序)가 지극하고 광대하였다. 천자의 원자로부터 공경 사대부의 적자와 백성들의 수재들이 학업에 들지 않은 자가 없었다. 이 교육 규모가 지극하고 원대하였다. 숙(塾)에서 당(黨)으로 진학시키고 당(黨)에서 주(州)로 진학시키며, 주(州)에서 빈객(賓客)으로 태학(太學)을 흥하게 한다.11) 이 선사(選士)의 절도가 지극하고 진밀(縝密)하다. 교학은 즉 도덕을 존중하고, 윤리를 밝혀 입지, 거경, 존심, 궁리, 역행 다섯 가지를 본위로 하며, 이는 만세에 바꾸지 못할 요결(要訣)이다.

그러므로 삼대 이전에는 사도가 위에 있어 교육이 바르고 예악이 흥했다. 삼대 이후에는 사도가 아래에 있어 교육이 이완되고 예악이 피폐해졌다. 천하를 문명으로 다스리고자 한다면 비록 제왕이 존엄할지라도 반드시 스승이 있어야 한다. 이윤12)이 태갑에게 '훈(訓)'을 남

---

11) 『근사록』 권9, 제도. "其學行皆中於是者爲成德이니 取材識明達하여 可進於善者하여 使日受其業하며 擇其學明德尊者하여 爲太學之師하고 次以分教天下之學하며 擇士入學은 縣升之州하고 州賓升於太學하며 太學聚而教之하고 歲論其賢能者於朝하며 【번역】 그 배우고 행함이 모두 여기에 맞는 자는 덕을 이룬 것이니 재주가 있고 아는 것이 많아 밝게 깨달아 선에 나아갈 수 있는 사람을 가려 날마다 수업을 받게 하며 그 중에서 학문이 밝고 덕이 높은 사람을 가려서 태학의 스승으로 임명하고 다음가는 사람은 여러 학교에 배정하여 가르치게 하며 선비를 선발하여 입학할 때는 縣에서 州로 진학시키고 주에서는 빈객의 예로 태학에 추천하여 보내며 태학에서는 이들을 모아 가르치고."

기고,13) 부열(傳說)14)은 무정에게 스승을 섬길 것을 명하고, 상부(여상)는 무왕에게 단서(丹書)15)에 있다고 말했는데, 선왕의 도는 북면(北面)에 있지 않다고 하니 왕이 드디어 당 아래에서 동면하고 단서의 말을 받았다고 한다.

이천 선생이 상소하기를 옛날 군왕은 반드시 사부(師傅)를 두어 보존했으니, 관사(官師)가 가르침을 이끌고 덕의를 북돋우기 때문이다. 그 신체를 보호하고 덕의를 북돋우는 까닭은 잘못을 듣지 않고 하고

---

12) 『서경』상. 제4권, 상서 제5편 태갑(상). "太甲旣立 不明 伊尹放諸桐 三年復歸于亳 思庸 伊尹作太甲三篇. 【번역】태갑이 (제위에) 이미 즉위(立)했으나 (정사에) 밝지 못하여 이윤이 동 땅으로 보낸(추방한) 지 삼 년 만에 박 땅으로 복귀시켰는데 (태갑이) 법도(庸)를 생각하자 이윤이 태갑 세편을 지었다."

13) 탕이 세상을 떴으나 태자 태정(太丁)이 즉위하지 못하고 죽었기 때문에, 그의 동생 외병(外丙)이 즉위했다. 제외병은 즉위 3년 만에 죽고 그의 동생 중임(中壬)이 즉위했다. 제중임이 즉위 4년 만에 죽자 이윤은 태정의 아들 태갑(太甲)을 옹립했다. 제태갑 원년 이윤은 '이훈(伊訓)', '사명(肆命)', '조후(祖后)'를 지었다. 태갑이 포악해져 덕을 어지럽히자 이윤은 그를 동궁(桐宮)으로 내쫓고 3년 동안 섭정하였다. 태갑이 자신을 뉘우치자 이윤은 그를 맞이하여 옹립하고, 이를 기쁘게 여겨 '태갑훈(太甲訓)' 세 편을 지어 칭송하고 그를 '태종(太宗)'이라 불렀다.

14) 綺迴漢惠 說感武丁(기회한혜 설감무정): 기리계는 漢나라 惠帝를 회복시키고, 傳說(부열)은 武丁을 감동시켰다. 기리계(綺里季)이니 商山四皓의 하나이다. 상산사호는 중국, 진대(秦代) 말기에 난세를 피하여 산시성 상산(商山)에 숨은 동원공(東園公), 하황공(夏黃公), 용리선생(用里先生), 기리계(綺里季) 등 4인의 노고사(老高士)를 말한다. 수염과 눈썹이 모두 희기 때문에 사호(四皓)라 하였다. 漢나라 高祖(劉邦)가 장차 太子(惠帝 劉盈)를 폐위하려 하였는데, 四皓가 태자를 따라 노닐어 羽翼(보좌인)이 됨으로써 한나라 惠帝에게 태자의 자리를 되돌려 안전하도록 하였다. 상 왕조 22대 왕 고종은 이름이 무정(武丁)이다. 무정은 현명한 신하를 찾고 있었는데, 어느 날 꿈속에서 '열(說)'이라는 이름의 한 성인을 만나게 되어, 마침내 부암 땅 벽돌 쌓는 노역장에서 그를 찾아내었다. 부암 땅에서 그를 찾았으므로 부씨 성을 하사하여 부열이라 하고 재상에 임명했다. 『다음백과』

15) 단서(丹書): 중요한 내용을 붉은 글씨로 써서 깊이 간직하는 것. 주나라 무왕이 등극한 뒤 상부(尙父), 즉 여상(呂尙)에게 상고시대 임금 황제, 전욱의 도가 남아 있는지 물었는데, 여상은 그것이 단서에 남아 있다고 대답하였다고 한다. 중국 고대의 황제(皇帝)와 전욱(顓頊)의 도(道)가 기재되어 있다는 적작(赤雀)이 물고 온 글로써, 태공망(太公望)이 무왕(武王)에게 전해 준 글인데, 그 속에서 "공경하는 마음이 태만하는 마음을 이기면 길하고 태만하는 마음이 공경하는 마음을 이기면 멸망한다[敬勝怠者吉怠勝敬者滅]"라고 하였음. 『대대례(大戴禮)』 무왕천조(武王踐祚) 『대대례기(大戴禮記)』 무왕천조(武王踐阼).

싶은 대로 하는 허물을 막고자 함이며, 신체를 보호하는 것은 기거에 마땅히 외경심을 갖는 것이다. 군주가 덕을 기르는 것은 천하의 근본이다.

세자는 나라의 근본이다. 그 도를 바르게 가르친 연후에 가히 천하국가를 보호할 수 있으니 그 뜻이 또한 중하지 아니한가.

문왕이 세자가 되어 친히 세 번 살피되, 침문 밖에서 내수(內豎)에게 문안을 드리고 그 불안한 기색이나 행동에 불만이 있거나 바른 길을 행하지 않음을 여쭙고, 탕약은 반드시 몸소 맛보아 진찬하며 반드시 공경함으로 친히 찬을 드린 연후 처음과 같이 행한다 하였으니, 무왕 또한 세자가 되어 그렇게 하였다.

성왕이 천조(踐阼)할 때 주공이 백금을 세워 두고 세자의 법도를 가르치며 성왕이 부자, 군신, 장유의 도를 알게 했으며, 성왕이 잘못이 있으면 백금을 달초하여 보임으로써 성왕이 드디어 덕을 이루었으니, 이것이 주나라 팔백 년의 기업이 되었다. (…중략…: 율곡과 우암의 세자 지법은 생략함)

사도 제2(學術 第二)

朱子年譜 乾道[16]十一年 甲辰 先生力辨浙學之非 以爲舍六經語孟而尊史 遷舍窮理盡性 而談世變 舍治心修身而喜事功大爲學者必術之害力 爲呂祖謙言之 又答永康陳亮同甫書 辨其義利雙行王霸並用之說.

朱子行狀 南軒張公[17] 東萊呂公[18]同出其時 先生 以其志同道合樂與

---

16) 간도(乾道): 남송 효종대 연호. 1165~1173년. 건도 11년은 1172년.

之友 至或識見少異 亦必講磨辨難 以一其歸至若求道 而過者「陸象山[19]
諸人 卽江西頓悟之學」病傅註誦習之煩 以爲不立文字可以識心見性不
假修 以造道入德守虛靈之識 而昧天理之眞 借儒者之言 以文老佛之說
學者利其簡＊詆訾聖賢損棄經典 猖狂叫呶側僻固陋 自以爲悟立論愈下
者「陳同甫諸人卽永康事功之說」則 又崇獎漢唐比附三代 以便其計功謀
利之私 其害淺淺哉. 先生力排之俾不至亂 吾道以惑天下 於是學者靡然

---

17) 남헌 장공: 송나라 유학자 장식(張拭). 주자와의 중화논변(中和論辨)이 유명함.

18) 동래 여공: 여본중(呂本中, 1084~1145). 남송 수주 사람으로 초명은 대중(大中), 자는 거인
   (居仁), 호는 동래 선생, 시호는 문청(文淸). 여호문의 아들. 저서에 『동몽훈(童蒙訓)』, 『동래
   선생시집』, 『자미시화(紫微詩話)』가 있음.

19) 육상산(1139~1192): 남송의 유학자. 본명 육구연. 자는 자정, 호는 존재 또는 상산. 존재선
   생이라 불림. 원래 그의 가문은 당나라의 재상 집안 가문이었으나, 오대십국시대의 혼란기
   를 거쳤기에 그리 부유한 집안은 아니었다. 그는 어릴 적부터 학문 탐구에 관심이 많았다.
   심지어 4세 때부터 사회 문제에 대해 논하기 시작했으며, 세계가 어떤 구조로 되어있는지
   에 대한 질문을 가족에게 하기도 했다. 또한, 한 번 공부를 하기 시작하면 식사도 거를
   정도였다고 전해진다. 그는 역사에도 해박했는데 어릴 때부터 고대 중국의 역사는 물론
   수당의 역사에 관련된 서적들도 많이 읽었기 때문이다. 그는 당시의 사서를 읽고 오랑캐의
   침략 행위에 대한 경각심을 크게 키웠으며, 후에 금나라 군대가 송나라 지역을 침범할
   때 그는 솔선수범하여 의병을 모집하는 등 여러 호국 활동에 앞장선다. 1172년에 진사가
   되었으며, 이후 정안(靖安)현의 주부(해당 현의 문서 및 장부를 관리하던 행정관료), 국자정
   (國子正, 송나라 당시 국립교육기관인 국자감의 정식 교수) 등의 관리를 지냈다. 관직을
   맡은 시절에도 금나라의 침입에 대비하여 군성을 수리하고 군사를 강화하는 등, 여러
   군사력 증강 정책을 실행하기도 했다. 학문적으론 이정자(정이와 정호를 아우르는 말)의
   학설에 크게 영향 받았으며, 성리학 체계를 다잡은 주희(朱熹)에 필적할만한 대표적인
   학자로 꼽힌다. 주희와의 교류는 1175년 여조겸(呂祖謙)의 권유로 강서성 연산현의 아호사
   에서 처음 이뤄졌다. 학문적으론 상반되는 입장이었으나, 주희는 그의 기백에 감탄하여
   백록동 서원에 초청하여 그가 강연할 수 있도록 한 적도 있다. 육구연은 이곳에서 오늘날의
   선비들이 의(義)를 좇지 않고 소인의 이(利)를 취하며, 백성을 현혹하는 현상에 대해 날카롭
   게 비판했으며 그 원인도 논했는데, 주희도 이러한 그의 강연에 대해 커다란 반박을 내지
   못 했다고 한다. 육구연은 학문적으로 심즉리(心卽理)라는 독특한 인식론을 전개했으며,
   후에 그의 학설은 왕수인에 의해 '육왕학(陸王學, 또는 양명학이라고도 불린다)'으로 정립
   되기에 이른다. 육구연 자신도 뛰어난 학자였지만 그의 형제들인 육구소, 육구령도 상당한
   학문을 갖춘 인물로 알려져 있다. 때문에, 그의 라이벌인 주희도 육구연의 형제들과 사상적
   교류를 하는 동시에 경쟁도 했으며, 육구령의 경우는 육구연의 사상에 일정 부분 영향을
   주기도 한다. 오늘날 그의 사상은 '주관적 유심론'이라고 불리기도 하며, 저서로는 『육구연
   전집』이 있다. [출처] 육구연(陸九淵, CE 1139~CE 1192년)|작성자 cruelmon

向之.

昔許白雲 及門之士以千數隨 其資稟哉. 咸有所得獨不以科擧之文授
之曰 此義利之分也. 薛敬軒 有言曰 聖賢專以爲己之學敎人而猶有爲人
者 況以科擧爲人之學敎人乎. 此二君子深得聖門敎人之意.

栗谷先生曰 流俗之害 甚於異端 又曰 異端門外之賊科文 門內之寇. 李
雅亭曰 博變家兒 全不識文字擧業 家兒全不識義利 天下之可悲者 惟斯
而已.

通鑑非童幼先讀 丁茶山有說焉. 華西李先生與朴聖若書切中時病最宜
服應.

朱子曰 學有邪正之別焉 味聖賢之言以求義理之 當察古今之變 以驗
得失之幾 而反之於身 以踐其實者學之正也. 涉獵記誦而以雜博相高割
裂裝級 而以華美相勝反之 則無實措之事 則無當者 學之邪也 學之正而
心有不正者 鮮矣. 學之邪而有不邪者 亦鮮.

번역 주자연보에는 건도 11년(1173) 선생이 변석학(辨淅學)이 잘못되
었음을 주장하고 육경과 논어, 맹자를 버리고 역사를 존중하
며, 궁리 진성을 버리고 세변을 담론하며, 치심(治心: 마음을 바르게
다스리는 것) 수신(修身: 자신을 수양하는 것)20)을 버리고 희사공대(喜事
功大)하는 것을 배움의 기술로 삼는다면 해가 될 것이니 여조겸(呂祖
謙)21)이 그에 대해 말한 바 있다. 또한 영강(永康)의 진량(陳亮)22) 동보

---

20) 『소학』 '가언' 013. "汝勉之哉어다. 治心修身을 以飮食男女로 爲切要니 從古聖賢이 自這裏做
工夫하시니 其可忽乎아. 【增註】飮食男女는 人之大欲이 存焉하니 一念之偏에 不能自克이
면 則陷其身於惡而不可振矣라 故로 治心修身을 必以是爲切하니 古之聖賢이 如禹之菲飮食
과 湯之不邇聲色이 皆從此做工夫者也라."

21) 여조겸(1137~1181). 중국 남송 때의 유학자(1137~1181). 자는 백공(伯恭). 호는 동래
(東萊). 장식(張栻), 주희와 함께 동남의 삼현으로 꼽힌다. 저서에 『여씨가숙독시기(呂氏

(同甫)23)에게 답서하기를 의와 이(利), 왕도와 패도를 함께 행해야 하는 이유를 변해하였다.

주자 행장에 보면, 남헌 장공과 동래 여공이 함께 태어났을 때, 선생이 뜻을 함께하고 즐겨 벗이 되어 혹 식견(識見)에 다소 차이가 있으면 또한 반드시 강구 연마하여 난해함을 변론하고 하나에 이르게 하며, 도를 구하는 데 이르러 지나친 것(육상산 제인은 곧 강서의 돈오학을 말한다.)에 주를 붙이고 암송하여 익히는 번거로움을 병으로 여겨 불립문자로 가히 마음으로 본성을 볼 겨를이 없고, 가히 도를 이루어 덕에 들어 허령(虛靈)함24)을 지키고, 천리의 참됨을 밝혔다. 유학자의 말을 빌리면 노불(老佛)의 설은 학자가 이익을 도모하여 성현을 대신하고 경전을 버리며, 미친 듯 편벽하고 고루함을 부르짖으며 스스로 깨우쳐 입론하여 내려오니(진량 동보 제인이 곧 영강 사공을 주장함) 또한 한나라 당나라를 삼대와 비교하여 장려하고 사적인 이익을 꾀하여 성취하기 편하니 그 해가 심해졌다. 선생이 힘써 그것을 배척하고 어지럽지 않게 하니 우리의 도(道)로써 천하를 미혹되게 하니 학자가 미연에 그것을 구하게 되었다.

옛날 허백운25)과 그 문하에 수천인이 따랐는데, 그들의 자질이 뛰

家塾讀詩記)』, 『동래문집(東萊文集)』, 『동래박의(東萊博議)』 따위가 있다.

22) 진량(1143~1194). 남송의 학자. 군사에 대해 논하기를 즐겼으며 재주와 기상이 뛰어났으나 사람들의 시기를 받아 세 차례 투옥되었음. 주자의 성리학이 공리공담하는 것을 비판하여 실사실공을 강조하였고, 주자와 역사관의 차이에 따른 논쟁을 벌였음. 주자가 왕도를 옹호하고 패도를 비판하며, 한 고조와 당태종을 악으로 규정한 데 비해 이를 비판하고, 한당시대의 역사에 대한 공과를 평가해야 한다고 주장하였다.

23) 동보: 진량의 자(字). 당시 학자들은 그를 용천선생(龍川先生)이라 불렀다.

24) 마음의 본질, 심의 고유한 속성이 허령하여 어둡지 않은 것이라는 주장.

25) 허백운(許白雲) 허겸(許謙). 절강성 금화 사람이다. 자는 익지요 어려서 고아 되고 학문에 힘썼다. 인산 김이상에게 수업하여 그 비오를 다 전수받았다. 책은 읽지 않은 것이 없었고, 마을 밖을 나가지 않은 지 40여 년이었다. 공경대부들이 여러 번 천거했지만 초치하지

어났다. 한결같이 깨우쳐 홀로 과거(科擧)의 글을 배우지 아니하니, 이것은 의리를 분별하는 것이다. 설경헌(薛敬軒)26)이 말하기를 성현은 오직 자기를 위한 학문으로 남을 가르치고 도리어 타인을 위한 것이었는데, 하물며 과거로써 타인에게 보이기 위한 학문으로 남을 가르치겠는가. 이 두 군자는 성인 문하에서 타인을 가르치는 뜻을 깊이 이해한 것이다.

율곡선생이 말하기를 전해 오는 풍속이 이단보다 심하다 하고 또 말하기를 이단 문외 도적의 과문(科文: 과거 문장)이 문내의 도적과 같다 하였다. 또 이아정(李雅亭)27)이 말하기를 집안 아이가 놀음에 빠져 글을 모르고 생업을 하지 않으며, 가아(家兒)가 의리를 알지 못하니, 천하의 슬픈 일은 오직 이것뿐이라고 하였다.

통감은 아동이 먼저 읽어서는 안 된다고 정다산이 말했다. 화서 이 선생(이항로)과 박성약(미상)에게 주는 편지에서 시세의 병폐에 마땅히 적절히 대응해야 한다고 하였다.

못하였다. 만년에 강학하여 정성을 다하니 종유한 제자가 1천여 인이었다. 사방의 선비들이 문하에 오지 못한 것을 부끄러워할 정도였다. 사대부들이 그 고을을 지날 때는 반드시 그 집에 들러 안부를 물었고 간혹 예법과 정무를 묻기도 하였는데 듣고서는 모두 만족해하였다. 늦게 백운산인이라 자호하니 세상에서 백운 선생이라고 불렀다. 졸하자 문의공이라고 하였다. 저서에 『독서총설』, 『시집전명물초』, 『백운집』 등이 있다. 성리학자로 원초에 벼슬하지 않고 은거하였다. 금원사대가로 불리는 명의 단계 주진형의 스승이다.

26) 설경헌(薛敬軒, 1389~1464): 본명은 설선(薛瑄). 중국 명대의 철학자. 자는 덕온, 호는 경헌, 시호는 문정, 정주학파의 이학을 계승하고 추숭하여 지경복성을 요지로 삼았다. 이기일원론을 주장함. 『독서록』, 『설문청집』이 있으며, 『사고전서』에 수록되어 있다.

27) 이아정: 이덕무(李德懋, 1741~1793). 자는 무관(懋官), 호는 형암(炯庵)·아정(雅亭)·청장관(靑莊館)·영처(嬰處)·동방일사(東方一士)·신천옹(信天翁). 정종의 제15자인 무림군 이선생(茂林君 李善生)의 14세손이며, 이상함(尙馣)의 증손이다. 할아버지는 강계부사 이필익(必益)이고, 아버지는 통덕랑 이성호(聖浩)이며, 어머니는 반남 박씨로 토산현감 박사렴(朴師濂)의 딸이다. [Daum백과] 이덕무: 한국민족문화대백과사전, 한국학중앙연구원본 콘텐츠의 저작권은 저자 또는 제공처에 있으며, 이를 무단으로 이용하는 경우 저작권법에 따라 법적 책임을 질 수 있습니다.

주자가 말하기를 배움에 사악함과 바름의 구별이 있고 성현의 말로써 의리를 구하니 마땅히 고금의 변화를 살펴 득실의 계기로 삼으며 돌이켜 자신으로부터 구함으로써 학의 바름을 실천해야 한다. 기와 송을 섭렵하고, 잡박하게 서로 높이고 나누고 쪼개어 화미상승하게 하며 돌이켜 일에 실질이 없이 당사자가 사악함을 배우지 않는다. 배움이 바르나 마음이 바르지 않은 경우는 드물다. 배움이 사악하나 마음이 사악하지 않음도 또한 드물다.

사도 제3(從師 第三)

師法近則收功易爲學者不可以不從師

人於天地間 非父不生 君不養 非師不知 無此三者 不可以爲人. 故古昔聖王設教 必先斯三者使之事之如一 而各盡其道 人而不知道 子焉 而不得盡事親之 孝臣焉 而不得盡事君之忠 從師學問顧可己歟.

周子曰 道義者 身有之則貴且尊 人生而蒙長 無師友則愚. 是道義由師友有之 由師有而得貴且尊 其義不亦重乎. 其聚不亦樂乎.

康節初學於李挺之師禮甚嚴 雖在野店飯必襴 坐必拜 朱子曰 康節於李挺之請曰 願先生微開其端 毋竟其說 此意甚好. 學者須是自己理會出來.

朱子曰 人之大倫有五 聖賢皆以天之所敍 然以今考之 惟父子 兄弟爲天屬 而以人合者三焉 夫婦者天屬之所由以續者也. 君臣者天屬所由 以正者也. 朋友者天屬之所賴 以取正者也. 又曰師之義朋友 而其分則與君父等 然友多而師少 故五倫以其多者言之. (…中略…: 劉公度, 東平之, 退溪先生)

번역 스승의 법도에 가까운 것은 기를 모아(收功) 바꾸는 것이니 스승을 따르지 아니 하면 아니 된다.

천지간 사람은 아비가 아니면 태어날 수 없고, 임금이 아니면 양생하기 어려우며 스승이 아니면 알지 못하니 다름 아니라 이 세 가지는 사람이 되는 데 없어서 안 될 것이다. 그러므로 옛날 성왕께서는 가르침을 베풀어 먼저 이 세 가지를 시키고 섬기는 데 한가지로 하여 각각 도리를 다하게 하였다. 사람으로 도를 알지 못하면 자식이 부모를 진심으로 섬기지 못하고, 임금을 섬김에 충으로 다하지 못하고. 스승을 따라 묻고 되돌아볼 수 있겠는가.

주자(周子)28)가 말하기를 도의라는 것은 신체가 있으면 곧 귀하고 존엄한 것이다. 사람이 태어나 성장하는데 사우(師友)가 없으면 곧 어리석어진다. 이것은 도의가 사우에서 유래하며 스승이 있어 귀하고 존엄함을 얻는 데서 말미암으니, 그 뜻이 또한 중하지 아니하며, 그 취지가 또한 즐겁지 아니한가.

소강절(邵康節)29)이 처음에 이정지(李挺之)30)를 스승으로 하여 그 예

---

28) 주자(周子): 주돈이. 북송의 유학자. 자는 무숙, 염계 선생. 우주론적 철학의 창시자 주돈이의 호는 염계(濂溪), 자는 무숙(茂叔)으로 장횡거, 정명도, 정이천, 소강절 등과 함께 북송 오자(五子)의 한 사람이다.

29) 소강절: 소옹(邵雍: 1011~1077년). 북송(北宋)을 대표하는 대유학자이자 도학자. 자는 요부(堯夫). 시호가 강절(康節)이라 흔히 소강절 선생이라 불린다. 북송의 공성(共城:하남성)에서 태어나 낙양(洛陽)의 소문산(蘇門山)에 우거 경독자적(耕讀自適)하여 북송시대 유학을 대표하는 주염계(周敦頤),정자(程子: 程明道,程伊川), 장횡거(張載)등과 더불어 도학(道學)의 중심인물로 간주되었으며, 특히 유가의 역철학(易哲學)을 발전시켜 독특한 수리철학(數理哲學)을 만들었다. 사후에 문묘에 배향되어 남송 말에는 신안백(新安伯)에 추봉되었고 우리 문묘에도 배향되는 송대(宋代) 도학(道學)의 개조(開祖)로 추앙 받고, 유가사상에 근거한 도덕관을 주제로 한 시를 많이 남겼다. 문집으로 (이천격양가) 23권, (황극경세서) 12권 등이 있다.

30) 이정지(李挺之): 소강절의 스승. 소옹은 이정지로부터 도가(道家)의 도서선천상수(圖書先天象數)의 학을 배웠다.

가 심히 엄했다. 비록 들에서 밥을 먹더라도 반드시 난삼(襴衣: 조선시대 유생, 생원, 진사 등이 입던 예복)을 입었으며, 앉아서도 배례하였다. 주자에 이르기를, 강절이 이정지를 청하여 말하기를 원컨대 선생이 그 시작하는 바를 열고 그 궁극을 말하지 않으셨다 하니,31) 그 뜻이 매우 좋다. 배움이라는 것은 모름지기 자기 스스로 깨우치는 데서 유래하는 것이다.

　　주자가 말하기를 사람에게 큰 윤리가 다섯이 있으니, 성현은 이를 모두 하늘이 정한 바로 설명하였다. 그러나 지금 살펴보면 오직 부자 형제는 천속이며 사람으로 합해야 할 것이 세 가지이다. 부부는 이어짐으로써 천속을 말미암는다. 군신은 바름으로써 천속을 말미암는다. 붕우는 바름을 취함으로써 천속을 의뢰한다. 또한 스승의 의미와 붕우를 말하니 그 직분이 군부와 구별된다. 그러나 벗은 많고 스승은 적으니 그러므로 오륜으로써 그 많은 것을 말하고자 하였다. (…중략…: 유공도, 동평지, 퇴계선생)

學校模範 略, [栗谷全書]32)

一曰 立志. 學者先須立志以道自任. 道非高遠人自不行. 萬善備我 不待

---

31)『주자어류(朱子語類)』권100, 소자지서(邵子之書). "康節學於李挺之, 請曰:「願先生微開其端, 毋竟其說」又恐是李學於穆時說. 此意極好. 學者當然須是自理會出來, 便好. 方."

32) 생략된 부분: "栗谷先生全書卷之十五 雜著 二 學校模範壬午製進○事目附 天生蒸民. 有物有則. 秉彝懿德. 人孰不稟. 只緣師道廢絶. 敎化不明. 無以振起作成. 故士習偸薄. 良心梏亡. 只尙浮名. 不務實行. 以致上之朝廷乏士. 天職多曠. 下之風俗日敗. 倫紀斁喪. 念及于此. 誠可寒心. 今將一洗舊染. 丕變士風. 旣盡擇士敎誨之道. 而略倣聖賢謨訓. 撰成學校模範. 使多士以爲飭躬制事之規. 凡十六條. 爲弟子者. 固當遵行. 而爲師者. 尤宜先以此正厥身. 以盡表率之道."

他求 莫夏遲疑 莫膚畏難 趑趄. 直以爲天地立心。爲生民立極。爲往學繼絕學。爲萬世開太平爲標的。如退托自畫之念。姑息自恕之習。不可毫髮萌於胸次。至於毀譽榮辱利害禍福。一切不動其心。奮發策勵。必要作聖人而後已。

二曰 檢身。學者必須洗滌舊習一意向學檢身. 行平居。夙興夜寐。衣冠必整。容貌必莊。視聽必端。居處必恭。步立必正。飲食必節。寫字必敬。几案必齊。堂室必淨。常以九容九思三省四勿爲持身之要.[33]

三曰 讀書。學者須讀書講學。以明義理。然後進學功程。不迷所向矣。從師受業。學必博。問必審。思必愼。辨必明。沈潛涵泳。必期心得。每讀書時。必肅容危坐。專心致志。一書已熟。方讀一書。毋務汎覽。毋事彊記。讀書之序。則先以小學。培其根本。次以大學及近思錄。定其規模。次讀論孟中庸五經。間以史記及先賢性理之書。以廣意趣。以精識見。而非聖之書勿讀。無益之文勿觀。讀書之暇。時或遊藝。如彈琴習射投壺等事。各有儀矩。非時勿弄。若博弈等雜戲。則不可寓目以妨實功。

四曰 愼言。學者欲飭儒行。須愼樞機。人之過失。多由言語。言必忠信。發必以時。重然諾。肅聲氣。毋戲謔。毋誼謹。只作文字義理有益之話。若荒雜怪神及市井鄙俚之說。不可出諸其口。至如追逐儕輩。空談度日。妄論時政。方人長短。皆妨功害事。切宜戒之。

---

33)『율곡전선』의 '검신': "二曰檢身。謂學者旣立作聖之志。則必須洗滌舊習。一意向學。檢束身行。平居。夙興夜寐。衣冠必整。容貌必莊。視聽必端。居處必恭。步立必正。飲食必節。寫字必敬。几案必齊。堂室必淨。常以九容持身。足容重。不輕擧也。若趨于尊長之前。不可拘此。手容恭。手無慢弛。無事則當端拱。不妄動。目容端。定其眼睫。視瞻當正。不可流眄邪睇。口容止。非言語飲食之時。則口常不動。聲容靜。當整攝形氣。不可出噦咳等雜聲。頭容直。當正頭直身。不可傾回偏倚。氣容肅。當調和鼻息。不可使有聲氣。立容德。中立不倚。儼然有德之氣象。色容莊。顏色整齊。無怠慢之氣。非禮勿視。非禮勿聽。非禮勿言。非禮勿動。所謂非禮者。稍違天理。則便是非禮。如以粗處言之。則倡優不正之色。俗樂淫靡之聲。鄙褻傲慢之戲。流連荒亂之宴。尤宜禁絕。"

五曰 存心。學者欲修其身。必須內正其心。不爲物誘。然後天君泰然。百邪退伏。方進實德。故學者先務。當靜坐存心。不散亂。不昏昧。以立大本。而若一念之發。必審善惡之機。善則窮其義理。惡則絕其萌芽。存養省察。勉勉不已。則動靜云爲。無不合乎義理當然之則矣。

六曰 事親。士有百行。孝悌爲本。罪列三千。不孝爲大。事親者。必須居則致敬。以盡承順之禮。養則致樂。以盡口體之奉。病則致憂。以盡醫藥之方。喪則致哀。以盡愼終之道。祭則致嚴。以盡追遠之誠。至於溫淸定省。出告反面。莫不一遵聖賢之訓。如值有過。盡誠微諫。漸喻以道。而內顧吾身。無行不備。始終全德。無忝所生。然後可謂能事親矣。

七曰 事師。學者誠心向道。先隆事師之道。同處則晨昏參謁。異處則於受業時參謁。朔望齊會。行禮見再拜。平居侍奉。極其尊敬。篤信教誨。服膺不失。如值言論行事。有可疑者。則須從容講問。以辨得失。不可直以己見。便非議其師。亦不可不思義理而只信師說。至於奉養之宜。亦當隨力致誠。以盡弟子之職。

八曰 擇友。傳道解惑。雖在於師。而麗澤輔仁。實賴朋友。學者必須擇忠信孝弟剛方敦篤之士。與之定交。相箴以失。相責以善。切磋琢磨。以盡朋友之倫。若立心不篤。檢束不嚴。浮浪嬉遊。尙言尙氣者。皆不可與之交也。

九曰 居家。學者既修身心。則居家須盡倫理。兄友弟恭而視若一體。夫和妻順而毋失於禮。訓子以義方而不以愛惑聰。至於御家衆。主嚴而行恕。軫念其飢寒。上下整肅。內外有別。一家所處之事。宜無所不用其極。

十曰 接人。學者既正其家。則推以接人。一遵禮義。事長以弟。如寢食行步。皆後長者。十年以長。則以兄事之。年長以倍。則待之益恭。撫幼以慈。至於睦族交鄰。無不得其歡心。每以德業相勸。過失相規。禮俗

相成。患難相恤。常懷濟人利物之心。若傷人害物底意思。則不可一毫
留於心曲。

十一曰 讀法。謂每月朔望。諸生齊會于學堂。謁廟行揖。禮畢後坐定
(師長在則坐于北壁 下諸生坐于三面)。掌議(掌議有故。則有司或善讀書者代之)
抗聲讀白鹿洞敎條 及學校模範一遍。因相與講論。相勉以實功(有師長則
因以質疑) 如有議事則因講定(諸生有議事。則師長先出) 諸生有故。不能參。
則必具狀。告于會處。衆所共知。有病及的知下鄉及忌日外。託故不參
者。至再度。則黜座。一朔如是而猶不來者。則告于師長論罰(黜座。卽俗
所謂損徒。還許座時。必滿座面責)

右諸條。師生朋友。相與勸勉戒勗。拳拳服膺。諸生如有存心飭躬。一
遵模範。學問將就。表裏可稱者。則會議時。詢于衆。得僉可則書于善籍。
其中尤卓異者。具其實狀。呈單子于師長。以示勸獎。如或諸生不遵學
規。向學不篤。荒嬉度日。持身不謹。放心不收。行止不莊。言語不實。
事親不盡其誠。兄弟不能友愛。家法雜亂無章。不敬師長。侮慢齒德。輕
蔑禮法。疏薄正妻。昵愛淫倡。妄喜干謁。不顧廉恥。妄交非人。屈身下
流。嗜酒放蕩。沈酗爲樂。好尙爭訟。可已不已。經營財利。不恤人怨。
忌賢嫉才。誣毀良善。宗族不睦。鄰里不和。祀事不嚴。怠忽神明。不特
一家祭祀。如學官之祭。託故不參。是怠忽神明。

禮俗不成。患難不救。如外方則不謹租賦。譏訕邑主。如此過失。朋友
隨所聞見。各相規警。不悛則告掌議有司。於衆會顯責之。若猶不悛。强
辨不服。則輕則黜座。重則告于師長黜齋。黜齋者。不得來學。改過後還
來。書于惡籍。只黜齋者。書于惡籍。黜齋之後。革心改過。顯有向善之
迹。則還許入齋而爻其籍。還入齋時。滿座面責。若終不悔過。長惡益甚。
反怨責己者。則告于師長。削其名籍。因通文于中外學堂。削籍之人。若自
怨自艾。顯有向善之迹。過三年而益篤。則還許入學。凡過失之籍。必自

立法後始錄。若法前之惡。皆勿追論。許其自新。仍舊不改。然後乃論罰。

첫째는 입지(立志)이니, 배우는 자는 먼저 뜻을 세워 가지고 도로써 자신의 임무를 삼아야 한다. 도는 고원(高遠)한 것이 아닌데 사람이 스스로 행하지 않는다. 만 가지 선(善)이 모두 나에게 갖추어 있으니 달리 구할 필요는 없다. 다시 망설이거나 기다릴 것도 없으며 더 이상 두려워하거나 머뭇거릴 필요도 없이 곧 천지(天地)로 마음을 세우고 민생으로써 표준을 삼으며, 옛 성인을 표준삼아 끊어진 학문을 계승하고, 온 세상을 위해서 태평을 열어 주기로 목표를 세워야 한다. 물러서서 스스로 앞길에 한계선을 긋는 생각이나 우선 편안한 것을 바라서 스스로 용서하는 버릇은 털끝만큼이라도 가슴속에 생겨나지 못하게 해야 한다. 훼손과 명예, 영화됨과 욕됨, 이해(利害)와 화복(禍福) 이런 것들이 나의 마음을 움직이지 못하게 해야 하며 분발하고 힘써서 꼭 성인이 되어야 한다.[34]

둘째는 몸을 금제(禁制)함이니, 배우는 자는 한번 성인이 되겠다는 뜻을 세운 이상에는 반드시 구습을 씻어 버리고 오로지 학문을 지향하여 몸가짐과 행동을 다잡아야 한다. 평소에 일찍 일어나고 밤늦게 자고 의관은 정숙하게, 용모는 장중하게, 보고 들음은 단정하게, 거처는 공손하게, 걸음걸이는 똑바르게, 음식은 절제 있게, 글씨는 조심성 있게, 책상은 가지런하게, 서재는 깨끗하게 해야 한다. 그리고 항상 구용(九容: 아홉 가지 용태),[35] 삼성(三省), 사물(四勿)[36]로 지신의 지키는

---

34) '학교모범'은 고전국역총서 『율곡집 1』의 번역본을 참고하여 『학례유범』에 맞게 다시 편집하였음. 이하 16조 모두 동일함.

35) 구용: 아홉 가지 용태. 족용중(足容重)하고, 수용공(手容恭)하고, 목용단(目容端)하고, 구용지(口容止)하며, 성용정(聲容靜)하고, 두용직(頭容直)하며, 기용숙(氣容肅)하고, 입용덕(立容德)하며, 색용장(色容莊).

요체로 삼아야 한다.

셋째는 글 읽기이니, 배우는 자가 이미 선비의 행실로 몸가짐을 단속하고 나서는 반드시 독서와 강학(講學)으로 의리를 밝혀야 하니 그런 뒤에 학문에 나아가야 학문의 방향이 흐리지 않는 것이다. 스승에게 배우되 배움은 넓어야 하고 질문은 자세하게 해야 하며 생각은 신중하게 해야 하고 분별은 명확해야 한다. 그리하여 깊이 생각하여 반드시 마음으로 터득하기를 기약할 것이다. 언제나 글을 읽을 때는 반드시 태도를 정숙하게 하고 단정히 앉아서 마음과 생각을 한곳으로 모아 한 가지 글에 익숙해진 다음에 비로소 다른 글을 읽어야 하고 많이 보기에 힘쓰지 말아야 하고 기억하는 것만 일삼지 말아야 한다. 글 읽는 순서는 『소학』을 먼저 배워 그 근본을 배양하고 다음에는 『대학』과 『근사록(近思錄)』으로 그 규모를 정하고, 그 다음에는 『논어』·『맹자』·『중용』과 오경(五經)을 읽고, 『사기(史記)』와 선현의 성리(性理)에 관한 책을 간간이 읽어 뜻을 넓히고 식견을 가다듬어야 할 것이다. 성인이 짓지 않은 글은 읽지 말고 보탬이 없는 글은 보지 말아야 한다. 글 읽는 여가에는 때로 기예를 즐기되 거문고 타기, 활쏘기 연습, 투호(投壺) 등의 놀이는 모두 각자의 규범을 두어 적당한 시기가 아니면 놀지 말고, 장기·바둑 등 잡회에 눈을 돌려 실제의 공부에 방해가 되게 해서는 안 된다.

넷째는 말을 삼가는 것이니, 배우는 자가 선비의 행실을 닦으려면 반드시 언어를 삼가야 한다. 사람의 과실은 언어로부터 오는 것이 많으니 말을 반드시 정성스럽고 믿음직스럽게 하고 때맞추어 말하고

---

36) 사물(四勿): 네 가지 하지 말아야 할 것. 예(禮) 아니면 보지 말고 예 아니면 듣지 말고 예 아니면 말하지 말고 예 아니면 행동하지 말 것.

수정이나 승낙은 신중하게 해야 한다. 말투를 정숙하게 하고 익살이나 떠들지 말아야 한다. 다만 문자와 이치에 유익한 말만 하고 허황한 것, 괴이한 것, 귀신의 이야기나 거리의 상말을 입 밖으로 내지 말아야 한다. 그리고 무리들과 잡담으로 날을 보내거나, 시대의 정치를 함부로 논란하거나, 남의 장단점을 논하는 것은 모두 공부에 방해되는 것이니 일체 경계해야 할 것이다.

다섯째는 본마음 간직함이니, 배우는 자가 몸을 닦으려면 안으로 마음을 바로잡아 외물(外物)의 유혹을 받지 않아야 한다. 그런 뒤에야 마음이 태연하여 온갖 사특함이 물러나 진실한 덕에 나아갈 수 있게 된다. 그러므로 배우는 자가 먼저 할 일은 마땅히 마음을 가라앉히고 가만히 앉아서 본마음을 간직하여 조용한 가운데에서 흐트러지지도 않고 사리에 어둡지도 않음으로써 근본을 세우는 것이다. 이를테면 일념(一念)이 생길 때에는 반드시 선악의 기미를 살펴 그것이 선(善)일 때에는 그 의리를 궁구하고, 그것이 악일 때에는 그 싹을 근절하여 본마음을 간직하고 본성을 기르고 성찰하여 노력이 끊이지 않으면 모든 언동이 의리의 당연한 법칙에 부합하지 않음이 없을 것이다.

여섯째는 어버이를 섬김이니, 선비의 온갖 행실 중에 효도와 우애가 근본이니 삼천 가지 죄목 중에 불효가 제일 큰 것이다. 어버이를 섬기는 이는 공경을 극진히 하여 어른의 명에 순종하는 예(禮)를 다하고, 즐거움을 다하여 음식의 봉양을 드리고 병환에는 근심을 극진히 하여 의약의 치료를 다하고, 상사(喪事)에는 지극한 슬픔으로 상례의 도리를 다할 것이요, 제사(祭祀)에는 엄숙함을 극진히 하여 추모의 정성을 다해야 할 것이다. 겨울에는 따스하게 모시고 여름에는 시원하게 해 드리며 아침저녁으로 보살펴 드리고 외출할 때는 반드시 알리고 돌아와서는 반드시 뵙는 것까지도 모두 성인의 교훈을 따르지 않는 것이 없게 하고, 부모가 만일에 잘못이 있을 때에는 성의를 다하여 은근히 간하고 말리어 점차 도리로써 깨닫게 해야 한다. 자식은 속으로 자신의 몸을 돌이켜 보아 온갖 행실이 갖추어지지 않은 것이 없이 시종 덕을 온전히 하여 부모를 욕되게 하지 않게 하고서야 비로소 어버이를 섬긴다고 말할 수 있다.

일곱째는 스승을 섬김이니, 배우는 자가 성심으로 도에 뜻을 두었다면 반드시 먼저 스승 섬기는 도리를 융숭히 해야 한다. 사람은 임금·스승·아버지 이 세 분 덕에 태어나고 살고 배우게 되므로, 섬기기를 똑같이 해야 하니, 어찌 마음을 다하지 않을 수 있겠는가. 함께 살게 되면 아침, 저녁으로 뵙고 따로 있으면 수업을 받을 때 뵙고 초하루·보름에는 일제히 모여서 예를 행한 다음 두 번 절하고 뵙는다. 평상시에 모셔 받듦도 존경을 다하고 교훈을 돈독히 믿어 늘 명심하여 잊지 말아야 한다. 만일 스승의 말씀과 행하는 일에 의심나는 점이 있을 때는 조용히 질문하여 그 잘잘못을 가려야 하며, 곧 자기의 사견(私見)으로 스승을 비난해서는 안 된다. 또는 의리를 생각하지 않고 스승의 말만을 맹목적으로 믿어서도 안 되며 봉양하는 정도에 있어서는 힘에 따라 성의를 극진히 하여 제자의 직분을 다해야 한다.

여덟째는 벗을 택함이니, 도를 전해 받고 의혹을 해결하는 것은 스승에게 힘입더라도 서로 갈고 닦아 인(仁)을 돕는 것은 실로 벗에게 힘입는 것이다. 그러므로 배우는 자는 반드시 충성과 신의, 효도와 우애, 강직하고 방정하며, 돈독한 선비를 가려 벗으로 사귀어서 잘못이 있으면 서로 경계하고 선행(善行)으로써 서로 권하고 충고하여 덕행을 닦음으로써 벗의 윤리를 다해야 한다. 만일 마음가짐이 돈독하지 못하고 자유의 절제가 엄하지 못하여 떠들고 다니며 즐겁게 노는 것만 좋아하고 말과 기운만 숭상하는 자는 모두 벗으로 사귀지 말아야 한다.

아홉째는 가정생활이니, 배우는 자가 몸과 마음을 닦았으면 가정생활에서 윤리를 다하여 형은 우애하고 아우는 공순하여 한몸같이 보며, 남편은 온화하고 아내는 양순하여 예의를 잃지 말며, 바른 도리로써 자녀를 교육하되 애정으로 총명이 흐려지지 말아야 할 것이다. 그리고 아랫사람을 통솔하는 데는 엄격함을 주로 하되 관용을 베풀고 굶주림과 추위를 특별히 염려하여 상하가 정숙하고 내외의 분별이 있어서 한 집안일의 처사가 극진한 도리를 하지 않음이 없어야 한다.

열째는 사람을 응접함이니, 배우는 자가 이미 가정을 바로잡고 나서는 남을 대할 때 한결같이 예의를 준수해야 한다. 어른을 공손히 섬기되 침식과 보행(步行)을 모두 어른보다 뒤에 하고, 나이가 열 살 이상이면 형으로 섬기고 갑절 이상이면 더욱 공손하게 대우한다. 어린이는 자애(慈愛)로써 어루만져 주어야 하고, 친족에게는 돈독하고 화목하며, 이웃을 사귀는 데도 그들의 환심(歡心)을 얻어야 하고, 항상 덕과 학업을 서로 권장하고 허물은 서로 바로잡고, 혼인 장례 때 서로 돕고 어려운 일은 서로 도와 언제나 남을 구해 주고, 항상 남을 이롭게 할 생각을 가져야 하며 남을 해치거나 사물을 해롭히는 생각은 털끝만치라도 마음에 머물러 두지 말아야 한다.

열한 번째는 글 읽는 방법이니, 매월 초하루와 보름에는 여러 유생들이 학당에 일제히 모여 문묘(文廟)에 배알하고 읍하는 예를 마친 뒤 자리를 정하고 스승이 있으면 북에 앉고 여러 생도는 삼면(三面)에 앉는다. 장의(掌議) 장의가 유고 시에는 유사(有司) 혹은 글을 잘 읽는 자가 대리한다. 가 소리를 높여 『백록동교조(白鹿洞敎條)』 또는 〈학교모범〉을 한 번씩 읽는다. 그리고 나서 서로 토론하며 실질적인 공부로써 권면하고, 스승이 있으면 스승에게 질문한다. 만일 의논할 일이 있으면 강론을 통해 결정해야 하고, 여러 생도들이 의논하는 일이 있을 때에는 스승이 먼저 나가야 한다. 여러 생도들이 사고로 참석하지 못할 때에는 반드시 서면으로 모이는 장소에 알려야 한다. 여러 사람이 다 아는 바로 질병이 있거나 시골에 갔거나 기일(忌日)을 당한 외에 사고를 핑계하고 참석하지 않는 자에 대해서는 두 번이면 1개월 동안 모임에서 내쫓고 그래도 오지 않으면 사장(師長)에게 고하여 체벌을 의논한다. 출좌(黜座)는 쫓아내는 것이다. 어진 사람은 다시 복귀를 허락할 때는 전체가 모인 자리에서 대놓고 꾸짖는다.

이상 여러 조항은, 스승·생도·붕우 사이에 서로 권면하고 경계하며 명심해야 한다. 생도들 가운데 마음을 잘 간직하고 몸을 잘 단속하여 모범을 준수하고 학문이 성취되어 뛰어나게 칭찬할 만한 자가 있을 경우 회의 때에 여러 사람에게 묻고 찬성을 얻으면 착한 자의 명부에 기입하고, 그중에 남달리 뛰어난 자가 있으면 그 실상을 갖추어 사장(師長)에게 단자를 올려 권장의 뜻을 표시하고, 만일 여러 생도들 중에 학교 규칙을 준수하지 않은 채 향학의 의욕이 독실하지 않고 놀기만 하며 날짜만 보내고 몸가짐을 삼가지 않고 놓친 본마음을 되찾지 못하며, 행동거지가 장중하지 않고 언어가 진실하지 않으며 부모에게 효성을 다하지 않고 형제에게 우애가 없고 가정의 법도가 난잡하여 질서가 없고, 스승을 존경하지 않고 나이 많고 덕이 있는 사람을 업신여기며, 예법을 경멸하고 본처를 소박하고 음란한 창기를 가까이 사랑하고 부질없이 권세가 있는 사람 찾아가기를 좋아하며 염치를 돌보지 않으며 함부로 사람답지 않은 자와 사귀어 아래 또래에게 굽실대며 술 마시기 좋아하여 방탕한 생활을 하고 주정에 빠지기를 낙으로 삼으며 송사(訟事)하기 좋아하며 하지 말아야 할 것을 그만두지 않고 재물의 이익을 계획하여 사람들의 원망을 무시하고 재주 있는 자를 시기하며 선량한 이를 헐뜯고 일가친척과 화목하지 않고 이웃과 불화하며, 제사에 근엄하지 못하고 천지신명에게 태만하며 한 집안의 제사뿐 아니라 학당의 제사에도 사고를 핑계하고 참석하지 않는 것도 천지신명에게 태만한 것이다.

혼인, 장례에 돕지 않고 환란에 돕지 않으며 지방에 있어서는 조세에 성의를 다하지 않고, 고을 수령을 헐뜯고 흉보는 일 등등의 잘못은 벗들이 보고 듣는 대로 깨우쳐 주되, 고치지 않을 때에는 장의에게 고해서 유사가 모임에서 드러내어 꾸짖는다. 그래도 고치지 않고 억지 변명으로 복종하지 않으면 적은 허물이면 모임에서 쫓아내고 큰 허물이면 사장에게 알려서 출재(黜齋) 출재란 학당에 와서 배우지 못하게 하는 것으로 허물을 고친 뒤에는 돌아오게 한다. 를 하고 나쁜 자의 명단에 기입한다. 학당에서 내쫓긴 자만 나쁜 자의 명단에 기입한다. 학당에서 쫓겨난 뒤에 마음을 바꾸고 허물을 고쳐서 뚜렷이 선을 지향하는 자취가 있으면 다시 학당에 들어오기를 허가하고 도로 학당에 들어올 적에는 모두 모인 자리에서 대면하여 꾸짖는다. 그 나쁜 자의 명부에서 이름을 지워 버린다. 만약 끝까지 허물을 뉘우치지 않고 나쁜 버릇을 더욱 키워 자기를 책하는 이를 도리어 원망하면 사장에게 고하여 그 이름을 명부에서 삭제하고 이어 중앙과 지방의 학당에 통고한다. 제적된 사람이 자신을 원망하고 꾸짖어 현저하게 선을 지향하는 자취가 뚜렷이 보이기 3년을 지난 후에 그것이 더욱 독실할 때에는 도로 입학을 허가한다. 무릇 잘못을 기록할 때는 반드시 법규를 세운 뒤에 기록하고 법규를 세우기 전의 허물은 소급하여 논란하지 않고 그가 스스로 고칠 길을 열어 줄 것이다. 그래도 여전히 고치지 않으면 그때에 처벌을 논한다.

【참고】 학교모범 제11~15조(생략된 부분)

十一曰 應擧。科第雖非志士所汲汲。亦近世入仕之通規。若專志道學。進退以禮義者。則不可尙已。如或觀國之光。不免應擧。則亦當以誠心做功。勿浪過時月。但不可以得失。喪其所守。且常懷立身行道忠君報國之念。不可苟求溫飽而已。苟能志道不怠。日用無非循理。則科業亦日用閒一事也。何害於實功。今人每患奪志者。不免以得失動念故也。且近日士子通病。怠惰放弛。不務讀書。自謂志慕道學。不屑科業。而悠悠度日。學問科業。兩無所成者多矣。最可爲戒。

十二曰 守義。謂學者莫急於辨義利之分。義者。無所爲而爲之者也。稍有所爲。皆是爲利蹠之徒也。可不戒哉。爲善而求名者。亦利心也。君子視之。甚於穿窬。況爲不善而征利者乎。學者不可以一毫利心。存諸胸中。古人爲親服勞。雖行傭負米。亦所不辭。而其心介潔。不爲利汚。今之爲士者。終日讀聖賢書。而尙不免有利心。豈不可哀也哉。雖或家貧營養。不免有所經畫。但不可萌求利之念耳。至於辭受取與。審察當否。見得思義。不可一毫苟且放過。

十三曰 尙忠。謂忠厚與氣節。相爲表裏。無自守之節。而以摸稜爲忠厚。不可也。無根本之德。而以矯激爲氣節。不可也。世俗淆薄。實德日喪。非詭隨阿人。則必矯亢尙氣。中行之士。誠難得見矣。詩曰。溫溫恭人。維德之基。又曰。柔亦不茹。剛亦不吐。必溫恭和粹。根本深厚。然後乃能植立正義。臨大節而不可奪矣。彼卑諂鄙夫。固不足道矣。名爲學問之士。而挾才挾賢。輕人侮物者。其害不可勝言。得少爲足。悻悻自好者。豈能眞有氣節哉。近日士子之病如此。良由禮學不明。虛驕成習故也。必須講明禮學。以盡尊上敬長之道。

苟如是。則忠厚氣節。兩得之矣。

十四曰 篤敬。謂學者進德修業。惟在篤敬。不篤於敬。則只是空言。須是
表裏如一。無少間斷。言有教。動有法。晝有爲。宵有得。瞬有存。
息有養。用功雖久。莫求見效。惟日孜孜。死而後已。是乃實學。若不
務此。而只以辨博說話。爲文身之具者。是儒之賊也。豈不可懼哉。

十五曰 居學。謂學者居學宮時。凡擧止。一依學令。或讀書。或製述。
食後暫爾游泳。舒暢精神。還習所業。夕食後亦然。羣居必講論相
長。攝以威儀。整齊嚴肅。若先生 是師長 在學宮。則行揖之後。講
問靖益。虛心受教。佩服周旋。如無益之書。不可請問。枉用心力。

번역　열한 번째는 과거에 응시하는 것이니, 과거는 비록 뜻있는 선
비의 애써 구할 바는 아니나 또한 요즈음에는 그것이 벼슬에
나아가는 길이 되어 있다. 만일 도학(道學)에 온 마음을 쏟아서 나아가
고 물러남을 예의로 하는 사람이라면 과거를 숭상할 까닭이 없지만
서울의 문물을 보고 과거에 응하게 되면 또한 성심으로 공부를 해야
하고 세월만 부질없이 보내서는 안 된다. 다만 과거의 득실 때문에
자신이 지키는 지조를 잃어서는 안 되며 항상 자신을 바로 세우고
도를 행하여 임금에게 충성하고 나라의 은혜를 갚을 생각을 하고 그
저 구차스레 의식을 넉넉하게 할 것이나 추구할 것이 아니다. 진실로
도를 지향하여 게을리하지 않고, 일상으로 행하는 일이 도리대로 따
르지 않음이 없어야 한다. 과거 공부도 일상사의 한 가지 일이니 실제
의 공부에 무엇이 방해되겠는가. 오늘날 사람들이 늘 과거에 뜻을
빼앗길까 염려하는 것은 득실로써 생각이 움직여짐을 면치 못하기
때문이다. 또 요즈음의 선비들의 공통된 병폐는 게으르고 방종하여
글 읽기에 힘쓰지 않고 도학을 따른다고 하면서 과거 공부를 달갑게

여기지 않아 부질없이 세월만 보내고 학문과 과거 공부 중 한 가지도 성취하지 못하는 자가 많으니 가장 경계할 점이다.

열두 번째는 의리를 지킴이니, 배우는 자는 무엇보다도 의(義)와 이(利)의 밝게 분별하는 것보다 더 급한 것이 없다. 의란 것은 무엇을 위해서 하는 것이 아니다. 조금이라도 무엇을 위해서 하는 목적이 있다면 다 이를 위하는 도둑의 무리이다. 어찌 경계하지 않겠는가. 선을 행하면서 명예를 구하는 자 또한 이를 위하는 마음이니 군자는 그것을 담장을 넘고 벽을 뚫는 도둑보다 더 심하게 본다. 하물며 불선(不善)을 행하면서 이득을 보겠다는 자이랴. 배우는 자는 털끝만큼의 이욕(利欲)도 마음에 머물러 두어서는 안 된다. 옛사람은 부모를 위한 노역이라면 품팔이나 쌀을 짊어지기도 하였지만 그 마음은 항상 깨끗하여 이욕에 물드는 일이 없었는데 오늘날의 선비는 온종일 성현의 글을 읽으면서도 오히려 이욕을 버리지 못하니 슬프지 않겠는가. 혹시 가정이 가난하여 부모의 봉양을 위하여 한번 계획해 보지 않을 수 없으나 이득을 구하는 생각은 싹트게 해서는 안 된다. 그리고 물리치거나 받거나 가지거나 주거나에 있어서도 언제든지 그 당연한가 아닌가를 살피고, 이득이 되는 것을 보면 의리에 맞는가를 생각해야 하고 털끝만큼도 구차스럽게 지나쳐서는 안 된다.

열세 번째는 충직함을 숭상함이니, 충직하고 순후함과 기개와 절조는 서로 표리(表裏)가 되는 것이나 스스로 지키는 절도가 없이 두루뭉수리한 것으로 충성하고 순후한 체하는 것도 옳지 못하고, 근본적인 덕이 없이 강하고 과격함으로써 기개와 절조인 체하는 것도 옳지 못하다. 세속이 어지럽고 야박하여 실덕(實德)이 날로 상실되어 남의 비위를 맞추어 아부하는 자가 있는가 하면 거만스럽게 기개만 숭상해서 행실이 중도에 맞는 선비를 얻어 보기가 실로 어렵다. 『시경』에, "온화하고 공손한 사람이여 오직 덕을 닦는 기초로다[溫溫恭人 維德之基]"
하였고, "부드러워도 삼키지 않고 딱딱해도 뱉어 버리지 않도다[柔亦
不茹 剛亦不吐]" 하였다. 사람이 반드시 온순하고 공손하며 화평하고
순수하여 근본이 깊고 두터워진 뒤에야 제대로 정의를 세워 큰 절개
에 다다라 자기 뜻을 빼앗기지 않을 수 있는 것이다. 저 비루하고
아첨하는 못난 자들이야 본래 말할 것도 없거니와, 명색이 학문한다
는 선비로서 자신의 재주와 권위만 믿고 남을 경멸하고 모욕하는 자
는 그 피해가 이루 말할 수 없을 지경이다. 조금 터득해도 만족하고
발끈하거나 명성이나 좋아하는 사람이 어찌 제대로 된 기개와 절조를
지닌 자이겠는가. 요즘 선비들의 병통이 이와 같으니 진실로 예법에
관한 학문이 밝지 못하고 허례와 교만이 습성이 된 탓이다. 그러므로
반드시 예의에 관한 학문을 밝혀 윗사람을 높이고 어른을 공경하는
도리를 다해야 한다. 진실로 이와 같이 하면 충직하고 순후함과 기개
와 절조를 다 완전히 이룰 수 있을 것이다.

열네 번째는 공경을 돈독히 함이니, 배우는 자가 덕에 나아가서
학업을 닦는 것은 오직 공경을 돈독히 하는 데 있다. 공경하기를 돈독
하게 하지 않으면 다만 빈말일 뿐이다. 반드시 표리(表裏)가 하나같고
조금도 그침이 없어야 한다. 말에는 본받을 만한 교훈이 있고 행동에
는 법도가 있으며 낮에는 하는 일이 있고 밤에는 얻는 것이 있으며,
눈 한 번 깜짝하는 사이나 숨 한 번 쉬는 동안에도 본마음을 간직하고
본성을 기름에 있어서 공부하는 과정을 오랫동안 계속하더라도 그
효과는 구하지 말고 오직 날마다 쉬지 않고 힘쓰다 죽은 뒤에야 그만
두는 것이니 이것이 실학(實學)이다. 만일 이것은 힘쓰지 않고 다만
해박한 것을 논하고 이야기하는 것을 자신을 꾸미는 도구로 삼는 자
는 선비의 적이다. 어찌 두려워하지 않아서 되겠는가.

열다섯 번째는 학교에 거처함이니, 배우는 자가 학교에 있을 때에
는 모든 행동거지를 일체 학령에 따라야 한다. 글도 읽고 저술(著述)도
하며 식후에는 잠깐 동안 거닐어 정신을 맑게 하고 돌아와서 학업을
익히고 저녁 먹은 뒤에도 그렇게 해야 한다. 여럿이 함께 있을 때에는
반드시 강론으로 견문을 넓히고 예법에 맞는 몸가짐으로써 가지런히
정돈하고 엄숙해야 한다. 만일 스승이 학교에 있으면 읍(揖)을 한 뒤에
질문하며 마음을 비우고 가르침을 받아서 늘 잊지 말아야 하며 무익
한 글을 질문하여 마음과 힘을 낭비해서는 안 된다.

事目37)

教化之具。莫先於擇師。而近來訓導之任。不擇其人。徒循請囑。皐比之
座。反爲寒生餬口之資。故訓導之名。爲人所賤。至相訾謷。師旣非人。
則士風日衰。理勢必然。無足怪者。今雖欲變舊規。別擇師長。而人多不
信。不樂赴任。良法美意。終歸文具。而且學校付籍之士。亦皆無意於學
問。以避役爲計。雖得其師。無可學之人。若不一變前轍。以新耳目。則
作成無期。故擇師養士之規。謹錄如左。以下係事目

一。凡有學行。爲人所推重。可堪師表之任者。每年。京則漢城府五部。
　　外則監司守令。悉心聞見。得其實狀。鈔名啓下吏曹。館堂上亦會館
　　學諸生。使之公薦可合者。鈔名報吏曹。每年歲末。京外例爲鈔名以
　　啓。吏曹更加詳察。隨闕塡差。例受所居近邑。觀者成效。其中功績

---

37) 학교모범의 '사목(事目)'임.

卓異。丕變士風者。陞品授實職。其次稱職有效者。卽通仕路。又其
次則仕滿。更遷他邑。成效益著。然後乃入仕路。

一。前銜朝官。勿論罷職及出身與否。擇其中可作師表者。授以校官。六
品以上則授教授。七品以下則授訓導。有成效者。待仕滿復職。

一。京外所鈔師表可當之人。若生員進士及名字表著者。則不拘才格有
無。卽授校官。不然則必須考其才格。使無僥倖之弊。

一。京外以學行可用被薦將入仕者。及生進可堪入仕者。先試之校官。
觀其能否。雖不待仕滿。閒閒登仕。使校官朝士。混爲一途。使士類
知訓導爲榮選。以洗前日卑賤之名。

一。學校之師。旣已精擇其人。則亦須待之以禮。使自重之士。得安其職。
監司守令。常加優禮。如未赴任者。敦勸令就。迎命時。只依大典。
候于大門之外。勿立于馬頭。只考所教儒生之學問能否。持身敬肆。
以爲褒貶。而訓導則勿試講。但與商論教誨之術。且定其廩料。牧以
上則月給米太各二石租四石。 都護府則月給米二石太一石租三石。
郡則月給米一石五斗太一石租二石。縣則月給米太租各一石。皆以
耗穀計給 郡以上尤甚殘邑。則監司量宜減給。

一。除生進外。京中志學之士。皆入下齋及四學。外方則勿論士族寒門。
凡學儒者。皆入鄉校。初入時。諸生十人。薦其志學。然後試講許入。
以學校模範。使之飭行。若厭憚拘束。不籍名于學校者。不得赴科擧。

一。京外已赴學校之士。勢難一時汰去。只令以學校模範律身。不遵學
規者。乃可汰去。四學則以一百人爲定額。試講 以曾入學者。更試
而取 取足其數。分作五番。每番二十人居學。以十日爲限輪回。額
內儒生供兩時。若不參額者。亦分五番來學而自備糧。不得食公糧。
外方列邑。亦試講取足額數。牧以上則九十。都護府以上則七十。
郡則五十。縣則三十。若能文者不足。則雖不滿額數。只以能文者。

隨其多少。稱額內饋以公糧。亦分五番。若未參額內者。分番則同。而不得食公糧。外方公糧。監司邑宰。必須經畫爲子母之資。使不乏絕。額內之儒有闕。則試講取額外之人塡闕。臨番而不就學者一度則面責。二度則損徒。三度濁則黜齋。黜齋者。告于師不得就學。改過自新後。許復入。凡損徒及黜齋者。復參座時。必滿座面責。四度則削學籍。削學籍者。定軍役必改過自新而必得參初試。然後乃得復入。若有疾病事故。不得就學者。具由呈單子于師長。免罰。託故者勿聽。

一。校生亦須待之以禮。邑宰不得以官事。有所差任。只令專心學問。至如校官從馬。不可責辦。皆自官中辦出。除監司初巡迎命時外。凡使臣到來時。謁聖則祇迎于校門之外。不謁聖則不迎。雖監司。若再巡則不迎于官門。

一。每閒一年。委送使臣于八道列邑。試諸生學業。且考持身之狀。第其校官之能否以啓。監司則每巡考試。以明其黜陟。守令不能遵行事目者。亦隨輕重論罰。

一。每大小科舉時。太學則先期。館堂上會館官及堂長, 掌議, 有司于明倫堂。盡取上下齋名錄及善惡籍。參以平日所聞見。必擇行無玷汚者。始許赴舉。四學則學官各會于本學。與堂長有司商議。鈔擇如右例。外方則邑宰與校官及鄉校, 堂長, 掌議, 有司商議。鈔044_336d擇如右例。鄉居生進。行有瑕疵。不合赴舉者。則邑宰採一鄉公論。報監司。移文于成均館。若有志學之士。名編軍伍。願赴科舉者。京則成均館官員。外則守令審察眞僞。得其實狀。則亦許赴舉。

위의 열여섯 가지 조항은, 스승·제자·학우 사이에 서로 권면하고 경계하며 명심해야 한다. 생도들 가운데 마음을 잘 간직하고 몸을 잘 단속하여 모범을 준수하고 학문이 성취되어 뛰어나게 칭찬할 만한 자가 있을 경우 회의 때에 여러 사람에게 묻고 찬성을 얻으면 착한 자의 명부에 기입하고, 그중에 남달리 뛰어난 자가 있으면 그 실상을 갖추어 사장(師長)에게 단자를 올려 권장의 뜻을 표시하고, 만일 여러 생도들 중에 학교 규칙을 준수하지 않은 채 향학의 의욕이 독실하지 않고 놀기만 하며 날짜만 보내고 몸가짐을 삼가지 않고 놓친 본마음을 되찾지 못하며, 행동거지가 장중하지 않고 언어가 진실하지 않으며 부모에게 효성을 다하지 않고 형제에게 우애가 없고 가정의 법도가 난잡하여 질서가 없고, 스승을 존경하지 않고 나이 많고 덕이 있는 사람을 업신여기며, 예법을 경멸하고 본처를 소박하고 음란한 창기를 가까이 사랑하고 부질없이 권세가 있는 사람 찾아가기를 좋아하며 염치를 돌보지 않으며 함부로 사람답지 않은 자와 사귀어 아래 또래에게 굽실대며 술 마시기 좋아하여 방탕한 생활을 하고 주정에 빠지기를 낙으로 삼으며 송사(訟事)하기 좋아하며 하지 말아야 할 것을 그만두지 않고 재물의 이익을 계획하여 사람들의 원망을 무시하고 재주 있는 자를 시기하며 선량한 이를 헐뜯고 일가친척과 화목하지 않고 이웃과 불화하며, 제사에 근엄하지 못하고 천지신명에게 태만하며 한 집안의 제사뿐 아니라 학당의 제사에도 사고를 핑계하고 참석하지 않는 것도 천지신명에게 태만한 것이다. 혼인, 장례에 돕지 않고 환란에 돕지 않으며 지방에 있어서는 조세에 성의를 다하지 않고, 고을 수령을 헐뜯고 흉보는 일 등등의 잘못은 벗들이 보고 듣는 대로 깨우쳐 주되, 고치지 않을 때에는 장의에게 고해서 유사가 모임에서 드러내어 꾸짖는다. 그래도 고치지 않고 억지 변명으로 복종하지 않으면 적은 허물이면 모임에서 쫓아내고 큰 허물이면 사장에게 알려서 출재(黜齋) 출재란 학당에 와서 배우지 못하게 하는 것으로 허물을 고친 뒤에는 돌아오게 한다. 를 하고 나쁜 자의 명단에 기입한다. 학당에서 내쫓긴 자만 나쁜 자의 명단에 기입한다. 학당에서 쫓겨난 뒤에 마음을 바꾸고 허물을 고쳐서 뚜렷이 선을 지향하는 자취가 있으면 다시 학당에 들어오기를 허가하고 도로 학당에 들어올 적에는 모두 모인 자리에서 대면하여 꾸짖는다. 그 나쁜 자의 명부에서 이름을 지워 버린다. 만약 끝까지 허물을 뉘우치지 않고 나쁜 버릇을 더욱 키워 자기를 책하는 이를 도리어 원망하면 사장에게 고하여 그 이름을 명부에서 삭제하고 이어 중앙과 지방의 학당에 통고한다. 제적된 사람이 자신을 원망하고 꾸짖어 현저하게 선을 지향하는 자취가 뚜렷이 보이기 3년을 지난 후에 그것이 더욱 독실할 때에는 도로 입학을 허가한다. 무릇 잘못을 기록할 때는 반드시 법규를 세운 뒤에 기록하고 법규를 세우기 전의 허물은 소급하여 논란하지 않고 그가 스스로 고칠 길을 열어 줄 것이다. 그래도 여전히 고치지 않으면 그때에 처벌을 논한다.

교화(敎化)하는 방법은 스승을 가리는 것보다 우선할 것이 없다. 근래에는 훈도의 임명에 그 자격을 가리지 않고 청탁에만 따르므로 스승의 자리가 도리어 가난한 선비의 밥벌이의 구제가 되고 말았다. 때문에 훈도의 이름이 천하게 되어 서로 비웃고 나무라기까지 한다. 스승이 알맞은 사람이 아니고 보면 선비의 기풍이 날로 쇠퇴해지는 것이 사리와 형세상 필연적이므로 괴이할 것이 없다. 오늘날 비록 옛 법규를 바꾸어 사장을 선택하더라도 사람들이 믿지 않아서 부임(赴

任)하기를 좋아하지 않는다면 좋은 법규와 아름다운 뜻도 결국 실속이 없게 되고 말 것이요, 학교에 적(籍)을 둔 선비들은 모두 학문에 뜻이 없고 구실을 피할 것만 꾀한다면 스승은 얻더라도 배울 사람이 없게 될 것이다. 만약 과거의 그릇된 자취를 크게 바꿔서 남의 이목을 새롭게 하지 않는다면 성취되기를 바랄 수 없을 것이다. 그러므로 스승을 가려 선비를 양성하는 규정을 다음과 같이 삼가 적는다. 이하는 사목(事目)을 적은 것이다.

1. 무릇 학문과 덕행이 있어서 남의 추증을 받아 사표(師表)가 될 만한 자를 해마다 서울은 한성부(漢城府)와 5부(部)에서 지방은 감사(監司)와 수령(守令)들이 각각 성심껏 보고 조사하여 그 실상을 얻어 명단을 적어 올리면 임금의 결재를 얻어 명단을 이조(吏曹)에 내리고, 성균관 당상관(堂上官) 역시 관학(館學)의 여러 유생들을 모아 공천하게 하여 합당한 자는 명단을 뽑아 이조에 보고한다. 매년 연말에 서울과 지방에서는 으레 명단을 적어 올린다. 이조는 다시 자세히 검토하여 자리가 비는 대로 차출하되 사는 곳에서 가까운 고을에 으레 자리를 준다. 그 성과를 보아 그중에서 공적이 남달리 뛰어나고 선비의 기풍을 변화시킨 자는 품계를 올려서 실직을 주고, 그다음으로 직책에 충실하여 성과가 있는 자는 곧 벼슬길을 열어 주며, 또 그다음으로 성과가 있는 자는 임기가 차면 다른 고을로 옮겨서 성과가 더욱 드러난 뒤에 벼슬길을 열어 준다.

2. 전직 조정 관리 출신은 파직이나 출신 여부를 불문하고 그중에 사표가 될 만한 자는 교관(校官)에 제수하고, 6품(六品) 이상이면 교수에 제수하며, 7품 이하면 훈도(訓導)에 임명하여 성과가 있는 자는 임기가 차면 복직하게 한다.

3. 중앙과 지방에서 뽑혀 사표가 될 만한 자가 만일 생원, 진사이거나

또는 이름이 난 자는 재주와 자격의 유무를 불구하고 곧 교관에 제수하고 그렇지 못한 자는 반드시 그 재주와 자격을 시험하여 요행의 폐단을 없애야 한다.

4. 서울과 지방에서 학문과 덕행으로 추천되어 벼슬하게 된 자와 생원·진사로서 벼슬할 만한 자는 먼저 교관으로 시험 채용(採用)한 다음 그 능력 여부를 보아서 임기가 차지 않더라도 틈틈이 등용하여 교관과 조정의 관리를 섞어서 한 길이 되게 하는 한편 선비들도 훈도가 되는 것을 영예롭게 뽑히는 것으로 여기게 하여 지난날의 천한 이름을 씻도록 한다.

5. 학교의 스승은 이미 그 자격을 정선(精選)하였으면 또한 예의에 맞도록 대우하여 자중하는 선비가 그 직분에 만족하도록 해야 한다. 감사와 수령이 교관을 늘 우대하여 부임하지 않는 자에 대해서는 취임하도록 돈독히 권하고 왕명을 받들고 온 사신을 영접할 때에는『대전(大典)』에 의하여 대문 밖에서 기다리고 사자의 말머리에 서지 말게 하며, 다만 가르친 유생의 학문 능력의 가부와 몸가짐을 경건과 방종만을 살펴 포폄(褒貶)을 할 뿐 훈도는 시강(試講)을 하지 않고 가르치는 방법만을 헤아려 논한다. 그리고 급료를 정하되 목사(牧使)가 있는 고을 이상은 다달이 쌀과 콩 각 두 섬, 벼 넉 섬을 주고 도호부(都護府)에는 다달이 쌀 두 섬, 콩 한 섬, 벼 석 섬, 군에는 다달이 쌀 한 섬 닷 말, 콩 한 섬, 벼 두 섬, 현(縣)은 다달이 쌀·콩·벼 각각 한 섬, 군 이상으로서 특히 쇠잔한 고을에는 감사가 참작하여 적당히 감하여 지급한다.

6. 생원·진사를 제외하고 서울의 학문에 뜻을 둔 선비는 모두 하재(下齋) 또는 사학(四學)에 들어가고, 지방에서는 문벌이 높은 집안이나 낮은 집안을 막론하고 유학(儒學)을 배우려는 자는 향교로 들어가게

한다. 처음 입학할 때에는 생도 10명이 학문에 뜻을 가졌다고 추천한 뒤에 시험하여 입학을 허가하고, 〈학교모범〉으로 품행을 가다듬게 하고, 만약 구속을 꺼리어 학교에 적을 두지 않는 자에게는 과거를 보지 못하게 한다.

7. 서울과 지방에서 이미 학교에 들어간 자에 대하여 형편상 일시에 제적시키기 어려우면 오직 〈학교모범〉으로 몸을 가다듬게 하여 학규를 따르지 않는 자는 제적시킨다. 사학(四學)에는 200명을 정원으로 하여 시험을 보여 이미 입학한 자를 다시 시험 보여 뽑는다. 그 수를 채운다. 5개 번으로 나누어 한 번에 20명씩 학교에 거처하게 하는데 10일을 기한으로 윤번제로 한다. 정원 내의 생도들에게는 하루에 두 끼니를 주며, 정원에 들지 못한 자 역시 5개 번으로 나누어 학교에 와서 배우게 하되, 식량은 각자가 갖추게 하고 공공 식량으로 먹이지 않는다. 지방의 모든 고을도 역시 시험을 보여 그 정원을 채우되, 목사가 있는 고을 이상은 정원을 90명, 도호부 이상은 70명, 군은 50명, 현은 30명으로 하고, 만일 글에 능한 자가 부족할 때에는 정원수가 차지 않더라도 글에 능한 자만으로 많고 적음에 따라 정원에 맞추어 공공 식량으로 먹이는데 또한 5개 번으로 나눈다. 정원 내에 들지 못한 자는 5개 번으로 나누어 번(番) 들기는 같이 하되 공공 식량은 먹이지 않는다. 지방의 공공 식량은 감사와 수령이 반드시 경영하고 계획하여 이식으로 밑천을 마련해서 언제나 모자라지 않게 한다. 정원 내의 유생에 결원이 있을 때에는 정원 외의 사람으로 시험 보여 보충한다. 당번이 되어도 학교에 나오지 않는 자는 첫 번째는 대면하여 꾸짖고, 두 번째는 생도들 속에서 쫓아내고, 세 번째는 출재(黜齋)하고 출재란 스승에게 고하여 학교에 나오지 못하게 하는 것인데, 허물을 고쳐서 스스로 새롭

게 된 후에는 다시 학교에 오도록 허가하되, 생도들 속에서 쫓겨난 자와 학교에서 쫓겨난 자가 다시 참석할 때에는 반드시 모두 모인 자리에서 면대하여 꾸짖는다. 네 번째는 학적을 삭제한다. 학적이 삭제된 자는 군역(軍役)으로 돌린다. 허물을 고쳐서 스스로 새로워 졌더라도 반드시 초시(初試)에 입격한 뒤에야 다시 들어올 수 있다. 만약에 질병과 사고가 있어서 학교에 나오지 못하는 자는 사유를 갖추어 스승에게 단자로 제출하면 처벌을 면하지만 사고를 핑계 대는 자는 들어주지 않는다.

8. 학교 생도들은 예로써 대우해야 하고, 수령들이 관청의 일로 부려 서는 안 되며 오직 학문에 전념하도록 해야 한다. 교관의 구종 마련 같은 것도 생도들에게 책임지어서는 안 되며 모두 관(官)에서 마련 하고, 감사의 초도 순시와 왕명을 받든 이외에는 무릇 사신이 올 경우에도 알성(謁聖: 공자의 사당에 배알하는 것)할 때 교문 밖에서 맞이하고 알성이 아니면 맞이하지 않는다. 비록 감사일지라도 만약 두 번째의 순시라면 관문(官門)에서 맞이하지 않는다.

9. 한 해 걸러 8도의 모든 고을에 사신을 위임하여 보내서 생도들의 학업을 시험하고 몸가짐을 살펴 그것으로 교관의 능력 여부를 등급 으로 매기어 보고하게 한다. 감사는 순회할 때마다 고시하여 그 상벌(賞罰)을 분명히 밝히고 수령이 위의 사목을 준행하지 않으면 경중에 따라 처벌을 논한다.

10. 대소(大小) 과거를 보일 때마다 태학(太學)에서는 과거 기일 전에 성균관 당상이 관관(館官)과 당장(堂長)·장의(掌議)·유사를 명륜당에 모아 상하재(上下齋)의 명부와 선적(善籍)과 악적(惡籍)을 모두 가져 다 놓고 평일에 보고 들은 것을 참작하여 행동에 오점이 없는 자를 선택하여 비로소 과거를 보게 한다. 사학에서는 학관(學官)들이 각

각 해당 학교에 모여서 당장·유사와 의논하여 가려 뽑기를 위와 같이 하며, 지방에서는 수령이 교관 및 향교의 당장·장의·유사와 함께 위의 예와 같이 의논하여 가려 뽑는다. 시골에 있는 생원·진사로서 행동에 하자가 있어 과거에 응시하기에 적합하지 않은 자는 수령이 한 고을의 공론(公論)을 채택하여 감사에게 보고해서 성균관에 통첩하게 한다. 만약 학문에 뜻을 둔 선비 중 이름이 군적에 편입된 자로서 과거 보기를 원하는 자가 있으면 서울에서는 성균관의 관원이, 지방에서는 수령이 그 진실과 허위를 살펴 그 실상이 확인되면 또한 과거에 응시하도록 허가한다.

隱屛精舍 學規38)

一入齋之規勿論士族庶類但有志於學問者皆可許入齋中先入者僉議以
　　爲可入然後乃許入若前日悖戾之人願入則使之先自改過修飭熟觀所
　　爲決知其改行然後許入素昧平生者願入則使之姑接近村或養正齋或
　　山寺往來問學觀其志趣操履知其可取然後許入.
一推齋中年長有識者一人爲堂長又推儕輩中學優者一人爲掌議又擇二
　　人爲有司又輪選二人爲直月堂長掌議有司非有故則不遞直月則一月

---

38) 은병정사는 해주(海州) 석담(石潭)에 있다. 율곡 선생이 43세 때 이곳에 은거하며, 주자(朱子)를 추모하는 한편 후진을 양성하기 위하여 세운 서당으로, 주자의 무이구곡(武夷九曲) 가운데 〈대은병(大隱屛)〉의 제목에 따라 붙인 이름이다. 이 글은 율곡 선생이 문인들을 가르친 은병정사(隱屛精舍)의 학칙(學則)이다. 그 내용은 모든 운영은 자치적으로 하여 그 중에서 연장(年長) 유식한 자를 당장(堂長)으로 추대하고, 그 밑에 장의(掌議) 1명, 유사(有司) 2명을 선출하였으며, 윤번으로 직월(直月) 2명을 두었다. 정사 내 일체의 논의는 장의가 주재하고, 직월은 '선악적(善惡籍)'을 맡아 모든 문하생들의 품행을 기록하였다. 한국정신문화연구원(2003), 『國譯 栗谷全書』 卷15, 隱屛精舍學規.

相遞凡齋中論議掌議主之稟于堂長而定之〈堂長有故在他處其時參會最長者攝之〉凡齋中之物出納及齋直使喚什物有無有司掌之〈非有司則不得擅使喚齋直撿罰之事〉凡物皆有籍遞時案籍交付于代者凡師弟朋友所講論之說皆直月掌其記錄以爲後考之資

一每月朔望師弟子皆而官服〈有官則紗帽團領品帶儒生頭巾團領條帶〉詣廟開中門出廟貌再拜焚香〈師者不在則齋中年長者焚香〉又再拜〈敍立位次則師居前行弟子爲後行西上〉

一每日五更起寢整疊寢具少者持箒掃室中使齋直掃庭皆盥櫛正衣冠讀書

一平明時皆以常服〈笠子直領或冠巾直領之類但不用襦挾直領〉詣廟庭不開中門只再拜〈師若在齋則亦以常服謁廟〉師在講堂則就師前行拜禮〈師不起立只於座上俯答其〉分立東西相向行揖禮〈師不在則拜廟後出廟門分立廷東西相向而揖〉○凡讀書時必端拱危坐專心致志務窮義趣毋得相顧談話

一凡几案書冊筆硯之具皆整置其所無或亂置不整

一凡食時長幼齒坐於飲食不得揀擇常以食毋求飽爲心

一凡居處必以便好之地推讓長者毋或自擇其便年十歲以長者出入時少者必起

一凡步履必安詳徐行後長秩然有序毋或亂步不整

一凡言語必信重非文字禮法則不言以夫子不語怪力亂神爲法且以范氏七戒存心寓目〈七戒書于壁〉

一非聖賢之書性理之說則不得披讀于齋中〈史學則許讀〉若欲做科業者必習于他處

一常時恒整衣服冠帶拱手危坐如對尊長毋得以褻服自便且不得着華美近奢之服

一食後或游泳于潭上亦皆觀物窮理相咨講義理毋得遊戲雜談

一朋友務相和敬相規以失相責以善毋得挾貴挾賢挾富挾父兄挾多聞見
以驕于儕輩且不得譏侮儕輩以相戲謔

一作字必楷正毋得亂書且不得書于壁上及窓戶

一常以九容持身毋得跛倚失儀喧笑失言終始不懈

一昏後明燈讀書夜久乃寢

一自晨起至夜寢一日之間必有所事心不暫怠或讀書或靜坐存心或講論
義理或請業請益無非學問之事有違於此卽非學者

一有時歸家切宜勿忘齋中之習事親接人持身處事存心務循天理務去人
欲如或入齋修飾出齋放倒則是懷二心也不可容接

一直月掌記善惡之籍審察諸生居齋處家所爲之事如有言行合理者及違
學規者皆記之月朔呈于師長〈凡違學規者直月遍告于堂長掌議共加規
責若不悛則乃告于師若悛改則爻其籍勿告于師〉善者獎勸之惡者鐫誨
之終不受敎則黜齋

一諸生雖非聚會之時每月須一會于精舍〈月朔必會朔日有故則退定不出
三四日有司先期出回文周告〉講論義理且改定直月

一鄉中願學者皆姑接養正齋

번역 【은병정사 학규】39)

1. 재(齋)에 들어오는 규칙은 사족(士族)과 서류(庶類: 서민)를 막론하고
   다만 학문에 뜻이 있는 사람은 모두 재에 들어오는 것을 허락하되,
   먼저 들어온 사람들의 의논이 들어와도 된다고 한 뒤라야 들어오

---

39) 번역문은 한국정신문화연구원에서 나온 『율곡전서』를 인용함.

도록 허락한다. 만일 전일에 패악(悖惡)했던 사람이 들어오기를 원한다면 그로 하여금 먼저 스스로 개과(改過)하고 조심하게 한 다음, 그 행동하는 것을 자세히 보아서 그 행위가 개선되었음을 확실히 안 뒤에야 들어오는 것을 허락하며, 만일 평소에 내력을 모르는 자가 들어오기를 원하면 그로 하여금 우선 가까운 마을(혹은 양정재(養正齋))이나 산사(山寺)에 왕래하면서 배우고 묻게 한 다음, 그 지취(志趣)와 조행(操行)을 보아서 취할 만함을 안 뒤에야 들어오기를 허락한다.

재 안에서 나이가 많고 지식이 있는 이 한사람을 추대하여 당장(堂長)으로 삼고, 또 같은 또래 가운데서 학식이 우수한 한 사람을 추대하여 장의로 삼으며, 또 두 사람을 가려 유사(有司)로 삼고, 또 차례로 두 사람을 가려 직월(直月)로 삼는다. 당장과 장의와 유사는 연고가 없으면 갈지 말고 직월은 다달이 서로 교체한다. 무릇 재 안의 의논은 장의가 주도하여 당장에게 물어 본 뒤에 정하고(당장이 연고가 있어서 다른 곳에 있을 때는 모임 중에 가장 나이 많은 사람이 섭행(攝行: 대리로 행함) 한다) 무릇 재 안의 물건 출납과 재직(齋直)이. 사환과 집기의 유무에 관한 일은 유사가 주관하고(유사가 아니면 마음대로 재직(齋直)을 불러서 단속하고 벌주는 일을 할 수 없다.) 모든 물건은 모두 장부에 기재하여 교체할 때는 새로 맡는 이에게 장부를 넘겨주고, 무릇 사재(師弟)와 벗들의 강론한 말은 모두 직월이 맡아 기록하여 뒤에 참고할 자료로 삼는다.

2. 매월 초하루와 보름에는 스승과 제자가 모두 관복(官服)으로써 (벼슬이 있으면 사모(紗帽), 단령(團領), 품대(品帶)를 갖추고, 유생은 두건(頭巾), 단령(團領), 조대(條帶)이다.) 문묘(文廟)에 나아가 중문을 열고 묘모(廟貌: 사당)를 드러내어 재배 분향(焚香)하고(스승이 만일 없으면

학재안에서 연장자가 분향한다.) 또 재배한다. (서는 차례는 스승의 앞
줄에 서고 제자가 뒷줄에 서되, 서쪽을 상위로 한다.)

3. 매일 5경(更)에 일어나 침구를 정돈하고 나이 적은 사람은 비를
   들고 방안을 쓸며, 재직을 시켜 뜰을 쓸게 한 다음 모두 세수를
   하고 머리를 빗고 의관을 바로 잡고 나서 글을 읽는다.

4. 아침이 되면 모두 평상복(입자(笠子)에 직령(直領)이나 또는 관건(冠巾)
   에 직령(直領)같은 따위인데, 다만 짧은 겹것·직령은 안 입는다.)으로써
   묘정(廟廷: 문묘의 뜰)에 가서 중문을 열지 않고 재배만 한다. (스승이
   만일 재에 있으면 또한 평상복으로 문묘에 배알한다.) 〈그리고〉 스승이
   강당에 있으면 스승 앞에 나아가 배례를 하고, (스승은 일어서지 아니
   하고 자리에서 구부려 답례만 한다.) 동서로 갈라서서 서로 바라보며
   읍례(揖禮)를 한다. (스승이 없으면 문묘에 배례한 뒤 사당 문을 나와
   뜰에서 동서로 갈라서서 서로 바라보며 읍을 한다.) ○ 무릇 독서를 할
   때는 반드시 팔짱을 끼고 단정히 꿇어앉아 전심치지(專心致志)를
   하며 의취(義趣)를 궁구하는 데 힘쓰고, 서로 돌아보며 잡담을 하지
   말아야 한다.

5. 무릇 책상·책·붓·벼루 같은 물건은 모두 제 자리에 정돈해 두고
   행여나 어지럽게 여기저기 흩어 두지 말아야 한다.

6. 무릇 식사 시에는 어른과 젊은이가 나이 차례로 앉고, 음식을 먹는
   데는 가려먹지 말며 늘 배부르기를 바라서는 안 된다.

7. 무릇 거처(居處)는 반드시 편안한 자리를 어른에게 사양하고 행여
   나 편안한 곳을 사리지 말며, 열 살 이상의 연장자이면 드나들 적에
   연소자가 반드시 일어선다.

8. 무릇 걸음걸이는 반드시 점잖고 안존하게 하고 천천히 어른 뒤에
   가서 질서를 지키며 행여나 난보(亂步)로 질서를 흐트리지 말아야

한다.

9. 무릇 언어는 반드시 믿음직스럽고 무게 있게 하고 문자와 예법이
   아니면 말하지 말며, 공자가 괴력란신(怪力亂神)을 말하지 않음으로
   써 법을 삼고, 범씨(范氏: 이름은 충(沖) 자는 원장(元長) 호는 익겸(益謙),
   송(宋)의 학자)의 칠계(七戒)를 마음에 간직하고 눈여겨본다. (칠계는
   벽에 써 붙여 둔다.)

10. 성현의 글이나 성리의 설(設)이 아니면 재 안에서 읽을 수 없으며,
    (사학(史學)은 읽어도 좋다.) 만약 과거 공부를 하려고 하는 자라면
    반드시 다른 곳에 가서 익힌다.

11. 평상시에도 항상 의복과 의관을 정제(정제)하고 팔짱을 끼고 꿇어
    앉아 마치 어른을 대하듯이 하고, 편안하다고 속옷 바람으로 있어
    서는 안 되며 너무 화려하여 사치한 듯한 옷을 입어서도 안 된다.

12. 식후에 혹 냇가에 가서 거닐더라도 또한 사물을 관찰하여 이치를
    탐구하고 서로 의리를 강론할 것이다. 장난이나 잡담을 해서는 안
    된다.

13. 벗 사이에는 서로 화목하고 공경하기를 힘쓰고, 과실을 서로 바로
    잡아주고, 착한 일을 하도록 서로 권하며, 귀함이나 현명함이나,
    부유함이나 부형의 권세나 많은 지식을 자부하고서 같은 또래에게
    교만을 부려서는 아니 된다. 또 같은 또래들을 기롱하고 능멸하며
    서로 희학(戲謔)하여서도 아니 된다.

14. 글씨를 쓸 때는 반드시 또박또박 반듯하게 쓸 것이며 휘갈겨 쓰지
    말며 또 벽이나 창문에다 낙서를 해서도 안 된다.

15. 몸가짐은 항상 구용(九容)으로써 하고, 한쪽 발로 기우듬히 서거나
    기대어 자세를 흐트리거나 킬킬대고 웃거나 말을 함부로 함이 없
    이, 시종 게을리 해서는 안 된다.

16. 날이 어두운 뒤에는 등불을 밝혀 글을 읽고 밤이 깊은 뒤에야 잔다.

17. 새벽에 일어나서부터 밤에 잠자리에 들 때까지 하루 동안에 반드시 하는 일이 있어서 마음을 잠시도 게을리 말아야 한다. 혹 독서하며, 정좌(靜坐)하여 본 마음을 간직하며, 의리를 강론하기도 하고, 혹 익힌 바에 대해 질문도 하고, 좀더 자세히 가르쳐 달라고 여쭙기도 하는 등 학문에 관한 일이 아닌 것이 없으니, 여기에 어긋남이 있으면 곧 배우는 자가 아니다.

18. 이따금 집에 돌아가더라도 절대로 재중에서 하던 습관을 잊지 말고, 어버이를 섬길 때나 사람을 접대할 때나 몸단속을 한 때나, 일을 처리할 때나 본마음을 간직하기에 천리(天理)를 따르고 인욕(人欲)을 제거하기에 힘써야 하며, 행여 학재에 들어와서는 신칙(申飭)하고 재를 나가서는 방탕한다면, 이는 두 마음을 품은 것이니 용납할 수 없다.

19. 직월(直月)은 선악을 기록하는 장부를 맡아 기록하되, 제생(諸生)들이 학재에 있을 적과 집에 있을 적의 한 소행을 자세히 살펴서, 만일 언행이 도리에 맞은 자와 학규(學規)를 위반한 자가 있으면 모두 기록하여 매월 초하루에 사장(師長)에게 올려 (무릇 학규를 위반한 자는 직월이 당장(堂長)과 장의(掌議)에게 알려서 함께 고치도록 꾸짖고 만일 고치지 않으면 곧 스승에게 고하고, 고치면 그 기록을 지워버리고 스승에게 고하지 않는다.) 선한 자는 권장을 하고 악한 자는 벌을 주어 가르치는데, 끝내 가르침을 받지 않으면 학재에서 축출한다.

20. 제생은 비록 모여서 강회(講會)할 때가 아니더라도 매월 모름지기 한 번씩 정사(精舍)에 모여서 (매달 초하루에 반드시 모여야 하고 초하루에 연고가 있으면 늦추되 3·4일이 지나지 아니하여야 하며, 유사는 기일

에 앞서 회문(回文)을 내어 두루 알린다.) 의리를 강론하고, 또 직월을
개선한다.

21. 향중(鄕中)에서 배우기를 원하는 자는 모두 우선 양정재(養正齋)에
있게 한다.

寒泉書社 遺規

陶菴先生講道寒泉書院 四方人士從學者甚衆 其講誦有規程 朝誦小學
夕誦詩書 以時讀講 益先生又取濂洛諸賢文字之最切於學問者三十餘篇
使之輪次迭誦 是爲書社輪誦 蓋學者習於是編 如誦己言則 亦足以辨識
義理 頭腦尋討學問磩遜故也. 然若無平日大家著力 而惟以誦習此數十
篇文字爲能事 則非先生本意也.

번역 【한천서사 유규】

도암(이재) 선생이 한천서원에서 강도하니, 사방 인사가 그를 따라
배우는 자가 심히 많았다. 그 강송(講誦)에는 규정이 있는데 아침에
소학을 읊고 저녁에 시서(詩書)를 읊는다. 독강(讀講)할 때 선생이 이에
더하여 염락(송학의 4대 학파, 주돈이, 정호, 정이, 장재, 주희 등의 학문)
제현의 문자에서 학문에 가장 필요한 것으로 30여 편을 취하여 차례
로 암송하게 하니 이것이 서사윤송(書社輪誦)이다. 대개 배우는 것은
이를 익히는 것으로 암송하여 자기의 말과 같이 하니 곧 능히 의리를
가려 이해하고 두뇌로 찾아 토의하여 시냇물과 같게 한다. 그러나
만약 평일 대가가 분명하지 않고 오직 이 수십편의 문자를 암송하는

것만을 능사로 한다면, 그것은 선생의 본뜻이 아니다.

月能六程40)

(…月能六程表 省略…)

右三經四書 及輪誦「即泉工書社輪誦」總百六十八段 每二十八段爲
一格者 以一月爲三十日或二十九日月誦一格 而有一日二日之剩也. 下
三格則雖初讀之士一月可通一格 至於上三格則非有記性者一格當費兩
月要之. 九朔可盡誦之後 則每月逐日朝暮抽籤「籤二十八書 角亢等字」
而誦之.「一籤六段朝一暮一 或朝二暮二 或朝三暮三 隨其力」

日誦二段則每一月溫二格 凡三月 而周性敏誦慣者 日誦六段可一月
而周如是則四書三經溓閩要語 每一歲可誦 過十二周此.

雖拙法亦可謂月無忘其所能 故曰月能六程 張子曰 書須成誦不記思不
起 若依此做三 二年功夫則誦之自熟 而思之必精辨之必明 其爲受用 豈
淺鮮也哉.

程氏之日程 陸氏之歲課 非不精詳 而以其般涉浩瀚難於用功 今以簡
約爲主者此也. 然士之所當讀者不至於此 而朝暮溫理之外尚有餘晷 亦
豈宜取足於此而已. 若春秋經傳三禮爾雅以至歷代正史性理羣書諸子百
家 皆當涉獵 以資博識則又不可不參之程陸課程云 癸酉 冬 澹窩書

> **번역** 이상 삼경과 사서 및 윤송(곧 천공의 서사윤송: 『서사윤송』은 도암
> 이재가 지은 성리학 입문서임)은 모두 168단으로 구성되었으며,

---

40) 28수에 따라 날짜를 정함: "二十八宿。東方青龍(角亢氏房心尾箕), 北方玄武(斗牛女虛危室壁),
西方白虎(奎婁胃昴畢觜參), 南方朱雀(井鬼柳星張翼軫)."

각 28단이 1격을 이루는데, 이로써 매달 30일 혹은 29일을 한달로 하여 1격을 암송하는데 하루나 이틀은 여유가 있다. 아래 3격은 곧 초독의 선비가 능히 통할 수 있는 1격이며 위의 3격은 곧 기성자(記性 者: 어느 정도 깨우친 자)의 1격으로 마땅히 두 달이 필요하다. 9삭을 가히 다 암송한 후 매월 날을 잡아 아침저녁으로 시험을 치르고(시험 은 28서 각항 등의 문자를 쓰는 것이다) 암송하게 한다. (시험 하나는 6단으 로 아침 1 저녁 1, 혹은 아침 2 저녁 2, 혹은 아침 3 저녁 3 등과 같이 그 능력에 따라 치른다.)

하루에 2단 즉 매월 2격을 더해 무릇 3개월이면 두루 깨치고 민첩하 게 꿰뚫어 암송하면 하루 6단, 가히 한 달이면 통하니 이와 같이 사서 삼경과 염민요어(성리학의 주요 경전)를 매 1년이면 가히 12번을 송독 할 수 있다.

모름지기 졸법으로도 또한 가히 그 능력에 따라 달마다 잊니 않으니 그러므로 월능육정이라고 하며, 장자는 글이 모름지기 암송하되 기록 할 수 없으면 생각이 일어나지 않으니 만약 이것으로 2년을 공부하면 곧 송독이 절로 익고 생각이 반드시 정교하고 변해하면 반드시 명료해 지니 그것을 수용할 수 있을 것이므로 어찌 경미하다 하겠는가.

정씨의 과정과 육씨41)의 세과는 상세하지 않은 것은 아니나 일반적

---

41) 육씨: 육구연(陸九淵). 호는 상산. 이상주의적인 성리학자였으며, 같은 시대의 위대한 성리 학자이자 합리주의자였던 주희의 경쟁자였다. 그의 사상은 3세기 이후에 명대의 성리학자 왕양명이 새로이 다듬었다. 이들을 심학파 혹은 두 위대한 대표자의 이름을 따서 육왕학파 라고 부르기도 한다. 주희가 끊임없는 탐구와 연구를 강조했던 데 반해, 그는 도의 가장 높은 지식은 내면의 성찰과 자습을 끊임없이 실천함으로써 습득된다고 가르쳤다. 이러한 과정에서 사람은 자신이 원래 가지고 있던 선을 발전시키게 되는데, 이는 사람의 본성은 본질적으로 선하여 그 선이 물욕으로 더럽혀지고 없어졌더라도 자신의 노력에 의해 다시 얻을 수 있기 때문이라는 것이다. 육구연은 정부의 수많은 요직을 거쳤지만, 생애의 대부분 은 학문을 가르치고 강의하는 데에 바쳤다. [Daum백과]

으로 광범위하여 섭렵하여 사용하기 어렵나. 지금 간략하게 한 것이
이것이다. 그러므로 선비가 마땅히 읽어야 할 것은 이에 그치지 않으
며 아침저녁으로 그 이외의 것을 익혀 남은 것들을 숭상해야 하니,
또한 마땅히 취해야 할 것이 이에 그치겠는가. 춘추, 경전, 삼례,[42)]
이아[43)]에서 역대의 정사(正史), 성리와 관련된 여러 서적, 제자백가가
모두 당연히 섭렵해야 할 것이며, 이로써 학식을 넓히면 곧 불가불
정씨와 육씨의 과정에 들게 될 것이라고 하였다. 계유년 겨울 담와서.

白鹿洞書院 揭示[晦庵先生][44)]

父子有親 君臣有義 夫婦有別 長幼有序 朋友有信 右五敎之目
博學之 審問之 愼思之 明辨之 篤行之 右爲學之序
言忠信 行篤敬 懲忿窒 慾遷善改過 右修身之要
正其誼 不謀其利 明其道不計其功 右處事之要

---

42) 삼례(三禮): 주례, 의례, 예기를 일컫는 말.
43) 이아(爾雅): 고서의 자구(字句)를 해석한 중국의 책으로 13경의 하나. 지은이와 편찬연대는
   정확하지 않다. 위(魏)의 장읍(張揖)은 〈진광아표(進廣雅表)〉에서 주공(周公)이 저자라고
   했고, 한나라 양웅(揚雄)의 〈방언(方言)〉과 양나라 유협(劉勰)의 〈문심조룡(文心雕龍)〉에서
   는 공자의 문인이 지었다고 했다. 송나라의 구양수(歐陽脩)와 섭몽득(葉夢得)은 한나라의
   학자들이 집록(集錄)했다고 보았다. 현대에는 대체로 공자 이전에 이루어졌고, 공자 직후
   다수 보완되었으며 한대에도 계속하여 여러 사람에 의해 보완되었다고 보고 있다. 3권으로
   되어 있으며 현재에 전하는 책은 석고(釋詁)·석언(釋言)·석훈(釋訓)·석친(釋親)·석궁(釋
   宮)·석기(釋器)·석악(釋樂)·석천(釋天)·석지(釋地)·석구(釋丘)·석산(釋山)·석수(釋水)·석
   초(釋草)·석목(釋木)·석충(釋蟲)·석어(釋魚)·석조(釋鳥)·석수(釋獸)·석축(釋畜)의 19편으
   로 되어 있다. 책명에 대해서 이(爾)는 '가깝다'[近]는 뜻이고, 아(雅)는 '바르다'[正]는 뜻으
   로 근정(近正)한 것을 올린다는 의미를 지니고 있다는 것이 석명(釋名)에서 보이는 설명이
   다. 한대의 훈고학 형성과 문자학의 발달에 모태가 되었으며, 현존 최고의 훈고학서로
   고전을 이해하고 고대의 언어와 문화를 연구하는 데 필요한 책이다.
44) 회암 선생: 중국 송나라 성리학자 회암 주희.

己所不欲勿施於人 行有不得反求諸己 右接物之要

번역 【백록동 서원 게시[회암선생]】

부자유친, 군신유의, 부부유별, 장유유서, 붕우유신 이상은 5교의 항목이다.

박학지, 심문지, 신사지, 명변지, 독행지 이상은 위학의 순서이다.

언충신, 행독경, 징분질, 욕천선개과 이상은 수신의 요결이다.

정기의, 불모기리, 명기도불계기공 이상은 처사의 요체이다.

자기가 하고 싶지 않은 것은 남에게 시키지 말고, 행하거든 돌이켜 자신에게 구하는 것은 접물의 요체이다.

閭塾講規[華西集]45)

一. 凡同講之人 勿以備員口講爲事 必思反身體驗心通其妙躬行其實.

一. 講書一遵紫陽讀書 次第而參酌石潭寒泉遺規用之.

一. 在家則早起盥櫛正衣冠拜 省父母有祖父母則當先謁親不在拜謁于祠 板出就書堂則事師長如禮.

一. 同講之人相遇必相拜揖以卑己尊人爲法.

一. 一切聲色臭味之欲富貴繁華之相切勿萌心 一以講明道義敦行孝弟忠 信爲終身準的.

一. 自伏羲以上無文籍可考 自伏羲以下至于我東班班可考而知也 抑陰

---

45) 화서집: 조선 후기 위정척사론자인 이항로(李恒老)의 시문집. 총 42권 22책. 목판본. '여숙강 규'는 1850년 화서 이항로가 만든 학규임.

扶陽遏惡揚善八字義文周孔之大旨也. 就人一心上分別形氣性命弱
彼强 此堯舜禹相傳之大旨也. 克己復禮遏欲存理魯鄒教學之大旨也.
明天理正人心尊中華攘夷狄 春秋綱目及東史之大旨也. 讀此書者不
可不先知此意.

一. 人性本善 其目仁義禮智信而已 人生有倫 其目父子君臣夫婦長幼朋
友而已 其理在我至實而不安其事在我甚近 而且切求之必無不得之
理行之必無不達之理 凡我同講之人 盍相勉旃.

一. 北虜毀裂衣冠 西鬼蠱惑心術當挺身立脚明心張目不墮 聖賢之敎父
祖之業 是儒者徹上徹下法門.

一. 爲人底節目階梯詳在所講書中此不復贅.

번역 여숙강규[화서집]

일. 무릇 같이 강학하는 사람들은 인원수만 채워 입으로 읽기만 일삼
지 말고 반드시 내 몸을 돌이켜 체험하여 그 실질을 행할 것.

일. 강독할 책은 하나 같이 자양(紫陽) 독서(주자의 독서 순서)를 준수하
고 그 다음에 석담과 한천유규를 참조할 것.

일. 집에 있을 때는 일찍 일어나 세수하고 머리 빗고 의관을 정제하고,
부모님께 절하고 문안드리되, 조부모가 계시면 마땅히 먼저 뵙고,
부모가 생존해 계시지 않으면 사당의 신주를 배알하고, 서당에서
는 사장(師長) 섬기기를 예와 같이 할 것.

일. 같이 강학하는 사람들이 서로 만나면 반드시 서로 절하고 읍하되
나를 낮추고 남을 높여주는 것을 법으로 삼을 것.

일. 일체의 성색과 취미의 욕심이나 부귀 호화로운 생각은 절대로
하지 말 것. 한결같이 도의를 밝히고 효제충신을 종신토록 준거하

여 돈행할 것.

일. 복희 이전에는 문자나 서적이 없어 상고할 수 없으나, 복희 이후 우리나라에 이르기까지는 분명하고 뚜렷이 상고하여 알 수 있는 데, 음을 억제하고 양을 북돋우며 악을 방지하고 선을 권장함이라 는 여덟 글자는 복희와 문왕, 주공과 공자의 위대한 뜻이다. 사람 의 하나뿐인 마음에 형기(形氣: 형체와 기질)와 성명(천성과 천명)을 분별하여 약화할 것을 약화하고 강화할 것을 강화하는 것은 요순 의 위대한 뜻이다. 천리를 밝히고 사람의 마음을 바르게 하여 중화 를 높이고 이적을 물리치는 것은 춘추와 강목, 동사(東史)의 위대 한 뜻이니 이 글을 읽는 사람은 불가불 먼저 이 뜻을 알아야 한다.

일. 사람의 성은 본래 선한데, 그 조목은 인의예지신(仁義禮智信)일 뿐 이다. 사람의 삶에는 윤리가 있는데, 그 조목은 부자, 군신, 부부, 장유, 붕우일 뿐이다. 그 이치가 우리 자신에게 갖추어져 있어 지극히 실제적이고 망령됨 없고, 일이 우리 자신에게 지워져 있어 심히 가깝고 간절하여 구하면 얻지 못할 리가 없고 행하면 달성되 지 않을 리가 없다. 무릇 함께 강학하는 사람들이 서로 힘쓰지 않을 수 있겠는가.

일. 북쪽 오랑캐(北虜)들은 의관을 없애고 서쪽 귀신들은 심술(心術)을 좀먹으니 마땅히 몸을 꼿꼿이 하고 다리를 세우며 마음을 밝히고 눈을 부릅떠, 성현들의 가르침과 부조의 유업을 타락시키지 않아 야 할 것이다. 이것이 유학자들이 위 아래로 철저히 해야 할 법문 이다.

일. 사람이 되는 절목과 단계는 강독하는 글 속에 상세히 기록되어 있으니 여기서 다시 췌언하지 않는다.

冠者學規[省齋集]

一. 蘗山門下 舊有輪經之制 每講諸人 共治一經 通同講習 互相辨質 用力少而得力多 儘美規也. 今宜修擧此制 以爲恒式新進後學 不妨別作數等 依次追及講課 以四子六經 周流循環爲準的 而四子 則先大學 次論孟 次中庸已 有朱子所定六經 則先治詩書 卽以朱子所纂儀禮經傳 通解繼之. 蓋三禮之經傳無統者 此旣整理爲完書 樂經之全缺者 此亦掇拾其散出 而附見言. 治此一經 可以當禮樂二學之本源也. 其次乃治易與春秋 易主本義 而參程傳春秋通攷四傳 而且依胡氏說 以見大意 亦朱子遺旨也. 小學一書 乃四子六經之基址也. 始學者 皆攷別立一課 先致力於此 而有所養焉. 然後乃循序以進乎諸經.

一. 經書正課之外 又治一般子書 如近思錄 家禮 及 歷代正史 先賢文集之類以配之. 而今且以家禮爲先參 以諸儒說期於熟複會通 而後乃及他書. 蓋六經固己列儀禮 而古今殊宜公私相雜求其爲士大夫家 日用常變之所需則未有切於家禮. 故特立此一課. (…中略…)

번역   관자학규[성재집]

일. 벽산 문하에 예날 윤경(輪經)의 제도가 있었는데, 매번 강학하는 모든 사람이 공동으로 하나의 경전을 읽고 통할 수 있도록 공동으로 강습하며, 서로 변질(辨質)하면 힘은 적게 들고 얻는 것은 많으니 진실로 좋은 제도이다. 지금 마땅히 이 제도에 따라 신진 후학들의 일정한 법식으로 삼으면 별도의 등급을 만들지 않더라도 방해되지 않는다. 이 순서 및 강학하는 과목은 4자 6경을 두루 순환함으로써 표준을 삼는 것이니, 사자는 먼저 『대학』을 읽고,

그 다음으로 『논어』, 『맹자』, 그 다음으로 『중용』을 읽는 것이다. 주자가 정한 6경이 있으니, 먼저 『시경』과 『서경』을 읽는 것은 즉 주자가 편찬한 의례와 경전으로써 통해를 계속하도록 하는 것이다. 대개 3경이 완전히 전해지지 않는 것은 이것이 이미 정리되어 완서(完書)가 되었는데, 『악경(樂經)』(진시황의 분서로 인해 전해지지 않는다고 함)은 모두 전해지지 않는다. 이 또한 흩어진 것을 모아 편집하였으니 덧붙여 볼 수 있다고 말한다. 이 일경(一經)을 공부하는 것은 가히 예악(禮樂) 두 학문의 근본을 닦는 것이 된다. 그 다음 『역경』과 『춘추』를 공부하니, 『역경』의 본의(本義)를 주로 하며, 『정전(程傳)』(주역정전으로 송대 정이, 정호 형제가 편찬한 책), 『춘추통고사전(春秋通攷四傳)』(일반적으로 '사전춘추'가 존재하는데, 춘추통고사전의 정확한 존재는 알려지지 않음. 사전춘추와 유사한 책으로 추정)을 참고한다. 그리고 또한 호씨의 설에 따라 대의를 삼는 것은 또한 주자의 유지이다. 『소학(小學)』 한 권은 4자 6경의 토대이다. 초학자는 모두 별도로 일과(一課)를 두어 먼저 그것을 힘써 공부하고 소양을 길러야 한다. 그런 후에 차례에 따라 여러 경전에 나아갈 수 있어야 한다.

일. 경서의 과목을 둔 것 이외에 또한 『근사록』, 『가례』와 같은 은자서(殷子書, '은자'는 은나라 기자(箕子)를 지칭함) 및 역대 정사, 선현의 문집 등을 적절히 배열하여 공부한다. 지금 마땅히 가례를 먼저 참고하는 것은 모든 유생이 반복하여 익히고 이해한 연후에 다른 서적을 읽도록 해야 하기 때문이다. 대개 6경에는 예의가 들어 있다. 그리고 고금에 마땅히 공사(公私)가 섞여 있는 것은 사대부가의 일용 상변에 필요한 것이 되니 즉 가례보다 더 필요한 것은 없다. 그러므로 특별히 이것을 하나의 교과로 삼는다. (…중략…)

爲學五條[毅堂集]

立志: 志貴遠大 以天下道理 聖賢事業擔當爲己責而知爲此事一番出世

居敬: 敬以立本 須是正衣冠 尊瞻視常惺惺整齊嚴肅 無適主一而表裏如
一

存心: 心不過形氣性命兩邊知覺而已 心不存則軀殼而已 須要存養後卽
省察形氣之危 而欲其安性命之微 而欲其著大小大是敬

窮理: 自吾之心性 視聽言動五常五倫 以至天地人物莫不窮究 其所以然
與夫所當然 要其判得一是一非

力行: 日用動靜語黙寢食 家國天下莫不有至善 皆處之須要當理而無私
心 尤於一思之動 一言之發愼思無邪 修辭立誠無適無莫義之與比
務要成就一箇是.

번역 위학오조[의당집]

입지: 뜻을 귀하고 원대하게 하여 천하 도리로써 성현 사업을 담당하
는 것을 자기의 책임으로 하고, 이 일을 아는 것으로 세상에
나도록 한다.

거경: 공경으로 본을 세우고 모름직이 의관을 바르게 하고 존경하여
보는 것을 슬기롭고 정제하며 엄숙하게 하여 주를 삼지 않음이
없고 표리가 같게 한다.

존심: 마음은 형기(形氣)와 성명(性命)의 두 주위에 불과함을 지각할
따름이다. 마음이 존재하지 않으면 껍질만 있을 따름이다. 모름
지기 존양(存養) 후에 형기의 위태로움을 성찰하고 성명의 미미
함을 살피고자 하며 대소를 드러내고자 하는 것이 곧 경(敬)이다.

궁리: 나의 심성으로부터 오상과 오륜을 보고 듣고 말하고 행동하되 천지 인물에 이르기까지 살피지 않을 것이 없다. 그리한 연후 마땅히 해야 할 도리로써 옳고 그름을 판단할 수 있어야 한다.

역행: 일상의 동정과 침식에서 말을 삼가고 가정 국가 천하에서 지극히 선하지 않아야 할 것이 없으니 대개 꼭 필요한 것은 사물이 이치와 사심이 없는 것이다. 더욱이 하나의 생각이나 한 마디의 말에서 신중하여 사악함이 없고 진실됨으로 수양하여 의롭지 않음이 없도록 힘써 더불어 하나의 옳음을 이루어야 한다.

근대의 지식과 교육사 관련 자료

1. 지석영(池錫永)의 시무학(時務學)에 대한 상소(上疏)[1]

幼學池錫永疏略. 目下大政, 莫先於安民心. 何則, 我國僻在海左, 從來不曾外交, 故見聞不廣, 昧於時局. 交隣聯約, 俱不知爲何物. 見稍用意於外務者, 則動輒目之以染邪, 誹謗之睡辱之. 凡民之胥動而疑忌者, 不識時勢故也, 民若不安, 國安得治乎?

　第伏念各國人士所著, 『萬國公法』, 『朝鮮策略』, 『普法戰記』, 『博物新編』, 『格物入門』, 『格致彙編』等書 及 我國校理臣金玉均所輯『箕和近事』, 前承旨朴泳敎所撰『地球圖經』, 進士臣安宗洙所譯『農政新編』, 前縣令臣金景遂所錄, 『公報抄略』等書, 皆足以開發拘曲, 瞭解時務者也.

　1) 지석영(池錫永), 국사편찬위원회, 『한국근대사 기초 자료집 2: 개화기의 교육』, 탐구당문화사, 2011, 〈고종실록〉 고종 19년(1882) 8월 29일.

伏願設置一院, 搜集上項諸書. 又購近日各國水車, 農器, 織組機, 火輪機, 兵器等貯之. 仍命行關各道每邑. 選文學聞望之爲一邑魁楚者. 儒吏各一人, 送赴該院. 使之觀其書籍. 深知世務, 有能倣樣造器, 盡其奧妙者, 銓其才能而收用, 又造器者, 許其專賣, 刊書者, 禁其飜刻, 則凡入院者, 無不欲先解器械之理, 深究時局之宜, 而莫不飜然而悟矣. 此人一悟 則凡此人之子若孫及隣黨之素所敬服者, 率皆從風而化之矣. 玆豈非化民成俗之捷徑, 利用厚生之良法乎. 民旣解惑而安堵, 則凡自强禦侮之策, 具載於中國人所著『易言』一部書. 臣不感贅進焉.

번역 유학 지석영 소략. 지금 큰 정치는 민심을 안정하는 것보다 우선할 것이 없습니다. 어찌하여 그런가 하면, 우리나라는 해좌(海左)에 편벽되이 위치하여, 종래 일찍이 외교를 하지 못했고, 그러므로 견문이 넓지 못하여, 시국에 어둡고, 교린 연약(交隣聯約)이 무엇인지 알지 못합니다. 외무에 대한 준비를 조금이라도 볼지면, 곧 염사(染邪)로써 첩목(輒目)을 동(動)하며, 그것을 비방하고, 욕되게 합니다. 무릇 백성이 모두 움직이며 의심하고 기피하는 것은 시세를 알지 못하는 까닭이니, 만약 백성이 불안하면 어찌 국가의 안전한 치세를 얻을 수 있겠습니까?

엎드려 생각건대, 각국 인사가 지은『만국공법(萬國公法)』, 『조선책략(朝鮮策略)』, 『보법전기(普法戰記)』, 『박물신편(博物新編)』, 『격물입문(格物入門)』, 『격치휘편(格致彙編)』 등의 서적과 우리나라 교리 김옥균(我國校理臣金玉均)이 편집한『기화근사(箕和近事)』, 전 승지 박영교(前承旨朴泳教)가 편찬한『지구도경(地球圖經)』, 진사 안종수(進士臣安宗洙)가 번역한『농정신편(農政新編)』, 전 현령 김경수(金景遂)가 지은『공보초략(公報抄略)』 등의 서적은 모두 구곡(拘曲)을 개발하고, 시무를 밝게 이해하기에 족합니다.

엎드려 원하옵건대 한 원을 설치하여 위의 여러 서적을 수집하고, 또 근일 각국의 수차, 농기, 직조기, 화륜기, 병기 등을 구입하여 두고, 각 도와 모든 읍에 명하여 문학(文學)을 선별하고 듣게 하여 일읍의 교초(翹楚)가 되게 하옵소서. 유생 관리 각 1인을 이 원에 부임하도록 하여 기 서적을 보게 하옵고, 세무(世務)를 깊이 알게 하여 모방하여 기계를 만드는 데 능하게 하여 그 오묘한 것을 다하게 하고, 그 재능을 측정하여 수용하고 또 조기(造器)의 전매(專賣)를 허용하고 간행한 서적을 번각하지 못하도록 하면, 곧 이 원에 입학한 자가 기계의 이치를 선해(先解)하고자 하지 않음이 없을 것이니 시국의 마땅함을 깊이 탐구하면 뒤집힘이 없이 깨닫게 됩니다. 이 한 사람의 깨달음은 곧 무릇 그 사람의 자손이나 손자 이웃들의 존경을 받는 바가 될 것이며, 모두 이러한 풍속을 따르면 교화가 될 것입니다. 이것이 어찌 백성을 교화하여 풍속을 이루는 첩경이 되지 않으며, 이용후생의 양법이 되지 않겠습니까? 백성이 이미 의혹을 풀고 평안함을 정하는 일이니 곧 스스로 강해지며 모멸감을 막는 방책이 될 것이니, 중국인이 지은 『이언(易言)』2) 일부의 글에 실려 있는 바이니, 신은 감히 번거롭게 진언하는 바입니다.

---

2) 『이언(易言)』은 청나라 사람인 기우생(杞憂生) 정관응(鄭觀應)의 저서로 알려져 있다. 그는 미국 선교사로부터 영어를 배운 뒤, 상해, 홍콩 등지에서 30년간 외국 상사와의 교역일을 맡아 보았던 사람으로, 서양인과의 교제 및 서양 문헌을 참고하여 이 책을 저술한 것으로 알려져 있다. 초판은 1871년 저술된 것으로 알려져 있는데, 광서 원년(1875) 왕도의 서문과 기우생의 자서가 붙어 있는 책이 출판되었으며, 1880년 수신사 김홍집이 일본에 갔다가 귀국하면서 황준헌으로부터 이 책을 기증받아 국내로 들여 온 뒤, 1883년 4권 4책으로 언해하였다.

2. 『한성순보』 제15호(1884.3.18) 각국근사

各國學業所向

泰西各國學業亦如服制之大同小異. 民間學校以本國語言文字爲宗 其
過程讀書作字筆算心筭地球圖說等事率多一致. 大書院則以希臘羅馬古
文爲正課 繼以測算格致而終成於醫法學性道諸學焉. 其崇尙希臘羅馬
古文者 因二國開化早相繼而興 征服三大洲諸邦 故其文博之極廣. 希臘
文化昉於周初有聲者 賀梅爾擅絶世之才歌詠諸邦 戰蹟庶民心感多黙識
之. 迨東周時士人仿其體裁爲詩 亦有因之別爲戲文者. 故泰西戲文自希
臘始.

蓋彼時未有刊成書籍 所以古之紀載每談戲臺 以演之民之耳聽 而目視
者藉以勸懲不啻身列膠庠而面承訓誨也. 雖不讀書而於歷代事蹟罔不周
知. 至周末時 性理之學大興 分門別戶列爲百家交相論說 漸入虛無. 惟索
格底 布拉多 額利斯多 三人有聖賢之目. 索氏以格致誠正修齊治平爲急
務. 布氏原出於索氏之門 復將師傳推而廣之. 額氏學出於布氏旋另行設
敎布氏 以性道之學爲大旨. 額氏以格致之學爲要歸. 彼時測算格致未若
後世精詳 不過試創其端而已之三人者 無不敬如神明立論皆宗. 其說迄
於明初始改轍而易途焉. 羅馬肇建自周平王時 雖民情强悍而俗尙公義武
力 遠邁於希臘 而文德則不及焉. 故征服希臘後 遂習其文學卽本國詞章
以及性理諸學 亦悉仿之自希臘式微 而國勢始强盛 在前漢時 西國無有
與之抗顔者積漸 而波斯迤西諸邦皆歸其轄屬.

故文字廣爲流傳 而最重法律 今各國之法學 其源多出於羅馬. 中古之
時 其文字仍是通行 而學士尤羨其詞章 如華士習古學 而爲古文者 然三
四百年來 英法德各文漸興 而漸精不惟詞章不遜於希臘羅馬 卽算格諸學

亦能深造而駕乎其上矣. 古之測算 不過幾何代數而已 卽格致亦惟前人 成法是循 至明代始知徒讀往籍於實事無濟遂屏絶古人之說 而振興其新 學焉. 蓋欲致知不在博覽群書 而貴卽物以求理也. 如煉丹家妄求長生之 藥 點化黃白之術. 其術本於中華 後始流傳於西方 其煅煉鉛汞 雖未有成 而化學之理 卽由此而出. 又如測算家 義之戞里留 英之奈端 法之德戞爾 德之萊布尼玆 等由測算 以及格致之理 因而其學大興. 又如哥伯尼 格布 萊 不從古說 不以我區區地球居天之中 而以大百餘萬倍之恆星 卽太陽 居中旋經 創造遠鏡 故星學之理因此 而明時 至明末 英國 大司寇 培根者 公餘之暇著格致實義一書. 伊雖非專於筭學 亦未審驗 動植之品調變五 行之質 然亘古以來 各國最有功於格致之學者 無能逾之.

蓋深悉學問之道 苟不究 夫物理之本 而僅求諸文字之末 則所學虛薄 無憑 欲廣知識 若非探索物理 何能其確據 於是編成卷帙 嘉惠士林. 其論 各學 如指定某彊某土明示 以如何規畫 無不曲盡其微. 大學云 致知在格 物 卽此意也. 惜聖門於格致之理 竟爾失傳 而培根所論 悉宜底蘊 昔諸國 之士 雖偶有致力於格致者 自培根之書出其學 始興焉. 夫至無際荒野 而 欲分途尋徑 自非一人所能爲矧觀天察地. 又一人之力所能及乎. 此言創 學 非言讀書於是各專一門 而星算格化 諸科因之日新月盛 以闡古人未 發之秘 其初不過討論 其理未嘗計 及其用迨 後世得氣機電機之力 與夫 化學之功 始知富强之術 卽寓其中 不但學者視爲要務 卽諸國亦以爲學院 課程之大宗 蓋知貧弱之國 由可以至於富强之國 亦可由之而富强倍蓰焉.

번역 서양 각국의 학업 역시 그 제도가 대동소이하다. 민간 학교서 는 자기 나라의 언어·문자를 위주로 가르치는데 그 과정은 독 서, 작문, 필산(筆算), 심산(心算), 지구도설(地球圖說) 등으로 거의 일치 하고, 대서원(大書院)은 희랍어, 로마 고문을 정과(正課)로 하고 이어,

측산(測算), 과학을 거쳐 의학, 법학, 성도(性道: 철학) 등 여러 학문으로 끝낸다. 그들이 그리스어와 로마 고어를 숭상하는 것은 그 두 나라의 문명이 제일 먼저 발달해 서로 이어서 3대주(三大洲) 여러 나라를 정복, 그 글이 아주 널리 전해졌기 때문이다. 그리스는 중국 주(周)나라 초기 무렵에 장님인 하매이(賀梅爾, 호메로스, Homēros)란 자가 천재적인 재주로 여러 나라의 전적(戰蹟)을 노래해 서민을 감동시켰다. 중국 동주(東周) 무렵에 사인(士人)들이 그 체재를 모방하여 시를 지었으며, 또 별도로 희문(戱文)이란 것이 있었다. 그래서 서양의 희문은 그리스에서부터 시작된 것이다. 그러나 처음에는 책으로 간행되지 않고 매번 희곡 무대에서 연출해서 백성들이 귀로 듣고 눈으로 보고는 자신의 병통을 권선징악(勸善懲惡)하는 면전(面前)의 교훈을 이어갔다. 그래서 책을 읽지 않고도 역대의 사적을 다 알 수 있었다. 주나라 말엽에 성리학(性理學)이 크게 발달하여 각 파로 나뉘어 백가(百家)가 논설(論說)을 주장해 점점 허무의 학문으로 빠져들었다. 그 중 삭격저(索格底, 소크라테스), 포납다(布拉多, 플라톤), 액리사다(額利斯多, 아리스토텔레스) 3인이 성현이라 일컬어졌다. 삭격저는 격치성정(格致誠正)과 수제치평(修齊治平)을 급무로 삼았고, 포납다는 원래 삭격저에게서 나와 스승의 학문을 넓혔으며, 액리사다는 포납다에게서 배워 별도의 학파를 세웠다. 포납다는 성도(性道)의 학을 종지(宗旨)로 삼고, 액리사다스는 격치(格致)의 학을 요지로 삼았다. 그때는 측산(測算), 격치(格致)는 후세처럼 자세하지 못하고 단지 그 단서만 열렸는데, 세 사람을 모두 신명(神明)처럼 존경하고 그들의 입론(立論)을 모두 종지(宗旨)로 삼다가 명나라 초기 개역(改易)하여 다른 길을 밟았다. 로마는 주평왕 때에 건국하였다. 비록 백성들이 난폭했으나 풍속은 공의(公義)를 숭상했다. 무력이 그리스까지 뻗치었으나 문덕(文德)은 그리스에 미치지 못하였기 때문에 그리스를 정복한 후에 그리스의 문학(文學)을 배웠다. 그래서 로마의 사장(詞章)이나 성리학(性理學) 등 여러 학문은 모두 그리스를 조금씩이라도 모방한 것이며, 나라의 형세가 점차 강성해져서 전한(前漢) 때는 서양에는 로마를 대적할 나라가 없고 점차 파사(波斯, 페르시아) 서쪽 여러 나라가 모두 그들이 관할하는 속국이 되었다. 그래서 그 문자가 널리 전파되었고, 그중에서도 법률을 제일 중요시하여 지금 각국의 법학은 그 근원이 로마에서 비롯된 것이 많다. 중고(中古) 시대에 그 문자가 통행하였는데, 학사(學士)들은 더욱 문장을 숭상하여 마치 중국 선비들이 고학(古學)을 익혀 고문(古文)을 숭상하듯 하였다. 그러나 삼사백 년 뒤에 영국, 프랑스, 독일에서 문예가 점점 흥하고 정미해져 문학만 그리스나 로마에 뒤떨어지지 않을 뿐만 아니라 측산(測算), 격치(格致)의 모든 학문도 깊이 연구해서 그들의 위에 서게 되었다. 옛날의 측산(測算)은 기하(幾何), 대수(代數)에 불과했으며, 격치(格致) 역시 앞 사람들의 것을 이어오다가 중국 명대(明代)에 와서 비로소 한갓 옛 서책만을 읽으면 실사(實事)가 이루어지지 않음을 알았다. 그래서 옛 사람들의 설(說)을 무시하고 신학(新學)을 진흥시켰다. 이는 대개 과학은 여러 가지 책을 두루 보는 것에 있지 않고 물건에 대하여 이치를 연구하는 데 있다고 생각해서이다. 연단가(煉丹家)들이 망령되이 불로장생의 약을 구하고 황백(黃白)의 술법을 공부했으니, 그 술법은 본래 중국에서 나와 후에 서방에 전해진 것이다. 그들은 납과 수은을 단련하여 합성하지는 못했으나 화학의 이치는 이에서 나온 것이다. 또 측산가(測算家) 이태리의 알류리(戞里留, 갈릴레오), 영국의 내단(奈端, 뉴튼), 프랑스의 덕알이(德戞爾, 데카르트), 독일의 내포니자(萊布尼玆, 라이프니츠) 등이 측산에서 격치의 이론을 세워 그 학문이 크게 흥했다. 또 가백니(哥伯尼, 코페르니쿠스), 격포래(格布萊, 케플러)

등은 고설(古說)을 따르지 않고 우리 하찮은 지구는 하늘의 중앙에
있는 것이 아니라 크기가 1백만 배나 되는 항성인 태양이 하늘의 중앙
이라고 하였다. 그가 망원경을 발명했기 때문에 천문학이 이로 인하
여 발달하였다. 명나라 말기에 영국의 대사구(大司寇) 배근(培根, 프랜시
스 베이컨, Francis Bacon)이란 사람이 공무 여가에 『격치실의(格致實義)』
(본명은 '학문(學問)의 진보(進步)', De dignitate et augmentis scientiarum) 1권
을 저술했다. 이 책은 비록 산학(算學)에 대해서만 전적으로 기술한
책이 아니며, 또 동식물에 대한 실험이나 오행(五行)에 대한 연구서는
아니지만 예로부터 지금까지 각국의 과학에 공을 끼친 책으로 이보다
나은 책은 없었다.

　대저 학문을 자세히 연구하는 방법은, 물리(物理)의 근본을 따지지
않고 겨우 책에서 얻으려 하면 그 학문이 허무하여 증명할 수가 없으
며, 지식을 넓히려면 물리를 탐색하지 않고 어떻게 확실히 증거하겠
는가. 그래서 그는 한 권의 책을 만들어서 학자들에게 덕을 미쳤다.
그가 논한 각종 학문은 마치 어느 지역, 어떤 선비를 지정하여 어떻게
하면 규획(規畫)할 수 있는가를 아주 자세하게 설명하였으니, 『대학(大
學)』에 말한 '치지(致知)는 격물(格物)에 있다.'라고 한 뜻이 바로 이런
뜻이다. 옛날 성인의 격치(格致)하는 이치는 애석하게도 전해지지 않
는데, 배근(培根)의 이론이 아주 마땅하고 자세하다. 옛날 여러 나라
학자들이 과학에 힘을 써왔지만 배근(培根)의 책이 출판되면서부터
그 학문이 발달하게 되었다. 끝없이 망망한 황야(荒野)에서 길을 찾는
일도 혼자서 할 수가 없는데, 더구나 하늘과 땅을 관찰하는 일을 어찌
한 사람 힘만으로 되겠는가. 이는 학문을 말하는 것이요, 독서를 말함
이 아니다. 그래서 각각 한 전문 분야를 맡아서 연구해 천문, 산수,
과학 등 제과목이 그 때문에 날로 발전해서 옛날 사람들이 발명하지

못한 은미한 것을 밝혀내고 있다. 처음에는 그런 이치에 대해 토론만 하고 이용을 생각하지 못했는데, 후세에 기계, 전기의 힘과 화학의 효용을 이용하게 되었다. 그래서 부강(富强)하는 방법이 거기에 있음을 알게 되어 학자들만 중요히 여길 뿐만 아니라 여러 나라에서 학교의 주된 과목으로 채택하였다. 이는 가난한 나라는 이런 학문으로 말미암아 부강하게 되고, 부강한 나라도 이로 말미암아 더욱 부강하게 됨을 알아서이다.

(이 번역문은 관훈클럽신영연구기금(1983) 『한성순보·한성주보 번역판』을 기본으로 수정한 것임.)

學校

泰西諸國莫不建學校 人民其法大畧相同. 凡學校分爲大中小三等. 小學校設之於閭井之間. 其數曰普通皆生民日用之資也. 視其土地廣狹戶口繁凋 或一鄕而一校 或二三焉. 不論貴賤男女齡五歲至十三歲 許令就學 非有事 故不敢嫩惰間斷 名曰學齡. 其財費本從該地人民出力應辦 或以富者之醵財 生徒之謝金. 否則府縣政府補助之. 中學校則府縣各設二三處 使齡十四以上 旣通小學校之業者就學焉. 有農業工業商業洋語等 諸科各令專究一業 以資生利. 大學校設於國都之中 有理學 化學 法學 醫學等 諸科 而生徒皆聰明才器 有志於治國經世者也. 又別立學校曰師範學校. 小學校之業 及敎授程式 待其精通以補小學校之敎師. 凡諸學校 分其學科爲數級 察能否 獎勵生徒 考勤惰黜陟 敎師. 若有貧乏之不能就學者則自府縣政府頒其楮管給 其衣糧勸令就學. 若有晝勤生業 無暇咿唔者另建夜學校 以敎之. 又有廢人學校 令啞人盲人 各受適宜之敎. 又有獄囚內學校 使罪囚受書筭之學問德義之說 令悔過進修. 凡以國庫之財專充

費用謂之官立學校, 以公共之力辦其費用之公立學校, 人民私設不借政
府之力 謂之私立學校. 皆自文部省統之監督事務. 故學校歲增 生徒日進
道無不挾冊 童幼戶罕不讀書男女 有才無不充之歎 爲國享作人之功. 此
泰西學制之一斑也. 今錄普魯士國學制 如左以推其餘.

　普魯士國 各地設小學校 使學齡童幼受其敎 立委員治事務 父兄令子
弟就學則每七日都會之地 以銅貨七十五文 鄉村以七文半爲謝錢 富者以
一千三百五十文爲三月謝錢 以給費用. 貧困者全免謝錢 子弟二人以上
就業者蠲其半 亦或微斂於該地民人辦給其費 此普魯士學制也. 列錄等
科如左.

　　小學校 第一, 商民學校 第二, 洋語技術校 第三, 師範學校 第四, 中學校 第五,
　　工業學校 第六, 建築學校 第七, 鑛山學校 第八, 農業學校 第九, 獸醫學校
　　第十, 大學校 第十一.

　都會小學校 鄉村小學校之別在於學科之異. 其所敎之學科備列如左.
一讀書, 二習字, 三地理書楷梯, 四日耳曼史記, 五加減乘除, 六普通地理
書, 七世界各國史記, 八分數術, 九比例術, 十級數.
　竊嘗論之國家之理亂世 敎之汙隆 惟係人材之衆寡 草茅編戶之下曷
嘗無非常之文士哉. 非在上之人鼓舞 而作成之則何由興起也哉. 余觀西
國學制 推以知西國之富强由於作人之有術也. 捨短用長 古訓修著取人
爲善前聖所貴. 有志於爲國者 曷不柯鑑 而損益之以夏序 周庠之制3) 督

---

3) 하서주상지제(夏序周庠之制): 하나라의 학교 서(序)와 주나라의 학교 상(庠)의 제도『소학』
　내편 '입교 제일'에서 "學記曰 古之敎者 家有塾 黨有庠 術有序 國有學(예기의 학기에 이르기
　를 가르치는 곳으로 가에는 숙이 있고, 당에는 상이 있으며, 술(州)에는 서가 있고, 국에는
　학이 있다)."라고 하였다.『소학언해』에서는 당(黨)은 오백 집이 당을 이루고, 이천오백
　집이 술(州)를 이룬다고 하였다.

格致治平之學. 謝金焉無 或剝民罪廢焉制 其程式黜陟勤惰悉如西國之
法 各受其業賢能分職俊彦 日章治敎之熙洽. 吾道之光明 指日可期 而蕾
養植庇待人安功 民國之富庶戎政之繕諸執契可俟何憚而不爲哉.

4) 서양 각국에서는 어느 나라를 막론하고 학교를 세워 국민을
가르치고 있는데, 그 법은 대략 서로 같다. 대체로 학교를 대학,
중학, 소학 3등으로 나눈다. 소학교는 마을 사이에다 세워 보통교육을
실시하는데, 국민의 일상생활의 기본이 되는 것을 가르친다. 소학교
는 토지의 광협(廣狹)과 인구의 많고 적음에 따라 혹 한 고을에 한
학교를 세우기도 하고, 혹은 이삼 개를 세우기도 한다. 빈부귀천을
막론하고 남녀 모두가 5세에서 13세까지 취학을 허용하는데, 사고가
없으면 감히 게으름을 피우거나 중단하지 못하니 이를 학령(學齡)이라
한다. 그 재정은 본래 그 지방의 국민이 거두어 충당하지만 혹 부자들
의 기부금과 생도들의 사례금으로 충당하기도 한다. 그렇지 않으면
부현(府縣), 정부(政府)의 보조금으로 운영한다. 중학교는 부현에서 각
이삼 개를 설치하여 14세 이상으로 이미 보통학교를 졸업한 자가 취
학한다. 중학교는 농업, 공업, 상업, 양어(洋語)의 과(科)가 있어 각각
한 가지를 전공하게 하여 생업에 도움이 되게 한다. 대학교는 나라의
수도에 세우는데, 이학(理學), 화학(化學), 법학(法學), 의학(醫學) 등의
과가 있다. 생도들은 모두 총명과 재기가 있어, 장차 치국경세(治國經
世)에 뜻을 둔 자들이다. 또 국립학교에 사범학교가 있는데, 소학교의
과목과 교수법을 가르쳐 정통하게 되면 소학교 교사에 임명한다. 모

---

4) 이 번역문은 관훈클럽신영연구기금(1983) 『한성순보·한성주보 번역판』을 기본으로 수정
한 것임.

든 학교는 그 학과별로 몇 개의 학급으로 나누어 학업 성적의 능부(能否)에 따라 생도를 장려하고, 부지런하고 게으른 것을 고과하여 교사를 내쫓기도 하고 올려주기도 한다. 또 만약 집이 가난하여 취학하지 못하는 자는 부현(府縣), 정부(政府)에서 학비와 의식을 지급해 취학하도록 한다. 또 낮에 일을 해서 시간이 없는 자가 총명하면 별도로 야간학교를 설립해서 가르치기도 한다. 또 폐인(廢人)학교가 있으니 거기서는 벙어리, 맹인 등을 각각 적당한 방법으로 가르친다. 또 옥내(獄內) 학교가 있어 죄수들로 하여금 글과 산수를 배우게 해서 죄과를 뉘우쳐 수양하게 된다. 대저 국고의 재정으로 비용을 충당하는 학교를 관립학교라 하고, 공공기관의 재정으로 충당하는 것을 공립학교, 국민들이 사사로 설립해 정부의 도움을 받지 않는 학교를 사립학교라 하는데, 모두 문부성에서 통괄해서 사무를 감독하기 때문에 학교가 해마다 늘어나고 생도가 날로 증가해서, 길에는 책을 끼고 다니지 않은 아이가 없고, 집에는 남녀의 책 읽는 소리가 나지 않는 집이 없으며, 재주가 있고도 쓰이지 못하는 탄식이 없으니, 나라를 위해 인재를 기른다 하겠다. 이는 서양 각국의 제도가 다 같다. 이제 보로사(普魯士, 프러시아)국의 학제를 아래에 적으니 이로 나머지도 미루어 보기 바란다.

보로사(普魯士)는 각지에 소학교를 설립해 학령이 된 아이들로 하여금 배우게 한다. 위원회를 설치해 사무를 관리하고, 자제를 취학시킨 부형은 도회지라면 7일에 동화(銅貨) 75문(文)을, 시골은 7문 반(文半)을 사례금으로 낸다. 부자는 1천3백50문을 3개월 동안의 사례금으로 내 비용에 쓰며, 빈곤한 사람은 사례금 전액을 면제한다. 자제 둘 이상을 보내면 반을 면제하며, 혹 그 지방민들에게 비용을 거두기도 한다. 이상이 프러시아의 학제인데, 그 과(科)를 다음에 열거한다. 소학교(小

學校) 제1, 상민학교(商民學校) 제2, 양어학교(洋語學校) 제3, 사범학교(師範學校) 제4, 중학교(中學校) 제5, 공업학교(工業學校) 제6, 건축학교(建築學校) 제7, 광산학교(鑛山學校) 제8, 농업학교(農業學校) 제9, 수의학교(獸醫學校) 제10, 대학교(大學校) 제11.

도회지의 소학교와 시골 소학교는 가르치는 학과가 다르다. 그 가르치는 학과를 적어보면 다음과 같다.

1. 독서(讀書), 2. 습자(習字), 3. 지리서해제(地理書楷梯, 입문), 4. 일이만 사기(日耳曼史記, 독일역사), 5. 가감승제(加減乘除), 6. 보통 지리서(普通地理書), 7. 세계 각국 사기(史記), 8. 분수술(分數術), 9. 비례술(比例術), 10. 급수(級數).

일찍이 국가의 난세를 다스리는 이치는 교육의 쇠약과 융성에 달렸으니, 오직 인재의 많고 적음에 관계하는 일이다. 시골 초라한 집이라고 해서 어찌 비상한 재주를 지닌 사람이 없겠는가. 그런 사람들은 위에 있는 사람이 고무하여 이끌어 주지 않으면 어떻게 흥기(興起)하겠는가. 내가 서양의 학제를 보고 서양의 부강함이 인재를 양성함에서 말미암았다는 사실을 미루어 알았다. 단점을 버리고 장점을 쓴다는 말은 고훈(古訓)에도 있으며, 인재를 잘 쓰는 것은 옛 성인도 귀하게 여긴 바다. 나라를 다스리는 데 뜻을 둔 자는 어찌 거울삼아 하(夏)나라의 서(序, 학교 이름)나 주(周)나라의 상(庠, 학교 이름) 제도를 손익(損益)하여 격치(格致), 치평(治平)의 학문을 장려하지 않아서야 되겠는가. 사례금을 너무 가혹하게 하지 말고, 죄를 주고 폐(廢)하는 것을 그 방식대로 하고, 내쫓고 승진시키는 것을 부지런하고 게으름에 따라 하기를 모두 서양 법대로 하여 각각 그 업을 배워 현능(賢能)에 따라

직을 나누면, 준재들이 날로 창성하여 정치가 밝아지고 우리 도(道)가 광명해질 것을 기약할 수 있으며, 각종 산업을 발전시키는 것은 사람이 공을 들여야 하며, 나라의 부국강병은 금방 이루어질 것이니 무엇을 꺼려서 하지 않겠는가.

3. 『한성주보』 제1~3호 논학정(論學政)

『한성주보』 1886.1.25(음 1885.12.21)~제3호(3회 연재)

▲ 제1호(1886.1.25) 〈私議〉 論學政 第一

夫治國之道莫先於敎化. 敎化之道莫先於立學. 學者所以牖民生之心志開. 民生之耳目使之有知覺. 知覺明於內則万事應於外如鑑之造物妍媸(연치)自形如衡之稱物輕重自衒(현). 故古者王宮國都以及閭巷莫不有學, 上自天子之元子衆子以至公卿大夫元士之嫡子與凡民之俊秀, 人生八歲皆入小學十五以上皆入大學, 敎之以愛親敬長格物致知之要, 以是而人倫明於上, 敎化行於下士皆得大有之樂民皆享人壽之福矣. 叔季以降 學政弛而不張 庠序廢而不興爲民者疎於愛敬之道 爲士者昧於格致之方, 然而能治其國者未之有也.

現査歐洲各國之獨擅(천)富强者 亦未必不由專以敎化爲治國之要也. 歐洲各國必設學校分爲三等 曰小學校設於閭正之間 其敎曰普通皆生民普通之資也, 視其土地廣狹戶口繁榮 或一鄕而一校焉, 或二三焉, 不論貴賤男女齡五歲至十三歲 皆令就學非有事. 故不敢倫惰間斷 名曰學齡. 曰中學校則府縣各設二三處使齡十四以上旣通小學之業者就學焉. 又有農

學工學商學語學等 各令專究一業 以資生利. 曰大學校設於國都之中 有
理學法學醫學兵學等諸科 而其生徒皆聰明才器有志於治國經世者也.
凡自政府辦財充費者謂官立學校, 以公共之力辦充者謂公立學校 自人民
私設不借政府之力者謂之私立學校, 皆掌教衙門監督事務, 學校漸增生
徒漸進道無不挾冊童幼戶罕不讀書. 男女而其入學遊藝者 皆有以知其才
分之所固有職分之所當爲 而各勉焉以其力. 故使之農桑而農桑日盛使
之. 貿易而貿易日振使之. 製造而製造日精引伸觸長能事畢矣. 此所以歐
洲各國之獨擅富强者也.

　竊惟我朝鮮自殷師東渡　設八條而施民教化　内自京都以至邊陬(변추)
僻邑莫不有學校之設. 然近時專尙功令而至於格致之學措 而不講可勝歎
哉, 如閭正常民以學校爲無補於生利 喜就之者甚稀. 雖欲毆之而就學 尙
且不肯所謂就學者獨爲士以上之業矣. 若使學校不張於今日則將何以教
化斯民乎, 洪惟我

　主上睿聖文武而有君師之之德 臣下有其人輔弼無所不及 故士民之留
心 時務者日望學校之益張 講明格致之道 皆曰莫若做 西制設學校使之
爲需世之器 亦以爲資生之本則雖至愚下民 皆樂赴而就學焉豈不盛 且我
國業與海外各國締約而款和和則競商利 戰則競兵利 然而我國將此不教
之民欲與競爭輸贏難矣. 噫 學政一月不張則我國旣輸一步也, 五月不張
則我國旣輸五步也. 一年二年而終不張則何以保我國乎. 然則我國今日
之務 莫急於學政而張之 如何在於廣立學校 以復古人教化之道 兼農商
工兵醫術而已. 請逐號細論之矣.

論學政 二, 〈한성주보〉 1886.2.1.

夫教民之道在於使民有恒産 孟子曰明君制民之産 必使樂歲終身飽 凶

年免於死亡. 然後驅而之善 故民之從之也輕, 若腹飢不得食 膚寒不得衣 雖慈父慈母 不能保其子 君安能以敎其民哉. 盖制民之産之法 有四焉, 曰農 曰桑 曰工 曰商. 農者勤於服田, 桑者勤於蠶織, 工者勤於製造, 商者勤於貿遷. 各執其業 以殖貨財利 其用厚其生則民以之給足 國以之富强矣. 方今歐洲列國獨擅富强於天下者, 不以人民之多寡, 亦制民産殖貨財而已. 所謂制産殖貨之術我則株守舊規而彼則刱出新裁無所不周以言乎. 農耕則同一種褥也, 我用人力而彼用汽力, 同一肥料也, 我以收拾得之而彼而化學製之以言乎. 蠶桑則同一杼織也, 我用人指而彼用器械以言乎. 工匠則同一製造也, 我用人巧而彼以機巧以言乎. 商販則同一貿易也, 我用獨運而彼用會社. 以至舟車鎗礮電鑛貨幣莫不彼巧而我拙彼速 而我遲彼銳而我鈍 則我國今日急務莫如取彼長 補我所短 棄我所短則彼所長以之制産殖貨 而日富强也, 今日有人於斯家有貧乏則猶取之於其隣 獨於理國家則不然亦見其惑之之甚也. 說者曰 我之所長先王仁義之道 彼之所長季世機巧之術, 雖欲取以爲其用於不適 何是大不然, 何則制産殖貨之術不過創意模倣二者. 譬之我國賦詩屬文能發古人之所未言者卽所謂創意也, 使其格調擺於古人者卽所謂模倣也. 然則歐人創造火輪舟車機器 而各國之模倣者亦何異於此哉. 況乎我國士民身體之强壯 智識之發達不多讓於歐人 使之萃精會神講究論難則何求而不獲 何學而不成 歐人之所以殖貨者 亦非天降地出神運鬼輪, 惟在人工之如何也. 今爲我國計者 使貴賤嬰孩皆入學校 而普通殖貨之術果得其宜則使之營一家 而一家殷富 使之治一邑 而一邑繁庶乃以輔佐.

君主則國有餘財民有恒産 而富强之策想不讓於歐洲各國也, 餘意將續登言.

論學政 三: 〈한성주보〉 1886.2.15. 제3호

夫學政者治國牖民之大權輿也. 雖上智未有不資學而成 雖下愚亦未有不由學敎化者矣. 我國於性命義理之學 其法可謂寢備 而於錢穀甲兵之術 農工商賈之說未 可曰周悉爲今計 莫若設立學政區別學類無相混淆得以成就則治國之道牖民之術 可以益備矣. 今歐洲學制分類學科 各成一門如小學校則其於需世實用補益匪淺也, 其科有一十四門記之於左

學文	習字	加減乘除	地理初步	世界誌略	物理初步
本國史略	各國史略	比例算	利息筭	級數算	仁義學初步
農工商等學大意	畵學大意				

此外大中各學校皆莫不分類學科 而學校漸高則學業漸繁 近見日本亦倣歐制設有職工學校 若卒業該校亦不過僅爲工人而其學科則以就學四年爲期前一年則敎習學科凡有八門如左.

代數學　對數用法　幾何學　三角術　物理學　化學　畵學　畵法幾何學

後三年則有化學工藝與器械工藝之別使學生獨學其一焉　化學工藝則學科凡有一十門如左.

| 無機化學 | 有機化學 | 分析化學 | 應用化學 | 重學 | 畵學 |
| 職工經濟學 | 簿記學 | 實地講習 | 修身學 | | |

器械工藝則學科凡有一十三門如左.

數學	物質强弱論	手操工具論	機巧工具論	發動機論
重學	畫學	製造所用器械論	工場用圖	職工經濟學
簿記學	修身學	實地講習		

凡歐洲大中小學校 皆敎以本國文字言語事物 無有所沮而其交 以二十六字母相連相生分合成聲 與我國諺文毫無珠異 以之敎習初學者費工二三朔 便可讀書作文 以之記述凡百書籍, 初不用力於誦讀 亦可曉解義理 或爲貧民資者 雖學一朔 文辭足用 比於東洋學制則便否不啻宵壤也. 然則我國設立學校 亦當以諺文敎習學生 自孔孟聖賢之書以至歐人殖貨之術 皆用諺文繙譯之 數十年就學無累於家計者則傍令學習漢交可做鴻儒. 如是則學校普便敎化周洽矣. 我國素無分類學科之制 況於近時 始開之學術敎之 以諺書則學士大夫擧皆恥於入學矣. 惟願秉軸諸公議 自政府特設繙譯處 盡以諺文記述 各種學科另成一冊頒布國內 使士民周知其便且自政府補助學費激勸奬厲則學將不日而大張矣. 西語曰朝鮮有邦文 比於東洋各國 尤爲簡便 若朝鮮士民利用邦文 咸得其宜則其政學政必冠於東洋.

번역 5) **논학정 1**

나라를 다스리는 방법은 교화(敎化)를 먼저 하는 것이 제일이고, 교화의 방법은 먼저 학교를 세우는 것보다 더 중요한 것은 없다. 학교는 민생의 심지를 유도(牖導)하고 백성의 이목을 열리게 하여 민생으로

---

5) 이 번역문은 관훈클럽신영연구기금, 『한성순보·한성주보 번역판』, 1983을 기본으로 수정한 것임.

하여금 지각(知覺)이 있게 하는 곳이다. 마음속에 지각이 밝아지면서 밖에서 오는 만사(萬事)에 대응하는 것이 거울에 물건을 비추면 물건의 미추(美醜)가 절로 드러나고 저울로 물건을 달면 경중(輕重)이 절로 나타나는 것과 같이, 선악(善惡)과 사정(邪正)에 대한 구분이 분명하여지는 것이다.

이런 까닭에 옛날에는 왕궁(王宮) 국도(國都)에서부터 여항(閭巷)에 이르기까지 학교가 없는 곳이 없었다. 위로 천자(天子)의 원자(元子)·중자(衆子)와 공경대부(公卿大夫)·원사(元士)의 적자(嫡子)와 범민(凡民)의 우수자(優秀者)에 이르기까지 8세면 모두 소학(小學)에 들어갔고, 15세 이상은 모두 대학(大學)에 들어갔다. 그리하여 어버이를 사랑하고, 어른을 공경하는 것, 격물치지(格物致知)의 요점을 교육시켰다. 이 때문에 인륜이 밝아지고, 교화가 시행되어 선비들은 모두 큰일을 할 수 있는 즐거움을 지녔고, 백성들은 모두 인수(仁壽)의 복을 누렸던 것이다. 말세(末世)에 와서는 학정(學政)이 해이(解弛)되어 확장되지 못했고, 학교가 폐기되어 흥기되지 못했으므로, 백성들은 어버이를 사랑하고, 어른을 공경하는 도리에 익숙지 못하고 선비들은 격물치지의 방법에 깜깜하게 되었다. 이렇게 하면서 나라가 잘 다스려지는 경우는 없는 것이다.

현재 구주(歐洲)의 여러 나라들이 유독 부강을 과시하고 있는 것은 전혀 교화를 나라 다스리는 요점으로 삼은 때문이 아니라고 할 수 없다. 구주의 여러 나라들은 반드시 학교를 3등으로 나누어 설립한다. 소학교(小學校)는 여정(閭正) 사이에 설립하는데 그 교육의 내용은 보통적인 것이다. 즉 모든 백성들이 보통적인 도움을 받을 수 있다는 뜻이다. 토지(土地)의 넓이와 호구(戶口)의 번성에 따라 한 고장에 하나 또는 두세 개의 학교를 설립하기도 한다. 남녀 귀천을 막론하고, 5세에서 13세까지 모두 취학(就學)하게 하며, 특별한 사고가 없는 한 감히 회피하거나 그만 둘 수 없다. 소학교에 입학할 나이를 학령(學齡)이라고 한다.

중학교(中學校)는 부현(府縣)에 각각 2~3개를 설립하는데 14세 이상으로 소학교의 과정을 수료한 자를 취학시킨다. 또한 농학(農學), 공학(工學), 상학(商學), 어학(語學) 등의 학교가 있는데, 각기 한 가지씩을 전문으로 연구하여 생리(生利)에 도움을 주게 한다.

대학교(大學校)는 국도(國都)에 설립한다. 여기에는 이학(理學), 법학(法學), 의학(醫學), 병학(兵學) 등 제과(諸科)가 있고 그 생도는 총명하고 재능이 있어 치국경세(治國經世)에 뜻을 둔 사람들이다.

정부에서 재정을 마련하여 비용을 지출하는 학교를 관립학교(官立學校)라고 하고, 공공(公共)의 재력으로 비용을 지출하는 것을 공립학교(公立學校)라고 하고, 인민(人民)이 개인적으로 설립하여 정부의 힘을 빌지 않는 학교를 사립학교(私立學校)라고 한다. 이 모든 학교들은 장교아문(掌教衙門)에서 사무를 감독한다.

학교가 점점 증가하고 생도가 많아짐으로써 길에는 책을 가지고 다니지 않는 아동이 없고, 집에는 글을 읽지 않는 남녀가 없게 된다. 학교에 들어가서 기예(技藝)를 익히는 사람들은 모두 자기가 타고 난 재분(才分)과 직분상(職分上) 의당 해야 될 것이 무엇인가를 알아서 각각 면려(勉勵), 자신의 힘을 끝까지 다 기울인다. 이 때문에 농상(農桑)에 종사시키면 농상이 날로 성대해지고, 무역을 시키면 무역이 날로 진기(振起)되고, 제조(製造)에 종사시키면 제조가 날로 정밀해져서 장점을 더욱 개발하여 가므로 할 수 있는 일을 다 하게 된다. 이것이 유럽의 여러 나라들이 유독 부강함을 과시하게 된 이유이다.

삼가 생각건대 우리 조선은 기자(箕子)가 동쪽으로 건너와서 8조목을 설치하여 백성에게 교화를 실시함으로부터 안으로 경도(京都)에서 밖으로 궁벽한 고을에 이르기까지 학교가 없는 곳이 없었다. 그런데 근세에 와서는 전혀 공령(功令)만 숭상할 뿐 격물치지의 학문은 방치한 채 강론하지 않고 있으니, 탄식을 금할 수 없다. 여정(閭正)의 보통 백성들은 학교가 생리(生利)에 아무런 도움을 줄 수 없다고 여겨 기꺼이 취학시키는 사람이 매우 드물다. 그리하여 강제로 닥달하여 취학시키려 해도 오히려 취학하려 하지 않는다. 이른바 취한은 사류(士類) 이상의 일로만 여기고 있을 뿐이다. 만약 오늘날 학교를 확장시키지 않는다면 앞으로 어떻게 이 백성들을 교화시킬 수 있겠는가.

생각건대 우리 주상께서는 예성(睿聖) 문무의 자질로 군사(君師)의 덕을 지니셨고, 신하들도 모두 적격자들이어서 보필(輔弼)에 미진한 점이 없다. 그러므로 사민(士民) 가운데 시무에 마음 둔 사람들은 날마다 학교를 더욱 확장시켜 격물치지의 도리를 강명(講明)하기를 바라고 있다. 그리하여 모두들 서구의 제도를 모방하여 학교를 설립함으로써 세상에서 필요한 인재를 길러내고 또한 자생(資生)의 기본이 되게 하는 것이 제일이라고 한다. 그렇게 된다면 지극히 어리석은 하민(下民)이라도 모두 기꺼이 달려가 취학하게 될 것이니, 이 아니 성대한 일인가. 그리고 우리나라는 이미 해외(海外) 각국과 조약을 체결하여 화친을 맺고 있다. 따라서 화친하면 서로 상리(商利)를 다투게 되고 전쟁이 나면 병리(兵利)를 다투게 되는 것인데, 우리나라는 이렇게 가르치지 않은 백성을 데리고 그들과 경쟁하여 승부를 다투기는 참으로 곤란한 것이다. 아 학정(學政)이 1개월 신장되지 않으면 우리나라의 국운이 한걸음 물러나게 되고, 5개월 간 신장되지 않으면 다섯 걸음 퇴보하게 되는 것이다. 1년~2년이 지나도록 끝내 신장되지 않는다면 어떻게 우리나라를 보존할 수 있겠는가. 그렇다면 우리나라가 오늘날 해야 할 급무는 학정을 신장시키는 것보다 더 급한 것이 없다. 그러면 어떻게 신장시킬 것인가. 학교를 널리 설립하여 옛사람이 교화하던 도리를 회복시키고 겸하여 농공상병의(農工商兵醫) 등의 기술을 연구하게 하는데 달려 있을 뿐이다. 앞으로 주보의 호수에 따라 이에 대해 상세히 논하겠다.

―관훈클럽(1983)의 역문을 옮김

논학정 2

대저 백성을 교화시키는 방법은 백성으로 하여금 일정한 산업을 가지게 하는 데 달렸다. 맹자는 "현명한 임금은 백성의 산업을 제정해 줌에 있어 반드시 백성으로 하여금 풍년이 들면 그 해가 다 가도록 배불리 먹을 수 있고, 흉년이 들어도 죽음을 면할 수 있게 한다. 이렇게 한 뒤에 백성을 이끌어 선한 일을 하게 하기 때문에 백성이 쉽게 따라오게 된다. 만약 배가 고파도 음식을 구할 수 없고 추워도 옷을 구할 수가 없다면 자부와 자모라 할지라도 자기의 자식을 돌볼 수 없는데 임금이 어떻게 그 백성들을 교화시킬 수 있겠는가."라고 하였다.

대체로 백성의 산업을 제정하는 방법은 네 가지가 있다. 즉 농업, 상업, 공업, 상업이다. 농(農)은 농토에서 부지런하며, 상(桑)은 잠직에 부지런하고, 공(工)은 제조에 부지런하며, 상(商)은 무천(貿遷)에 부지런하여, 각기 자신의 업을 가지고 재화를 증식함으로써 이용후생을 누리게 해야 한다. 그렇게 하면 백성도 이것에 의하여 넉넉하여지고, 나라도 이것에 의하여 부강하여질 수 있다. 지금 유럽의 열국들이 천하에서 그 부강을 독점하고 있는 것은 토지의 광협(廣狹) 때문도 아니고 인구의 다과(多寡) 때문도 아니요, 역시 백성의 산업을 제정하여 재화를 증식시켰기 때문이다. 이른바 산업을 제정하여 재화를 증식시키는 방법에 대하여 우리나라는 안타깝게 구규(舊規)만을 지키고 있지만, 저들은 새로운 방법을 창안해 주밀하지 않은 것이 없다. 농경으로 말하면 다 같이 씨를 뿌리고 수확하지만, 우리는 인력을 사용하는데 저들은 기력(汽力)을 사용하며, 다 같은 비료를 쓰지만 우리는 퇴비나 인비를 쓰는데 저들은 화학 비료를 만들어 쓴다. 잠업으로 말하면 다 같이 북으로 짜는 것이지만 우리는 손을 사용하는데 저들은 기계를 사용한다. 공장(工匠)으로 말하면 다 같이 제조하는 것이지만 우리는 사람의 기교를 사용하는데 저들은 기계의 기교를 사용한다. 상판(商販)으로 말하면 다 같이 무역하는 것이지만 우리는 단독으로 운영하는데 저들은 회사를 설립한다. 주차(舟車), 쟁포(鎗礮), 전광(電鑛), 화폐에 이르기까지 모두 저들은 공교한데 우리는 졸렬하고 저들은 빠른데 우리는 느리고 저들은 예리한데 우리는 무디니 우리나라에서 지금 시급히 해야 할 일은 저들의 장점을 취해다가 우리의 단점을 보완하고 우리의 단점을 버리고 저들의 장점으로 나아가 그것으로 산업을 제정하고 재화를 증식시켜 날로 부강해지도록 노력하는 것이 제일이다.

예컨대 이제 여기 어떤 사람이 하나 있다고 하자. 그 사람의 집이 가난하면 그래도 이웃에 가서 장점을 취하여 오는데 유독 국가를 다스리는 데에는 그렇게 하지 않으니, 역시 매우 의혹스러운 일이 아닐 수 없다. 이렇게 말하는 사람도 있다.

"우리의 장점은 선왕(先王)의 인의(仁義)의 도이고, 저들의 장점은 말세의 기교(機巧)의 기술이니, 비록 그것을 취하여 사용하고는 싶으나 적합하지 못하니 어쩔 수 있는가."

이는 전혀 부당한 말이다. 왜냐하면 산업을 제정하여 재화를 증식시키는 기술은 창의(創意)·모방(模倣) 이 두 가지에 불과한 것이다. 비유하건대 우리나라에서 시를 짓고 글을 지을 적에 옛사람이 말하지 못한 것을 말하는 것이 바로 이른바 창의이고 그 격조는 옛사람의 그것과 비슷하게 만드는 것이 바로 이른바 모방인 것이다. 그렇다면 유럽 사람들이 화륜이나 주차(舟車) 같은 기기를 창조하자 각국들이 이를 모방한 것이 이와 다를 게 무엇이 있는가. 더구나 우리나라 사민(士民)은 신체의 강건과 지식의 발달이 유럽 사람에게 그렇게 뒤지지 않으니, 그들로 하여금 정신을 모아 강구하고 논란하게 한다면 구해서 얻지 못할 것이 무엇이겠으며 배워서 이루지 못할 것이 무엇이겠는가. 유럽 사람들이 재화를 증식시킨 것은 하늘에서 떨어진 것도 땅에서 솟아난 것도 귀신이 가져다 준 것도 아니고 오직 인공의 노력 여하에서 생겨난 것이다. 지금 우리나라를 위하여 계책을 세우자면 귀천을 막론하고 모든 어린이를 학교에 입학시켜 다 같이 재화 증식 시키는 기술을 통하게 해야 한다. 그리하여 마땅한 방법을 체득하면 이를 일가(一家)에다 경영시켜 본다. 그리하여 일가가 은부(殷富)해지면 다시 일읍(一邑)을 그 방법으로 다스리게 하고, 일읍이 번서(繁庶)하게 되면 그 방법으로 군왕을 보좌하게 한다. 이렇게 하면 나라에는 남는 재화가 있게 되고, 백성은 일정한 산업이 있게 될 것이니 부강하게 하는 방책이 생각건대 유럽 각국에 뒤지지 않을 것이다. 나머지는 다음 호에 계속한다.

논학정 3

학정은 나라를 다스리고 백성을 계도하는 일대 시발점이다. 상지(上智)라 할지라도 학문을 쌓아 이루지 않은 사람이 없고, 하우(下愚)라도 학문을 통하여 교화되지 않은 사람이 없다. 우리나라는 성명(性命)과 의리(義理)의 학문에는 그 법이 완비되었다고 이를 만하지만 전곡(錢穀)·갑병(甲兵)의 기술과 농공 상고의 설에 대해서는 두루 갖추었다고 할 수 없다. 지금 계교해 보건대 학정을 설립하고 학류(學類)를 구별하여 서로 혼동됨이 없이 각기 성취될 수 있게 하는 것이 제일이다. 이렇게 한다면 나라를 다스리는 도와 백성을 계도하는 술을 더욱 갖추었다고 할 수 있다.

지금 유럽의 학제는 학과를 분류하여 각기 한가지씩 전문적인 것을 성취하게 하고 있다. 소학교의 경우에는 세상의 실용에 필요한 학문으로 유익한 점이 적지 않다. 그 학과가 왼편에 기록한 것과 같이 14문이 있다.

학문(學文), 습자(習字), 가감승제(加減乘除), 지리 초보(地理初步), 세계 지략(世界誌略), 물리 초보(物理初步), 본국 약사(本國史略), 각국 약사(各國史略), 비례산(比例算), 이식산(利息筭), 급수산(級數算), 인의학 초보(仁義學初步), 농상공 등학 대의(農工商等學大意), 화학 대의(畵學大意)

이 외에도 대학, 중학 등 학교가 있는데 모두 학과를 분류하고 있다. 학교가 점점 높아질수록 학업도 점점 번다해진다. 근래 살펴보면 일본도 유럽의 제도를 모방하여 직공학교를 설립하였는데, 이 학교를 졸업하면 역시 공인(工人)이 되는데 불과하다. 그러나 그 학과는 4년 만에 완성하는 것으로 하는데, 입학한 첫해에 교습하는 학과가 왼편과 같이 8문이다.

대수학(代數學), 대수용법(代數用法), 기하학(幾何學), 삼각술(三角術), 물

리학(物理學), 화학(化學), 화학(畫學), 화법 기하학(畫法幾何學)

그 뒤 3년은 화학 공예와 기계 공예의 구별이 있는데 학생으로 하여 금 그 중 하나를 독학하게 한다. 화학 공예는 그 학과가 왼편과 같이 8문이다.

무기화학(無機化學), 유기화학(有機化學), 분석화학(分析化學), 응용화학 (應用化學), 중학(重學), 화학(畫學), 직공 경제학(職工經濟學), 부기학(簿 記學), 실지 강습(實地講習), 수신학(修身學)

기계 공예는 학과가 왼편과 같이 13문이다.

수학(數學), 물질 강약론(物質强弱論), 수조 공구론(手操工具論), 기교 공 구론(機巧工具論), 발동기론(發動機論), 중학(重學), 화학(畫學), 제조소용 기계론(製造所用器械論), 공장용도(工場用圖), 직공 경제학(職工經濟學), 부기학(簿記學), 수신학(修身學), 실지 강습(實地講習)

구주의 대학 중학 소학에서는 모두 본국의 문자와 언어로 가르치는 데 사물에 대해 모르는 것이 없다고 한다. 그들의 글자는 26자인데 자모가 상련되어 단어를 만들고 분합에 따라 소리가 달리 생기는 것 이 우리나라의 언문(諺文)과 조금도 다르지 않다. 이 글자로 초학자(初 學者)들을 교습하여 2~3개월만 되면 즉시 책도 읽고, 글도 지을 수 있으며 이 글자로 모든 서적을 기술하기 때문에 당초에 송독의 노력 을 들이지 않아도 의리(義理)를 분명히 이해할 수 있다.
혹 가난하여 학자금을 지출할 수 없는 사람이라도 1개월만 배우면 문사(文辭)가 일용에 쓰는 데 구애되지 않는다. 이를 동양 학제와 비교해 보면 그 편부(便否)가 하늘과 땅이다. 그렇다면 우리나라에서도 학교를 설립하여 의당 언문으로 학생들을 교습하여, 공맹 성현의 책으로부터 구주의 식화술에 이르기까지 모두 언문으로 번역하여 가르쳐야 한다. 그리고 수십 년을 공부해도 가계에 군색함이 없는 사람일 경우에는 부차적으로 한문(漢文)을 학습시켜 홍유(鴻儒)를 만들도록 해야 한다. 이렇게 하면 학교가 보편화되고 교화가 두루 흡족하게 될 것이다. 우리나라는 본래 학과를 분류하는 제도가 없는 데다가 근세에 비로소 개발된 학술을 언문 책으로 가르치므로 학문이 있는 사대부들이 대부분 입학하는 것을 수치스럽게 여기고 있다.

원컨대 요직(要職)에 있는 제공(諸公)들께서는 정부 차원에서 의논하여 특별히 번역처(繙譯處)를 설치하고, 각종 학과의 기술을 모두 언문으로 번역해 주기 바란다. 그리하여 번역된 것을 책자로 만들어 국내에 반포(頒布)하여 사민들로 하여금 이것이 편리하다는 것을 주지시켜야 한다. 그리고 정부에서 학비를 보조하고 격려 권장한다면 학문이 머지않아 대대적으로 확장될 것이다. 서어(西語)에 "조선에는 그 나라의 말(邦語)이 있는데 동양 각국의 글자 가운데 더욱 간편하다. 만약 조선의 사민들이 그 나라 문자(邦文)를 이용하여 모두 그 편의함을 체득한다면, 정치와 학정이 틀림없이 동양에서 으뜸이 될 것"이라는 말이 있다.

4. 김옥균(金玉均), 지운영 사건(池運永事件) 규탄(糾彈) 상소문(上疏文)[6]

臣 金玉均誠恐頓首百拜

主上陛下께 白하노이다. 臣이 微衷을 述하여 聖德을 煩코자 한지 已久하였으니 天意가 震怒하사 장차 過激의 擧가 있으리라 함을 聞하고 時機가 없으므로 今日에 至하였나이다. 그런데 近頃에 池運永이란 者—突然히 日本 東京에 來하여 日本 某某에게 約하여 曰 大朝鮮統理軍國事務主事池運永이 大君主의 特命을 受하여 全卷捕賊大使의 委任狀을 帶來하였으니 万若 我를 爲하여 逆賊 金玉均을 誅戮하여 주면 그 成功後 五日을 期하여 金五千圓을 賞與할 것이오 萬一 其期가 過하되 賞을 與치 아니할 時는 我의 帶來한 親筆 委任狀으로써 朝鮮 政府에 訴하여 直時 그 金額을 請함을 得하리라 하오니 臣이 此를 聞하고 警愕함을 마지 아니하여 百方으로 그 事情을 探索하여 大略 池運永의 擧動을 詳悉하온 바 玆에 敢히 封事를 封하여 尊嚴을 冒코자 하노이다.

伏惟컨대 池運永輩로 하여금 海外에 來하여 猥濫히 君命을 稱하고 輕輕히 斯와 如한 條約을 爲케 하면 크게 陛下의 聖德을 傷치 아니하오리까. 池運永의 携帶한 委任狀은 果然 陛下의 親授한 者이오니까? 臣이 此를 知치 못하거니와 其文에 曰

---

6) 1886년 김옥균이 일본에 망명하고 있을 때, 고종에게 보내는 상소문. 『한국 근대사 기초자료집 2: 개화기의 교육』(국사편찬위원회)에서는 "이 상소문이 한문으로 쓰였을 것으로 추측되는데, 이것이 1886년 7월 8일자 일본 『아사노신문[朝野新聞]』에 일문역문(日文譯文)으로 게재되었다."라고 하였으며, 이민수, 『한국의 근대 사상』, 삼성출판사, 1977에 게재된 것을 옮겨 싣고 있다. 한국학문헌연구원, 『김옥균전집』, 아세아문화사, 1979에서는 '지운영 사건 규탄 상소문'이라는 제목으로 국한문 번역본을 수록한 바 있다.

"命汝等特差渡海捕賊使 臨時計劃一任便宜 爲國事務 亦爲全權 勿泛擧愆事"라 하고 年月日의 上에 大君主의 御璽를 銘하엿다 함을 聞하엿나이다. 臣이 昨夏 日本 神戶에 在할 時에 張甲福[7]이란 者가 天威咫尺에서 斯와 如한 委任狀을 受하엿다 함을 聞하엿나이다. 張甲福·池運永의 携帶한 委任狀은 그것이 私僞로 造한 者인지는 아지 못하오나 萬若 不幸히 참으로 陛下의 親授한 것이라 하면 臣이 外國에 流浪하는 身이라도 또한 陛下를 爲하여 一言의 諫爭이 없을 수 없나이다.

아지 못하거니와 陛下는 張甲福·池運永輩로써 如何한 者라 하여 親히 이와 같은 重大한 委任狀을 與하엿나이까. 萬若 이 委任狀이 外人의 耳目에 接觸하면 此事가 忽然히 萬國에 傳聞될 念慮도 없지 아니하오니 臣은 진실로 痛恨 流涕함을 禁치 못하나이다. 이러므로써 彼의 委任狀을 收取하여 此가 世上에 傳播되지 아니하도록 務圖하엿나이다. 伏惟 陛下—身이 萬乘의 位를 踐하여 生民의 父母가 되사 널리 天下萬國과 共히 交通의 條約을 訂하시지 아니하셨나이까. 이와 같은 輕擧를 行하여 國體를 損하고 聖德을 汚함을 顧치 아니하나이까.

今日 天下는 古와 不同하여 各國이 互相 그 雰隙을 窺하여 他國의 內情을 察知하는 事—掌을 視함과 如한 者 有하오니 陛下께서는 幸히 聖意를 反省하는 바 있기를 臣이 切望하여 마지 못하나이다. 臣이 別로이 私情을 陳述하여 陛下의 明斷에 訴코자 하나이다. 陛下께서 臣에게 逆賊의 名을 加할진대 臣이 何罪로 由하여 然하오니까. 竊惟컨대

---

7) 장갑복: 본명은 장은규. 1885년 6월 고종의 밀명을 받고 일본에 잠입하여 김옥균을 살해하고자 하였음. 의친왕 생모인 귀인 장씨의 친정오빠로 알려져 있으며, 1차 김옥균 살해 시도가 실패로 끝난 뒤, "김옥균이 자유당 계열 무사들과 낭인과 결탁하여 조선을 침공하려 한다."라는 소문을 퍼트려 이른바 '오사카 사건'을 일으켰음. 이후 조선 조정에서는 역관 출신 지운영(池運永, 1852~1935)을 자객으로 파견하였음. 지운영은 지석영(池錫永)의 형이자 화가로도 명성을 얻은 사람임.

이것은 全혀 陛下의 聖意에서 出함이 아니오 반드시 奸臣輩가 自己의 嫌疑로 殘酷無狀의 行動을 逞코자 함이니 陛下는 聰明한 君主이시라 設使 奸類가 讒誣를 捏造하는 事ㅣ 有할지라도 그 聖明을 壅蔽치 못할 줄로 아는 故로 臣이 敢히 多言을 要치 아니하나이다.

다만 昨年의 事는 世間에서 或은 너무 急激에 近하다 議하는 者ㅣ 有하나 陛下는 試하여 그윽이 省察하소서. 我邦의 閔族에 在하여는 閔으로써 姓한 者는 其人의 賢不肖를 不問하고 此를 信重하여 股肱과 腹心을 삼은 지 二十年의 久에 至하였으나 閔族으로서 能히 陛下의 聖意를 答하여 生民에게 潤澤을 及할 만한 政을 施하고 國家의 富強에 致할 만한 謀를 建한 者ㅣ 果然 幾人이 있나이까. 多數는 國을 賣하는 罪人으로 或은 淸國 官吏의 力을 藉하여 우리 國權을 蔑如코자 하는 者도 있으며, 其他 許多의 罪는 ——히 枚擧키 難하온대 더욱이 奸臣이 坤殿의 寵[8]을 恃하고 敢히 聖明을 壅蔽하여 國事를 破코자 하는 者도 또한 少치 아니하외다. 陛下ㅣ 平生에 깊이 此를 憂하사 竊히 臣에게 諭하시와 此를 除할 計를 圖하시고 臣도 또한 感泣하여 奏上한 바 있나이다.

臣이 以爲호대 今에 在하여 斯와 如한 奸類를 芟除치 못할 時는 千載의 下에 陛下로 하여금 亡國의 君主를 免케 하기 不能하므로 곧 國家를 爲하여 身命을 擲하여 事를 擧하였거늘 今에 至하여 도리어 臣을 目하여 逆賊이라 함은 何故이오니까. 臣은 반드시 陛下의 聖意가 아닌 줄을 知하나이다. 或은 臣等이 當時 外國의 力을 藉하였다 評하는 者ㅣ 有하나 이것은 當時 內外 事情上 萬不得已에서 出한 者임은 陛下의 熟知하시는 바이올시다.

---

8) 곤전(坤殿)의 총(寵): 중궁전의 사랑. 즉 왕후의 은총.

臣이 外國에 流離하여 苟且히 餘命을 保하는 것은 진실로 本意가 아니오나 그윽이 생각건대 臣이 愚昧하여 曩者에 君上과 國家를 爲하여 素志를 貫徹치 못하였으나 人臣의 分義는 盡하였다 하여 이에 姓名을 世上에 匿하여써 餘生을 過코자 함이 實로 臣의 志로소이다.

그러나 奸臣輩가 猥濫히 聖意를 迎하여 一家의 功利를 謀코자 하여 恣意로 誣言을 構造하기를 憚치 아니할 뿐 아니라 가장 甚한 者는 昨年 冬에 張甲福에게 瞞着되어 兒戲와 如한 說로써 三國을 擾亂하여 害를 生靈에 貽함에 至한 것은 臣이 陛下를 爲하여 悲함을 마지 아니하나이다. 伏願 陛下는 今後로부터 無用의 疑心을 除하고 奸臣輩의 誣言에 迷치 말으시고 깊이 國家의 大計를 愼하여 禍機를 未發에 防하여 祖宗 五百年의 基業으로 하여금 其緖를 墮치 않게 하소서.

今에 天下의 形勢가 日로 變하고 日로 換하여 瞬時라도 安心키 不可하오니 全羅道 三島 卽 巨文島는 이미 英國의 奪한 바 되어[9] 前事의 覆轍이 玆에 在하니 陛下는 써 如何타 하나이까. 在朝의 諸臣은 果然 何計가 있나이까. 今日의 朝鮮國에서 英國의 名을 知하는 者가 果然 幾人이나 되나이까.[10] 設令 在朝의 諸臣이라도 英國이 何處에 在하냐 問하면 茫然하여 答키 不能한 者ㅣ 往往 皆然하오니 此를 譬하면 或物이 來하여 我의 肢體를 咬하여도[11] 그 苦痛을 感치 못할 뿐 아니라 何物이 我를 咬함인지도 不知함과 如한 바 그 國家의 存亡을 論함이 痴人이 夢을 說함과 如함은 足히 怪事라 할 것이 없나이다.

---

9) 거문도 사건: 1885년 3월 1일 영국 동양함대 사령관 도웰 제독이 군함 3척을 거느리고 거문도를 불법 점령한 사건. 러시아의 블라디보스토크를 견제하기 위한 방책이었으며, 1887년 2월 5일 철수함.

10) 개항 이후 해외 사정에 어두운 조정의 실정을 나타냄.

11) 或物이 來하여 我의 肢體를 咬하여도: 어떤 물건이 와서 내 몸을 물어뜯어도.

事勢 이미 이와 같은데 陛下는 何等의 策이 有하여 亡國의 主됨을 免코자 하나이까. 陛下의 腹心 股肱된 者ㅣ 또 何等의 策이 有하여 國家의 安寧을 保하리이까. 今日은 한갓 眼前 快樂에 偸安(투안)할 時가 아니오, 또 淸國은 萬事를 朝鮮國家에 干涉하여 스스로 保護의 責에 任함과 如하나 巨文島를 回復하여 朝鮮을 爲하여 封域을 全키 不能한즉 向後에 又 外國이 他港을 奪하는 事ㅣ 有하면 陛下는 如何코자 하오며, 淸國은 何等의 方法으로 此를 敎授코저 하나이까.

臣이 聞한 바에 依하면 淸國은 일찍이 我國에 告하여 曰 英國은 屬邦領地가 甚多하여 別로 我國을 經營할 餘暇가 없을 뿐 아니라 장차 露國과 交戰코자 하는 勢가 있으므로써 不得已 一時 巨文島를 領한 者인즉 少毫도 朝鮮國을 爲하여 可히 憂할 것이 아니라고 하였다 하나이다. 當時에 臣이 此를 聞하고 心中에 그윽이 忿懣(분만)을 堪치 못하였나이다. 이제 英國이 露國과 交戰할 事ㅣ 有함을 恐하여 一港을 占領하면 露國도 또한 英國과 交戰할 事ㅣ 有함을 恐하여 一港을 占領할 것은 火를 觀함보담 明하오이다.

僥倖으로 天下無事하여 英露가 東洋에 相爭하는 事ㅣ 없다 할지라도 陛下ㅣ 試하여 身을 英 佛 獨 露의 君이 되사 此를 思하소서. 萬若 玆에 一國이 있는데 我가 此를 取하여도 毫末도 抵抗할 者ㅣ 없다 하면 陛下는 果然 此를 如何히 하고자 하리이까. 今日 朝鮮이 卽是ㅣ라. 그런데 在朝의 諸臣이 一策의 國家를 維持할 者ㅣ 없고 오즉 賣官賄賂(회로)를 是事하여 國民을 殘虐하고 人을 任호대 賢愚을 不問하고 誰는 大院君의 黨派라, 誰는 金玉均의 黨派라 하여 兒戱와 같은 言으로써 取捨를 行함에 不過하니, 이것이 어찌 國家의 長計이오이까. 그런데 彼 奸臣輩가 臣이 隣國에 在함을 奇貨로 하여 誣詐(무사)를 弄하여 一家 私利를 計키 爲하여 無辜이 人을 殺하고 財를 奪한 事ㅣ 不少하옵고 더욱 甚한 것은 今回의 事로써 累를 陛下에게 及케 함에 至하오니 臣은 實로 言할 바를 知치 못하나이다.

陛下ㅣ 萬若 奸邪의 言을 聽하고 不明의 處置를 行코자 하나이까. 無智의 人民은 이 때문에 疑念이 增長하여 終에 世間이 騷亂함에 至하오니 이것이 陛下의 深憂할 바로소이다. 且 日本 政府라도 徒然하 兵을 外人에게 假하여 隣國을 騷動케 함과 如한 不正한 事는 있지 아니하리이다. 臣은 已上에 屢述함과 如히 當初부터 生民을 爲하여 精神을 盡할 뿐이오 敢히 亂暴의 擧動을 하여 生民을 荼毒한 事는 없나이다. 願컨대 陛下는 此를 國內에 公布하여써 人心의 鎭定을 謀하소서. 一說에 李鴻章이 日本 政府와 約하여 刺客을 送하여 臣을 害코자 謀하는데 日本 政府는 此를 傍觀할 뿐 아니라 문득 그 刺客을 保護코자 하는 狀이 有한 事는 그 證蹟이 이미 明瞭하다 云하는 者ㅣ 있으되 臣은 此를 信치 아니하나이다.

何故오 하면 設令 日本 政府로 하여금 曩者에 朝鮮의 事에 干涉함을 悔하여 臣을 殺하여 그 口를 滅코자 하는 意가 있다 할지라도 堂堂한 一國의 政府로서 斯와 如한 兒戲의 條約을 할 理가 無하옵고, 李鴻章도 또한 一國의 大臣으로 어찌 輕率히 人笑를 招할 事를 하오리까. 大槪 袁世凱 等의 小兒가 다만 自己의 功利를 求하기에 及하여 猥濫히 陛下를 欺코자 함에서 發한 者이오니 陛下는 幸히 그 術中에 陷치 마르소서,

생각건대 淸國이 참으로 我邦을 爲하여 計코자 하면 能히 時勢에 通曉하여 적이 知能이 있는 者를 我邦에 送하여 此를 誘導할 것이어늘 此를 不爲하고 袁世凱와 如한 口尙乳臭로 時勢를 辨치 못하는 者를 派遣하고 顧치 아니함은 臣은 그 뜻을 解치 못하나이다. 袁世凱는 本來 斗肖의 小人으로 다만 陛下와 坤殿의 歡心을 得하여 李鴻章에게

推薦하여 주기를 望할 뿐이니, 彼의 一身을 爲하여 計하기도 不能커던 何暇에 陛下를 爲하여 計를 得하오리까. 臣이 愚昧할지라도 淸國의 大함으로 且 我와 脣齒의 關係가 있삽는데 짐즛 此와 相疎함이 得策이 아닌 줄은 知하오나 陛下의 奸臣은 袁世凱와 如한 無識의 徒와 結黨하여 國權을 蔑如하오니 이것을 臣이 坐視치 못하는 바이로소이다.

이제 朝鮮을 爲하여 謀하건대 淸國은 本來 足히 恃치 못할 것이오, 日本도 亦然하여, 此 二國은 各其 自家 維持에 餘力이 無한 模樣이온데 何暇에 他國을 扶助함을 得하리이까. 近年에 淸國의 安南, 琉球를 他國이 占領하여도 淸國이 敢히 一言의 抵抗을 試치 못하얏나이다. 그런데 我邦으로 하여금 高枕安臥(고침안와)를 得케 하리라 云함은 實로 可笑할 만한 事이오, 日本은 前年 來로 何等의 思考인지 一時 熱心으로 我邦의 國事에 干涉하더니 一變의 後로는 忽然 此를 棄하여 顧치 아니할 模樣이오니 또한 足히 恃할 수 없삽나이다.

그러하온즉 장차 如何히 하여야 可하오리까. 오즉 外로는 널리 歐米 各國과 信義로써 親交하고 內로는 政略을 改革하여 愚昧의 人民을 敎호대 文明의 道로써 하고, 商業을 興起하여 財政을 整理하고 또 兵을 養함도 難事가 아니오니 果然 能히 斯와 如히 하면 英國은 巨文島를 還附할 것이오, 其他 外國도 또한 侵略의 念을 絶함에 至하리이다.

今에 我邦의 人口가 二千萬에 過하고 物産과 如한 것은 設令 人造의 精品은 無할지라도 天産의 物品에 至하여는 此를 日本 及 淸國의 兩國에 比하여 遙히 優한 者ㅣ 多하온데 就中 五金各鑛[12]은 可히 勝數치 못하오니 斯와 如한 固有의 富한 財源을 擧하여 他國에 委賴코자[13]

---

12) 오금각광(五金各鑛): 5대 광물의 광산.
13) 전국 각지의 금광 채굴권 양여를 비판한 것임.

함은 臣이 悲를 禁치 못하는 바로소이다. 臣이 多年 見聞에 據하여 陛下께 奏上한 바 有하온데 陛下는 此를 記憶하시나이까. 그 뜻은 今日 我邦 所謂 兩班을 芟除함에 있나이다. 我邦 中古 以前 國運이 隆盛할 時에는 一切의 器械 物産이 東洋 二國에 冠하였는데 今에 總히 廢絶에 屬하여 다시 그 痕迹도 無함은 他故ㅣ 아니옵고 兩班의 跋扈 專橫에 因하여 그렇게 되었나이다.

人民이 一物을 製하면 兩班 官吏의 輩가 此를 橫奪하고, 百姓이 辛苦하여 銖錙(수치)를 積하면 兩班 官吏 等이 來하여 此를 掠取하는 故로 人民은 말하되 自力으로 自作하여 衣食코자 하는 時는 兩班 官吏가 그 利를 吸收할 뿐만 아니라 甚함에 至하여는 貴重한 生命을 失할 慮가 有하니 차라리 農商工의 諸業을 棄하여 危를 免함만 같지 못하다 하여, 이에 遊食의 民이 全國에 充滿하여 國力이 日로 消耗에 歸함에 至하였나이다.

方今 世界가 商業을 主로 하여 서로 生業의 多를 競할 時에 當하여 兩班을 除하여 그 弊源을 芟盡할 事를 務치 아니하면 國家의 廢亡을 期得할 뿐이오나 陛下ㅣ 幸히 此를 猛省하사 速히 無識 無能 守舊 頑陋의 大臣, 輔國을 黜하여 門閥을 廢하고 人才를 選하여 中央集權의 基礎를 確立하며 人民의 信用을 收하고, 널리 學校를 設하여 人智를 開發하고, 外國의 宗敎를 誘入하여 敎化에 助함과 如함도 亦 一 方便이라 하노이다.

大院君은 元來 天下의 形勢를 通치 못하여 是로써 囊에 一朝 頑固의 擧動이 있었으나 今日은 此를 悔悟하는 狀이 有하여 人心의 繫한 바이온즉 願컨대 一時 君에게 委호대 國家의 全權으로써 하여 萬一, 君이 過失이 有하거던 陛下ㅣ 主權을 揮하여 스스로 此를 匡正함이 可하오니 이것이 或은 今日의 危急을 救하는 一策일까 하노이다. 且 臣과

共히 難을 海外에 避하는 者 十餘人이 皆 忠誠直實한 者이오니 陛下ㅣ 此를 本國에 召還하여 此를 採用하여 政事를 任하오면 他日 國家의 事를 할 만함을 臣이 保하는 바로소이다.

朴泳孝, 徐光範, 徐載弼의 三人은 年方小壯하고 또 忠誠스럽고 困難을 經歷하여 能히 外國의 事情을 觀察한 者이오니 陛下ㅣ 速히 此를 召還하사 此를 信任하시면 곧 國家의 棟梁이 되리니 天下 各國이 誰가 陛下의 聖德을 贊揚치 아니하리이까. 臣을 處함에 至하야는 오즉 無實의 罪名을 銷除하면 곧 天下의 公論에 從한 者라고 云하겠나이다. 臣은 天地에 誓하여 다시 榮寵을 慕하는 念이 無하오나 陛下ㅣ 진실로 此를 知得하시고 또 張甲福·池運永輩와 如한 者는 死刑에 處함을 不要하나이다. 彼輩가 비록 大罪가 없는 것은 아니오나 當初부터 機隙을 得치 못하게 하였으면 어찌 能히 聖寵을 蠱惑하고 聖德을 累함에 至하였으리이까. 願컨대 陛下는 天父의 仁慈로 臣의 直言을 容納하여 주심을 千萬 屛息하여 祈懇하기를 마지아니하옵나이다.

*한국학문헌연구원, 『김옥균전집』(아세아문화사, 1979)본을 대상으로 주석을 붙임 것임

5. 박영효(朴泳孝) 건백서(建白書)[14]

在留日本, 臣朴泳孝, 謹四拜, 上言于 統天隆運, 肇極敦倫, 大君主陛下, 伏以臣家, 以世臣之裔, 至於臣代, 父子兄弟, 特被寵遇, 是以臣父子

---

14) 1888년. 『日本外交文書』第21卷(明治 21年) 事項 10 朝鮮國 關係 雜件, 문서번호 106. 국사편찬위원회, 『한국 근대사 기초 자료집 2: 개화기의 교육』, 탐구당문화사 인쇄 수록본, 2013. 입력한 자료의 문단 나누기 및 띄어쓰기는 번역상의 편의를 위하여 조정한 것임을 밝힘.

常感激. 殊恩, 不知所報, 臣父故判書, 臣元陽, 常戒臣兄弟曰「許身事君, 忠當盡命, 爲國圖報, 不避危難」, 臣以年少學淺, 雖聞其言而不解其意, 徒以仰答 聖恩之萬一爲心, 而不能辨事理之順逆, 乃至甲申, 擅行輕卒之擧, 而運與心違, 於公則敢致 陛下震怒, 而及於三國之紛亂, 於私則空致臣之父母兄弟朋友之死戮, 而事終無益於國, 臣與無仁無義之徒相似矣, 豈敢不赴命伏罪, 然其由實因於忠君愛國之心, 而不因於簒逆亂國之意矣, 近世文明之國, 裁刑辨罪, 務斫其情原, 而不以糢糊, 則臣不當以逆名處罪, 上以累聖世之德, 下以汚臣之死, 故臣敢違命脫國, 逗遛殊域, 以待聖朝之文明, 郁々日新, 不以臣爲逆臣之時而已, 然臣時思故國, 更欲一歸者, 但願再瞻 聖顔, 而陳臣愚微之衷, 一也, 得見臣父母兄弟之骸骨, 而歛葬之, 二也, 臣亦人類, 豈無仁義忠孝之心, 哀哉, 蒼天不使臣得伸微々之衷, 空在外國, 百憂衝胸, 臣思至此不覺歔欷涕零, 然臣戒心跂足而待者, 惟 聖朝之中興也, 臣聞「陛下已派使駐日, 而又派歐美之使, 已向任所」, 是誠出於聖筭, 而爲後之良策, 臣竊喜之

又聞「大東朝陛下, 寶齡望九, 中宮陛下, 患候復常, 慶賀相疊」, 臣雖在外, 不勝欣忭西向祝之, 而臣所大望於此後者, 一國之慶, 因此慶始, 慶而又慶, 乃至無窮無盡之慶也, 臣所爲一國之慶者何也, 國治而富强, 民信而安樂, 教化時新, 上下無塞, 人々各得其所, 一載二載, 與天地同休, 則是始於寶齡長久之慶也, 國衰而弱, 振之而興之, 民疲而困, 保之而健之, 紀綱更張, 公私無犯, 人々各安其分, 日新又新, 與日月幷明, 則此始於患候復常之慶也

臣愚謂此誠易々, 實非難事, 諺云「世無不亡之國, 而長病難治」然臣竊以爲不然, 政有道, 而法不弛, 則永代不亡, 病診其實症, 而服其藥, 則無難治, 然若反於是, 必與診合, 此天地自然不易之理也

至於本朝興亡盛衰, 亦在治與不治, 況今當萬國之注意於本朝之時, 何

可不一日講此道乎哉, 以陛下之聖明, 豈無諒燭于此, 然臣敢請略言之, 本朝自龍興以至于今, 殆五百年, 而自中葉之前, 國歲不振, 東敗於日, 而北降於淸, 荐經兵革, 而漸來衰弱, 及於近世, 乃至極度, 凡物動極而靜, 々極而動, 亦天地之至理也, 豈有極而不變者乎, 嗚呼 陛下承嗣此衰微之後, 危亂之際, 宵旰憂慮, 欲圖興復, 而事姑不成, 民國益困者, 輔相非其人, 而不知治理之要, 但顧身家門族之富貴, 而不顧宗社黎民之安危, 唆民膏血, 盜竊國財, 以爲私, 屛斥忠良, 妄殺無辜, 以爲快, 賄賂公行, 而官位公賣, 上下貪財, 而公私幷廢. 能唆民血, 竊國財者, 官至太守, 能斥忠良, 殺無辜者, 位進宰相, 而百姓轉乎丘壑, 散離四方, 父母兄弟妻子, 不得相見, 或餓死, 或凍死, 或寃恨而恚死, 或無醫藥而病死, 或無罪而受刑戮, 或困飢寒爲盜而被殺, 此所謂「爲阱於國中也」事實眞如此, 臣豈敢誣奏, 然陛下不黜其奸相貪吏, 而圖國之興復, 雖盡陛下之聖慮, 事終無成, 而反必有禍 臣案, 聖經古史云「庖有肥肉, 廏有肥馬, 民有飢色, 野有餓莩, 此率獸而食人」, 孟子之所訓也.「作宰治民, 而田野荒蕪, 人民減少, 而行賂求譽」, 齊王之所怒也.「强大之國, 鄰於左右前後, 而相無道, 將無能, 法令不行, 賞罰不明, 兵衆不一, 士卒不練, 民不與上同意, 而不可與之死, 不可與之生, 不畏吾令, 反畏鄰國」, 孫吳之所憂也, 凡制國治軍之道, 時異事同, 古今無殊, 陛下何不鑑於此, 而乃安然深御于九重之中, 日與左右優遊, 獨自爲樂而不察閭巷人民之艱難乎, 臣竊爲陛下憂之, 凡爲民之父母, 而不顧衆之辛苦, 其衆將何向而訴之乎, 必將反其所不親, 而向其所親, 何也, 姜太公所謂「邦國非帝王之邦國, 乃人民之邦國而帝王治邦國之職也, 故同邦國之利者得邦國, 擅邦國之利者失邦國」, 凡事有趣的, 故行事之時, 先思其趣的, 而得其的則吉, 失其的則凶, 夫政府之趣的者何也, 保民護國是耳, 是以成湯討桀, 而夏民喜悅, 周武伐紂, 而殷人不非, 湯武得之々故, 愛民也, 桀紂失之々故, 虐民也, 孟子云「今王鼓樂於此, 百姓聞王鐘鼓之聲, 管籥之音, 舉疾首蹙頞, 而相告曰「吾王之好鼓樂, 夫何使我, 至於此極也」此無他, 不與民同樂也, 今王鼓樂於此, 百姓聞王鐘鼓之聲, 管籥之音, 舉欣欣然有喜色, 而相告曰「吾王庶幾無疾病與, 何以能鼓樂也」此無他, 與民同樂也.」

凡帝王無道失位, 雖欲求爲庶民, 而不得, 諸侯有道御民, 雖地方百里, 而王於天下, 可不戒哉, 可不愼哉, 若陛下, 不與衆偕樂, 而獨專其樂, 下必有吭死母乳之孤子, 轉於丘壑之獨老, 若使他大眼者觀之, 孰以一人之佚樂, 謂全國安泰乎, 卽有疾首蹙頞者, 接踵而起, 必累聖明之朝也, 古語云「家不和則敗家, 宗不和則覆宗, 國不和則亡國,」書云「民維邦本, 本固邦寧」, 故欲固本則和之, 欲和之則樂之, 欲樂之則安之, 欲安之則撫之, 欲撫之則同其甘苦, 同其甘苦者, 謂施仁義之政於民, 而非謂帝王與百姓同事也

夫上下同甘苦而衆反, 臣未之聞也, 昔趙之尹鐸, 守晉陽, 三國之軍, 圍而灌之, 城不浸者三板, 竈中產蛙, 而民無反意, 此尹鐸得衆之故也, 故治國家者, 必先教百姓, 而親萬民, 是以賢聖教之以道, 理之以義, 動之以禮, 撫之以仁, 此四德者, 修之則興, 廢之則亡, 以陛下之神聖, 豈不察於此, 然若知賢智而不進, 無仁也, 知奸愚而不黜, 無義也, 知當行而不行, 無果敢也,

雖匹夫匹婦, 無仁義之心, 果敢之氣, 則不能立於世, 況帝王乎, 諺云「時者, 今時也, 今時之外, 更無今時」, 若事當行, 而遲一日, 則有一日之害, 速一日, 則有一日之利, 何可虛延時日, 自抛我利, 而取害乎, 此無智之甚也, 且鄰有一國, 以同類之人, 同沾雨露之澤, 被日月之光, 而比我邦, 壤地無甚大小之別, 物産亦無豐少之異, 而只行事有別, 彼已就開明之道, 修文藝, 治武備, 幾與富强之國, 同弛, 而我尚在蒙昧之中, 如癡如愚, 如醉如狂, 不辨世界之事, 而自取侮辱於天下, 此無恥之甚也

臣雖不學無識, 昧於世事, 然恥之憂之者, 以天下之人目我朝鮮爲癡愚醉狂之國也, 苟有心者, 孰不恥, 然人本癡愚, 不能見己之顏, 而能見人之顏, 不能知己之音, 而能知人之音, 不辨己之非, 而能辨人之非, 故雖異形怪像, 異不知己之醜, 雖違道爲惡, 而不知己之暴, 癡然樂生, 而不知恥, 此自欺於己也, 人向我而諫過責非, 則怒而不悅, 諂諛褒揚, 則笑而喜之, 愚然恃己, 而自爲雄, 此自欺於己, 而欺於人也, 人不知己, 則自欺於己, 如何得不欺於人乎

故人能反鑑於己, 忖度是非善惡, 而知己之長短, 則不欺於己, 豈欺於人哉, 曾子曰「日三省吾身」, 孟子曰「愛人不親, 反其仁, 治人不治, 反其智, 禮人不答, 反其敬, 行有不得者, 皆反求諸己」, 伏乞聖上, 日三省聖躬, 行有所得者, 皆反求諸聖心, 而自知其是非, 然後親賢遠奸, 以安民國, 亟圖興復, 以光四海, 夫任賢才而治國, 比如白晝行大道, 任奸愚而爲政, 比如黑夜行山谷, 險易之別, 不待智者而知之也,

臣敢陳愚衷八條, 列於左, 自謂方今之急務也, 諺云「事當行而不行, 反必有殃」, 又云「行非常之事, 然後有非常之功」, 々者千辛萬苦, 不憚勞而得者, 故人不辛苦則無功, 伏願聖明, 不以此言爲逆臣之言, 而采之無疑, 臣臨書表, 心忙神迷, 語多重疊, 言或失敬, 臣無任悚懍之至, 開國四百九十七年正月十三日(註明治二十一年二月二十四日)

번역 15) 일본에 머물고 있는 신 박영효는 삼가 네 번 절하며 통천융운(統天隆運)에 지극히 돈독한 인륜을 꾀하시는 대군주 폐하께 상소를 올립니다. 엎드려 생각건대 신의 가문은 세신(世臣)의 후예

---

15) 박영효의 '건백서'는 한국정치연구소, 『한국정치연구』 2, 서울대학교 한국정치연구소, 1990, 245~295쪽)에서 특집 번역된 바 있다. 당시 번역자는 김갑천으로, 본 번역문은 이 번역문을 참고하였다.

로 지금 신의 대에 이르기까지 부자 형제가 특별한 은총을 입었으니 이로써 신의 부자는 항상 특별한 은혜에 감격하나 보답할 길을 알지 못했습니다. 신의 아버지인 돌아가신 판서 원양(元陽)16)은 항상 신의 형제에게 "온 몸을 다해 임금을 섬기고 마땅히 목숨을 다해 충성을 바쳐 국가를 위한 보답의 길을 찾고, 위험이나 어려움을 피하지 말라." 라고 훈계하였습니다. 그때 신은 나이가 어리고 배운 바가 얕아 비록 그 말을 들었어도 그 뜻을 이해하지 못했으나 얼굴을 들어 대답했을 따름입니다. 성은의 만분의 일이나마 마음에 두었으나 능히 사리의 순조로움과 거스름을 분별하지 못해 갑신(甲申)에 이르러 멋대로 경솔한 거사를 행했으나 운명과 마음이 어긋나 공적으로는 감히 폐하의 진노를 사고 3국의 분란17)을 일으켜 사적으로는 헛되이 신의 부모형제와 벗들을 죽음에 이르게 하였으며 일이 마침내 국가에 무익하게 되었으니, 신은 인도 없고 의도 없는 무리가 되었습니다. 어찌 감히 명을 받들어 죄를 받지 않겠습니까. 그러나 그 이유는 실로 충군애국하는 마음에 있으며 찬역하여 국가를 어지럽히는 데 있지 않습니다. 근세 문명국에서 죄를 재단하고 판단할 때는 그 사정과 원인을 살피되 모호하지 않게 하니 즉 신이 역적의 이름으로 죄를 받는 것은 부당하며, 위로는 성세의 덕에 누를 끼치고 아래로는 신의 죽음에 오명을 남길 뿐이므로, 명을 어기고 나라를 벗어나 타국에 체류하고, 성조(聖朝)의 문명이 더욱 새로워져 신을 역신으로 보지 않을 때를 기다릴 뿐입니다.

---

16) 박원양(朴元陽, 1804~1994). 조선 후기 문신이자 성리학자. 박영효의 아버지이자 박제당의 아들. 1871년 박영효가 철종의 고명딸 영혜옹주와 결혼한 뒤 여러 번 승진하여 참의, 참판, 도총부 부총관, 공조판서 등을 지냄. 갑신정변 당시 감옥에서 아사함.

17) 3국 분란: 갑신정변 결과 조선과 일본, 청국의 혼란을 야기한 것으로 표현함.

그러나 신이 때로 고국을 생각하며 귀국하기를 바란 것은, 다만 다시 폐하의 성안(聖顔)을 뵙고 신의 어리석은 충절을 말씀드리고자 한 것이 하나이며, 신의 부모형제의 유해를 거두어 장례를 지내고자 한 것이 둘입니다. 신 또한 사람이니 어찌 인의와 충효의 마음이 없겠습니까. 안타깝도다. 하늘이 신으로 하여금 미미한 충절을 펼치지 못하게 하고 헛되이 외국에 머물게 하니 온갖 근심이 가슴을 울려, 신의 생각이 이에 이르면 흐느껴 눈물이 흐르는 것을 깨닫지 못합니다. 그러나 경계하는 마음으로 비스듬히 서서 기다린 것은 오직 성조(聖朝)의 중흥입니다. 신이 듣건대, "폐하께서 이미 일본에 공사를 파견하고, 또 구미에도 공사를 파견하여 이미 임지로 향했다." 하니 이는 진실로 폐하의 성스러운 계산에서 나온 것으로 후대의 양책(良策)이라고 생각하여 신은 감히 그것을 기뻐하였습니다.

또 들으니 "대동조(大東朝) 폐하[18]의 보령이 구십을 바라보며, 중궁 폐하도 환후가 정상으로 회복되어 경하할 일이 겹쳤다." 하니 신이 외지에 있으나 기쁜 마음에 서쪽을 향해 축하를 드릴 마음을 이길 길이 없습니다. 그리고 신이 이후에 크게 바라는 것은 국가의 경사가 이로 인해 경사스러운 일이 시작되고, 경사가 또 경사가 되어 무궁무진한 경사에 이르는 것입니다. 신이 '일국의 경사'라고 한 것은 무엇이 겠습니까. 국치(國治)와 부강(富強), 민신(民信)과 안락(安樂), 교화가 때로 새로워지는 것, 상하에 막힘이 없는 것, 사람마다 각자 그 맡은 바에 따라 일 년 이 년 천지와 더불어 평안하면 즉 보령(寶齡)이 장구한 데서 경사가 시작되는 것입니다. 국가가 쇠약하면 그것을 떨쳐 진흥하게 하고 백성이 곤궁하면 보호하여 건강하게 하며 기강을 경장하여

---

18) 대동조 폐하: 황태후와 왕대비 등을 일컬음.

공사를 범하지 않게 하면 사람마다 그 분수에 맞게 날로 새로워지고 일월이 아울러 밝아지니 이는 우환을 회복하여 경사를 맞이하는 시작이 되는 것입니다.

신은 어리석으나 이는 진실로 쉬운 일이며 실로 어려운 일이 아닙니다. 속언에 이르기를 "세상에 망하지 않는 나라가 없으며 늙어서의 병은 치료하기 어렵다."라고 합니다. 그러나 신의 소견은 그렇지 않습니다. 정치에 도가 있고 법이 이완되지 않으면 영원히 망하지 않으며, 병의 실상을 진단하고 그에 맞는 약을 복용하면 치료하기 어렵지 않습니다. 만약 이와 반대로 하면 반드시 그 말과 같을 것이니 이는 천지자연이 바꿀 수 없는 이치입니다.

본조(本朝)의 흥망성쇠 또한 다스림과 다스리지 못함에 있습니다. 하물며 지금 만국의 관심이 본조에 집중되는 때, 어찌 하루라도 이 도리를 강구하지 않을 수 있겠습니까. 폐하의 성명(聖明)으로써 어찌 이것을 상세히 헤아리지 않을 수 있겠습니까. 그러나 신은 감히 간략히 말씀드리건대 본조가 용흥에서 일어나 지금에 이르기까지 오백 년, 중엽(中葉) 전으로부터 국세가 부진하고 동으로 일본에 패하며 북으로 청나라에 항복하고, 병혁을 겪으며 점차 쇠약해져 근세에 이른 것이 극도에 이르렀습니다. 무릇 사물은 움직임이 극한에 이르면 고요해지고 고요함이 극하면 움직이는 것이 또한 천지의 지극한 이치입니다. 어찌 지극한데 변화가 없겠습니까. 아, 폐하께서 이 쇠약한 후 위태롭고 근심이 많은 때 나라를 이으셔서 부흥을 꾀하시나 일이 잘 이루어지지 않고, 백성과 국가가 더욱 곤란해진 것은 폐하를 보좌하는 신하가 적당한 인물이 아니며 치국의 도리를 알지 못하며 단지 자신과 가문의 부귀만 돌아보고 종묘 사적과 백성의 안위를 돌아보지 않은 채 백성의 고혈을 빨고 국가의 재산을 도둑질하며 사익으로 충량한 신하를 배척하고 망령되이 무고한 사람을 죽이는 것을 쾌락으로 여기며 공적인 행위에 뇌물을 받아 관직을 팔고, 상하가 재물을 탐하여 공사를 함께 폐했기 때문입니다. 백성의 고혈을 빨고 국가의 재산을 도둑질하는 자가 관직이 태수에 이르고, 능히 충량한 신하를 배척하여 무고하게 살해한 자의 지위가 재상에 이르러 백성이 구렁텅이로 빠져들고 사방으로 흩어져 부모 형제 처자가 서로 만나볼 수 없고 혹은 아사하고 혹은 동사하고 혹은 원한을 품고 죽으며 혹은 약이 없어 병사하고 혹은 무죄하게 형벌을 받아 죽고 혹은 배고픔과 추위에 도적이 되어 피살되니 이것이 소위 "나라 가운데에 함정이 된다."는 것입니다. 사실이 이와 같으니 신이 감히 무고하게 아뢰겠습니까. 그러므로 폐하께서 그 간사한 재상과 탐욕스러운 관리를 쫓아내지 않으시고 국가의 부흥을 도모하시면, 비록 폐하의 성스러운 마음일지라도 일은 마침내, 이루어지 않고 도리어 반드시 화가 있을 것입니다. 신이 살펴건대 성경 고사(聖經古史)에 이르기를 "창고에 살진 고기가 있고, 마구간에 살진 말이 있으나, 백성은 굶주린 기색이 있고 들에 굶어죽은 시체가 있는 것은 짐승을 길러 사람을 잡아먹는 것과 같다."라고 한 맹자의 가르침입니다. "재상을 두어 백성을 다스리나 밭이 황무지로 바뀌고 인민이 감소하나 뇌물을 구하고 명예를 구하려 한다."라고 한 것은 제왕이 분노했던 바입니다. "강대국과 전후좌우로 인접해 있으면서, 재상이 도가 없고 장수가 무능하며 법령이 실시되지 않고 상벌이 불명하며 병사가 하나같지 않으며 사졸이 간예하지 않고 백성이 위와 더불어 같은 뜻을 품지 않고 함께 죽을 수 없으며 함께 살지 못하고 자기의 명령을 두려워하지 않으나 도리어 이웃나라를 두려워한다."라고 한 것은 손자와 오자가 근심했던 바입니다. 무릇 국치(國治)와 군사의 도리는 시대는 다르나 사업은 동일하여 고금이

다르지 않습니다. 폐하께서 어찌 이를 거울로 삼지 않으시며 구중 깊은 곳에 안거하셔서 날마다 좌우 신하와 더불어 한가히 즐기시니 홀로 즐겁고 백성과 인민의 간난함을 살피지 않으십니까. 신은 감히 폐하를 위해 그것을 염려하니 무릇 백성의 부모가 되어 민중의 신고(辛苦)를 돌아보지 않으면 그 민중이 장차 어디를 향해 호소합니까. 반드시 친하지 않은 쪽에 반대하며 친한 쪽을 향할 것이니 어떤 까닭 입니까. 강태공은 "방국은 제왕의 방국이 아니라 인민의 방국이며 제왕은 방국을 다스리는 직책일 뿐이다. 그러므로 방국의 이익을 함께하는 자가 방국을 얻고, 방국의 이익을 마음대로 하는 자는 방국을 잃는다."라고 하였습니다. 무릇 일에는 취지가 있습니다. 그러므로 일을 행할 때에는 먼저 그 취지를 생각하고 그 목적을 깨달으면 길하고, 그 목적을 잃으면 흉합니다. 대저 정부의 취지와 목적은 무엇입니까. 백성을 보호하고 국가를 지키는 것이 그것일 따름입니다. 이로써 성탕(成湯)이 걸(桀)을 토벌하니 하나라 백성이 기뻐하고, 주나라 무왕이 주(紂)를 정벌하나 은나라 사람이 그르다 하지 않았습니다. 탕과 무가 그것을 깨달은 까닭으로 백성을 사랑하고, 걸주가 그것을 잃은 까닭으로 백성을 학대했기 때문입니다. 맹자께서 이르기를, "지금 왕의 즐거움이 이와 같으나 백성이 왕의 종소리와 북소리, 피리소리를 듣고 머리를 들어 찡그리고 서로 말하기를 '우리 왕은 고락(鼓樂)을 좋아하는데 대저 우리가 이와 같이 극한 상황에 이르게 하는 것은 어찌된 까닭인가.'라고 하는 것은 다른 것이 아니라 백성과 함께 즐기지 못하기 때문이다. 또 지금 왕이 이와 같이 고락을 즐기나 백성이 왕의 종소리와 북소리, 피리소리를 듣고 모두 기뻐하여 희색이 있고 서로 말하기를 '우리 왕이 작은 병도 없이 어찌 능히 고락을 즐기시는 구나.'라고 하는 것은 다른 것이 아니라 백성과 즐거움을 함께 했기 때문이다."라고 하신 것입니다.

무릇 제왕이 무도하면 그 위를 잃고 비록 서민이 되고자 하더라도 이루기 어렵습니다. 제후가 도가 있어 백성을 지키면 비록 지방이 백리에 불과하더라도 천하의 왕에 이르니 가히 경계하지 않을 수 없으며 가히 삼가지 않을 수 없습니다. 만약 폐하께서 백성과 더불어 함께 즐기지 못하고 홀로 그 즐거움을 오로지 하고자 한다면 아래로는 반드시 젖을 빨며 죽은 어미의 고아가 생기고 구렁텅이를 전전하는 외로운 노인이 생깁니다. 만약 다른 사람의 큰 눈으로 그것을 보면 어찌 한 사람의 편안한 즐거움으로 나라 전체가 평안하다고 할 수 있겠습니까. 즉 머리를 흔들고 발꿈치를 잇는 사람들이 계속 이어날 것이며 반드시 성명(聖明) 왕조에 누가 될 것입니다. 옛말에 이르기를, "가정이 불화하면 가정을 망치고 종실이 불화하면 종실을 뒤엎으며, 국가가 불화하면 나라가 망한다."고 하였습니다. 서(書)에 이르기를 "백성이 오직 나라의 근본이니 근본이 견고해야 나라가 평안하다."라고 하였습니다. 그러므로 근본을 견고히 하면 화합하게 되고, 화합하게 되면 즐겁게 되니, 즐거우면 편안하고 편안하고자 하면 진무해야 하며, 진무하고자 하면 감고(甘苦)를 함께 해야 합니다. 감고(甘苦)를 함께하는 것은 백성들에게 인의(仁義)로 정치를 베푸는 것이지 제왕과 백성이 같은 일을 하라는 것은 아닙니다.

대저 상하가 함께 즐거움과 괴로움을 함께 하는데 백성이 반역한다는 말은 신은 아직까지 들은 바가 없습니다. 옛날 조나라 윤탁(尹鐸)이 진양(晉陽)을 지킬 때, 삼국의 군대가 포위하고 물을 틀어대어 성이 잠기지 않은 것이 삼판이며, 부엌에 개구리가 새끼를 낳아도 백성들이 반역하는 마음을 갖지 않았으니, 이것은 윤탁이 민중의 인심을 얻은 까닭입니다. 그러므로 국가를 다스리는 것은 반드시 백성을 교화하고 만민을 친애하는 것이 우선되어야 합니다. 이로써 성현은 도로써 가르치고 의로써 이치를 삼으며 예로써 움직이고 인으로써 진무하니 이 네 가지 덕은 닦으면 흥하고 폐하면 망합니다. 폐하의 신성(神聖)으로써 어찌 이를 살피지 않으십니까. 연즉 만약 성현의 지혜를 아나 나아가지 않으면 인이 아닙니다. 간사하고 우매함을 아나 쫓아내지 않는다면 의가 없는 것입니다. 마땅히 행해야 할 것을 아나 행하지 않는다면 효과가 없는 것입니다.

비록 필부필부라도 인의의 마음과 과감한 기운이 없으면 세상에 살아갈 수 없는데, 하물며 제왕은 어떻겠습니까. 속언에 이르기를 "때는 바로 지금뿐, 지금 이외에는 다시 지금의 때가 없다."라고 하였습니다. 만약 마땅히 행해야 할 일을 하루라도 지체하면 하루의 피해가 있고, 하루라도 빨리 하면 하루의 이익이 있습니다. 어찌 가히 시일을 미루며 자기의 이익을 포기하고 해를 취하겠습니까. 이 무지함이 심합니다. 또한 이웃에 한 나라가 있어 우리와 같은 사람으로 우로의 혜택을 받으며 일월의 빛을 쐬이나 우리 나라에 비하여 토지의 대소가 큰 차이가 없고 물산 또한 다소의 차이가 없으나 다만 일을 행하는 데 차이가 있어, 저들이 이미 개명(開明)의 도를 취하고 문예(文藝)를 닦고, 무비(武備)를 다스려 부강한 나라와 더불어 어깨를 나란히 하게 되었습니다. 그러나 우리는 아직 몽매의 상태에 있으며 우매하고 어리석어 술취한 사람이나 미친 사람과 같이 세계의 사리를 분별하지 못하고 스스로 천하의 모욕을 취하니 부끄러움이 없음이 매우 심합니다.

신이 비록 배우지 못하여 무식하고 세상 일에 우매하나 그것을 부끄러워하며 그것을 근심하니, 천하의 사람들이 우리 조선을 보고 어리석고 우매하며 취하고 미친 나라로 보는 것이, 진실로 마음이 있는 자라면 누가 부끄러워하지 않겠습니까. 그러나 사람은 본래 어리석고 우매하여 자기의 얼굴은 보지 못하나 능히 타인의 얼굴은 보며, 자기의 소리는 듣지 못해도 능히 타인의 음성은 알며, 자기의 잘못은 분별하지 못해도 타인의 잘못은 능히 분별합니다. 그러므로 비록 괴이한 형태나 괴이한 형상이라도 자신의 추함을 알지 못하며, 비록 도를 어겨 악이 되어도 자기의 포악을 알지 못하니, 어리석어 스스로 즐기나 부끄러움을 알지 못하니 이것이 자기를 속이는 것입니다. 다른 사람이 나의 허물을 간하고 잘못을 꾸짖으면 곧 노하여 기뻐하지 않고 아첨하여 포장하면 웃고 기뻐하며 어리석게도 자기를 믿어 스스로를 영웅이라고 여기니 이것은 자기를 속이는 것이자 타인을 속이는 것입니다. 사람이 자기를 모르니 자기를 속이는 것은 어찌 타인을 속이지 않겠습니까.

그러므로 사람이 능히 자기를 돌이켜 거울로 삼고 조금이라도 시비선악을 헤아리며 자기의 장단을 알면 자기를 속이지 않게 되니, 어찌 타인이 자기를 속이겠습니까. 증자께서 이르시기를, "하루에 세 번 나를 반성한다."라고 하셨고, 맹자께서, "사람을 사랑하되 친하지 않으면 그 인을 반성하고, 사람을 다스리되 다스려지지 않으면 그 지혜를 반성하며, 예로써 사람이 대답하지 않으면 그 공손함을 반성하라. 이와 같이 행하되 이루어지지 않는 것은 모두 자기로부터 돌이켜 구해야 한다."라고 하였습니다. 엎드려 생각건대 성상께서는 몸소 하루 세 번 살피시고 행하여 얻는 것은 모두 성심으로부터 돌이켜 구하시며 스스로 시비를 아신 연후에 현자를 가까이 하고 간사한 무리를 멀리 하십시오, 이로써 백성을 평안하게 하며 부흥을 꿈꾸고 사해를 광명으로써 하며 대저 현명한 재사를 임명하시고 나라를 다스리면 비하건대 대낮에 큰 길을 가는 것과 같습니다. 간사하고 우매한 자를 임명하여 정사를 맡기면 어두운 밤에 산길 험난한 곳을 구별하는 것과 같을 것이니 지혜로운 자가 아니어도 그것을 알 수 있을 것입니다. 신이 감히 어리석으나 충성스러운 마음으로 8조목을 좌에 열거하니 스스로 방금의 급무라고 했던 것입니다. 속언에 이르기를 "일에서 마땅히 해야 할 것을 행하지 않으면 반드시 재앙이 있을 것이다."라고 하였고, 또 이르기를 "일상의 일이 아닌 것을 행한 연후에 비상한 공이 있다."라고 하였습니다. 이 공은 천신만고로 그 수고로움을 꺼리지 않아야 얻을 수 있습니다. 사람이 고생을 하지 않으면 공이 없습니다. 엎드려 바라옵건대 이 말을 역신의 말이라고 여기지 마시고 받아들여 의심하지 마십시오. 신은 글을 쓰며 마음이 바쁘고 정신이 혼미하여 말이 거듭되고 말 또한 공손함을 잃으니 신의 송연하고 두려움이 지극하나이다. 개국 497년 정월 13일(주 메이지 21년 2월 24일)

一日. 宇內之形勢

方今宇內萬國, 猶昔之戰國也. 一以兵勢爲雄, 强者幷其弱, 大者呑其小. 常講武備兼修文藝. 相競相勵. 無不爭先. 各欲逞其志以震威於天下, 乘他之*隙而奪之. 故波蘭土耳其, 本非微弱之國, 然皆因自國之困難, 或見裂, 惑見削, 無復興復之日. 雖有萬國公法, 均勢公義, 然國無自立自存之力, 則必致削裂, 不得維持. 公法公義, 所不足以爲恃也.

以歐洲文明强大之國 亦見敗亡. 況亞洲未開弱小之邦乎. 大凡歐人 口稱法義, 心懷虎狼. 故自三四百年之前, 以至于今, 其所幷呑者, 南北亞米利加洲也, 亞非利加洲也, 南洋群島也, 澳斯太利亞洲也, 漸及我亞洲之地. 斯非利亞也, 土斯坦也, 印度也, 緬甸也, 淸之黑龍江省也, 香港也, 日本之樺太島也, 已過亞洲之半.

而以亞洲論之, 則其所餘者, 不及其所失, 以天下論之, 則所餘者, 十過

十分之一. 而彼猶不饜, 尙耽耽虎視, 其志向, 果在於何處乎. 此亞洲東部
興亡盛衰之秋, 而我同族奮起排難之時也.

然我亞洲之族 懶惰無恥, 苟苟偸生, 絶無果敢之氣, 是臣所以寒心歎息
者也. 若魯欲東侵, 鑿山開道, 以及於東海之濱, 察諸國之勢, 見我無備,
而先出於我之西北, 略咸平兩道, 而據日本海黃海之水利, 絶三國之兩膝,
而擅亞洲之禍福, 則我邦之事已去矣, 雖有奮起排難之志, 亦不能如之何
也. 夫魯雖君主獨裁之邦, 然其政治法紀, 勝語我邦, 故我人民, 一安其便,
則更不樂我 朝之興復也.

印度雖亞洲中盛大之邦, 亦因其內亂無備爲英所領, 其人民樂乖英政
府之命. 不欲自立政府者 無他 英之法律寬, 而政治正, 人人各安其生. 故
恐離英政, 而再陷苛政也. 臣按亞洲, 天下靈氣所聚之處也, 故儒·佛·耶
蘇 及 回回敎之祖, 皆出於此土, 古昔盛時, 非不文明, 然至于近代, 却讓
歐洲者何也, 蓋諸邦之政府, 視民如奴隷, 不導之以仁義禮智, 敎之以文
學才藝. 故人民蠢愚無恥, 雖見領於他, 而不知爲恥, 禍亂將至, 而不能覺,
此政府之過也, 非人民之過也. 中庸云 凡事豫則立 不豫則廢, 言前定則
不跲, 事前定則不困, 行前定則不疚, 道前定則不窮, 爲亞洲諸政府謀者,
豈可苟安消日哉.

1. 우주 내의 형세

지금 우주 내 만국은 예전의 전국시대와 같습니다. 병세로써 웅(雄)을
삼으며 강자가 약자를 병합하고 큰 것이 작은 것을 삼킵니다. 항상
무비를 갖추고 문예(文藝)를 수학하며 서로 경쟁하고 격려하여, 앞을
다투지 않는 것이 없습니다. 각자 그 뜻을 펼쳐 천하에 위엄을 떨치고
자 할진대 다른 것의 틈을 비집고 그것을 빼앗습니다. 그러므로 파란

(波蘭: 폴란드)과 토이기(土耳其: 터키)는 본래 미약한 나라가 아니었으나 모두 자국이 곤란을 받는 이유는 혹은 분열하고, 혹은 삭탈을 당하여 다시 회복할 날이 없기 때문입니다. 비록 만국 공법이 있으나 균등한 세력이 공의(公義)입니다. 그러므로 나라가 자립·자존할 힘이 없으면 반드시 삭탈·분열에 이르러 유지할 수 없습니다. 공법과 공의는 믿을 바가 되지 못합니다.

구주 문명 강대국 역시 패망하는데, 하물며 아시아 미개 약소국이겠습니까. 무릇 구라파 사람들은 입으로는 법과 의를 부르짖으나 속으로는 호랑(虎狼)을 품습니다. 그러므로 삼사백 년 전으로부터 지금까지 병탄한 바가, 남북 아메리카 대륙(南北亞米利加洲), 아프리카 대륙(亞非利加洲), 남양군도(南洋群島), 오스트레일리아 주(澳斯太利亞洲)로부터 점차 우리 아시아 대륙(亞洲)의 땅에 미쳐, 시베리아(斯非利亞), 투르크멘(土斯坦), 인도(印度), 미얀마(緬甸), 청나라 흑룡강성(淸之黑龍江省), 홍콩(香港), 일본의 사할린(日本之樺太島)에 이르기까지 이미 아시아 대륙의 반에 이릅니다.

아시아로 논할진대 그 남아 있는 것은 잃은 것에 미치지 못하고, 천하로 논할진대 그 남아 있는 것이 십분의 일에 미치지 못합니다. 그럼에도 저들은 오히려 물리지도 않고 호시탐탐 그 뜻하는 바가 있으니 과연 그것이 어디로 향하겠습니까. 이 아시아 동부의 흥망성쇠의 시절에 우리 동족은 분기하여 어려움을 극복해야 할 때입니다.

그러나 아세아 민족은 나타하고 무치하여 구구히 삶을 도모하고, 과감한 기세가 없습니다. 이에 신이 한심하고 한탄하는 바입니다. 만약 러시아[魯]가 동으로 침범하면 산을 뚫고 길을 열고, 동해 바닷가에 이를 것입니다. 제국(諸國)의 세를 관찰하건대, 우리는 준비함이 없으니, 먼저 우리의 서북으로 진출하여 함경·평안 양도를 침략할 것이며,

일본해와 황해의 수리(水利)를 근거로 하여, 삼국의 무릎을 꿇을 것이니 이로 아시아의 화복(禍福)을 차지할 것입니다. 그런즉 우리나라의 일은 이미 지나버렸으니 비록 분기하고 어려움을 배척하고자 하는 뜻이 있으나 또한 가능하지 않으니 어찌하겠습니까. 대저 러시아는 군주가 독재하는 나라이나 그 정치와 법률 기강은 우리나라보다 낫습니다. 그러므로 우리 인민이 평안하고 편안하기만 한다면 다시 우리 조정의 홍복을 즐기기 어려울 것입니다.

인도는 비록 아세아 중 성대한 나라이나 역시 그 내란과 준비 없음으로 영국령이 되었으며, 그 인민의 즐거움은 영국 정부의 명령에 달렸습니다. 정부를 자립하고자 하지 않고 달리 영국의 법률이 관대하고 정치가 바르고 사람마다 각각 그 삶의 안정만을 추구하므로, 영국 정부가 떠날까 염려하니 다시 가정(苛政)에 빠지게 됩니다. 신이 아세아를 살피건대 천하의 영기가 모여드는 곳입니다. 그러므로 유·불·야소 및 회회교의 시조가 모두 이 땅에서 나왔습니다. 예전의 성시에 문명이 아닌 것이 없으나 근대에 이르러 구주(歐洲)에 뒤쳐지고 양도하는 것은 무슨 까닭입니까. 모든 나라의 정부가 덮여 있고, 백성을 노예와 같이 대하며, 인의예지로 이끌지 않고, 문학·재예로 가르치지 않기 때문입니다. 그러므로 백성들은 어리석고 부끄러움이 없으니 비록 필요한 것을 보아도 부끄러움을 알지 못하니 화란(禍亂)이 장차 이르매, 능히 깨우치지 못하니 이는 정부의 과실이지 인민의 과실이 아닙니다. 중용에 이르기를 "무릇 일을 준비하면 곧 확립되며, 준비하지 못하면 곧 무너지고, 말하기 전에 정립하면 넘어지는 일이 없으며, 일하기 전에 정립하면 곤란함이 없고, 행하기 전에 정립하면 큰 병이 되는 일이 없으며, 도 이전에 정립하면 궁한 일이 없다."고 하였습니다. 아세아 모든 정부를 이끌어 가는 자라면 어찌 가히 편안히 소일(消

日)할 수 있겠습니까.

二. 興法紀安民國

　法律者. 人民處身結交之規矩. 而勸正理, 禁邪惡, 故其行之也. 無偏無黨, 只辨是非曲直之理. 而治之, 有罪則雖貴必罰, 雖受必刑, 無罪則雖賤不可抑, 雖憎不可迫. 云小兒, 云大人, 云貧賤, 云富貴, 其身命一也. 雖一貧兒之敝衣, 以法護之, 則與帝王之領地同矣. 蓋法律之本旨, 不欲必行其政也. 大學云 '子曰 聽訟吾猶人也, 必也使無訟乎 無情者不得盡其辭, 大畏民志. 此謂知本' 則定規例. 以制人之心. 而導之於道理, 化民 成俗而使無犯罪也. 是以雖立法行罰, 然必以仁義信爲本. 故酷刑而傷仁 勒罰而敗義 擅法失信. 乃致人民之心 軟而弱 頑而暴 疑而擾亂 蠻邦未開之政也. 行刑以仁 行罰以義 行法以信 乃致人民之心 豪而健, 和而平, 信而安穩, 文明開化之政也, 故撫人以仁, 治人仁義, 安人以信, 明此三道而無失, 則恩威竝行, 而法不弛, 治隆於上, 而俗美於下矣.

　陛下 已下責己之喩於下民者數 而終不踐 聖喩, 故百姓益疑, 而法紀益解也. 今 陛下 雖下百 聖喩, 百姓不信, 而相語曰 "吾王, 又欲欺我也" 夫如此, 令必不行, 而亂起於不虞, 伏願聖明 率百官, 祭于宗廟, 以及皇天后土, 誓約五事曰 "朕今敬承天命, 誓約此五事, 而臨我赤子, 保我邦國, 如有違此大義者, 則欲危我赤子, 亂我邦國也, 朕必不恕, 視同盜賊, 凡我臣民, 謹承此命. 一曰 作善者 有才德者 雖賤賞之 陟之, 二曰 作惡者 無才德者 雖貴罰之黜之, 三曰 省刑罰 薄稅斂 使民免於艱苦, 四曰 勸農桑 興工商 使民免於飢寒, 五曰 修文德 治武備 使民安而國泰." 立誓之後 必先立信於宮中 而及於朝廷, 立信於國中, 而及於天下, 則邦內必無犯法之人 天下亦無背約之國 萬事隨.

聖意, 而亨通, 凡治國立法之要, 以信爲重, 故信者, 治天下之至寶也, 臣聞, "法貴順俗而治之"則率由舊章. 而漸就良道. 不可猝變, 而惹起擾亂, 然若有大益民國, 而大勝舊法者, 則雖有騷擾紛紜之議, 果決斷行, 而後無變, 可漸達善美之城.

一. 凡處訴訟及大小輕重之罪, 只任判官裁之, 而不可以主權擅裁事. [凡人性喜怒愛樂恐懼憂慮, 而失其常, 故裁刑判罪, 不可不任地人處斷也.]

一. 廢酷刑, 以保生命事. [法酷, 故失國之主權於外國也]

一. 廢孥戮之典. 只治原犯. 而不可及父母兄弟妻子事.

一. 拷問罪人, 不可濫刑, 誣服其罪事. [雖有捧遲晩, 自服其罪之法, 然多因酷刑誣服也]

一. 凡諸大小輕重之罪, 必彰明罪證而自服, 然後可以繫獄處刑事. 鄙陋不開之國, 人民繫獄被刑, 而不解自己之罪多也.

一. 廢如捕廳之隱匿刑殺事. 雖被刑殺者之父母兄弟妻子, 而夫之其繫獄, 被殺, 豈非無法殘忍之政哉.

一. 聽訟斷獄, 不可秘之, 而許衆庶, 入場傍聽, 則判官欲用酷容私者自滅事.

一. 定懲役之法, 設懲役之場, 而非最重大之罪, 不可殺之, 并使之懲役事.

一. 廢捕盜廳, 而於巡廳, 增削其規例, 置警巡之士二萬, 則姑足以導民心, 察民情, 制强暴, 救窘急事.

一. 嚴禁宰相, 士大夫, 以及庶民, 各於私家用刑, 而雖係自己之子弟, 奴婢, 必仰公裁事.

一. 嚴禁宰相, 士大夫之行强暴於下類事.

一. 令人民代償賣買, 凡諸款約證文, 務爲照詳, 兼捺名印, 以便後訟, 而文證模糊者, 不可聽訟事.

一. 定貴賤人民之墓地于各處, 而禁埋于他, 以除山訟之煩, 又便後日之
鑛務事.

번역 2. 법의 기강을 부흥시켜 백성과 나라를 평안하게 함

법률이라는 것은 인민의 처신·결교(結交)의 규구(規矩)이니 바른 이치
로 권하고, 사악한 것을 금하여 그것을 행하게 해야 합니다. 편당이
없이 다만 시비곡직의 이치로 다스리고 죄가 있으면 곧 귀한 사람도
반드시 벌하고, 반드시 형을 가해야 하며, 죄가 없으면 비록 천한 사람
일지라도 억압하는 것이 불가하며 미워하는 사람일지라도 박해해서
는 안 됩니다. 소아, 대인, 빈천, 부귀한 사람이라도 그 신명은 하나이
니 모름지기 가난한 아이의 폐의(敝衣: 어려운 삶)일지라도 법으로써
보호하는 것이 곧 제왕의 영지에서 동일한 것입니다. 대개 법률의
본지는 그 정치를 행하고자 하지 않는 것이니 대학에 이르기를, "공자
께서 소송을 들을 때 나와 남이 같게 하면 반드시 쟁송이 없을 것이라,
정이 없는 자는 그 말을 모두 듣지 못할 것이니 백성의 뜻을 크게
두려워하는 것이 이른 바 본(本)을 아는 것"이라고 하였습니다. 이는
곧 규례(規例)를 정하여 백성의 마음을 다스리고 도리로 이끌며 백성
을 교화하고 풍속을 이루면 범죄가 없게 되는 것입니다. 이로서 비록
법을 세우고 벌을 행하면 반드시 인의신을 본으로 삼게 됩니다. 그러
므로 혹형과 인을 상하게 하는 것, 가혹한 벌과 의를 망치는 것, 법을
멋대로 하고 신의를 잃는 것은 곧 백성의 마음을 연약하게 하고 완폭
하게 하며 의혹되게 하고 요란하게 하니 오랑캐 땅의 미개한 정치입
니다. 인으로 형을 행하고 의로 벌을 행하며 신으로 법을 행하면, 그것
이 인민의 마음이 호건(豪健)하고, 화평(和平)하며, 믿음과 안온에 이르

니 문명 개화의 정치입니다. 그러므로 인민을 어루만질 때 인으로써 하고, 백성을 다스릴 때 의로 하며, 백성은 평안하게 할 때 신으로 하여 이 세 가지 도를 밝히면 잃는 것이 없으니 곧 은위(恩威)를 병행하는 것이며 법이 이완되지 않아 상(上)으로 융성하고 하(下)로 풍속이 아름다워집니다.

폐하께서 이미 천하의 백성들에게 내리신 유지가 있으나 실천되지 않는 것은, 폐하의 가르침을 백성들이 의심하고 법의 기강이 해이해진 까닭입니다. 지금 폐하께서 비록 백성에게 하명하나 성상의 유지를 백성이 불신하고 서로 말하기를 "우리의 임금이 우리를 속이고자 한다."고 하니 대저 이와 같으면 영을 내려도 행해지지 않고 소란이 일고 근심하지 않는 바가 없습니다. 엎드려 원하옵건대 성상께서 백관을 거느리고 종묘에 제사하여 황천 후토에 5가지를 맹약하여 말씀하시기를, "짐이 하늘의 명을 따라 이 다섯 가지를 서약하노니 우리 백성들을 다스림에 임하고, 나라를 보호하고자 하니 이 대의를 어기는 것은 우리 백성들을 위태롭게 하고자 하는 것과 같고 아국을 어지럽히는 것과 같으니 짐이 반드시 용서하지 않고 도적과 동일시할지니 무릇 아국 신민들은 이 명을 받들라. 하나는 선을 행하는 자와 재덕이 있는 자는 비록 천할지라도 상을 주고 높일지며, 둘은 악을 행하고 재덕이 없는 자는 비록 귀할지라도 벌하고 배척할지며, 셋은 형벌을 살피고 세금을 줄여 백성으로 하여금 간고(艱苦)를 면하게 할 것이며, 넷은 농상(農桑)을 권하고, 공상(工商)을 흥하게 하여 백성으로 하여금 기한(飢寒)을 면하게 할 것, 다섯은 문덕을 닦고 무비를 갖추어 백성을 평안하고 나라를 태평하게 할 것."을 서약한 후, 먼저 궁중에서 신(信)을 확립하고 조정에 미치도록 하며, 국중에 신을 확입하고 천하에 미치도록 하면 곧 나라 안에 반드시 범법자가 없을 것이며 천하 또한 약속을 어기는 나라가 없을 것이니 만사가 이를 따를 것입니다.

성스러운 뜻이 형통할진대 무릇 치국 입법의 요지는 신(信)으로써 중심을 삼아야 합니다. 그러므로 신이라는 것은 천하를 다스리는 지극한 보배입니다. 신은 듣건대 "법이 귀중하고 풍속이 양순하면 그것을 다스리는 것"이라고 하니 곧 구장(舊章)으로 말미암아 점차 양도(良道)를 취하는 것입니다. 갑작스럽게 변화하는 것은 요란(擾亂)을 야기하는 것이므로, 만약 백성과 나라에 크게 이익되고자 한다면 구법(舊法)보다 나은 것이어야 하니, 곧 모름지기 소요 분운의 의론이 있을지라도 과감히 결단하여 단행하고, 그 이후에 변화하지 않으면 가히 점차 선미한 지경에 이를 것입니다.

일. 무릇 소송 및 대소 경중의 죄가 있을 경우 다만 재관관을 임명해야 하고, 군주의 권리로 오로지 하는 것은 불가함. [무릇 인성의 희로애록 공구 우려가 그 일상을 잃게 하므로 죄에 따라 재판과 형벌을 가하며, 불가불 임지인의 처단에 따라야 합니다.]

일. 혹형을 폐지하고, 생명을 보호할 일. [법이 가혹하면 주권을 외국에 잃게 됩니다.]

일. 노비를 도륙하는 법을 폐지하고 다만 범죄에 따라 다스리며, 그것이 부모형제와 처자에 미치지 않도록 할 일.

일. 죄인을 고문하고, 형벌을 남용하여 그 죄에 무고히 복종하지 않게 할 일. [오직 지만(遲晚)히 그 죄를 자복하는 법을 받들기 때문에 그로 인해 혹형 무복이 많습니다.]

일. 무릇 모든 죄의 대소와 경중은 반드시 죄의 증거와 자복을 명백히 밝힌 연후에 옥에 가두고 형벌을 내릴 일. 비루하고 미개한 나라는 인민의 계옥(繫獄)과 피형(被刑)이 자기의 죄를 해명하지 못하고 이루어지는 경우가 많습니다.

일. 포청에서 형벌을 받다가 피살된 것을 은닉하는 일. 모름지기 형벌을 받다가 죽는 자의 부모 형제 처자, 그리고 지아비가 옥에 갇히거나 피살되면 어찌 무법 잔인한 정치가 아니겠습니까.

일. 소송을 듣거나 옥살이를 결정할 때 비밀로 하는 것은 불가하며, 무릇 서인들이 법정에 들어와 방청하게 하여 판관이 가혹하거나 사사로이 하고자 하는 것을 스스로 없애게 할 일.

일. 징역법을 정하고 징역장을 설치하여 가장 중대한 죄가 아니면 죽이지 아니하고 징역을 살게 할 일.

일. 포도청을 폐지하고 순청에 그 규례를 증보 삭제하여 경순사 2만을 두어, 곧 임시로 민심을 계도하고 민정을 살피며 강포한 것을 규제하여 군색하고 급한 일을 구제하게 할 일.

일. 재상, 사대부, 서민에 이르기까지 사가의 형벌을 엄금하여 오직 자기의 자제, 노비일지라도 반드시 공정한 재판을 받게 할 일.

일. 재상과 사대부가 아랫사람들에게 강포함을 행하는 것을 금지할 일.

일. 인민을 보상으로 매매하거나 무릇 모든 법률과 약속의 증거문을 상세히 밝히는 데 힘쓰고 겸하여 명인(名印)을 날인하게 하여 후의 소송에 편리하게 하고, 증거가 될 문장이 모호한 것은 소송에 사용하지 않게 할 일.

일. 각처에 귀천 인민의 묘지를 정하고, 다른 곳에 매장하지 못하게 하여, 산과 관련한 소송의 번잡함을 제거하고, 또 후일 광산업의 사무에 편리하게 할 일.

三. 經濟以潤民國

國之財貨, 猶人之津液也, 人保養氣血, 而流通無滯, 則健壯. 國繁殖產物, 而便利運輸, 則富潤, 故欲繁殖產物, 便利運輸, 則節儉勤勞, 而興農事工業漁獵牧畜等. 以取山野河海之利, 造金銀錢貨, 以便通用賣買. 設商社銀行, 以便儲蓄貿易. 修道路橋梁, 以便行旅車馬. 治河海川渠, 以通舟楫槎筏. 凡人之所重者, 以衣食住三事爲大, 無不欲增財致富, 給需用, 享歡樂, 其法在於治家以質素儉約, 治産物, 製物, 積物, 散物, 費物, 有節而運輸賣買之道便也. 夫賣買之道, 不啻分布物品於海內, 給世間之缺乏, 均其有餘不足, 而以達人之便利, 且藉其物品, 而助世之文明開化, 博人之知識見聞, 親人類之交際, 而能保太平無事, 且人者不能獨處, 必賴他而遂生者也.

故不得不群居往來, 而相助以其長, 是以或爲士, 或爲農, 或爲工, 或爲商, 奔走勤勞於往來相交之事. 是雖各爲自己而然, 然若不顧一人, 而不通有無, 則其一人, 必致困窘也. 故有無相通者, 是無異於欲給一人之衣食住. 使幾千萬人員, 布在於各處, 而力役也. 豈非至奇妙之理哉. 若反是, 而不務農事工業, 不勵漁獵牧畜, 而錢貨不可信, 儲畜不可得, 河海道路, 不開其塞, 舟楫車馬, 不得其便, 而缺乏不能以給, 有無不能以通, 人民不能以親交, 以致艱難辛苦, 是滅人弱國之道也.

故明此理者 勉耕作, 勤工業, 勵牧畜, 務漁獵, 普通四海, 而無游民, 土地雖少, 人民繁多, 而命亦長壽, 此人民有識而百具殷富之所致. 美·英·德等國皆皆然. 暗此理者 懶惰無作 不通隣邦, 而多遊民, 土地雖廣, 人民稀少, 而命亦短妖, 此人民無識而百具缺乏之所致, 野蠻無來由等族皆然, 凡富貴利達有二道, 一曰'勞自己之心力, 而兼有益於他人', 一曰'損害他人, 而以潤自己' 是以文明之人, 各知是非, 而無害人利己之事. 故皆得以算明私有之財貨, 而誇示之, 便於營業, 愚昧之人, 不知禮義廉恥, 而縱天然之慾, 行暴於他, 而利己之事, 故民不得以算明其私有之財貨, 而陰惹之, 難於營業. 孔子曰 '邦有道 貧且賤焉恥也, 邦無道, 富且貴焉恥也' 卽此之謂也.

大學云, '生財有大道, 國無遊民則生者衆矣, 朝無幸位則食者寡矣, 不奪農時則爲之疾矣, 量入爲出則用之舒矣, 而財恒足矣, 仁者散財以得民, 不仁者亡身以殖貨', 又云 '君子先愼乎德, 有德此有人, 有人此有土, 有土此有財, 有財此有用, 德者本也, 財者本也, 外本內本, 爭民施奪, 是故財聚則民散, 財散則民聚, 是故言勃而出者, 亦勃而入, 貨勃而入者, 亦勃而出'. 此不可不愼也, 若不知此理而圖富, 則雖勞心焦思, 反致窮困耳. 蓋不治其本, 而治其末之故也, 夫一人致富之本, 則節用勤勞, 一國致富之本, 則保民而不聚財也, 人無恒産, 而懶惰, 不勞心力役, 而以食人之勞役, 此奪人之功也.

害及於一國, 而致貧窮, 故勤勞懶惰二者不相用猶水火也. 政府收民之稅, 宜孜孜汲汲, 以保民護國爲本, 而用之官祿, 治安, 軍務, 營繕, 衛生, 教育, 救窮等, 及褒賞有功, 則可也, 然法令苛刻而害民之通義, 防禦失策, 而致國之恥辱, 興無義之軍, 而窘迫百姓, 忽癘疫之行, 而傳染四方, 無心教育, 而人民固陋, 不顧四窮, 而轉乎丘壑, 祿無庸之官, 賞無功之人, 興無益之土木, 而費公財, 此盜民之財, 竭民之力, 不可謂政府也.

夫人民出稅奉公之本志, 欲保身家之幸安也, 故爲政府者, 宜任賢良, 而保民護國, 有識君子列於上大夫, 無知小人, 列於下隷, 祿俸稱其品職, 而各安其分, 則政可治, 而民賴而安, 然下隷厚俸, 而上大夫薄祿, 則此大學所謂, '其所厚者薄, 而所薄者厚也.', 下過而上不足, 上窮而下驕, 恩威不行, 難於行公, 而上下相勝, 貪暴隨生, 是以民失其本志, 反被其害, 而致艱難, 於是乎禍亂忽起, 殆至不可如何者往往然矣, 不可鑑乎. 且人之性情, 隨窮達而變者也, 窮則多思, 故致達, 達則無思, 故致窮, 是故富貴, 而能思貧窮, 則萬全而不殆也, 民國之富强, 人人之所大欲, 而或不克遂其願者, 在多思與無思也.

一. 止賣官鬻位之事, 而治其本事, 賣官則其官必貪於百姓, 以充其所出, 賣位則其位必賤, 而國無立功之人也, 且賣官賣位, 或有願買者, 然大概勒授官位於富民, 而如不承順, 則因於捕廳而勒捧其價, 此如强奪民財同也.

一. 定君主之祿事, 以魯帝無限之主權, 亦有定也.

一. 節浪費, 汰庸官, 而改定官祿, 以稱其職事, 官祿簿, 而自救不膽, 則必生貧陋之心.

一. 詳籍戶口, 以便量入爲出事.

一. 定戶之次第, 而改定統家之法事.

一. 改良地租, 而設地券事.

一. 定尺度量衡事.

一. 禁民之典鬻土地人於外人事.

一. 設法禁遊民, 而不可定其雇價事. 如一定其雇價 則勤惰無別, 雖勤而無其報, 故必與惰者同惰也.

一. 薄稅斂, 寬其法, 而無偏頗事.

一. 勸農桑, 而教民以作農之法, 用具之利事.

一. 令牧羊以圖後日之衣服, 而雇外人使教牧羊之法事.

一. 務牧六畜事, 牛雖多, 不畜則必致缺乏也, 馬少而不堪於用, 則取四方之種, 以繁殖可也.

一. 興工商, 而使學習其法術事.

一. 盛興漁業, 以取無窮之利事.

一. 盛興獵業, 以濟民之危, 而兼致售品之一大種事.

一. 置山林司, 修治山林川澤, 免於材木薪炭及魚鼈之缺乏, 又免沙汰山川, 而以害田畑事.

一. 使堤堰司, 修築堤堰, 以免水害, 又儲水以免旱災事.

一. 使濬川司, 常治水利, 以免泛濫崩頹, 而便舟楫之通行事.

一. 置治道司, 常修道路橋梁事.

一. 許民以私錢疏水, 修道, 架橋, 而在該處權收賣錢事.

一. 開拓內地及島嶼之荒蕪事.

一. 大開金銀銅鐵及石炭之鑛, 而雇外人董督事.

一. 造鎖鎔通用之錢事.

번역 ### 3. 경제로써 백성과 나라를 윤택하게 함

나라의 재화는 사람의 진액(津液)과 같으니 사람을 보양하는 것은 혈기(血氣)이니 두루 흘러 막힘이 없어야 곧 건장합니다. 나라의 식산물을 편리하게 운송하여야 곧 부유하고 윤택해지니 그러므로 식산물을 번창하게 하고자 하면 운수를 편리하게 해야 하고, 절검 근로하여 농사·공업·어렵·목축 등을 융성하게 해야 합니다. 산야와 하해의 이로움을 취하여 금은 전화(錢貨)를 만들어 매매에 통용하기 편하도록 하고, 상사와 은행을 설립하여 저축과 무역을 편리하게 하며, 도로와 교량을 수리하여 행려와 차마가 편리하게 해야 하며 하해와 천거(川渠)를 다스려 주즙(舟楫)과 사벌(槎筏)을 통하게 해야 합니다. 무릇 사람에게 소중한 것은 의식주 3사가 가장 크니 재산을 들리고 치부를 원하지 않는 자는 없으니 필요한 것을 보급하며 환락을 누리는 것은 질소검약(質素儉約)으로써 치가(治家)하는 데 있습니다. 물건을 생산하고, 만들고, 쌓고, 분배하고, 소비하는 일을 다스리는 것은 절약과 운수·

매매의 길을 편하게 하는 데 있습니다. 대저 매매의 도는 물품을 해내에 분포하는 것일 뿐이므로, 세간의 부족한 곳에 보급하고, 부족한 곳에 균등하게 하며, 사람에게 도달하도록 하는 데 편리하게 하는 것입니다. 또한 그 물품으로 문명개화의 세계를 도와 사람의 지식과 견문을 넓히고 인류의 교제에 가까이하면 능히 태평무사를 보호할 수 있습니다. 또한 사람이라는 것은 홀로 살아갈 수 없으니, 반드시 다른 사람을 따라 살아가는 것입니다.

그러므로 부득불 무리를 지어 살며 왕래하고 그 장점을 서로 돕는 것입니다. 이로써 혹은 선비, 혹은 농군, 혹은 공장, 혹은 상인이 되어 서로 왕래하며 교류하여 분주히 일하는 것입니다. 이는 비록 각자 개인이 되는 것이지만 만약 다른 사람을 돌아보아 유무를 통하지 않는다면 곧 그 한 사람은 곤군(困窘)해질 것입니다. 그러므로 상통의 유무는 한 사람의 의식주를 제공하는 것과 달라, 천만인으로 하여금 각처에 고루 분포하게 하도록 힘쓰는 것입니다. 어찌 기묘한 이치에 이르지 않겠습니까. 만약 이와 반대로 농사 공업에 힘쓰지 않고, 어렵 목축에 면려하지 않으면 전화(錢貨)는 가히 믿을 수 없고 저축을 하기 어려우며, 하내 도로가 열리지 않아 막히며, 주즙 차마가 편리함을 얻을 수 없어 공급하는 것이 부족하며 이로써 상통하는 것이 있을 수 없고, 인민이 친교하는 일이 불가능하니 간난 신고에 이르러 사람을 멸망케 하고 나라를 약화시키는 길이 됩니다.

그러므로 이 이치를 밝히는 것은 경작을 격려하고, 공업을 부지런히 하며, 목축을 장려하고 어렵에 힘써 사해에 보급하면 유민이 없고 토지가 비록 협소하더라도 인민이 번화하고 많아지며, 장수하게 되니 이것은 인민이 유식하고 온갖 기구가 풍부해진 까닭입니다. 미·영·덕 국 등이 모두 그렇게 하고 있습니다. 이 이치를 어둡게 하는 것은 나타하여 짓는 것이 없고 이웃 나라와 통하지 않아 유민이 많아지니 비록 토지가 넓더라도 인민이 희소하고 수명이 짧아지니 이는 인민이 무식하고 온갖 도구가 결핍된 까닭입니다. 야만스럽고 왕래가 없는 등의 족속들은 모두 그러합니다. 무릇 부귀와 이로움과 영달에는 두 가지 길이 있습니다. 하나는 '스스로 심력을 다해 노력하여 다른 사람에게 이롭게 하는 것'이고, 또 하나는 '타인에게 손해를 끼쳐 스스로 윤택하게 하는 것'입니다. 이로써 문명인은 각각 옳고 그름을 알아 다른 사람에게 해롭지 않고 스스로 이롭게 합니다. 그러므로 사유 재산을 밝게 헤아리며 이를 드러내어 업을 운영함에 편하게 합니다. 우매인은 예의 염치를 알지 못하여 본성의 욕심을 따라 다른 사람에게 포악함을 드러내어 자기에게 이롭게 합니다. 그러므로 백성이 사유 재산을 밝게 헤아릴 수 없으니 어두운 면을 야기하는 것입니다. 공자가 말씀하시기를 "나라에 도가 있는데 가난하고 천하면 부끄러운 일이며, 나라에 도가 없는데 부하고 귀하면 또한 부끄러운 일이다."라고 하였으니 이를 일컫는 것입니다.

대학에 이르기를 '생재(生財)에 대도가 있으니, 나라에 유민이 없으면 곧 사는 것이 흥성하고 조정에 요행스러운 지위가 없으면 곧 먹는 것이 적다. 농사지을 때를 빼앗지 않는 것을 곧 걱정하며, 들어온 양만큼 내주는 것으로 서(舒)를 삼으면(?) 재물은 항상 풍족하다. 인이라는 것은 재물을 흩어 백성을 얻는 것이며, 불인은 식화로써 자신을 망하게 하는 것이다.'라고 하였고, 또 이르기를 '군자는 덕을 먼저 삼가며 덕은 곧 사람이 있음이며, 사람이 있는 것은 곧 토지가 있음이며, 토지가 있다는 것은 재화가 있음이며, 재화가 있음은 곧 쓸 곳이 있음이니 이는 덕의 근본이며, 재물의 근본이며, 안과 밖의 본질이니, 백성을 다투게 하고 빼앗고자 하니 그런 까닭으로 재물을 모으면 백성이 흩어지고 재물을 흩뿌리면 백성이 모이니 말을 많이 하면 또한 그 말이 되돌아오고, 재화가 풍성히 들어오면 그 또한 풍성함이 나간다.'라고 하였으니 이 또한 삼가지 않을 수 없는 것입니다. 만약 이 이치를 알지 못하고 부를 꾀한다면 비록 노심초사할지라도 곤궁해질 따름이니 그것은 대개 그 본을 치유하지 못하고 그 말단을 치유하는 것이기 때문입니다. 대저 한 사람이 부를 꾀하고자 하는 근본은 절용 근로에 있고, 일국 치부의 근본은 백성을 보호하고 재산을 모으는 데 있지 않은 것입니다. 사람이 항산이 없으면 곧 게으르고 일에 노력하는 마음이 없으니 그리고도 사람의 노역을 취하고자 하면 이것은 타인의 공을 가로채는 것입니다.

이는 일국을 해하는 것이며 빈궁에 이르게 하는 것이니 근로와 나타 두 가지는 물과 불의 관계와 같이 용납할 수 없는 것입니다. 정부가 백성의 세금을 거둘 때에는 마땅히 자자급급해야 하며 백성을 보호하고 나라를 지키는 것을 근본으로 하여 관록, 치안, 군무, 영선, 위생, 교육, 구궁 등을 실시하고 유공자를 포상하는 것이 마땅합니다. 그러므로 법령이 가혹하고 백성의 의를 해치며, 실책을 막아주면 나라를 치욕에 이르게 하며, 의롭지 못한 군대를 융성하게 하는 것은 백성을 군박하게 하는 것이니 문득 여역(癘疫)이 유행할 때 사방이 전염됩니다. 교육하고자 하는 마음이 없으면 인민이 고루하고 사궁(四窮)을 돌보지 않으면 인민(人民)이 구학(丘壑)을 전전하며, 쓸모없는 관리에게 녹봉을 주고 공이 없는 자에게 상을 주고 무익한 토목을 일으키면 공공의 재물을 낭비하는 것이니 이는 백성의 재물을 도적질하는 것이며, 백성의 힘을 고갈하는 것이니 가히 정부라고 말할 수 없습니다.

대저 인민이 세금을 내서 공적인 것을 받드는 본지는 자신과 가정의 행복과 안전을 보호하고자 하는 것입니다. 그러므로 정부는 마땅히 현량을 임용하여 백성을 보호하고 나라를 지켜야 하며, 학식 있는 군자를 상대부에 임용하고 무지한 소인을 아랫사람으로 두는 것이입니다. 녹봉은 그 품직의 명칭이니 각각 그 분수에 맞게 해야 정치가 가능하며 백성이 의지하고 편안할 수 있습니다. 그러므로 하예에게 녹봉을 두텁게 하고 상대부의 녹을 엷게 하는 것은 곧 대학에서 이른 바 "그 두터울 것을 박하게 하고 박하게 할 것을 두텁게 한다."는 것입니다. 아래가 지나치고 위가 부족하면 윗사람은 곤궁하고 아랫사람은 교만하여 은위가 행해지지 않으니 공적인 것을 행하기가 어렵습니다. 따라서 상하가 서로 이기고자 하고 탐욕과 폭악이 서로 생겨나며 이로써 백성이 그 본지를 잃고 도리어 그 해를 입어 간난에 이르게 되니 이야말로 화란이 일어나고 위태함이 어떠함에 이를지는 왕왕 그러한 일들이 많으니 어찌 이를 귀감으로 삼지 않겠습니까. 또한 사람의 성정은 궁달을 따라 변화하는 것입니다. 빈궁은 곧 생각을 많게 하니 그러므로 궁달에 이르게 합니다. 궁달은 곧 사유를 없애버리니 그러므로 궁핍에 이르게 합니다. 그러므로 부귀가 빈궁을 생각하게 하니 곧 모든 일을 온전히 하고 위태롭지 않게 하는 것입니다. 백성과 나라의 부강은 사람마다 모두 원하는 바입니다. 혹 그 소원을 이기지 못하는 것이 다사(多思)와 무사(無思)입니다.

일. 매관·죽위의 일을 금하여 그 근본사를 다스려야 합니다. 매관은 곧 그 관직이 반드시 그 들인 비용을 충당하게 함으로써 백성을 빈곤하게 합니다. 매관하여 얻은 직위는 반드시 비천해지고 (그들은) 나라에 공을 세우지 않은 사람입니다. 또 관직과 지위를 파는 것 혹은 사기를 원하는 것은 대개 그 관위(官位)를 부유한 사람에게 억지로 부여하는 것이므로 순리를 이어갈 수 없으니 곧 포청에 갇히거나 그 가치를 받들게 되니 이는 강제로 백성의 재물을 강탈

하는 것과 같습니다.

일. 군주의 녹(祿)을 정하는 일. 이로써 노제(魯帝)의 주권이 무한한 것을 유한하게 한정합니다.

일. 낭비 및 사치한 용관을 절제하여 관록을 개정하고 이로써 직무를 정하게 할 일. 관록부에 스스로 등재하지 않으면 곧 빈루한 마음이 생깁니다.

일. 호적을 상세히 하고 양곡의 입출을 편하게 할 일.

일. 호구의 차례를 정하고 가구를 통제하는 방법을 정할 일.

일. 지조(地租)를 개량하여 지권(地券)을 설정할 일.

일. 도량형의 척도를 정할 일.

일. 백성의 토지를 외인에게 파는 것을 금할 일.

일. 유민을 금지하는 법을 만들고 고가(雇價)를 정할 일. 한 번 노동자의 임금을 정하면 곧 부지런하고 게으른 차이가 없으니 비록 부지런하나 보수가 없다면 반드시 게으른 것과 같아질 것입니다.

일. 세금을 가볍게 하고 법을 너그럽게 하며 편파한 일이 없게 할 일.

일. 농업과 잠업을 권면하여 백성에게 농사법을 가르치고 농구의 이로움을 이용하게 할 일.

일. 양을 길러 후일 의복을 준비하게 하며 외인을 고용하여 목양법을 가르칠 일.

일. 목축에 힘쓸 일. 소가 비록 많더라도 기르지 않으면 반드시 부족해질 것이며, 말이 적으면 사방의 종자를 취해 번식하게 해야 합니다.

일. 공업을 부흥시키고 그 방법과 기술을 학습하게 할 일.

일. 어업을 융성하게 하여 그 무궁한 이익을 얻게 할 일.

일. 엽업(獵業)을 부흥시켜 백성의 위급함을 구하고 아울러 판매하는 상품의 대종을 이루게 할 일.

일. 산림사(山林司)를 설치하여 삼림이 윤택해지게 하고 재목과 섶나무
　　와 물고기가 부족한 것을 면하게 하며 또 산천의 산사태를 막아
　　전답에 해를 끼치는 것을 막을 일.

일. 제언사(堤堰司)로 하여금 제방과 둑을 쌓아 수해를 면하게 하고
　　또 저수하여 가뭄 피해를 면하게 할 일.

일. 준천사(濬川司)로 하여금 치수의 이익을 맡게 하여 범람 붕괴를
　　막고 배의 통행을 편하게 할 일.

일. 치도사(治道司)를 설치하여 항상 도로 교량을 수선할 일.

일. 백성에게 개인 비용으로 수로, 도로, 교량 건설 등을 할 수 있도록
　　허가하고, 그 권리로 비용을 받을 수 있도록 할 일.

일. 내지(內地)와 도서(島嶼)의 황무지를 개간할 일.

일. 금은동철 및 석탄의 광산을 개발하고 외인을 고용하여 감독하게
　　할 일.

일. 동전을 제조하여 유통하게 할 일.

四. 養生以健殖人民

　養生者, 保養血液, 流通無滯, 而壯健身體也, 故處淨避汚, 而絶食運動,
卽養生之本也, 是以其大旨, 以衣食住三事爲要, 故衣服適其寒暑, 免於
凍爛, 飮食節其飢飽, 免於枯脹, 住居便其運動, 免於閉塞, 內或有疾病之
發, 外或有染汚之侵, 卽用醫藥而治之, 以致筋壯力健, 心廣體胖, 享幸福,
長生命, 而人口繁殖, 此文明國之人, 所以養生也, 衣服不適而致凍爛, 飮
食不節而致枯脹, 住居不便而致閉塞, 內數疾病, 外被汚染, 而無醫藥之
治, 以致筋微力弱, 神迷體痿, 多辛苦, 短生命, 而人口減少, 此野蠻國之
人, 所以傷生也, 其所以然者何也, 一是不學無識, 一是博學多識, 不學無

恥, 則無遠慮, 任天然之性而行之, 與孩兒無異, 博學多識, 則達事理, 故能究天地之奧義, 而發明益民養生之道, 以節天然之性而衛之, 是以衣服貴淨潔, 飲食貴清美, 居處貴高潤, 夙興夜寐, 非時不食, 孔子, 食饐而餲, 魚餒肉敗, 不食, 色惡臭惡, 不食, 失飪不時, 不食, 肉雖多, 不使勝食氣, 惟酒無量, 不及亂, 此聖賢所以節食養生之則也, 或謂 人巧不如任天然之性而養之, 雖沾汗貼垢之衣, 足以禦寒, 腐敗饐餲之食, 足以充腹, 壅塞低窄之家, 足以容膝, 汚穢之蒸發, 不足以畏, 卑濕之氣臭, 不足以避, 或一日飲食十度, 或晝寢而夜不寢, 或終歲不洗身體, 或家有疫癘之病, 只任命于天, 而諱秘之, 或罹疾病, 專祈神佛, 不用醫藥, 間用俗藥, 却致死復, 或浸湎酒色, 而不知返, 或終日坐臥, 而不爲動, 或欲爲己之娛樂, 使幼年子孫嫁娶, 或養子孫以強暴, 而傷其身體筋骨, 弱其性氣心力, 或爲事業過度, 而不休, 以損精神, 致疾病, 凡終其身, 不知其所止, 以致夭札不自知, 豈非愚昧之甚也, 以鳥獸之不知, 亦能知其所止, 而保養身體, 可以人而不如禽獸乎, 日本自數十年前, 廢酷刑施衛生之法, 以來其人口之繁盛, 可謂隆盛也,

一 於惠民署, 騁良醫, 重興醫藥, 而保民命事.

一 於活人署, 改設疫癘病院, 嚴其規則, 使不傳染於他, 而勤愼救治其病人事, 惠活兩署, 救窮民治疾病之所也, 先聖朝恤民之聖政, 而挽近衰廢, 有名無實, 誠可惜也.

一 說法救窮困之鰥寡孤獨, 及身體不具之民事.

一 禁棄兒, 而說法養育事.

一 禁男女飲毒害命及自傷等事.

一 禁婦女飲毒墮胎事

一 禁貪富貴, 而除去子孫之腎囊事

一 禁夫之行強暴於其妻事

一 禁養子孫以强暴事

一 禁幼年嫁娶, 而依古俗定嫁娶之年限事

一 嚴禁吸鴉片烟事[今雖非人々皆吸, 然若不預禁, 則必致蔓延, 迷人之心神, 傷人之身體, 而茶毒生靈矣, 可不懼哉]

一 喩人民如有疫病, 即可服藥, 而不可用巫瞽事

一 普行種牛痘, 以救人之夭死及牛疫事, [臣於日本, 見其人民小壯者, 顏有痘痕者甚稀, 此日本日進文明之標也]

一 清潔宮闕庭掖, 以及閭巷街道川渠, 以可定取除屎尿塵芥之規則, 是匪徒養生, 亦於農務大有益事, [自宮殿庭掖, 以閭巷街道川渠, 塵芥成丘陵, 屎糞如塗金, 此外人之所大畏, 而誹笑者也, 不啻所見, 極其不美, 其蒸發之氣, 必釀成疫癘也]

一 禁造家屋于道路線內, 而預定直道之線, 建屋之基, 廣其道路, 有一定之幅, 高其房屋, 有一定之高, 以免後日之弊害, 而減少焚燒, 壅塞污陋之害事, [古家之房屋高潤, 而天頂又有大方孔, 以出惡臭炭氣, 而挽近低窄房屋, 而又封天頂之方孔, 此因於知識漸乏之故也]

一 置救火具於閭巷, 以免焚燒事

一 依古俗, 植樹木於人家稠疊處, 及街道之側, 以除污穢蒸發之氣, 而淸大空之養氣事, [空氣爲用如水同也]

一 利水道, 分注于閭巷街道, 以便人民之需用, 而又便於救火事,[夫水者, 世間不可無之需用物, 而淸潤淨潔, 人用之, 致健壯康旺, 且凡衣服, 器具, 家屋, 街道, 非水不能以洗滌污穢也, 又閭巷貧民, 無行遠方以汲水之暇者, 或有不能出門之事者, 或旱而井渴之時, 則貴水如金, 不能洗滌污穢, 大致困難, 然則利水道者, 養生之第一急務也, 且水或有毒, 勿論注水井水, 皆可檢查其良否, 然後可使民服飮, 以免疾病也, 黃海道民多盲者, 亦因水之有毒, 則不可不導淸淡之水, 以救其害也]

一 喩人民設沐浴之所, 時々洗滌身體, 以免汚穢瘡疥事

4. 양생으로 인민을 건강히 생장하게 함

양생(養生)이라는 것은 혈액을 보존하고 기르며 유통하여 막힘이 없게
하여 신체를 왕성하고 굳건하게 하는 것입니다. 그러므로 깨끗한 곳
에서 살고 오염된 곳을 피하며 음식과 운동을 절도 있게 하면 즉 양생
의 근본이 되는 것입니다. 이것으로써 큰 뜻을 삼는 것은 의식주 세
가지 일로 요지를 삼을 수 있습니다. 그러므로 의복은 추위와 더위에
적합하도록 하여 동상과 더위를 면하게 하며, 배고픔과 배부름에 음
식을 조절하여 마르고 살찌는 것을 면하게 하고, 주거를 운동하기에
편하게 하여 폐색(閉塞)을 면하게 하고 안으로 혹 질병이 발생하고
밖으로 오염된 것이 침투하면 즉 의약을 써서 다스리고 이로써 근육
을 강건하게 하며 마음을 넓히고 골격을 튼튼히 하여 행복을 누리고
오래 살게 하며, 인구가 번식하도록 하는 것은 문명국 사람들이 양생
하는 까닭입니다. 의복이 부적합하여 동상과 더위를 벗어나지 못하고
음식을 조절하지 못하여 마르고 살찌며 주거가 불편하여 폐색된 상태
에 이르고, 안으로 수많은 질병과 밖으로 오염에 물들며 의약을 사용
하지 못하고 근력이 미약하며 정신이 혼미하고 골격이 나약하며 고통
이 많고 생명이 단축되어 인구가 감소한다면 이것은 야만국 사람들로
생명을 손상하는 이유입니다. 그것이 달라지는 것은 무엇 때문입니
까. 하나는 배우지 않아 무식한 것이며, 하나는 널리 배워 지식이 많은
것이니 원려가 없으면 천연의 성품에 맡겨 행할 뿐으로 어린아이와
다를 바가 없습니다. 박학다식하면 사리에 통달하므로 능히 천지의
오묘한 뜻을 궁구할 수 있고 백성을 양생하는 도리를 발명하여 천연

의 성품을 조절하여 방지하고 이로써 의복이 정결하며 음식을 아름답고 청결하게 하며 거처가 고귀하고 활발합니다. 일찍 일어나고 밤에 잠자며 때가 아니면 먹지 않습니다. 공자께서는 음식이 쉬고 상하거나 물고기가 썩거나 육류가 부패하면 먹지 않으셨고, 색이 나쁘고 냄새가 고약하며 익히지 않고 때가 아니면 먹지 않으셨습니다. 고기가 비록 많으나 먹고 싶은 욕구를 채우지 않으셨고, 비록 술이 무한정이라도 어지럽게 마시지 않으셨으니, 성현이 음식을 조절하여 양생한다는 것이 바로 이것입니다. 혹은 말하기를 사람의 기교가 천연의 성품으로 기르는 것만 같지 못하다고 하는데 비록 땀에 젖어 때가 묻은 옷일지라도 능히 추위를 막을 수 있으며, 부패한 음식이라도 배고플 때 먹을 수 있으면 능히 배고픔을 채우고, 막히고 좁은 집일지라도 능히 오를 수 있어 더러운 기운이 증발할 수 있다면 능히 두려울 바가 못 되고, 습한 기운과 냄새가 나더라도 피할 바는 못 된다고 합니다. 혹자는 사람은 하루에 열 번을 먹고 마시며, 혹은 낮에 자고 밤에 잠자지 않으며, 혹은 죽을 때까지 몸을 씻지 않고, 혹은 전염병에 걸려도 하늘에 그 운명을 맡기며 그것을 숨기고, 혹은 질병에 걸리면 신불(神佛)에 기도하고 의약품을 쓰지 않으며 민간의 약을 사용하여 죽음에 이르고, 혹은 주색에 빠져 반성할 줄 모르고, 혹은 종일 앉아서 움직이지 않으며, 혹은 스스로 자기 몸만 즐겁기를 바라서 자녀가 결혼하도록 하며, 혹은 자손을 강포(強暴)하게 길러 그 신체와 근골을 손상하여 성품과 기력을 나약하게 하고, 혹은 사업을 과도히 시키며 쉬지 않게 하여 정신을 손상하고 질병에 이르러 마침내 그 몸을 둘 곳을 모르게 하니, 몸이 다할 때까지 스스로 그것을 알지 못하니 어찌 우매함이 이보다 심하겠습니까. 이로써 조수(鳥獸)도 알지 못하니 또한 능히 그칠 바를 알아 신체를 보양하는 것은 가히 사람이 금수와 다른 까닭이 아니겠습니까. 일본은 스스로 수십 년 전 혹형을 폐지하고 위생법을 실시하였습니다. 그 이후로 인구가 번식하니 가히 융성하다고 할 것입니다.

일. 혜민서(惠民署)에 훌륭한 의사를 두어 의약을 중흥시키고 백성의 생명을 보호할 일.

일. 활인서(活人署)에 역려병원(疫癘病院)을 개설하고 그 규정을 엄격히 하여 다른 사람에게 전염되지 않도록 하며 병든 사람을 힘써 구제하고 치료하는 데 힘쓸 일. 혜민과 활인 두 기관은 궁민을 구제하고 질병을 치료하는 곳입니다. 선대 왕조에서 백성을 구휼하여 성스러운 정치를 펼쳤으나 최근 쇠퇴하여 유명무실하니 진실로 가석한 일입니다.

일. 법을 세워 환과고독의 궁곤한 사람과 신체 불구자를 구제할 일.

일. 아이를 버리는 일을 금하고 법을 세워 양육할 일.

일. 남녀가 음옥하여 명을 해치거나 스스로 상처를 입히는 일을 금할 일.

일. 부녀가 음독하여 낙태하는 것을 금할 일.

일. 부귀를 탐하고 자손의 신낭을 제거하는 것을 금할 일.

일. 지아비가 그 처에게 강포한 행동을 하지 못하도록 금할 일.

일. 자손을 강포하게 기르는 것을 금할 일.

일. 어려서 시집가고 장가가는 것을 금하고 옛 법에 따라 결혼하는 풍속에서 연령을 제한할 일.

일. 아편을 피우는 것을 금할 일. [비록 지금 사람마다 모두 아편을 피우는 것은 아니지만 만약 예방하여 금지하지 않으면 반드시 만열하여 인간의 심신을 미혹하게 하고 신체를 상하게 하며 정신에 해독을 끼칠 것이니 어찌 두렵지 않겠습니까.]

일. 인민들에게 전염병에 걸리면 즉시 약을 복용하고 무당을 이용해서는 안 됨을 깨우칠 일.

일. 널리 우두를 행하여 사람이 요절하고 소가 전염병에 걸리는 것
을 구제할 일[신이 일본에 있을 때 그 인민의 어린아이들은 얼굴에 두
창 흔적이 있는 자가 드물었습니다. 이것은 일본의 문명이 진보한 징표
입니다.]

일. 궁궐과 정액(庭掖, 비빈과 궁녀들의 처소)을 청결하게 하고 여항 거리
와 도랑에 이르기까지 깨끗이 하고, 분뇨와 먼지를 제거하는 규칙
을 정하여 양생뿐만 아니라 또한 농사일에도 크게 유익하게 할
일[궁전과 정액으로부터 민간 도로와 도랑까지 먼지가 쌓여 언덕을 이루
고 분뇨가 도금한 것 같으니 이것은 외국인이 크게 두려워하는 바로 비웃
음을 당하고 있습니다. 그러므로 외관상 불미스러울 뿐 아니라 그 증발하
는 기운이 필히 전염병을 퍼뜨리게 될 것입니다.]

일. 가옥을 도로 선내에 짓는 것을 금하고 미리 곧은 도로의 선을
정하여 가옥의 기초를 세우도록 하고, 도로를 넓혀 일정한 폭을
갖게 하며, 가옥의 높이를 높여 일정한 높이를 유지하게 하여 후
일의 폐해를 막고, 화자와 더럽고 누추함으로 인한 피해를 감소시
킬 일[옛날 집의 방과 지붕은 높고 넓었으며, 천정에는 4각형 구멍이 있어
악취와 연기를 배출하였습니다. 그러나 근래 방과 지붕이 낮고 좁으며
천정의 구멍을 막았는데, 이것은 지식 수준이 점차 떨어졌기 때문입니
다.]

일. 민간의 화재를 막을 수 있는 도구를 설치하여 화재를 면하게 할 일.

일. 옛 풍속에 따라 민가가 조밀한 곳과 거리 곁에 나무를 심어 더러운
기운이 발생하는 것을 제거하고 공기를 맑게 하는 일[공기의 유용
함은 물과 같습니다.]

일. 수도를 잘 만들어 민간과 거리에 물을 댈 수 있도록 하고, 인민의

필요에 편하게 사용하도록 하며 화재로부터 사람을 구하는 데 편하게 할 일[대저 물은 세간에서 쓰지 않을 수 없으며, 맑고 깨끗이 하여 사람이 사용하면 건강하고 왕성하게 하는 것입니다. 또한 모든 의복과 기구, 가옥, 도로도 물이 아니면 더러운 것을 씻어낼 수 없습니다. 또 민간의 가난한 백성은 멀리 떨어진 곳에 가서 물을 길어 틈이 없으며, 혹 문밖으로 나갈 수 없는 일이 있을 때나 가뭄에 우물이 말랐을 때 물의 귀함은 금과 같아, 더러운 것을 씻을 수 없게 되어 크게 곤란합니다. 그러므로 상수도는 몸을 건강하게 보살피는 데 가장 급합니다. 또 물에 독이 있으면, 끌어들인 물이나 우물물을 막론하고 모두 그 좋고 나쁨을 검사한 뒤 백성들로 하여금 먹게 하여 병을 면하도록 해야 합니다. 황해도 사람 중 장님이 많은 것은 또한 물에 독이 있기 때문이니, 깨끗한 물을 끌어들여 그 해로움을 막지 않을 수 없습니다.]

일. 인민들에게 목욕할 수 있는 곳을 만들어 때때로 몸을 씻어 더러운 것과 전염병을 면하도록 깨우치는 일.

五. 治武備, 保民護國

武者猶人之氣力也, 人無氣力, 不能以自立, 亦不能以禦侮, 國無武備, 內不可以行政外不可以交鄰, 人有氣力, 而心不定則危, 國有武備, 而兵不一則亂, 故兵者, 貴一而不貴多, 欲一之, 則莫先敎之以仁義, 使之知爲國自戰之旨也, 立軍法, 愛將士, 惠兵卒, 賞有功, 罰有罪, 使人懷報國盡忠之志而臨戰不顧死, 兵分而散之, 自盡一人之力, 合而成隊, 爭先赴敵, 用如手足, 進退隨意, 此有制之兵, 將雖無能, 尙可以戰守, 故兵之有制無制, 國之存亡之攸係也,

是以制國治軍, 宜敎之以禮, 勵之以義, 使兵民有恥也, 夫人有恥, 大足

以戰, 小足以守, 故民愛己而知恥, 推而曠之, 以及於愛國, 則可以保身護國也, 若反是, 將相行暴於上, 而不知安危, 軍民思反於下, 而不顧榮辱則反間可乘而來也, 雖有百萬之師, 必倒戈而走, 何可足以恃也, 故吳起, 對魏侯曰「在德不在險」, 起, 名將也, 豈不知制軍國之道哉, 夫帝王者, 一國之主也, 將者, 一軍之帥也, 主愚而驕, 則亡國, 帥愚而驕, 則覆軍, 覆軍之將不如無將, 無將之軍, 不如無軍, 是故將帥者不可不擇其人任之, 以保一軍護一國也, 臣聞

「陛下, 雇外國人, 敎練兵卒, 而姑不敎將帥之材云」, 誠如此, 無將之卒, 將用於何處乎, 兵卒學而知之, 將帥不學而無恥, 則卒疑將而不信, 將任兵而不能制, 此必敗之將, 不如無將也, 軍有舊式, 新式, 前軍, 後軍, 左軍, 右軍之別, 律列相殊不相關涉, 而動輒競爭, 雖一國之軍, 而相視如敵, 且恣暴於道路間巷, 而民視兵卒如仇讐, 則此無制之軍, 不如無軍也, 此兩者, 禍亂之階, 敗亡之機, 不可不察也, 往昔三國之盛時, 以高句麗之偏少孤軍, 破隋百萬之衆, 而蓋蘇文, 亦以二萬之兵, 破唐數十萬之衆, 皆因於心一之故也, 至高麗與契丹戰一勝一敗, 終喪鴨綠江以西之地, 而不克回復且至本朝見敗於壬辰, 納降於丙子, 而亦不能雪讓地人物, 雖盛對於高句麗, 而反不及者, 將相軍民, 皆忘其恥辱故也, 是以臣愚謂方今之急務, 莫先於敎人民以國史, 使之知本國得勝之榮, 致敗之辱, 而銘之肝肺, 則能辨其是非, 而恥心乃復, 以致剛勇, 始與之同事也.

昔西曆千二百年間, 魯因內亂, 爲蒙古所領, 魯之諸王, 列於蒙之臣下, 而蒙使來巡于魯, 則魯王躬自迎之, 親執馬轡而導之, 以其廟社之重器盛麥, 而喂其馬, 如此者, 凡二百五十年間, 而至千四百六十年間, 魯亦乘蒙之內亂, 逐蒙人而自立, 乃致今日之强盛者, 總不外乎將相之有道無道, 軍民之同心不同心也, 且雖有賢相智將, 同心之軍民, 而如無糧食器械車馬, 道路遠隔, 險隘不通, 則亦不可以出軍禦敵也, 故治軍者, 莫不先算糧

餉器機車馬, 而修治道路橋梁, 同其廣幅, 以便運搬, 如今日有變於南邊,
明日使北軍救援, 今日有變於北邊, 明日使南軍救援, 使便於鎭邊禦侮也,
故兵者, 貴同一而神速, 且知恥也

一 置兵學敎, 令宗親及四民之俊秀少壯者, 就校習將兵之道, 或遣外國,
使留學事,

一 先筭養兵經費, 以通常歲入, 區劃其用, 然後可以營始, 以免臨時窘急
擾亂事,

一 全國之兵, 依舊例統屬于兵曹, 使之號令諸將, 而全一軍制事,

一 改定軍中法律事,

一 改定募兵之法及在役年限事

一 重興水軍事[我邦三面跨海, 必不可無水軍也, 故統制使, 臣李舜臣, 水軍之名
將也, 創造龜艦, 其製甚奇, 而用兵有法, 然終無講其法, 而益新之, 修其艦, 而益
精之, 故至今日, 其法其艦, 共無, 惜哉]

一 重修武庫, 修繕武器事, [三百七八十年前, 鑄砲匠, 李長孫, 創造灼裂砲, 名之
曰「震天雷」此先於泰西云, 我邦非無其人, 然不能擧用其人, 而襃彰之, 修理其
器, 而益精之, 故百事頹敗, 不及前日, 而至今日之極度也]

一 養兵數萬, 姑足以鎭邦內事,

一 於咸平兩道, 敎閱兵士, 以備西北事,

一 以特典顧恤, 自開國以來, 爲國戰亡將卒之後孫, 且祭其靈魂, 以獎勵
將卒之氣事

번역 ### 5. 무비를 다스리고 인민을 보호하며 국가를 지킴

무(武)라는 것은 인간의 기력과 같은 것입니다. 사람이 기력이 없으면
스스로 설 수 없으며 또한 남의 모욕을 방어할 수 없습니다. 나라에

무(武)가 준비되어 있지 않으면 안으로 정치를 행할 수 없고 밖으로 이웃 나라와 정당한 외교 관계를 맺을 수 없습니다. 사람이 기력이 있으나 마음이 안정되지 않으면 위태로워지고 국가에 무비(武備)가 있으나 군사가 하나 같지 않으면 어지러워집니다. 그러므로 병(兵)이라는 것은 하나로 통일하는 것이 귀하지 많은 것이 귀한 것은 아닙니다. 하나로 통일하고자 한다면 인의로써 가르치는 것보다 우선되는 것은 없습니다. 그것을 알게 하여 나라를 위해 스스로 싸우는 뜻을 알게 해야 합니다. 군법을 확립하고 장수와 병사를 사랑하며 병졸에게 혜택을 베풀고 공이 있을 때 상을 주고, 죄가 있을 때 벌을 주어 사람으로 하여금 국가에 보답하며 진충하는 뜻을 품고 임전하여 죽음을 돌아보지 않게 해야 합니다. 병사들이 나뉘어 흩어지면 자신의 힘을 다하고, 모여 부대를 이루면 앞을 다투어 적에게 나아가며 따라서 병사들을 손발처럼 부릴 수 있고 마음대로 나아가고 물러나게 할 수 있을 것입니다. 이러한 병제(兵制)가 있으면 장수가 비록 무능하더라도 가히 싸워 지킬 수 있습니다. 그러므로 군사와 관련한 제도가 있고 없고는 국가의 존망과 관련된 것입니다.

그러한 까닭에 국가를 위한 군대의 법칙은 마땅히 예로써 가르치고 의로써 격려하여 병사와 백성으로 하여금 부끄러움을 갖게 해야 합니다. 대저 사람이 부끄러움이 있으면 크게는 전쟁을 수행할 수 있고 작게는 자신을 지킬 수 있습니다. 그러므로 백성이 자기를 사랑하고 부끄러움을 알면 그것을 미루어 넓히고 이로써 애국에 미치면 즉 가히 자신을 보호하고 나라를 지킬 수 있습니다. 만약 이와 반대로 장수와 재상이 위에서 횡포하고 안위를 알지 못하면 군사와 백성은 아래에서 이와 반대로 생각합니다. 영욕(榮辱)을 돌아보지 않으면 반간(反間)이 이를 틈 타 찾아올 것입니다. 비록 백만의 군대가 있더라도 반드시 창을 거꾸로 하고 도망을 갈 것이니 어찌 가히 믿을 수 있겠습니까. 그러므로 오기(吳起)[19]가 위나라 제후에게 말하기를 "국가의 흥망은 덕에 있는 것이지 험준함에 있는 것은 아닙니다."라고 하였으니, 기는 명장입니다. 어찌 나라와 군사를 다스리는 법을 알지 못했겠습니까. 대저 제왕은 일국의 주인이며, 장수는 일군의 우두머리입니다. 주인이 우매하고 교만하면 즉 나라가 망하며, 원수가 우매하고 교만하면 즉 군대가 뒤집어집니다. 뒤집어진 군대의 장수는 장수가 없는 것보다 못하고 장수가 없는 군대는 군대가 없는 것보다 못합니다. 이런 까닭에 장수는 불가불 가려서 그 임무를 맡겨야 하며 이로써 군대를 보호하며 국가를 보호해야 합니다.

신이 듣건대, "폐하께서는 외국인을 고용하여 병졸을 훈련하며 장수가 될 만한 인재를 가르치지 않으신다." 하니 진실로 이와 같다면 장수가 없는 병졸이 되니, 장수를 장차 어떤 곳에 쓰시겠습니까. 병졸이 배워서 알고 장수는 배우지 않고 부끄러움이 없으면 즉 병졸이 장수를 의심하고 믿지 못하니, 장수가 병졸을 맡더라도 통제가 불가능하니 이는 필패의 장수로 장수가 없는 것만 같지 못합니다. 군에는 구식과 신식, 전군과 후군, 좌군과 우군의 구별이 있어 군율과 서열이 다르고 서로 간섭할 수 없어 군사를 움직일 때마다 서로 경쟁하여 비록 한 나라의 군대일지라도 서로를 적과 같이 보고, 또 도로와 세간의 거리에서 난폭한 행동을 방자히 하며, 백성들이 병졸을 원수같이 보면 이는 통제가 없는 군대로 군대가 없는 것보다 못합니다. 이 두 가지는 화란(禍亂)의 단계이며 패망의 기제로 불가불 살펴야 할 일입니다. 예전 삼국이 융성했던 시대 고구려는 얼마 안 되는 고립된 군사

---

19) 오기(吳起): 춘추 전국시대 중국의 명장. 아내를 죽여 장군이 되었다고 함.

로 수나라 백만 군중을 격파했고 개소문(蓋蘇文) 또한 2만의 군대로 당나라 수십만 군대를 격파했으니 모두 마음이 하나로 통일된 데서 기인한 것입니다. 고려와 거란의 전쟁에서 일승일패로 끝내 압록강 서쪽의 땅을 잃고 회복하지 못했습니다. 또한 본조(本朝)에 이르러 임진년의 패망을 경험하고, 병자년에 항복을 하였으나 또한 설분(雪憤)하고 빼앗긴 땅과 인물을 되찾지 못했습니다. 비록 고구려보다 성대하나 도리어 미치지 못한 것은 장수와 재상, 군사와 백성이 모두 치욕을 잊어버린 까닭입니다. 그러므로 신은 어리석으나 지금의 급무가 국사(國史)로써 인민을 가르치는 것보다 우선되는 것이 없다고 말씀드립니다. 본국의 승리의 영광과 패배의 치욕을 알게 하여 가슴에 새기면 능히 그 시비를 가리고 부끄러운 마음이 회복되어 이로써 강용(剛勇)해져 그들과 더불어 같은 일을 할 수 있습니다.

옛날 서력 1200년 경, 노국(魯國)[20]이 내란으로 인해 몽고의 영토가 되었는데, 노국의 여러 왕들이 몽고의 신하로 줄을 섰고 몽고로 하여금 노국을 순찰하게 하였으니, 즉 노국 왕이 몸소 그들을 환영하고 친히 말고삐를 잡아 인도하였습니다. 이로써 그 종묘사직의 제기(祭器)에 보리를 담아 먹고 그 말을 두려워 하였습니다. 이와 같은 것을 무릇 250년 동안 하고서 1460년 경에 이르러, 노국 또한 몽고의 내란을 틈타 몽고인을 쫓아내고 자립하여 금일의 강성함에 이르렀습니다. 이것은 모두 장수와 재상이 도를 갖고 있는가 아니면 무도한가, 군민이 같은 마음인가 아니면 다른 마음을 갖고 있는가에서 벗어나지 않습니다. 또한 비록 어진 재상과 지혜로운 장수가 있고 동심(同心)의 군민이 있을지라도 양식, 기계, 차마가 없고 도로가 멀고 험하여 통하

---

20) 노(魯): 여기서는 러시아를 지칭함.

지 않으면, 즉 군대를 내어 적을 막을 수 없습니다. 그러므로 군대를 다스리는 것은 양식을 헤아리고 기계와 차마를 건사하는 것보다 우선할 것이 없습니다. 도로와 교량을 수리하고 그 넓이와 폭을 동일하게 하여 운반을 편리하게 해야 합니다. 금일 남쪽 변방에서 변란이 있으면 내일 북쪽의 군대로 하여금 구원하게 하며, 금일 북쪽 변방에 변란이 있으면 내일 남쪽 군대로 하여금 구원하게 하여 변란을 진압하고 후환을 예방하는 일이 편리하도록 도모해야 합니다. 그러므로 병사는 하나로 통일됨과 신속함, 또한 부끄러움을 아는 것을 귀히 여겨야합니다.

일. 병학을 가르치는 곳을 세워 종친 및 사민의 우수한 젊은이들로 하여금 학교에 들어가 장수와 병사의 도리를 익히도록 하고 혹은 외국에 파견하고 유학하도록 할 일.

일. 먼저 양병의 경비를 계산하여 통상 세입으로 그 비용을 나누고 연후에 운영을 시작하여 급박한 때나 난이 있을 때 대처할 수 있도록 할 일.

일. 전국의 병사를 옛날식에 따르면 병조에 소속시켜 모든 장수에게 명령하여 군대를 완전히 하나의 체제하에 둘 일.

일. 군중의 법률을 개정할 일.

일. 모병법과 군역의 연한을 개정할 일.

일. 수군을 중흥할 일[우리나라는 삼면이 바다로 반드시 수군을 없애지 못할 것입니다. 돌아가신 통제사 이순신은 수군의 명장이었습니다. 거북선을 만들었는데 그 모습이 기이하고, 용병에 법도가 있었습니다. 그러나 종내 그 법을 강구하고 새로움을 더하며 그 함선을 수리하여 정밀하게 하지 않았습니다. 그러므로 지금 그 함선의 법이 함께 존재하지 않으니 안타까운 일입니다.]

일. 무기고를 수리하고 무기를 수선하는 일[378년 전 포장 이장손은 작렬
포를 처음 만들어 '진천뢰'라고 이름하였습니다. 이것은 서양보다 먼저이
니 우리나라에 사람이 없는 것은 아닙니다. 그러나 사람을 천거하여 쓰고
표창하며 그 기계를 수리하여 정묘함을 더하지 못했습니다. 그러므로
모든 일이 퇴패(頹敗)하여 전일보다 못함이 금일에 지극한 정도에 이르렀
습니다.]

일. 수만의 군대를 양성하여 임시방편으로 나라를 안정시키는 일.

일. 함경과 평안 두 도에 잘 가르친 병사를 두어 서북에 대비하는 일.

일. 개국 이래 나라를 위해 죽어간 장졸의 후손들에게 특전과 구휼
을 베풀며 또한 그 혼령을 제사지내고 이로써 장졸의 기운을 격
려할 일.

六. 敎民才德文藝以治本

敎者猶磁石也 人在大洋或沙漠之中 雖不能辨南北 然有磁石卽可辨之
故磁石卽通四方就文明之要具也 人生而無知其所以知者敎育也 子生卽
父母先敎之而導之 開其知識 而次入學校以成其學 故設校之事 天下之
急務也 要務也.

蓋人民幼不學 則長無識, 無識則相愛之情淺, 而相信之義薄, 輕擧妄
動, 不顧前後. 遂觸罪科, 害世之交際者多矣. 受敎導而有知識者, 或犯罪
蒙罰, 甘其罰之至當, 服罪改過, 然無知識者, 不能辨是非曲直, 而不服其
罪改其過, 故不便處罪也.

凡無知沒覺放蕩無賴之輩, 不辨是非曲直, 不知從國法護身家保私有
之理, 而一朝亂起, 則乘其(*), 而蜂起雲集, 不畏法, 不憚人, 以爲慘酷凶
暴之擧, 無遠慮以逐目前之利慾, 遂行不可名狀之惡行, 而不知養生節飮

食之法, 不知敎人處世之道, 不知計活安身之方, 而無分發振興之意, 安懶惰, 甘貧窮, 以亂世間之風俗, 而共陷貧婁苦界. 然稍被敎育之學識之貴者.

爲養其學識, 雖勞心力, 散財物, 而有勉勵之志, 乃成其學業, 而終立功於世, 是已民雖納稅費金而使政府敎民者, 使人人知分達理. 不陷於貧困, 而無行頑暴之擧於世, 以害人之通義, 以犯於罪惡也. 此所謂禍防於未然也. 與救貧於世旣貧之後, 制罪於已犯之後, 其利害善惡, 不啻霄讓也.

若政府, 只有罪人之政, 而無敎人之政, 則此所謂 驅民入阱也. 夫刑罰, 苦人之心神身體者也, 然猶行之者, 欲罰一懲萬, 而保公義也. 況敎育其人, 而益其人之幸福, 矯其人之不德, 救其人之貧窮, 而遂致一國之繁榮者, 豈可忽之乎.

故文明之邦, 雖繫獄之囚徒, 亦於獄中設敎而導之. 使之改過遷善, 豈非善之善哉. 凡人進文明, 則知服從於政府之義及不可服從之義, 而亦知不可服從於他國之義, 此無他, 知禮義廉恥知故也. 是故未開無識之民, 蠢愚懶惰, 故能忍壓制之暴政而安之, 開明識理之民英慧剛毅. 故不服束縛之政而動之.

是故若欲固君權之無限, 則不如使民至痴愚, 痴愚則殘弱, 可以固君之專權, 然民愚而弱, 則國亦隨而弱, 故天下萬民同愚弱, 然後可以保其國安且立. 然此空言, 豈有其實, 是以誠欲期一國之富强, 而與萬國對峙, 不若少減君權, 使民得當分之自由, 而各負報國之責, 然後漸進文明也.

夫如此, 則民安國泰, 而宗社君位 幷可以永久也. 朱子云, 王宮國都以及閭巷, 莫不有學, 人生八歲, 則自王公以下至庶人之子弟, 皆入小學, 而敎之以灑掃應對進退之節, 禮樂射御書數之文, 及其十有五年, 則自天子之元子衆子以至公卿大夫元士之嫡子, 與凡民之俊秀 皆入大學, 而敎之以窮理正心修己治人之道. 大學云, 大學之道, 在明明德, 在新民, 在止於至善, 古之欲明明德於天下者, 先治其國, 欲治其國者, 先齊其家, 欲齊其家者, 先修其身, 欲修其身者, 先正其心, 欲正其心者, 先誠其意, 欲誠其意者, 先致其知, 致知在格物, 故自天子以至於庶人, 壹是皆以修身爲本, 其本亂以末治否矣. 所謂致知在格物者言致其知, 在卽物而窮其理也. 蓋人心之靈, 莫不有知, 而天下之物, 莫不有理, 惟於理有未窮, 故其知有不盡也是以必使學者, 卽凡天下之物, 莫不因其已知之理, 而益窮之. 以求至乎其極, 至於用力之久. 而一朝豁然貫通焉, 則衆物之表裡精粗無不到. 而其心之全體大用無不明矣. 此謂格物而知之至也.

故無形産物, 因知識之所思而發, 有形産物因農工之所勤而生矣. 夫上古聖賢, 所以設校教人人之深意如此, 然及於近世, 教化陵夷, 風俗頹廢, 不知格物致知之本意, 而但以玩弄文華, 尋章摘句爲要, 若讀誦四書三經及諸子百家之書, 而能作文章, 則雖愚癡之腐儒, 乃稱大學士, 而列於上大夫, 以誤民國. 此卽亞洲諸邦衰退之源也.

若棄其末取其本, 而自格物窮理之學, 至於平天下之術, 則與當今歐美方盛之學同也. 然授受之道, 已失其傳, 而不知窮理格物之爲如何者, 則何足以教之, 何足以學之哉. 故臣愚謂學者, 勿論東洋西洋, 先其實用, 而後其文華. 夫實用如橘, 文華如香, 香因橘而生, 豈有橘因香而生哉. 故棄其實, 而取其華, 則格物窮理, 修身治國之學, 一時幷廢, 乃致浮華之風也.

臣按古事, 新羅設博物館於慶州, 堂宇宏暢, 極其壯麗, 列波斯, 印度, 漢, 唐, 日本及本國之古今珍奇異寶, 誠國中之美觀, 至於壬辰, 遂爲灰燼, 全無痕迹. 又教民以修身, 窮理, 天文, 地理, 法律, 醫學, 算數, 音樂等學, 及 漢, 蒙古, 滿洲, 日本 及 印度 等諸文語之學, 而後發明諸物, 然至今日, 形影俱絶. 或有其名, 無其實, 此皆因政府不獎勵文章技術, 以開窮理發明之路. 反有防碍之政政, 故雖有已明之理, 不能益明之, 反失其已明之理矣, 可不惜哉.

今日之急務, 大興學校, 而迎博學達理之士, 以教國人, 上自 春宮殿下, 以至於庶人之子弟, 使就校受學, 以明天地無窮之理. 則文德才德, 燦然復盛也, 豈可忽而置之哉.

且宗教者人民之所依, 而教化之本也. 故宗教衰則國衰, 宗教盛則國盛. 昔儒教之盛, 漢土致強盛, 佛教之盛, 印度及東洋諸部致強盛. 回回教之盛, 西域·土耳古等諸部強盛. 今天主·耶蘇教之盛, 歐美諸邦最強盛. 我朝鮮 儒佛之教, 曾有少盛之時, 然至近日, 儒佛俱廢 國勢浸弱, 豈不寒心歎息哉. 嗚呼使儒教復熾, 以修文德, 則國勢亦因而之復盛, 可期而待焉. 然凡事有時運, 不可以力挽, 故凡宗教者, 任民自由信奉. 而政府不可關涉也. 自古以來, 以宗教之論爭, 動搖人心, 滅國害命者, 不可勝數, 可以鑑也.

一 設小中學校 使男女六歲以上 皆就校受學事

一 設壯年學校 以漢文 或以諺文 譯政治 財政 內外法律 歷史 地理 及 算術 理化學 大意等書. 教官人之少壯者. [此似湖堂古事, 而其益必大也] 或徵壯年之士于八道, 以教之, 待其成業, 以科擧之法試之, 而擇用於文官.

一. 先教人民以國史 及 國語國文事. [不教國之歷史·文章, 而但教淸國之歷史·文章, 故人民以淸爲本而重之, 至有不知自國之典故者, 此可謂捨本取末也]

一. 雇外國人, 教人民而法律·財政·政治·醫術·窮理 及 諸才藝事

一. 鑄活字, 造紙, 而多設印板所, 以繁富書籍事. [人欲學, 而無書籍, 則不能學, 故文明之國, 書籍殷富. 臣之所大羨於日本者, 紙價賤, 而活字多印刷便, 而書籍殷富, 學校多, 而學生衆也]

一. 設博物館, 以廣人民之見識事

一. 許人民, 或使有識者, 時時聚衆, 演說世事, 以開其固陋事

一. 盛興東西洋諸邦之語學, 以便交親事

一. 定規則, 許人民設新聞局, 而印賣事

　新聞者, 評議朝廷之事 及公告官命, 官吏進退, 市街風說, 外國形便, 學藝盛衰, 耕作豊凶, 物價高低, 交易盛衰, 民間苦樂, 死生存亡, 異事珍談. 凡人耳目之所新者, 逐一記載 或附圖畵, 無不詳明. 其他人人賴之, 廣告凡百之事, 大爲便利, 故雖閉居一室, 不見戶外, 或居萬里殊域, 不得鄕信, 而一見新聞, 則瞭然知世間之情, 恰如現接其事物, 故使人民博聞見, 明事情也, 莫過於此, 是以方今歐美諸邦, 以新聞局之多少, 較國之文明與否云.

一. 勿論其教 或可默許不問, 任民自由, 然姑不可許建築堂宇, 以惹起禍亂事

번역 6. 재덕과 문예로 백성을 가르쳐 치국의 근본을 삼음

교육이란 것은 자석과 같은 것이니 사람이 대양이나 혹 사막 가운데 있거나 비록 남북을 변별하지 못할지라도 자석이 있은 연후라면 가히 그것을 구분할 수 있습니다. 그러므로 자석은 곧 사방을 통하게 하고 문명의 중요한 곳으로 나아가게 하는 도구입니다. 사람이 나서 그 무지한 바를 알게 하는 것은 교육이니 자식이 태어나면 부모는 먼저 그를 가르쳐 이끌어 앎을 열어주며 다음으로 학교에 다님으로써 그 학을 이루게 하는 것이니 학교를 세우는 일은 천하의 시급한 일이요 힘써야 할 일입니다.

　인민이 어렸을 때 배우지 않으면 성장하여 지식이 없게 됩니다. 무식하면 곧 상애(相愛)하는 정이 옅으며, 상신(相信)하는 도의가 박하

고, 경거망동하며 전후를 돌아보지 않고, 드디어 죄과에 저촉되어 세상을 살아가는 데 해를 끼치는 자 많습니다. 교도(敎導)를 받아 지식이 있는 자는 혹 범죄에 빠지고 벌에 몽매해도 그 벌의 지당함을 달게 받으며, 죄에 복종하여 허물을 고치게 됩니다. 그러나 무식자는 시비곡직을 구분하지 못하며 죄에 복종하지 않고, 허물을 고치지 않으니, 그러므로 죄에 처하는 것이 불편합니다.

무릇 무지 몰각 방탕한 무리들은 시비곡직을 구분하지 못하고, 국법을 따르는 것이 자신을 보호하고 가정을 보호하며 개인을 지키는 도리임을 알지 못하고, 하루아침에 어지러이 일어나 그 기분을 따라 봉기하여 모여드니, 법을 두려워하지 않고, 다른 사람을 꺼리지 않으며, 이로써 참혹 흉포한 거동을 보입니다. 멀리 근심하는 바 없이 목전의 이익을 좇으니 수행하는 일이 명분에 맞지 않는 악행입니다. 그리고 양생(養生)과 음식 절제하는 법을 알지 못하니 처세의 도를 가르치는 것을 알지 못하고, 안신(安身)의 방법을 꾀하는 것을 알지 못합니다. 그리고 분발하고 진흥하는 뜻이 없어 나타에 빠지고, 빈궁함을 수용함으로써 세간의 풍속을 어지럽히고, 다함께 빈구(貧窶)와 고통스러운 세계에 빠지고 맙니다. 그러므로 그에 대한 학식을 교육받는 것이 귀한 것입니다.

학식을 기르기 위해서는 비록 심력을 기울이고 재산을 흩뜨리나 면려의 뜻이 있으면 학업을 이루어 마침내 세상에 공을 세울 수 있습니다. 이것이 백성이 비록 돈을 써서 세금을 내고 정부가 백성을 가르치는 것입니다. 사람마다 분수를 알고 이치에 도달하면 빈곤에 빠지지 않고, 세상을 살아감에 행동의 완고함과 사나움이 없고, 이로써 사람의 통의(通義)를 해치거나 이로 죄악을 범하지 않으니 이것이 이른바 미연에 화를 방지하는 것입니다. 세상이 이미 가난해진 이후

빈민을 구제하고, 죄를 범한 이후에 그것을 제지하는 것은 그 이해와 선악이 하늘과 땅만큼 믿을 수 없는 것입니다.

만약 정부가 다만 죄인이 있을 때의 정부이고 사람의 바람을 가르치지 않는다면, 이는 곧 이른바 백성들을 몰아 함정에 빠지게 하는 것입니다. 대저 형벌은 사람의 심신과 신체를 괴롭게 하는 것입니다. 그러므로 오히려 그것을 행하는 것은 일벌(一罰)로 만(萬)을 경계하는 것으로 공의(公義)를 보호하는 것입니다. 하물며 사람을 가르치는 것은, 그 사람의 행복을 더하고, 그 사람의 부덕을 교정하며 사람의 빈궁을 구제하여 마침내 일국의 번영에 이르게 하는 것이니 어찌 가히 소홀히 할 수 있겠습니까.

그러므로 문명한 나라에서는 비록 죄수를 옥에 가두나 역시 옥 가운데 학교를 두어 이들을 교도하여, 개과천선하도록 하니, 어찌 아름답고 아름답지 아니하겠습니까. 무릇 사람이 문명으로 나아가는 것은 정부의 뜻에 복종하는 것과 복종하지 않는 의미를 아는 것이며, 또한 다른 나라의 뜻에 복종하지 아니하는 것을 아는 것이니, 이는 다름 아니라 예의와 염치를 아는 까닭입니다. 그러므로 미개하고 무식한 백성들은 준우 나타하므로, 능히 압제의 폭정을 견디고 그것을 편안히 여기는 것이니, 백성들의 영특하고 지혜로우며 강직하고 옳음의 이치를 개명하여, 정부의 속박에 복종하지 않고 행동하지 않는 것입니다.

그러므로 만약 군권이 무한하다면, 백성을 어리석음에 이르게 하는 것과 같지 않으며, 어리석음은 곧 잔약한 것이니, 이로써 가히 군주가 권력을 오로지 하여 백성이 우리석고 나약해지며, 곧 나라 또한 따라서 나약해집니다. 그러므로 천하 만민이 동시에 어리석고 나약한 연후에야 가히 그 나라를 안정시키고 보호할 수 있으니, 이것이야말로 빈말에 불과하여 어찌 내실이 있겠습니까. 그런 까닭에 진실로 그 나라를 부강하게 하고, 만국과 더불어 대치하고자 한다면, 군주의 권리를 조금이라도 줄이고, 백성으로 하여금 마땅한 자유를 얻게 하며, 이로 각자 나라에 보답하고 책임을 질 수 있도록 한 연후에 점차 문명으로 나갈 수 있습니다.

이와 같이 한다면, 백성은 편안해지고 나라는 태평해지며, 종사와 임금의 지위가 아울러 가히 영구할 것입니다. 주자가 이르기를, 왕궁국도에서 여항에 이르기까지 학교가 없는 곳이 없으며, 사람이 8세가 되면 즉 왕공 이하 서인의 자제까지 모두 소학(小學)에 입학하여, 쇄소(灑掃)·응대(應對)·진퇴(進退)의 범절로써 예악사어서수의 문을 가르치고, 15세부터는 천자의 원자(元子)·중자(衆子)로부터 공경대부(公卿大夫)·원사(元士)의 적자(嫡子)에 이르기까지, 더불어 무릇 백성들의 준수(俊秀)를 모두 대학에 입학시켜 궁리(窮理)·정심(正心)·수기치인(修己治人)의 도를 가르친다고 하였습니다. 또한 대학에 이르기를, "대학의 도는 명덕(明德)을 밝히고, 백성을 새롭게 하며, 지극한 선에 이르게 하는 것이다. 옛날 천하에 명덕을 밝히고자 하는 것은, 먼저 그 나라를 다스리는 것이며, 그 나라를 다스리고자 한다면 먼저 그 가정을 거느리고, 그 가정을 거느리고자 한다면 먼저 그 자신을 수양하며, 그 자신을 수양하고자 한다면 먼저 그 마음을 바르게 하고, 그 마음을 바르게 하고자 한다면 먼저 그 뜻을 정성스럽게 하고, 그 뜻을 정성스럽게 하고자 한다면 먼저 그 앎을 지극히 해야 하니, 치지(致知)는 곧 격물에 있으므로 천자로부터 서인에 이르기까지 모두 수신을 근본으로 해야 한다. 근본이 어지러운데 끝이 다스려지는 것은 없다. 이른바 치지가 격물에 있다는 것은 그 앎을 지극히 하는 것으로, 사물이 존재하면 그 이치를 다하는 것이니, 대개 사람의 마음은 심령하여 지(知)가 있지 아니하면 이치가 있지 아니하니 이치를 생각건대 다함이 없으므로, 그 앎이 충분하지 않으면 이는 곧 배우게 해야 한다. 즉 무릇 천하의 사물은 그것의 이치을 앎에 기인하지 않는 것이 없으니 이에 더하여 그것을 궁구함으로써, 그 지극함에 이르도록 구해야 하며, 용력을 변함없이 해야 한다. 그리고 하루아침에 활연히 관통하는 것은 즉 무릇 사물의 표리(表裡)와 정조(精粗)에 이르지 못하는 것이다. 그리고 그 마음 전체를 사용하면 불명(不明)한 바가 없다. 이것이 이른바 격물과 지극한 앎에 이르는 것이다."라고 하였습니다.

　그러므로 무형의 산물은 그 사상이 생겨난 바를 알고, 유형의 산물은 농공(農工)의 일이 생겨난 원인을 알아야 합니다. 대저 옛날 성현들이 학교를 세우고 사람들을 가르친 깊은 뜻이 이와 같습니다. 그러나 근세에 이르러 교화가 쇠퇴하고 풍속이 퇴폐하여 격물치지의 본의를 알지 못하고, 단지 화려한 글로써 희롱하고 문장의 구절을 적출하는 것을 요체로 여겨, 사서삼경 및 제자백가의 서적만을 독송하고, 능히 문장만을 짓고자 하니 곧 비록 우치(愚癡)의 썩은 선비라도 대학사(大學士)라 칭하게 되었으며, 상대부 반열에 서서, 백성과 나라를 잘못 이끌었으니, 이것이 곧 아세아 대륙 여러 나라가 쇠퇴하게 된 근원입니다.

　만약 그 말을 버리고 본을 취하고자 한다면 격물 궁리의 학으로부터 천하의 기술에 이르도록, 지금의 구미(歐美)의 융성한 학문과 같이 해야 합니다. 그러나 도를 가르치고자 하나 그 전하는 바를 잃어버렸고, 궁리 격물이 어떠한 것인지 알지 못하니 곧 어찌 족히 가르칠 수 있겠으며, 어찌 족히 배울 수 있겠습니까. 그러므로 신은 어리석은 말이지만 배움이라는 것은 동양이든 서양이든 먼저 그 실용을 취하고 그 이후에 문화(文華)가 있다고 말하고자 합니다. 대저 실용은 굴과 같고 문화는 향과 같습니다. 향이 귤에서 나오지 어찌 향으로 인하여 귤이 생겨나겠습니까. 그러므로 실용을 버리고 화(華)를 취한다면, 즉 격물 궁리 수신 치국의 학이 아울러 부스러져 부화(浮華)의 풍토에 이르게 될 것입니다.

신이 옛일을 살피건대 신라는 경주에 박물관을 설치하였는데, 당우 (堂宇)가 굉장히 컸으며, 그 장려함이 지극하여, 페르시아[派斯]·인도· 한·당·일본 및 본국의 고금 진기한 보물을 전시하여 진실로 나라 안의 미관(美觀)이었으나, 임진에 이르러 잿더미가 되어 흔적이 전혀 없습니다. 또 수신·궁리·천문·지리·법률·의학·산수·음악 등의 학문으로 백성을 가르치고, 한·몽고·만주·일본 및 인도 등의 글과 말의 학문을 가르치고, 이후 여러 사물을 발명하였으나 금일에 이르러 형체와 그림자도 모두 끊어졌으니 혹은 그 이름만 남고, 그 실체는 없습니다. 이는 모두 정부가 문장 기술을 장려하여 이치를 궁리하고 밝히는 길을 열지 않은 데서 기인합니다. 이와는 반대로 정(政)을 바르게 하는 것을 방해하니 오히려 이미 밝힌 이치일지라도 그 규명한 바를 더할 수 없으며, 반대로 이미 밝힌 이치까지도 잃게 되니 가히 애석한 일이라고 할 수 있습니다.

금일의 급무는 학교를 크게 부흥시키고, 널리 배우고 이치에 통달한 선비를 영접하여 국인을 가르쳐, 위로는 춘궁(春宮) 전하로부터 서인의 자제에 이르기까지 학교에 취학하여 공부하도록 하고, 이로써 천지의 무궁한 이치를 밝히는 것입니다. 곧 문덕과 재덕이 찬연한 후에야 융성함을 회복할 것이니 어찌 가히 소홀히 방치할 수 있겠습니까.

또한 종교는 인민이 의지하는 바이므로 교화의 근본입니다. 그러므로 종교가 쇠퇴하면 나라가 쇠퇴하고 종교가 융성하면 나라가 융성합니다. 옛날 유교가 융성했을 시에는 한나라가 강성했고, 불교가 융성할 때 인도 및 동양의 여러 곳이 강성해졌으며, 회회교가 융성할 때에는 서역(西域)과 터키(土耳古)가 융성해졌습니다. 지금은 천주 야소교가 융성하여 구주 여러 나라가 가장 강성합니다. 우리 조선은 유교와 불교가 일찍이 다소 융성한 적이 있었으나 금일에 이르러는 유불(儒佛) 모두 쇠퇴하여 국세가 미약함에 빠지게 되었으니 어찌 한심하고 탄식하지 않을 수 있겠습니까. 오호라, 다시 유교와 불교를 치열하게 회복시키고 문덕(文德)을 닦으면 곧 국세가 다시 회복되어 융성해질 것을 가히 기대할 수 있습니다. 그러나 무릇 일은 시운(時運)이 있으므로 여기에 힘을 쏟을 수는 없습니다. 그러므로 종교는 인민이 자유롭게 믿을 수 있도록 맡기고 정부가 간섭해서는 안 될 것입니다. 자고이래로 종교의 논쟁은 인심을 동요시키며 나라를 해치고 멸망하게 하니, 운명을 거스르는 것은 불가하니 가히 귀감으로 삼을 것입니다.

일. 소중학교를 설치하여, 6세 이상의 남녀로 하여금 모두 취학하여 배우게 할 일.

일. 장년학교를 설치하여 한문으로써, 혹은 언문으로써 정치·재정·내외 법률·역사·지리 및 산술·이화학 대의 등의 책을 번역하고, 관인(官人)의 소장자(少壯者)를 가르칠 일. [이것은 호당의 고사와 유사하니, 그 이로움이 반드시 클 것입니다.] 혹은 장년의 선비를 팔도에서 징발하여 그들을 가르치고, 업을 이룸을 기다려 과거제로 시험하여 문관에 선별 수용할 일.

일. 먼저 국사 및 국어 국문 등으로서 인민을 가르칠 일[나라의 역사와 문장을 가르치지 않고 단지 청국의 역사와 문장을 가르치니 인민이 청나라를 근본으로 여기고 그것을 중시하여, 자국의 전고(典故)를 알지 못함에 이르렀으니, 이는 가히 본을 버리고 말을 취한다고 할 것입니다.]

일. 외국인을 고용하여 백성에게 법률·재정·정치·의술·궁리 및 여러 재예(才藝)를 가르칠 일.

일. 활자를 주조하고, 종이를 만들고 인판소(印板所)를 많이 설치하여 서적을 풍부하게 할 일[사람이 배우고자 함에 서적이 없으면 배울 수 없으니, 문명국은 서적이 풍부합니다. 신이 일본에 대해 부러운 점은 지가가 싸고, 활자가 풍부하여 인쇄가 편리하며, 서적이 풍부하고, 학교가 많으며 학생이 많다는 점입니다.]

일. 박물관을 설치하여 인민의 견식을 넓힐 일

일. 인민 혹은 유식자로 하여금 때때로 무리를 모아 세상일을 연설하고, 고루한 일을 개명하도록 허락할 일. 동서양 여러 나라의 어학을 융성시켜 교친에 편리하게 할 일.

일, 규칙을 정하고, 인민이 신문국을 설치하여 인쇄하여 판매할 것을 허락할 일. 신문이란 것은 조정의 일을 비평 의논하고, 관명을 공고하며, 관리의 진퇴, 시가의 풍설, 외국의 평편, 학예의 성쇠, 경작의 풍흉, 물가의 고저, 교역의 성쇠, 민간의 고락, 사생의 존망, 특이한 일과 진기한 이야기 등을 알립니다. 무릇 사람이 이목을 새롭게 하고자 하는 자는 기재한 바를 따라 혹은 덧붙은 도화로 상세히 알지 못할 바가 없으니, 기타 사람마다 그것을 신뢰하고 무릇 일들을 알리니 매우 편리합니다. 그러므로 한 집에 문을 닫아 창밖을 보지 못하며, 혹은 만 리의 특별한 지역에 거주하거나 시골의 일을 알지 못하더라도 신문을 보면 곧 세상의 사정을 명료하게 알게 되니, 흡사 그 사물을 접하고 있는 것과 같습니다. 그러므로 인민의 문견을 넓히고, 사정을 밝게 하는데는 이보다 나은 것이 없으니, 지금 구미 여러 나라에서는 신문국의 다소로써 국가의 문명 여부를 비교하고 있습니다.

일. 종교를 논하지 말고, 혹은 가히 은밀히 허락한 것을 불문하고, 백성들의 자유에 맡기고, 당우(堂宇)를 건축하는 것을 허락하지 않음으로써 화란을 야기하는 것이 불가한 일.

七日. 正政治, 使民國有定

政府之職分者, 穩治國民, 而無束縛, 固守國法, 而不任意, 保外國之交際, 而重信義, 養民之生, 而使守廉節知榮辱, 教民以文德才藝, 而開窮理發明之路, 政治一定, 而無變革, 號令必信, 而無斯僞, 民賴國法, 而安業營産, 得免於飢塞, 內無人民之擾亂, 外無鄰國之侵侮, 而執中庸之道, 則政府之職, 於斯盡矣, 古曰「人心惟危, 道心惟微, 維精維一, 允執厥中」, 此治國平天下之本也, 故君賢吏良, 而無偏無黨, 愛民如己, 教民如子, 則民國乃安, 君暴吏汚, 而寵奸嬖邪, 視民如讎, 治民如獸, 則民國乃危, 大學云「詩云「節彼南山, 維石巖々, 赫々師尹, 民具爾瞻」, 有國者不可以不愼, 辟則爲天下僇矣」, 凡有民則有政府, 有政府則有治理, 有治理則有議論, 有議論則有異同, 有異同則有縱橫, 有縱橫則黨乃成, 而各主其議, 此古所謂朋黨」, 而今之政黨也, 若行政者, 能辨其是非, 而行其可者, 則得中而無辟, 然不能辨其是非, 而行其不可者, 則失其中而致辟, 故禍亂可乘而動也, 臣案國朝古事, 有西人, 南人, 大北, 小北之分黨, 互相駁斥, 誣成逆名而相殺戮, 及於近代, 西人分爲老論 少論, 而亦如前日之事, 然前日之黨, 無大關於國體, 則彼可謂「朋黨」也, 至於年前, 黨派又分爲二, 就新自立, 守舊依賴」, 是也, 而臣等見國勢汲々, 不可虛延時日, 故欲亟圖興復, 至敢行殘酷罔狀之擧矣, 硏此有大關於國體, 則此可謂政黨也, 伏願陛下, 辨其是非, 而護其忠國之黨, 以保國體安民命, 如不然, 卽招禍之道也,

一 不可 親裁萬機, 而各任之其官事,

一 擇賢相, 傳任政務事,

一 崇 宗室, 以固宗社事,

一 凡職掌, 當其職, 治其政事,

一 使公卿大夫治務, 而不可任小吏事,

一 合小縣爲大縣事,

一 賞功以爵位及財寶, 而不可以官事,

一 不可授官位于外國人事,

一 許官吏起服行公事,

一 使四色罷舊嫌相婚姻, 而政府不可分別之事,

一 縣宰及司訟之官, 隨人望而登用事,

一 設縣會之法, 使民議民事, 而得公私兩便事. 今政府之山林, 府縣之座
　首, 皆因於儒敎, 隨民望選拔, 而協議民國之事, 則 本朝亦有君民共治
　之風也, 臣聞前日, 治隆德盛之時, 山林之權, 傾動一世, 國之大事, 必
　經議論, 然後行政云, 若推此法, 而廣之, 漸臻益精益美, 則可謂文明
　之法也, 凡民有自由之權, 而君權有定, 則民國永安, 然民無自由之權
　而君權無限, 則雖有暫時强盛之日, 然不久而衰亡, 此政治無定, 而任
　意擅斷故也,

一 致謹於淸, 愼而和魯, 倚托於美, 親交日本, 結英, 德, 法等國事,

一 外交國以信, 不可違背, 且與約必愼, 不可輕卒事, 臣等槪知其利害矣,

一 與外國交, 勿失主權, 損國體事

7. 정치를 바르게 하고, 백성이 나라를 정(定)하게 함

정부의 직분은 국민을 바르게 다스려 속박이 없게 하고, 국법을 준수하여 임의대로 하지 않는데 있으며, 외국과 교제하여 신의를 중시하고, 인민을 양성하여 생활의 염치와 절제 영욕을 알게 하고, 문덕과 재예로써 백성을 가르쳐 궁극의 이치를 밝히는 길을 열어 정치가 일정하면 변혁이 없을 것입니다. 신의로 호령하면 거짓이 없고, 백성이 국법에 의지하면 생업과 생산이 평안하여 굶주림을 면할 수 있으니 안으로 인민의 소요가 없고 밖으로 이웃 나라의 침법이 없으니 중용의 도를 지키는 것이 곧 정부의 직분을 다하는 것입니다. 옛말에 "사람의 마음이 오직 위태로워 도심이 미미하고 정일(精一)함을 다잡아 그 안에 채울 수 있다." 하니, 이것은 치국 천하의 근본입니다. 그러므로 임금이 현명하고 관리가 어질면 편당이 없고 자기 몸과 같이 백성을 사랑하고, 자기 자식과 같이 백성을 가르쳐 민국(民國)이 평안하며, 임금이 포악하고 관리가 탐학하면 간신을 총애하고 벽사를 좋아하여 백성을 원수처럼 보고 짐승처럼 다스려 민국이 위태합니다. 대학에 이르기를 "절피남산 유석엄엄 혁혁사윤 민구이첨(節彼南山, 維石巖巖, 赫赫師尹, 民具爾瞻)"이라 했으니 임금이 근신하지 않으면 곧 천하의 욕됨이 있다고 하였습니다. 무릇 백성이 있으면 곧 정부가 있고, 정부가 있으면 정치의 이치가 있으며, 정치의 이치가 있으면 의론(議論)이 있고, 의론이 있으면 의견의 차이가 있으며, 의견의 이동(異同)이 있으면 곧 종횡이 있고, 종횡(縱橫)이 있으면 곧 당이 이루어지며, 각각 그 주의를 갖게 되니, 이것이 옛날 이른바 붕당이라고 하는 것이며, 지금은 곧 정당(政黨)입니다. 만약 행정이라는 것이 능히 시비를 가려내고 그것을 행하면 적절한 것을 얻어 치우치지 않을 것입니다. 그러나 시비를 가려내지 못하고 하지 말아야 할 것을 행하면 곧 그 올바름을 상실하여 치우치게 되니, 그러므로 화란(禍亂)이 가히 격해질 것입니다. 신이 국조의 고사를 살피건대 서인, 남인, 대북, 소북의 분당은 서로 반박하고 배척하며 역적의 이름으로 무고하고 서로 살육하면서 지금에 이르렀습니다. 서인이 노론과 소론으로 나뉘어 또한 전일과 같아 전일의 붕당이 국체(國體)와 무관하니 곧 저들을 가히 '붕당'이라 일컬을 것입니다. 연전에 이르러 당파가 둘로 나뉘었으니, 취신자립(就新自立)과 수구의뢰(守舊依賴)가 그것입니다. 이에 신등이 국세가 급함을 보고 더 이상 미룰 수 없어 시급히 부흥(復興)을 꾀하고자 하여 잔혹 망상한 거조를 행하기에 이르렀습니다. 이는 국체와 관계되는 일이어서 이를 가히 '정당'이라고 부를 수 있습니다. 폐하께서 시비를 가려 충국(忠國)의 정당을 보호하고, 국체(國體)를 유지하며 인민의 생명을 평안하게 하시기를 엎으려 바라오며, 그렇지 않은 곧 화를 부르는 길이 될 것입니다.

일. 친히 모든 것을 재가하면 안 되며 각각 관리를 임명하여 그 일을 맡길 일.

일. 현명한 재상을 가려 정무를 맡게 할 일.

일. 종실을 숭상하고 종묘 사직은 튼튼히 할 일.

일. 무릇 직장은 그 직책을 맡아 그 정무를 다스릴 일.

일. 공경대부로 하여금 (직접) 힘쓰게 하고 하급 관리에게 맡기지 않게 할 일.

일. 작은 현을 합쳐 큰 현으로 할 일.

일. 작위 및 재물로 상을 주며 관직으로 대신하지 말 일.

일. 외국인에게 관직과 지위를 부여하지 말 일.

일. 관리가 일어나 공무를 행하도록 할 일.

일. 사색이 서로 혼인하는 것을 꺼리는 구습을 혁파하고 정부가 그것을 나누지 말 일.

일. 현재(縣宰) 및 사송(司訟)의 관리를 인망에 따라 등용할 일.

일. 현회(縣會)의 법을 설립하여 인민이 인민의 일을 의논하도록 하고, 공사(公私) 모두 편하게 할 일. 지금 정부의 산림, 부현의 좌수는 모두 유교로 인한 것이어서 백성의 소망에 따라 선발하여 민국의 일을 협의하게 하면, 이것이 곧 본조에서 또한 군민공치(君民共治)의 풍속이 되는 것입니다. 신이 전일 듣건대, 덕이 융성한 시대에 산림의 권한이 일세를 혼들었으며 국가의 대사는 반드시 의론을 거친 연후에 행했다고 합니다. 만약 이와 같은 법으로 미루어 널리 행하면 점차 더욱 정밀하고 유익한 데 이를 것이니, 곧 문명의 법이라고 할 것입니다. 무릇 백성이 자유권을 갖고 군권(君權)을 한정하면 민국이 영원히 평안합니다. 그러나 백성의 자유 권리가 없고 군권이 무한하면 곧 잠시 강성한 날이 있을지라도 오래지 않아 쇠망하니 이것은 정치가 정해지지 않아 임의로 천단한 까닭입니다.

일. 청나라를 경계하고 러시아와 화합하며, 미국에 의탁하고, 일본과 친교하며, 영국·독일·프랑스 등과 결맹할 일.

일. 신의로써 외교하고 배신하지 말며 또한 조약을 신중히 하고 가볍게 여기지 말 일. 신 등은 이미 그 이해를 알고 있습니다.

일. 외국과 교류하여 주권을 상실하지 말며 국체를 손상시키지 말 일.

八日. 使民得當分之自由, 而養元氣

天降生民, 億兆皆同一, 而稟有所不可動之通義, 其通義者, 人之自保
生命, 求自由, 希幸福是也, 此他人之所不可如何也, 孔子曰「三軍之帥,
可奪, 匹夫之志, 不可奪」, 卽此之謂也, 是以人間立政府之本旨, 欲固此
通義也, 非爲帝王設者也,

故政府保其義, 好民之所好, 惡民之所惡, 則得其威權, 若反是, 戾其義,
惡民之所好, 好民之所惡, 則民必變革其政府, 而新立之, 以保其大旨, 此
人民之公義也, 職分也, 是以公法不以國事之犯爲罪人, 而反護之, 此文
明之公義, 而承天地之理也.

凡人性懶惰, 好因循姑息, 故以因循姑息之意, 見舊來之政府, 則似難
以一朝輕卒之擧, 變動之, 然若至不得保一身之安穩, 不得爲一身之自由,
不得保私有之財物, 失人生之大義, 不可姑息之地, 則必動之以自由保,
其孰能禦之, 故美因英之苛政, 以動之, 遂成自由之邦, 國法寬, 而人不束
縛, 人爲其所好, 欲爲士者爲士, 欲爲農者爲農, 欲爲工者爲工, 欲爲商者
爲商, 所無區別, 士農工商之間, 而論其門閥

亦不以政府之位, 輕蔑人民, 上下貴賤, 各得其所, 雖毫髮不妨他人之
自由, 而以伸天稟之才德, 但貴賤者, 當公務, 有官吏之階級耳, 其他識字
辨理, 勞心達道者, 爲上流而重之, 不知文字, 而力役者, 爲細民而輕之耳,
此人民自保自由之大義也, 然則爲政府謀者, 不得不使人民得當分之自
由, 以養浩然之氣, 不可以苛政悖俗, 以害其通義, 故美政府, 以禁奴之事,
爲大戰遂禁之, 天下亦隨之而禁, 豈不美哉, 豈不偉哉, 臣聞

「陛下, 以非常之英斷, 禁公私之奴婢」, 誠我邦未曾有之聖政也, 天必
感悅, 後當有報, 故臣因此而知我聖朝之將興也, 而臣愚謂尙有數事, 可
使人民, 得其通義者, 一曰「男女, 夫婦, 均其權也」, 凡男女嫉妒之心一

也, 而男能有妻娶妾, 或疎其妻, 或黜其妻, 而婦不能改嫁, 亦不能離緣, 此於法律, 但禁女子之奸淫, 而不禁男子之亂故也, 且男喪其妻, 可以再娶, 女喪其夫雖未經合巹, 不得再嫁, 且爲家族親類所制也, 一曰「廢班, 常, 中, 庶之等級也」, 夫以一國同類之人, 同祖之孫, 勒定貴賤, 不相嫁娶, 上下懸隔, 遂成異類, 云班者雖劣永貴, 云常者, 雖有才德永賤, 此貴人男子, 制禮作法, 而自貴自便也,

若使婦女及賤者, 制作禮法, 而豈有如此之偏頗哉, 且以人乘人, 用人如獸, 以辱同類, 爲人之妾, 取人之侮辱, 而亂世俗, 此皆無義無恥, 世所謂「野蠻之自由也」, 右此數者, 誠傷天之理, 失人之義, 雖係亞洲之舊風古例, 不可不速革者也, 歐美之人, 常侮亞洲之人, 以有如此惡風也, 豈非恥辱之甚哉, 如不速革其惡俗以就良, 則聖朝之文明, 未可期也,

所謂自由者, 行其所思之可者也, 只從天地之理, 而無縛束, 無屈撓, 然人旣交世, 互得其裨益, 則不可不棄其一部之自由, 而從世俗之通義, 故順從國法, 雖似棄其自由, 然實棄其蠻野之自由, 而得天下通同之利益也, 設法律制人罪, 雖似滅天賦之自由, 然實由此而大增處世之自由也, 雖然設法猥束人之志, 則苛政也, 雖犯罪而不蒙罰, 以力恣暴虐者, 蠻野之自由也, 法雖寬而無犯, 不制於力, 而制於心, 文明之自由也, 或致束縛於家夫, 親族, 或致屈撓於士大夫, 權豪, 豈有甘制於其心者, 乃勢無如何, 而制於力, 以致氣陷力殘, 豈不憐哉, 豈不哀哉, 故臣謂此誠傷天之理, 失人之義, 可不顧恤之哉

一 從令禁男子娶妾, 而許孀婦任意改嫁事,
一 令班, 常, 中, 庶, 任意相與婚姻, 而如有才德者, 雖賤用之於大官事, 如此則男女貴賤之勢, 必漸至均一, 而和氣萬國也,
一 時々喩人民, 以不可以人乘人, 用人如獸之義, 而使用車馬牛代之, 則

漸知其爲恥, 而自止也

右八條所列, 非但以京都論之, 敢擧全國統論也, 似此淺見, 孰不知之
然行之者, 知之者也, 不行之者, 不知者也.

번역 8. 백성으로 하여금 직분에 따라 자유를 누리고 원기를 기르게 함

하늘이 백성을 내리셨으니 억조 백성들은 모두 동일하며 품성도 변동
시킬 수 없으며 통의를 갖고 있습니다. 통의(通義)라는 것은 사람이
스스로 생명을 보호하고 자유를 구하며 행복을 바라는 것이 그것입니
다. 이것은 타인이 어떻게 할 수 없는 것입니다. 공자께서, "삼군의
원수를 빼앗을 수 있으나, 필부의 뜻은 빼앗을 수 없다."라고 한 것이
즉 이것을 일컬은 것이니 이로써 사람이 정부를 세우는 본뜻이며 진
실로 이 통의를 견고히 하고자 하는 것으로 제왕을 위해 만든 것이
아닙니다.

그러므로 정부가 그 통의를 보호하여 백성이 좋아하는 것을 좋아하
고, 백성이 싫어하는 것을 싫어하는 것이 그 권위를 얻는 것입니다.
만약 이와 반대로 하면 의로움을 잃고 백성이 싫어하는 것을 좋아하
며 백성이 좋아하는 것을 싫어하면 즉 백성은 반드시 그 정부를 변혁
하고자 하고 새로운 것을 세우고자 하여 큰 뜻을 보호하고자 하니,
이것이 인민의 공의이며, 직분입니다. 그러므로 공법(公法, 국제공법)에
서는 국사범을 죄인으로 다루지 않고 도리어 그것을 보호하니 이것이
문명의 공의이며 천지의 이치를 이어가는 것입니다.

무릇 사람의 성품은 게으르고 나태하며 당장에 탈이 없는 것만 따
르기를 좋아합니다. 고식(姑息)만 따르기를 좋아하는 까닭에 구래의

정부를 보면, 하루아침의 가벼운 거사로 그것을 변혁하기 어렵습니다. 그러나 만약 일신의 안락함을 보존할 수 없고, 일신의 자유를 누릴 수 없으며 사유 재물을 보호할 수 없으면 인생은 그 큰 뜻을 잃어 당장의 편안함을 누리고자 하는 입장이 불가하니, 즉 반드시 자유를 보호하고자 변혁할 것이므로 누가 감히 그것을 막겠습니까. 그러므로 미국은 영국의 가혹한 정치를 변동시켰으며, 드디어 자유국을 이루었습니다. 국법은 관대해야 하고 사람을 속박하지 않아야 하며, 인민이 좋아하는 바를 해야 하니, 선비가 되고자 하는 자는 선비가 되고, 농부가 되고자 하는 자는 농부가 되며, 공인이 되고자 하는 자는 공인이 되고, 상인이 되고자 하는 자는 상인이 되어 사농공상 사이의 구별이 없으며 그 문벌을 논해도 안 됩니다.

또한 정부의 지위로 인민을 경멸해서는 안 되며 상하 귀천은 각자 맡은 바대로 터럭만큼이라도 타인의 자유를 침해해서는 안 되고 천품으로 재덕을 펼쳐야 합니다. 다만 귀천이라는 것은 단지 공무를 맡은 관리의 계급일 따름입니다. 기타 글을 알고 이치를 분변하며 마음을 써 도(道)에 달한 자는 상류(上流)로 중한 사람이 되고, 문자를 모르고 힘을 쓰는 자는 세민(細民)이 되어 신분이 가벼워질 뿐입니다. 이것이 인민이 스스로 자유를 보존하는 대의입니다. 그런즉 정부를 위해 정책을 도모하는 자는 부득불 인민으로 하여금 맡은 바 자유를 얻게 하고 호연지기를 기름으로써 가혹한 정치나 패속으로 그 통의를 해칠 수 없는 것입니다. 그러므로 미국 정부는 노예를 금지하기 위하여 큰 전쟁을 치루어 그것을 막았고, 천하 또한 그를 따라 금지하였으니, 어찌 아름답지 않겠으며, 어찌 위대하지 않겠습니까.

신은 들으니, "폐하께서는 뛰어난 영단으로 공사 노비를 금하셨다." 하니 진실로 우리나라의 미증유의 성스러운 정치입니다. 하늘이 반드시 감동하고 기뻐하셔서 후대에 보답이 있을 것입니다. 그러므로 신은 이로 인해 우리 성조의 장래가 흥할 것임을 알고 있습니다. 그러나 신의 어리석은 생각으로는 아직 인민으로 하여금 그 통의라는 것을 이해하도록 해야 할 몇 가지 일이 있습니다. 하나는 "남녀, 부부가 모두 같은 권리를 갖는다."는 것입니다. 무릇 남녀의 질투심은 하나입니다. 그러나 남자는 능히 처와 첩을 취하고 혹은 그 처를 소홀히 하고 혹은 그 처를 쫓아내며, 부녀자는 개가가 불가하며 또한 이혼이 어렵습니다. 법률이 이와 같으나 다만 여자의 간음을 금하고 남자의 난잡함은 금하지 않은 까닭입니다. 또한 남자가 그 아내를 잃으면 가히 재취하나 여자가 그 남편을 잃으면 비록 혼례를 하지 않았더라도 재가하지 못합니다. 또한 가족 친지류의 통제를 받습니다. 하나는 "반상과 중인 서인과 같은 등급을 폐하는 것"입니다. 대저 일국은 같은 사람들이 살며, 같은 조상의 자손들이니 강제로 귀천을 정하고 서로 혼인하지 않으며 상하가 떨어져 있어 드디어 다른 족속이 됩니다. 양반이라고 이르는 자들은 비록 열등해도 영원히 귀하며, 상인이라 일컫는 사람은 비록 재덕이 있어도 영원히 비천하니 이 귀인 남자가 예를 만들고 법을 만들어 스스로 귀하고 편하게 한 것일 따름입니다.

만약 부녀와 비천한 자로 하여금 예법을 만들게 한다면 어찌 이와 같은 편파적인 것이 있겠습니까. 또한 사람으로 다른 사람을 타고 다녀 사람을 부리는 것을 짐승같이 하며 동류를 욕되고 하고, 타인의 첩이 되어 다른 사람으로부터 모욕을 받고 세속을 어지럽히니 이것은 의가 없고 부끄러움이 없는 것이니, 세상에서 소위 "야만인의 자유"라고 하는 것입니다. 이상의 몇 가지는 진실로 하늘의 이치를 손상하고 사람의 의로움을 잃는 것이니 비록 아주(亞洲)의 구풍과 고례와 관계되나 불가불 신속히 혁파해야 할 것입니다. 구미인이 항상 아주인을 모욕하는 것은 이와 같은 악풍이 있기 때문입니다. 어찌 치욕이 이처럼 심하지 않겠습니까. 신속히 그 나쁜 풍속을 개혁하여 좋은 풍속을 취하지 않으면 성조(聖朝)의 문명은 가히 기대할 수 없습니다.

소위 자유라는 것은 그 생각한 바에 따라 행하되, 다만 하늘의 이치를 따라 속박됨이 없고 굴복함이 없는 것입니다. 그러나 사람이 다른 사람과 교류하고 살면서, 서로 모자라는 점을 메워줍니다. 그러므로 자신의 자유의 일부분을 포기하지 않을 수 없고, 세속의 통의를 따르지 않을 수 없기 때문에 나라의 법률도 순순히 따르게 됩니다. 그러나 비록 그들이 자유를 버린 듯이 보이지만, 실은 그들은 야만적 자유를 버리고 온 세상에 통용되는 공통의 이익을 얻은 것입니다. 법률을 만들어 사람의 죄를 규제한다면 비록 천부의 자유를 없앤 것처럼 보이지만 사실 이로 말미암아 세상의 자유를 크게 증대시킨 것입니다. 그러나 비록 법을 만들어 사람의 뜻을 구속하고 두려워하게 하면 가혹한 정치입니다. 비록 죄를 범해도 벌을 받지 않고 자의로 폭력과 학대를 하는 것은 야만인의 자유입니다. 법이 비록 관대해도 범하지 않으며 힘에 의해 다스려지지 않고 마음으로 지키면 문명인의 자유입니다. 혹 가장이나 친족으로부터 속박을 당하고, 혹 사대부나 권문호족에게 굴복하면 어찌 그 마음으로부터 즐겁게 지키고자 하겠습니까. 이에 어쩔 수 없이 힘에 의해 통제되며 기운이 다하고 힘이 쇠하니 어찌 가련하지 않으며, 어찌 슬프지 않겠습니까. 그러므로 신은 진실로 이것이 하늘의 이치를 손상하며 사람의 의를 잃게 하는 것이니 가히 돌아보아 구휼하지 않을 수 없다고 말씀드립니다.

일. 영을 내려 남자가 첩을 취하는 것을 금하게 하고, 과부가 임의로 개가하는 것을 허락할 일.

일. 영을 내려 반, 상, 중 서가 임의로 상의하며 혼인하고 재덕이 있는
   자가 비록 천하더라도 대관에 임용할 일. 이와 같이 하면 남녀
   귀천의 세력이 반드시 점차 균일해지며 만국이 화합할 것입니다.
일. 때때로 인민을 가르쳐 사람이 사람을 타고 다니는 것이 불가하며
   사람을 금수와 같이 부리지 않고 마차와 소로 그것을 대신하게
   하면 점차 그것이 부끄러운 것임을 알게 하고 스스로 멈추게 될
   것입니다.

   이상의 8조를 열거한 것은 단지 경도(京都)를 논한 것에 그치지 않고
감히 전국을 통틀어 논한 것입니다. 이와 같은 천견을 누가 모르겠습
니까. 그러나 행동으로 옮기는 자는 그것을 아는 자이며, 행하지 않는
자는 그것을 모르는 자입니다.

6. 『통서장정(統署章程)』 부속장정(附屬章程) '동문학(同文學)'

統理交涉通商事務衙門章程(서울대 규장각 도서번호 15323·15324, 국편
자료집 31~32쪽)

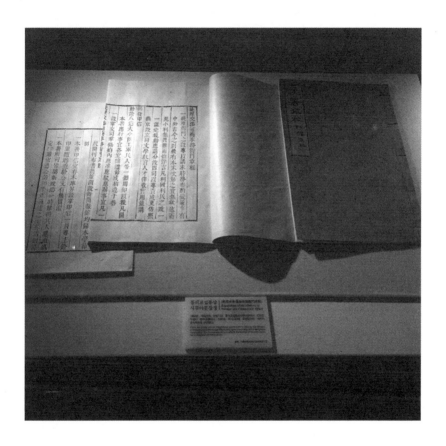

一. 統理衙門之設 專以講求時務參酌變通事 有中外古今之別機 有本末次
第之宜 無欲速而見小利 無畏難而恤浮言 凡利國利民之政一一謀定後 動
應請分設四司以專責成 更仿照燕京設立同文學教育人才俾收實用並請
頒發印信

勅諭八道大小臣工軍民人等 一體周知以後凡關

本署應行事宜懍遵毋或稍違千咎

一. 設掌交司 掌條約內應准應駁應辦事 宜凡一切交涉與使往他國 及 改
訂條約章 講信修睦 宜和平宜堅忍 毋形喜怒而貽口實

一. 設征權司 掌海關權量輕重定則征收 並綜核出入 及各口岸燈誌之類
端以招徠商賈爲務 其通商口岸地基 應由官買畫定市廛轉租爲使

一. 設富敎司 掌開拓利源 如鑄幣 如開鑛 如製造 如官銀號 如招商社 等
事 下至潛像 畜牧凡裕國便民者參取萬國創行之法隨時興辦

一. 設郵程司 掌運道 如電報驛傳鐵路 及 水陸通衢諸事毋論官辦商辦允
議妥定章程設法保護逐漸推擴

一. 設同文學, 掌培植人才, 非學校不出, 非考試不尊, 宜擇聰俊子弟, 自
滿十五歲者, 肄業其中先學外國語文 次及政治理財之道, 各以其性
之所近力之所優 分科考取以備任 使倘有好學深思之士 無論在官去
官 雖年逾旣壯 亦不阻其往肄

一. 設督辦官一員 摠治四司 兼興同文學校 惟其中規畫俱有外洋通例 而
海關聘用暗習之人 及鉤稽稅項出入洵非通曉外國文字律例者不辦 則
督辦以外宜另設會辦一員 襄籌妥理共一事權其學校 及 考試之事尤
爲會辦專責.

一. 設協辦官四員 領袖四司

一. 設參議官四員分助各司

一. 同文學宜廣備書籍講求有用之事 督率敎習嚴課生徒, 以掌敎一員領
之主事副之再准 駁民間刊布書籍, 並開設新聞報舘均歸本學節制.

(…下略…)

통리교섭통상사무아문장정

일. 통리아문의 설치는 오로지 시무를 참작하여 통사(通事)를 변통하고, 중외 고금의 별기(別機: 특별한 기구, 실용 지식)와 본말이 있어 차례로 마땅히, 욕속(欲速)과 소리(小利)를 탐함이 없이, 외난(畏難)과 부언(浮言)을 근심함이 없이, 무릇 나라를 이롭게 하고 백성을 이롭게 하는 정치를 일일이 꾀하여 정한 후, 연경(燕京)에서 동문학을 설립하여 인재를 교육하고, 실용을 거두는 것을 모방하여, 응당 사사(四司)를 청하여 설치하고 이로써 책임을 다하게 할 것을 청한다.

일. 장교사(掌交司)를 설치하여 조약의 내응 준응 박응 판사 등을 관장하고, 마땅히 모든 교섭과 타국으로 사신을 보내는 일, 그리고 조약장의 개정, 수목(修睦)의 강화에서 마땅히 화평하고 마땅히 견인하여 희로(喜怒)하지 말며, 구실(口實)을 끼치지 않게 한다.

일. 정권사(征權司)를 설치하여 해관(海關) 권량(權量)의 경중을 정하여 세금을 징수하고, 아울러 출입과 각 항구의 등지(燈誌)를 조사하여 상인들을 불러오는 단서로 삼도록 하며, 통상하는 항구의 터에 따라 관이 매입하고 시전(市廛)을 정하여 조세를 하도록 한다.

일. 부교사(副敎司)를 설치하여 주폐(鑄幣), 개광(開鑛), 제조(製造), 관은호(官銀號) 등과 같은 이익이 되는 근원을 개척하고, 아래로는 눈에 보이지 않는 목축이나 만국에서 행하는 법을 참고하여 무릇 국가의 인민이 편안하도록 때에 따라 창설한다.

일. 우정사(郵程司)를 설치하여 전보, 역전(驛傳), 철로 및 수륙 통상을 위한 도로 등과 같은 운수 및 도로를 관장하되, 관에서 설치하는 것과 상업적으로 설치하는 것의 타당성을 논의하여 장정을 정하고 법을 만들어 보호하며, 점차로 확충한다.

일. 동문학을 설치하여 인재 배양을 관창한다. 인재는 학교가 아니면 나오지 않고, 고시가 아니면 존중받지 못한다. 마땅히 총준 자제 만 15세 이상인 자를 택하여 업을 마치고, 그중 먼저 외국어문을 배우고, 다음에 정치 이재의 도를 배우게 한다. 각각 그 품성으로 써 힘이 미치는 바 우수한 점을 따라 분과를 나누어 고시하고 이로 써 임용을 준비하게 한다. 혹 학문을 좋아하고 심사(深思)하는 선비 가 있으면 관직에 있거나 재관(在官)이거나 거관(去官)을 물론하고, 나이가 이미 지나 장년을 넘었더라도 또한 가서 배우는 것을 막지 않는다.

일. 독판권 1원을 설치하여 4사 및 동문학교를 총괄하게 하며, 오직 외양(外洋: 서양)의 통례가 있어 규화(規畵)를 갖춘 것과 해관(海關: 1883년 항구에 설치한 관아, 후에 세관으로 바뀜)에서 사람을 고용하여 사람을 가르치는 일 및 구계세항(鉤稽稅項)의 출입은 진실로 외국 문자 율례에 밝지 않은 것 등은 주관하기 어렵다. 곧 감독 주관하 는 것 이외에 마땅히 회(會)를 설치하여 주관 1원이 이치에 맞게 그 일을 담당하게 한다. 학교의 권한 및 고시의 업무는 이 회가 전적으로 책임을 맡아 주관한다.

일. 협판관 4인을 두어 사사의 영수를 삼는다.

일. 참의관 4인을 두어 각 사를 돕도록 한다.

일. 동문학은 마땅히 널리 서적을 비치하고 유용한 일을 강구(講求)하 며 감독 교습하고, 생도에게 엄격한 과업을 부과한다. 장교(掌敎) 1원은 주사가 되어 가르치는 것을 관장하고, 부사는 이를 돕는다. 민간 간행 서적을 아우르고, 이와 함께 신문보관(新聞報舘)을 개설 하여 본 학교 절목과 제도를 균등하게 한다.

[참고] 英語學徒 近況: 『한성순보(漢城旬報)』 1884년 3월 18일 (제15호)

通商衙門設有同文學英語學塾 募集生徒昨年七月 請來英人奚來百士
爲教師 兼通日語 且有學術教授 得宜生徒漸有進益現額二十九人 而都
講時 或有稱爲優等者 自本衙門備給飯茶薪水 及 燈燭仍使之寄宿塾中
無一遊學者 紙筆墨生徒自辨 而書本及西國紙筆自衙門備給 故晝夜攻苦
一無懈意 其教學規例諸生徒分半焉 半則午前教之 半則午後教之 一日
教長語短語 及 文字解用變通之義 一日不教長語 只教短語繼以西國筆
算 日漸長進將次派遣諸處以廣其耳目也.

> **번역** 통상 아문에서 동문학 영어학숙을 개설하고 생도를 모집하였
> 는데, 작년 7월 영국인 해래백사(奚來百士: 핼리팩스, T. E.
> Hallifax)를 초빙하여 교사로 삼고, 아울러 일어에도 능통하고, 또한
> 학술·교수법도 좋아서 학생들이 날로 발전하고 있다. 현재 인원이
> 점차 증가하여 29명이며 도강(都講: 하계와 섣달에 치르는 재예 시험) 때
> 에는 우등(優等)으로 일컫는 자도 있었다. 본 아문에서 반차(飯茶), 신수
> (薪水), 등촉(燈燭)을 대주고, 기숙사에서 기숙하게 하였으므로 한 사람
> 도 놀며 배우는 자가 없다. 지필묵은 생도 스스로 변통하고, 서본(書本)
> 과 서양의 지필은 본 아문에서 지급하는데 밤낮 열심히 공부하여 조
> 금도 게으른 빛이 없다. 〈교학규례〉에는 생도를 반으로 나누어, 반은
> 오전에 반은 오후에 수업하게 하고, 하루는 장어(長語)·단어(短語) 및
> 문장 해독·변통하는 법을 가르치며, 하루는 장어(長語)는 가르치지 않
> 고 다만 단어(短語)와 서양 필산(筆算)을 가르치는데, 날로 장진(長進)하
> 여 앞으로 각 처에 파견하여 견문을 넓게 할 예정이다.

7. 원산학사(元山學舍) 관련 자료

興學[癸未 八月 二十八日 朔 試優等陞庠 發解(乙酉 趙大均 癸未 崔秉夏 甲申 金永奎]

府使臣鄭顯奭伏啓. 臣所治之邑, 卽沿海要衝, 兼爲開港之地所重, 尤非列邑可比, 其所對揚之道, 合有綢繆之策, 其要在於選用人才. 選用之要, 在於敎養, 故於近日, 設一塾於元山社, 選鄕中子弟年少聰敏者, 欲爲敎養是白乎則.

一鄕父老, 亦惑朝家治化之新, 慨然出義, 鳩財, 咸請置師敎徒, 故延明經解務之儒, 爲之師長, 文士則先敎經義, 武士則先敎兵書後, 並敎時務之緊要者. 自算數格致, 至於各樣器機興農鹽礦採等事. 使之講習, 而文藝則逐朔課試, 拔其尤者一人, 每年秋, 報于本道監營, 付於公都會解額, 則似爲奬勵之道 是白乎旀.

武藝則後瞠鎗礮辦備之前, 宜先肄習射技故, 做東萊例, 選出身閑良二百人, 劦置別軍官, 課朔試賞是白乎乃, 若無別般示意之擧, 則無以激勸成就是白如乎.

巡營所屬, 本府所在. 親騎衛四十四名, 不可使疊役, 特令移定於道內各邑是白遣, 別軍官二百人, 朔試計盡, 年終, 以優等二人, 報于兵曹, 出身, 特加折衝階, 閑良, 特許直赴, 殿試是白乎則, 人人精藝, 是爲武備之一助是白等以, 玆敢據實登, 問爲白去乎, 令廟堂, 稟旨爲白只爲.

議政府 啓辭. 卽見德源府使 鄭 狀啓則本部, 處在海沿要衝, 兼爲開港之地, 其所綢繆之道, 在於選用人才, 在於敎養故, 設一塾於元山社, 文士則先敎經義, 武士則先敎兵書後, 並敎算數格致, 各樣器機興農鹽礦採等事. 而文藝則逐朔課試, 拔其尤者一人, 每年秋, 報于巡營, 付於公都會解

額, 武藝則倣東萊例, 選出身閑良二百人, 刱置別軍官, 課朔試賞, 而本府
所在, 親騎衛四十四名, 不可使疊役, 特令移定於道內各邑別軍官, 朔試
計盡, 年終, 以優等二人, 報于兵曹, 出身, 特加折衝階, 閑良, 特許直赴,
殿試事, 請令廟堂, 稟旨分付矣. 海沿重地, 港務且劇, 目下最先急者, 惟
在乎選才用人, 而苟選用之則不可無敎養, 苟敎養之則亦不可無賞獎, 幷
與親騎衛. 移屬事, 依狀請, 施行如何. 答曰允, 癸未 十月 二十日.

번역 부사 신 정현석은 엎드려 아룁니다. 신이 다스리는 읍은 연해
의 요충이자 개항의 소중한 지역으로 다른 읍과 비할 바가 아
닙니다. 그 앙양의 도를 대하여 주무(綢繆)의 책을 합하고자 하면, 그
중요한 것은 인재를 선용하는 데 있고, 선용의 핵심은 가르치고 기름
에 있습니다. 그러므로 근일 원산에 한 숙사(塾舍)를 설치하여 향중
자제에서 연소하고 총민한 자를 선발하여, 이들을 가르치고 기르고자
아룁니다.

일향 부로들이 또한 조정의 치세를 새롭게 하고자 개연히 의를 내
세워 재산을 모으고 사(師)를 두어 학도를 가르치기를 청합니다. 그러
므로 경(經)에 밝고 업무를 이해하는 선비를 모아 사장(師長)을 삼고,
문사는 먼저 경의(經義)를 가르치고, 무사는 먼저 병서를 가르친 후
아울러 시무의 긴요한 것을 가르칩니다. 산수·격치로부터 각양 기기
흥농 잠채 광채 등사를 강습하게 하고, 문예는 매달 시험을 부과하여
더 능한 자 일인을 선발하여, 매년 가을 본도의 감영에 보고하고, 공도
회 해액(公都會 解額)에 붙이게 하면 장려의 도가 됨을 아룁니다.

무예는 곧 쟁포(鎗礮)를 마련하기에 앞서, 먼저 활쏘기 기술을 익히
는 것이 마땅하므로 동래(東萊)의 예를 고려하여 출신(出身)과 한량(閑
良) 200인을 선발하여 별군관(別軍官)을 두고, 매달 시험을 부과하여

시상할 것이오나, 만약 특별히 등용할 뜻이 없으면 성취한 바를 격려함이 없을 것입니다.

본 영의 소속은 본부에 소재하니, 친기위(親騎衛) 44명은 역(役)을 중첩할 수 없으므로, 특별히 도내 각 읍에 옮기도록 하고, 별군관 200인은 월례 시험이 다하고 해를 마치면 우등 2인을 병조(兵曹)에 보고하여, 출신(出身)에게는 절충계(折衝階)를 특가하고, 한량(閑良)은 직부(直赴) 전시(殿試)를 특허(特許)해 주시오면, 사람마다 정예(精藝)하여 무비(武備)의 일조가 되오니, 이에 감히 실제 등용하기를 문의하오니, 묘당(廟堂)에 영을 내려 교지를 품부(稟賦)하오소서.

의정부 계사(啓辭)에, 즉 덕원 부사 정(현석)의 장계를 보니, 본부는 바다를 따라 요충지에 있는 곳이며 개항지입니다. 주무(綢繆)의 길은 인재를 선용하는 데 있고, 교양하는 데 있으므로, 원산사(元山社)에 한 사숙(私塾)을 설치하여, 문사는 먼저 경의(經義)로 가르치고, 무사는 먼저 병서를 가르친 후, 아울러 산수(算數) 격치(格致), 각양 기기(機器) 흥농(興農) 잠사(蠶事) 광채(礦採) 등을 가르치고자 합니다. 그리고 문예(文藝)를 매달 과시(課試)하여 그 가운데 잘한 사람 1인을 선발하여 매년 가을 감영에 보고하고, 공도회 해액(公都會 解額)을 붙이고, 무예(武藝)는 동래의 예를 고려하여 출신(出身), 한량(閑良) 2백인을 선발하고, 별군관(別軍官)을 창설하여 매달 시험하여 상을 주고 본부 소재의 친기위(親騎衛) 44명은 병역을 중복하기 어려우니 특히 도내 각 읍의 별군관으로 옮겨 매달 시험을 다 본 뒤, 해를 마칠 때 우등 2인을 병조에 보고하고, 출신(出身)은 절충계(折衝階)를 특가하고, 한량(閑良)은 직부(直赴), 전시(殿試)를 치르게 하는 일을 묘당(廟堂)에 청하여 교지를 받고자 합니다. 바다가 이어 있는 중요한 땅으로 항구의 업무 또한 힘드니, 지금 가장 급한 것은 오직 인재를 선용하는 데 있습니다.

진실로 인재 선용은 가르쳐 길러내지 않으면 안 되며, 진실로 교양은 또한 시상(施賞)과 장려(獎勵)가 없으면 불가합니다. 아울러 친기위를 이속하는 일을 장계하여 청하니, 시행하는 것이 어떠합니까. 답하여 말하기를 윤허하다. 계미 10월 20일.

　　—德源府誌, 『조선시대 사찬 읍지(朝鮮時代私撰邑誌)』 38, 함경도 1, 한국인문과학편.

學事節目[敎英齋, 敎授一, 掌議二, 掌財有司二, 乙酉, 刱建于南山洞]

府使爲節目成給事, 顧我德源, 山川秀麗, 人才鍾出, 若不敎導, 無以成就, 且今宇內多事, 智力相尙, 咸致富强之業, 而猗我 聖上 深軫治平之策, 復擧興學之政, 此盛曠絶之盛擧, 曷敢不對揚休命乎. 乃於元山社, 建一塾舍, 選子弟美俊者, 延師敎養, 則一鄕父老, 慨然興感, 隨力出財, 設塾延師, 選生徒入學, 風俗之美, 誠爲嘉歎. 卽以此意, 登聞于朝後, 應行條例, 臚列于後, 成給節目爲去乎. 永遵毋替, 期於成就, 才藝需用于朝, 宜當者.

　後 [瀛志 六卷, 聯邦志 二卷, 奇器圖說 二卷, 日本外國語學 一卷, 法理文 一卷, 大學豫備門 一卷, 瀛環志畧 十卷, 萬國公法 六卷, 心史 一卷, 農政新編 二卷]

　鄕中拔秀聰敏子弟 幷許入學, 雖非契員 幷許之. 他邑人裹糧來者, 勿拒, 武士來學者, 敎以兵書.

　儒生, 逐朔課試, 拔其尤者一人, 每年秋, 報于巡營, 付於公都會解額, 武士則鍊達兵書後, 習射, 赴朔試, 計畫優等二人, 報于兵曹, 出身, 加折衝階, 閑良, 直赴, 殿試, 齋中書策, 非契員中之人, 雖一卷, 無得出. [書冊, 掌議專管傳掌, 若或闕失, 卽爲徵納]

　凡入學之生, 怠慢而有無終, 或出入於酒肆, 浮浪不賴, 不從師敎者, 從輕重, 或黜或罰.

書策所費, 與塾中公用, 自契中 公議區處.

議長中二員, 差出都有司, 終始主管塾事, 契員中二員, 差出掌財有司, 出納才容, ○掌議二員中, 一員, 以世儒薦出, 有司二員中 一員, 以世儒薦出.

府使 鄭顯奭	錢一百兩
經畧使 魚允中	錢一百兩
承旨 鄭憲時	錢一百兩
中國理事官 劉家驄	錢五十兩
前監察 南啓夙	錢五十兩
前參奉 韓永琦	錢四百四十兩
幼學 李輔運	錢三百兩
前參奉 金永敏	錢二百九十兩
幼學 金錫禧	錢二百六十兩
幼學 朴尚鉉	錢二百六十兩
幼學 金若秀	錢二百四十兩
前中軍 安義亨	錢二百二十兩
前守門將 李昌玧	錢二百二十兩
前守門將 李敬權	錢九十兩
前五衛將 金秉彦	錢一百三十兩
前監役 宋鍾奎	錢一百十兩
前五衛將 黃達灃	錢一百十兩
幼學 李英發	錢一百兩
錢五衛將 張鳳錄	錢七十兩
幼學 李仕興	錢九十兩
縣監 南九熙	錢五十兩
出身 南辰元	錢八十兩

幼學 安世慶　　　錢四十兩

前僉知 張益和　　錢三十五兩

前守門將 金秉倫　錢二十兩

前掌令 金昌倫　　錢十兩

中里七洞　　　　錢一百二十兩

上里七洞　　　　錢一百二十兩

商會所　　　　　錢五十兩

稅務士 魏來德[英國人]　錢二百兩

中里 上里 每歲 各 一百兩式 例納

刱建學舍, 今無餘財, 敎授月幣, 齋中公用, 待年豐, 更爲收議措備次.

—『春城誌』(1885)

번역 부사가 절목을 성급(成給)할 일. 내가 덕원을 돌아보니 산천이 수려하고, 인재가 종출(鍾出)하니, 만약 교도하지 않으면 성취함이 없을 것이다. 또한 지금 나라의 다사(多事)는 지력(智力)을 서로 존중하고 부강(富强)의 업에 이르고자 한다. 이에 성상께서 치평(治平)의 책을 실행하고자 하니, 홍학의 정책에 다시 근거하여 이 융성함을 버리고 어찌 감히 명을 받들어 올리지 않을 수 있는가. 이에 원산사에 숙사(塾舍)를 지어 자제 가운데 우수한 자를 선별하고, 교사를 초빙하여 가르치고 기르고자 하니, 곧 고을의 부로들이 모두 감화하여 힘껏 재물을 내어 숙사를 설치하고, 교사를 초빙하며, 생도를 선발하여 입학시키니, 풍속이 아름답고, 성의가 아름답도다. 이러한 뜻으로 조정에 소식을 전하고, 이에 응하여 조례를 행하며, 여열(臚列) 후에 절목을 성급(成給)하니 이를 준수하고 바꾸지 않음으로, 조정에서 필요한 재예의 성취를 기약하니 마땅한 일이다.

후 [영지(瀛志) 6권, 연방지(聯邦志) 2권, 기기도설(奇器圖說) 2권, 일본 외국어학(日本外國語學) 1권, 법리문(法理文) 1권, 대학예비문(大學豫備門) 1권, 영환지략(瀛環志畧) 10권, 만국공법(萬國公法) 6권, 심사(心史) 1권, 농정신편(農政新編) 2권][21]

향중 우수하고 총민한 자제를 선발하여 함께 입학하도록 하고, 비록 계원이 아니라도 입학을 허락한다. 식량을 가지고 온 타읍 사람들도 물론 거절하지 않는다. 무사로 공부하고자 하는 자는 병서로 가르친다. 유생은 매월 시험을 치르게 하여 그 중 우수한 1인을 선발하여 매년 가을 감영에 보고하고, 도회 해액을 부여한다. 무사는 곧 병서를 연습하여 숙달한 뒤, 활쏘기를 배우고, 매월 시험을 부가하여 우등 2인을 선발하여 병조에 보고하고, 출신(出身)을 충계(衝階)에 절충하고, 한량(閑良)을 직부(直赴)로 하여, 전시를 치르게 한다. 재중(齋中)의 서적과 방책은 계원이 아닌 사람에게 모름지기 한 권을 얻어내지 않는다. [서책은 의전관전장(議專管傳掌?)이 관장하고, 만약 잃어버린 것이 있으면 즉시 추징하여 납부한다.]

무릇 입학생이 태만하여 학업을 마치기 어렵거나, 혹 술집에 출입하거나 불량배로 부랑하여 스승의 가르침을 따르지 않는 자는 경중을 좇아 혹은 출학하거나 벌한다.

공부에 필요한 비용은 사숙에서 공용으로 지급하고, 계중으로부터 공동으로 의논하여 정한다.

의장(議長) 중 2인은 도유사(都有司)에서 차출하여 숙사의 업무 모두

---

21) 김경미(2009: 78)에서는 "『일본 외국어학』, 『법리문』, 『대학 예비문』은 조준영의 '문부성소할목록'의 일부일 가능성이 있다."라고 진술하였다.

를 맡긴다. 계원 중 2인을 장재유사(掌財有司)로 차출하여 재용(才容)의 출납을 맡긴다. 의장 2인 중 1인은 유생의 천거를 받아 선출하며, 유사 2인 중 1인도 유생의 천거를 받아 선출한다. (출연 기록은 번역하지 않음)

8. 육영공원(育英公院) 설치 관련 자료

內務府以 育英公院設學節目, 參酌書入啓[22)

一. 建治學舍, 曰 育英公院, 內務府修文司堂上句管事務, 另定主事, 依該 堂上指令, 辦理施措, 堂上間一日仕進, 主事課日仕進.

一. 延致外國姿性醇良才知通敏者三人, 曰 敎師, 專掌敎訓, 另選曉解外 國言語, 文字之已經學習者, 依敎師指敎, 隨宜助諭, 學徒曰 敎習, 亦 於各項課程, 身體鍊習, 以廣本業.

一. 院設左右, 各充學員, 課日肄習.

一. 另揀科第出身參下年少之原文通暢, 門地才俊者, 限十員, 充左院學 習, 如漢文, 經史, 原始終不已, 亦勤課西語, 無或間斷, 推諸科程, 分 途功力, 各隨才識, 或値除王供仕之時, 無礙往來, 且雖陞資, 其卒業 前, 則不許廢課, 務期平生需用之方, 每日卯進, 申退, 課習時刻一如 右院規式.

一. 揀選才質聰慧年十五至二十餘者. 限二十人, 充右院肄習.

一. 薪水膏火之節, 酌量硏磨, 每朔六千兩式, 自戶, 惠廳分半畫下, 以爲 院內供給, 而各項簿牒支應等節, 每於朔終入下, 數爻該掌昭詳成冊,

---

22) 띄어쓰기는 번역상의 편의에 따라 입력자가 한 것임.

先經主事考察後, 呈于堂上, 署押以憑後考.

一. 學習之時, 專心聽業, 均不準汗漫喧譯, 偸暇雜戲, 且親瘠先忌及實病
　　外, 假託出他, 占便圖間犯者, 從輕重施罰, 而不悛者, 主事, 敎習, 具
　　告堂上, 堂上, 知照敎師, 亟令黜退.

一. 學徒卒業以前, 常令在院學習, 不準營求他枝.

一. 考藝勤慢, 分有月課, 季考每於月終, 歲試每於臘底, 大考每於三年擧
　　行, 考其課業之進退, 酌量鼓勵.

一. 月課, 季考, 該司堂上與敎師, 句管監場, 歲試內務督辦及該司堂上,
　　敎師, 句管監場, 大考則總理大臣, 內務督辦與該堂上, 敎師監場, 考
　　取擇尤, 奏明授職.

一. 月課, 季考時 以 紙筆墨, 歲試則以書冊之類施賞.

一. 每値房, 虛, 昴星日, 則自前一日下午, 以至當日, 放暇, 又於名節[正月
　　望前 及 寒食, 秋夕 前後 各 一日] 放暇, 又値聖節[二月 八日, 七月 二十五日,
　　九月 二十五日, 十二月 初六日]. 放暇示慶, 另依西法暇日[卽 西曆 一月
　　一日, 二月 二十二日, 七月 四日, 十一月 二十日] 放休, 又値臘底[自十二月
　　二十五日 至三十日] 及 盛暑[自初伏至末伏] 放學.

一. 每日 學習次第: 一 讀書, 二 習字, 三 學解字法, 四 算學, 五 寫所習算
　　法, 六 地理, 七 學文法. 初學卒業後所學諸條: 一 大算法, 二 各國言
　　語, 三 諸般學法 捷徑易覺者, 四 格致萬物[醫學, 農理, 地理, 天文, 機器],
　　五 各國歷史, 六 政治與各國條約法 及 富國用兵之術, 禽獸草木

번역 무부에서 육영공원 학절목을 설시하여 참작한 서입(書入) 장계

일. 학사(學舍)를 건립하여 육영공원이라 이름하고, 내무부 수문사 당
　　상(堂上)이 사무를 주관하며, 별도로 주사(主事)를 정하여 해 당상

(堂上)의 지령에 따라 이를 시행 조치하며, 당상이 일일 업무를 맡고, 주사가 일과를 담당한다.

일. 외국의 순량하고 재능 있으며 영민한 자 3인을 초빙하여 '교사(敎師)'로 이름하고, 교육과 훈육을 전담한다. 별도로 외국 언어를 밝게 이해하는 자를 선별하여 문자를 학습한 자는 교사의 가르침에 의거하여 마땅히 훈육을 돕는 학도를 '교습(敎習)'이라고 하여, 이 또한 각항의 과정과 신체 연습으로 본업을 넓히도록 한다.

일. 좌우(左右)에 원을 설치하여 각각 학원(學員)을 충당하며, 일과를 부여하여 익히도록 한다.

일. 과제 출신(科第出身) 참하(參下)의 연소자로 원문 통달한 자를 가리고, 문중에서 재준(才俊)한 자로 10명을 한정하여 좌원에서 학습하도록 충당하며, 한문, 경사와 같이 원시(原始)에서 마치지 않은 것과 서양어를 부과하고, 끊임이 없도록 하며, 여러 과정을 추정하여 나누어 힘쓰도록 하며, 각 재능과 학식에 따라 혹 벼슬에 임용할 때 왕래함에 장애가 없도록 한다. 또한 승급의 자질이 있더라도 졸업하기 전에는 과업을 폐하지 않도록 하며, 평생 필요한 것을 익힐 수 있도록 힘쓰며, 매일 묘시에 나아가 신퇴하고 과습 시간은 우원(右院)의 규식과 동일하게 한다.

일. 재질이 총혜하고 연령 15에서 20에 이르는 자 20인을 한정·선발하여 우원(右院)을 충원하여 가르친다.

일. 신수고화(薪水膏火)의 절기에는 연마(硏磨)할 것을 정하여, 매달 육천 량씩, 호조로부터 계획 아래 각 청에 반분하여 원내에 공급하고, 각 항의 부첩(簿牒)에서 응한 것들을 매달 말 입하(入下)한 수효를 해당 부서에 소상하게 적어 먼저 주사(主事)가 고찰한 후, 당상(堂上)에게 보고하고, 부서가 이를 확인한다.

일. 학습할 때 전심으로 듣기를 하며, 고루 지키지 않고 제멋대로 떠들고 잡희에 빠지거나 또는 몸소 파리하여 먼저 기피하고 병이 있으면 다른 곳에 위탁하고, 점차 편함을 도모하고 범죄를 저지른 자는 경중을 가려 벌하고, 다시 고치지 않는 자는 주사가 교습하여 당상에게 고하고, 당상은 교사에게 자세히 알려 시급히 출학하거나 퇴학하도록 명한다.

일. 학도는 졸업 이전에 항상 원내에 거주하여 공부하고, 다른 거처를 구하지 못한다.

일. 고예(考藝)의 근면·태만은 매월 과업을 나누어 계고(季考)는 매월 말에 실시하고, 세시(歲試: 연말 시험)는 섣달에 치르며, 대고(大考)는 삼년마다 거행하여, 고시 과업의 진퇴를 헤아려 고취·격려한다.

일. 월과, 계고(季考)는 해 관청의 당상(堂上)과 교사(敎師)가 시험장을 감독하고, 세시(歲試)는 내무독판(內務督辦) 및 해당 관청의 당상, 교사가 감독하며, 대고(大考)는 총리대신, 내무독판 및 해당 관청의 당상, 교사가 감독하여, 시험을 취택(取擇)하게 하고 교수 직책을 밝혀 아뢴다.

일. 월과, 계고는 지필묵으로, 세시는 서책으로 시상한다.

일. 매번 방(房)·허(虛)·앙성일(昴星日)은 곧 전일 하오부터 당일에 이르기까지 휴가로 하며, 명절(정월 보름 전, 한식, 추성 전후 각 1일)을 방가(放暇)로 하고, 또 성절(聖節)(2월 8일, 7월 25일, 9월 25일, 12월 초6일) 방가하여 경축하며, 서양의 휴가일에 의거하여(곧 서력 1월 1일, 2월 22일, 7월 4일, 11월 20일) 방학 휴가를 갖는다. 또한 납저(臘底)[12월 25일부터 30일까지] 및 몹시 더운 때[초복부터 말복까지] 방학한다.

일. 매일 학습의 차례는 '1. 독서, 2. 습자, 3. 학해자법, 4. 산학, 5.

사소습산법, 6. 지리, 7. 학문법'으로 하며, 초학 졸업 후의 학업 조항은 '1. 대산법, 2. 각국 언어, 3. 제반 학법을 쉽게 익힐 수 있는 첩경, 4, 만물의 격치[의학, 농리, 지리, 천문, 기기], 5. 각국 역사, 6. 정치 및 각국 조약법·부국 용법술, 금수 초목'이다.

—〈고종실록〉고종 23년(1886) 8월 1일

育英公院 學校規則 序23)

戊戌 八月 二十六日 啓下

夫天下書同文尙矣 惟宇內列邦鋪乎地毯之上 疆域夐濶 風敎迥異 書同而文不同 語亦方音相殊 各國有語學 公院之設置者 今我育英公院是也. 猗我朝運契文明治法政化重熙累洽垂五百稔(임) 凡圓顱方趾戴髮含齒之倫其言先王法 言其學先聖正學 根植常綱砥礪名行 以禮義著聞于海外矣 現今部內諸邦冠盖互聘舟車交涉天涯比鄰講信修約 非言無以盡言則辨 方調音聲氣通好爲今日先務

宸謨深軫經遠 命邀美國小學校師 且選中國聰敏秀才各隨資才 而 受其業非徒言語文字之專爲學習農桑醫藥工技商務利用厚生 其具畢張各有條例勖哉 諸生精勤工劬嗣來作興要爲善鄰之寶以鳴國家之盛豈不厚幸也歟

資憲大夫 戶曹判書 協辦 內務部事世子右賓客 臣 金永壽 製 進

---

23) 띄어쓰기는 번역상의 편의에 따라 입력자가 한 것임.

육영공원 학교 규칙 서

무술(戊戌) 팔월 이십육일 계하(啓下)

　대저 천하가 동문(同文)을 숭상한다. 온 세계 열방이 지구상에 늘어서 있고 강역이 멀고 활달하며 풍교가 돌고 다르나 글이 같고 문(文)이 같지 않으나 말 또한 지방에 따라 음이 다르니 각국에 어학이 있어 학교를 설치하니 지금 우리나라의 육영공원이 그것이다. 우리 조정이 문명 법치로 정치를 바르게 하고 누차 광명을 드리운 지 오백 년에 무릇 인류(원로방지, 圓顱方趾)가 머리를 이고 이를 머물러 선왕의 법을 말하고 성현의 바른 학문을 배우며 일상 강령을 근본으로 삼아 연마하고 예의로써 해외에 드러낸 일이 널리 들린다. 지금 부내 여러 나라가 모두 외인의 주거(舟車)를 불러들여 교섭하고 인접한 나라와 강화하고 조약을 맺으나 말을 다하여 준비하지 않을 수 없으니 바야흐로 음성과 기운을 서로 통하도록 하는 것이 금일의 급선무이다.

　국가를 위한 심오하고 원대한 계책으로 미국 소학교사를 초청하는 명을 받았으니 또한 국중 총민한 수재를 선발하여 그 재능에 따라 공부를 하게 하는 것은 언어 문자만 전문으로 하는 것이 아니라 농상(農桑), 의약(醫藥), 공업기술(工技), 상무(商務)의 이용후생을 전문으로 하여 각기 그 업을 다하고 조례에 따라 힘쓰도록 한다. 모든 생도가 부지런히 공부하고 힘써 선린(善隣)의 보배로써 국가의 흥성을 떨치도록 하면 어찌 바라는 일이 아니겠는가.

　자헌대부(資憲大夫) 호조판서(戶曹判書) 협판(協辦) 내무부사 세자우빈객(內務部事世子右賓客) 신 김영수(臣 金永壽) 제진(製 進)

育英公院 規則 序24)

同月 同日 啓下

惟聖人能周知天下之 故通四方之志 通四方道 與政曷縣而至哉 達語言而發之文字貫串乎同律同文之治 夫天籟金聲五音之正龍瓜鳥篆六制之宗及至殊調同塗 同工而異曲也 土訓而有句乙鴃舌之音國文 而有拉丁蟹脚之字何也 風土天氣帶分正偏象演 俚質俗殊華離 如物之眼 但見方隅而已 故自非至聖 莫能與此也 嘗論成周郅隆之世 山梯海航九服之外 非有反覆難測之情强弱相凌之形 然不得不以諭言語協辭令爲綦重25) 故設象胥分命于四方 其屬則上士一 中士二 下士八 徒十二 其職則使掌王之言 凡出入送逆之禮節幣帛辭命 而賓相之其遴峻而事嚴灼 然可觀

我國家置通文館 習語自漢學 始嗣後年少 文臣皆爲之 月考其甚不能者下司敗而警之 蒙語日語 亦屬之流品專門秩 其祿仕之途久 而慢應課者 兒戱而已 干進者文具而已 及 當聘交講交之席 依然一葫蘆樣子而不知恥焉 多見其惑也. 疇日五洲萬國 山阻水夏 各在天涯痛癢 不相關者 今乃錦絡貫通 殆如一身 是以一方有事世界 不得不警彼國行善 此國競仿之 稍緩則後時警之 稍弛則不振其變 故機事之接拍刑政兵曹之張興 不庤言語文字而欲相仿佛 奚異斷港絶航求至於海也

猗我 宸謨捄時經遠宣風重譯思有目曲成焉 範圍焉 廣見聞之所不及於是乎有育英公院之設 而延西師拔聰俊皆妙年文武紳士也 敎以語言文

---

24) 띄어쓰기는 번역상의 편의에 따라 입력자가 한 것임.

25) 『대대예기』 '조사(朝事)'의 "天子之所以撫諸侯者: 歲遍在, 三歲遍眺, 五歲遍省, 七歲屬象胥喻言語, 協辭令, 九歲屬瞽史諭書名, 聽音聲, 十有一歲達瑞節, 同度量, 成牢禮, 同數器, 修法則, 十有二歲, 天子巡狩殷國"이라는 구절에서 따온 것임.

字 蓋委曲於交接之儀明白乎商辦之條 然後方不受人欺蒙 而挽近士大夫
相對哀如茫無一言 是豈其人之咎哉 以未嘗有莊嶽教也. 今日成周而制
作之其所難慎於象胥當不止 此而庶幾秀造之倫相率 而蛋自勉於象胥之
學也. 聖人有曰 多識草木禽獸之名 先儒亦云 今日格一物 明日格一物 隨
才成就匪直乎一藝一能而局之 吾聞泰西之學 確摯銳勒內而析而利用 豈
空言也. 通言語習事物寔學者事參乎古適乎時蔚有作成用神大局斯所 以
爲教也. 謹書于條規之左冀同志而勉旃 資憲大夫協辦內務部事弘文館提
學 臣 閔種默 制進

육영공원 규칙 서

오직 성인은 천하를 두루 아는 능력이 있어 사방을 통하고 사방의
도리와 정사를 통하니 어찌 동률 동문으로 언어에 통달하고 문자를
꿰뚫는 것이 아름답고 지극하지 않겠는가. 대저 천뢰금성(天籟金聲,
자연의 소리)과 오음으로 정룡과(正龍瓜, 올바른 형세), 조전 육제(鳥篆,
전서)의 근원과 같은 길을 달리 하니, 같은 악공끼리도 곡조가 달라지
는 것이다. 풍토의 교훈과 구을(句乙, 부호의 일종)과 부설(鴲舌, 두견새의
지껄임)의 소리가 국문이 되고 납정(拉丁, 라틴)의 게가 기어가는 글자
는 어떤 것인가. 풍토와 천기기 나뉘어 형상이 퍼지고 이속이 중화와
다른 것이 사물을 바라보는 눈과 같은 것이나, 다만 한 방향에서 그것
을 볼 따름이다. 그러므로 스스로 성인에 이르지 못하면 이와 같은
능력을 갖지 못하는 것이다. 일찍이 성주륭(成周)의 태평한 시대에 산
제(山梯), 해항(海航)과 구복(九服, 주나라 수도 이외의 아홉 구역) 바깥은
반복(反覆)이 심하여 그 정형과 강약이 이어져 있는 형세를 헤아리기
어려우니, 그러므로 부득불 사령(辭令)을 좇아 언어를 밝혀 무겁게 여

겼다. 그러므로 상서(象胥: 사역원에 속한 관리, 중국 고대 통역관)를 두어 사방에 명을 전했는데, 거기에 속한 사람들은 상사 1, 중사 2, 하사 8, 무리 20으로 그 직책은 왕명을 관장하는 것이다. 무릇 출입을 거스르면 예절과 폐백으로 명을 받들고, 빈상이 그 어렵고 험한 일을 맡으니 일이 엄연하여 가히 볼 만했다.

우리나라에서도 국가가 통문관을 두어 한학(漢學)을 익히도록 하니 이어 후에 연소한 문신은 모두 그것을 하여 월마다 고시하여 심히 부족한 사람은 하급 관청에 배치하여 경계했다. 몽어와 일어 또한 그곳에 배속하여 유품(流品: 품격, 품계)에 따라 전문하도록 하였고 그 벼슬도 오래되었으나 부과하는 과업은 아희(兒戲)뿐이며, 간진(干進, 벼슬을 구함)하는 것은 문구(文具)일 따름이다. 그와 함께 초빙하여 교제하고 강구(講究)하는 것이 의연히 호로양자(葫蘆樣子, 독창성이 없음)여서 부끄러움을 의혹이 많다. 그때는 5주 만국의 산이 막히고 물길이 멀며 각각 천애(天涯)와 통양(痛癢, 괴로움)이 서로 관련되지 않았으나 지금은 서로 연락하여 관통한 것이 마치 한 몸과 같다. 그러므로 한 방향에서 세계의 어떤 일이든 부득불 저들 나라에서 잘 행하면 이 나라에서 그것을 본받고, 좀 더 지체하면 후세에 경계하며 좀 늦추어지면 그 변화에 부응하지 못한다. 그러므로 여러 가지 일이 긴밀하여 형정(刑政), 병조(兵曹)가 흥하고 언어와 문자를 배척하지 않으며 서로 모방하고자 하니 어찌 다르다고 단절하며 뱃길을 구하지 않겠는가.

아, 규시(揆時)와 경륜의 계책[宸謨]을 멀리 베풀어 거듭 번역하고 생각하여 이로써 하나하나 정성을 들이더라도 범위가 넓어 견문을 넓히더라도 미치지 못하는 바가 있으니, 이에 육영공원을 설치하여 서양 교사를 맞이하고 총명한 자를 선발하되 모두 젊은 문무 신사로 한다. 그리하여 언어 문자를 가르쳐 외국과 교섭하는 의식을 상세히

알고 통상할 때의 규칙을 분명히 알게 된 후 외국으로부터 사기를
당하거나 몽매함을 당하지 않을 것이다. 근래 사대부들은 회합에 나
가면 멍하니 아무 말도 못한다. 이것이 어찌 그 사람의 허물이겠는가.
이전에 장악(莊嶽, 외국의 사정)에 대한 교육이 없었기 때문이다. 금일
은 성주(成周) 때 만든 바가 상서(象胥, 통역)의 어려움에 그치지 않으니,
이는 거의 윤리를 서로 조화하여 스스로 상서학(象胥學)에 힘써야 한
다. 성인이 말하기를 초목 금수의 이름을 많이 안다고 하고 선유가
또한 이르기를 금일 한 사물의 격식이 내일 한 사물의 격식이니 재주
에 따라 성취하는 것은 일예 일능(一藝一能)에 그치지 않고 전 국면에
미친다고 하였다. 우리가 들으니 태서의 학문은 예리하게 분석하고
필요에 따라 쓸모 있음이 틀림없으니 그것이 어찌 헛된 말이겠는가.
언어를 통하여 사물을 익히는 것은 실로 배워 참여하고 예로부터 때
에 따라 성취하여 형세에 보탬이 되게 하는 것이니 이것으로써 가르
쳐야 한다. 조규(條規)의 윗 편에 삼가 쓰노니 동지들은 힘써 배우라.
자헌대부 협판 내무부사 홍문관 제학 신 민종묵 제 진.

育英公院 節目[26]

一. 建置學舍曰育英公院 內務部修文司堂上 勾管事務 另定主事 依該堂
   上指令辦理 辦理施措堂上間一日仕進主事課日仕進
一. 延致外國姿性醇良才知通敏者三人, 曰 教師, 專掌教訓, 另選曉解外
   國言語, 文字之已經學習者, 依教師指教, 隨宜助諭, 學徒曰 教習, 亦
   於各項課程, 身體鍊習, 以廣本業.

---

26) 띄어쓰기는 번역상의 편의에 따라 입력자가 한 것임.

一. 院設左右, 各充學員, 課日肄習.

一. 另揀科第出身參下年少之原文通暢, 門地才俊者, 限十員, 充左院學習, 如漢文, 經史, 原始終不已, 亦勤課西語, 無或間斷, 推諸科程, 分途功力, 各隨才識, 或值除王供仕之時, 無礙往來, 且雖陞資, 其卒業前, 則不許廢課, 務期平生需用之方, 每日卯進, 申退, 課習時刻一如右院規式.

一. 揀選才質聰慧年十五至二十餘者. 限二十人, 充右院肄習.

一. 薪水膏火之節, 酌量研磨, 每朔六千兩式, 自戶, 惠廳分半畫下, 以爲院內供給, 而各項簿牒支應等節, 每於朔終入下, 數爻該掌昭詳成冊, 先經主事考察後, 呈于堂上, 署押以憑後考.

一. 學習之時, 專心聽業, 均不準汗漫喧譯, 偷暇雜戲, 且親瘁先忌及實病外, 假託出他, 占便圖間犯者, 從輕重施罰, 而不悛者, 主事, 教習, 具告堂上, 堂上, 知照教師, 亟令黜退.

一. 學徒課日早起於上午六點 朝飯於七點, 晝尖於十二點[點心則自春分日起秋分日止] 夕飯於下午六點, 就宿於十點, 不准逾限而冬則上午七點早起, 下午十二點就宿.

一. 每日學習之時 必以六時爲定 而自上午九點初始 至十一點終止, 又自下午一點初始 至三點終止 分二次學習.

一. 學徒起宿與課習時刻 必迩號鍾毋敢違愆

一. 學徒入學之年 每人一年冊價各爲十圓假量 至若次年以後則隨進添益令不可預定

一. 學徒未領教師卒業狀以前 常令在院學習不准營求他技

一. 考藝勤慢, 分有月課, 季考每於月終, 歲試每於臘底, 大考每於三年舉行, 考其課業之進退, 酌量鼓勵.

一. 月課, 季考, 該司堂上與教師, 句管監場, 歲試內務督辦及該司堂上,教師, 句管監場, 大考則總理大臣, 內務督辦與該堂上, 教師監場, 考取擇尤, 奏明授職.

一. 月課, 季考時 以 紙筆墨, 歲試則以書冊之類施賞.

一. 每値房, 虛, 昴星日, 則自前一日下午, 以至當日, 放暇, 又於名節[正月望前 及 寒食, 秋夕 前後 各 一日] 放暇, 又値聖節[二月 八日, 七月 二十五日, 九月 二十五日, 十二月 初六日]. 放暇示慶, 另依西法暇日[卽 西曆 一月 一日, 二月 二十二日, 七月 四日, 十一月 二十日] 放休, 又値臘底[自十二月 二十五日 至三十日] 及 盛暑[自初伏至末伏] 放學.

一. 未盡條件推後硏磨

每日 學習次第
   一 讀書, 二 習字, 三 學解字法, 四 算學, 五 寫所習算法, 六 地理, 七 學文法.

初學卒業後所學諸條
   一 大算法, 二 各國言語, 三 諸般學法 捷徑易覺者, 四 格致萬物[醫學, 農理, 地理, 天文, 機器], 五 各國歷史, 六 政治與各國條約法 及 富國用兵之術, 禽獸草木

번역 **육영공원 절목**

일. 학사(學舍)를 건립하여 육영공원이라 이름하고, 내무부 수문사 당상(堂上)이 사무를 주관하며, 별도로 주사(主事)를 정하여 해 당상(堂上)의 지령에 따라 이를 시행 조치하며, 당상이 일일 업무를 맡고, 주사가 일과를 담당한다.

일. 외국의 순량하고 재능 있으며 영민한 자 3인을 초빙하여 '교사(敎

師)'로 이름하고, 교육과 훈육을 전담한다. 별도로 외국 언어를 밝게 이해하는 자를 선별하여 문자를 학습한 자는 교사의 가르침에 의거하여 마땅히 훈육을 돕는 학도를 '교습(敎習)'이라고 하여, 이 또한 각항의 과정과 신체 연습으로 본업을 넓히도록 한다.

일. 좌우(左右)에 원을 설치하여 각각 학원(學員)을 충당하며, 일과를 부여하여 익히도록 한다.

일. 과제 출신(科第出身) 참하(參下)의 연소자로 원문 통달한 자를 가리고, 문중에서 재준(才俊)한 자로 10명을 한정하여 좌원에서 학습하도록 충당하며, 한문, 경사와 같이 원시(原始)에서 마치지 않은 것과 서양어를 부과하고, 끊임이 없도록 하며, 여러 과정을 추정하여 나누어 힘쓰도록 하며, 각 재능과 학식에 따라 혹 벼슬에 임용할 때 왕래함에 장애가 없도록 한다. 또한 승급의 자질이 있더라도 졸업하기 전에는 과업을 폐하지 않도록 하며, 평생 필요한 것을 익힐 수 있도록 힘쓰며, 매일 묘시에 나아가 신퇴하고 과습 시간은 우원(右院)의 규식과 동일하게 한다.

일. 재질이 총혜하고 연령 15에서 20에 이르는 자 20인을 한정·선발하여 우원(右院)을 충원하여 가르친다.

일. 신수고화(薪水膏火)의 절기에는 연마(硏磨)할 것을 정하여, 매달 육천 량씩, 호조로부터 계획 아래 각 청에 반분하여 원내에 공급하고, 각 항의 부첩(簿牒)에서 응한 것들을 매달 말 입하(入下)한 수효를 해당 부서에 소상하게 적어 먼저 주사(主事)가 고찰한 후, 당상(堂上)에게 보고하고, 부서가 이를 확인한다.

일. 학습할 때 전심으로 듣기를 하며, 고루 지키지 않고 제멋대로 떠들고 잡희에 빠지거나 또는 몸소 파리하여 먼저 기피하고 병이 있으면 다른 곳에 위탁하고, 점차 편함을 도모하고 범죄를 저지른 자는 경중을 가려 벌하고, 다시 고치지 않는 자는 주사가 교습하여 당상에게 고하고, 당상은 교사에게 자세히 알려 시급히 출학하거나 퇴학하도록 명한다.

(이상은 실록 내용과 동일)

일. 학도에게 매일 부여된 과업은 오전 6시 기상하고, 7시에 아침을 먹으며, 12시에 점심을 먹는다. [점심은 곧 춘분일에서 시작하여 추분일까지이다.] 저녁은 오후 6시이며, 10시에 취침하고, 정해 놓은 바를 넘지 않으나 겨울에는 오전 7시에 기상하고, 오후 12시에 취침한다.

일. 매일 학습 시간은 반드시 6시간으로 정하고, 상오 9시에 시작하여 11시에 종료하며, 또 하오 1시에 시작하여 3시에 마치도록 2차로 나누어 학습한다.

일. 학도가 기숙하고 과제를 부여 받는 시각은 반드시 종(鍾)을 칠 때를 즈음하여 감히 어긋남이 없도록 해야 한다.

일. 학도가 입학하는 때 각자 일년의 책값은 10원 가량이며, 다음 해 이후는 경우에 따라 좀 더 증가할 수 있으므로 예정하기 어렵다.

(이 내용은 실록에 없음)

일. 학도가 교사의 졸업장을 받기 이전에는 항상 원내에 체류하고, 다른 곳의 숙소를 허용하지 않는다.

일. 고예(考藝)의 근면·태만은 매월 과업을 나누어 계고(季考)는 매월 말에 실시하고, 세시(歲試: 연말 시험)는 섣달에 치르며, 대고(大考)는 삼년마다 거행하여, 고시 과업의 진퇴를 헤아려 고취·격려한다.

일. 월과, 계고(季考)는 해 관청의 당상(堂上)과 교사(敎師)가 시험장을 감독하고, 세시(歲試)는 내무독판(內務督辦) 및 해당 관청의 당상, 교사가 감독하며, 대고(大考)는 총리대신, 내무독판 및 해당 관청의 당상, 교사가 감독하여, 시험을 취택(取擇)하게 하고 교수 직책을 밝혀 아뢴다.

일. 월과, 계고는 지필묵으로, 세시는 서책으로 시상한다.

일. 매번 방(房)·허(虛)·앙성일(昻星日)은 곧 전일 하오부터 당일에 이르기까지 휴가로 하며, 명절(정월 보름 전, 한식, 추석 전후 각 1일)을 방가(放暇)로 하고, 또 성절(聖節)[2월 8일, 7월 25일, 9월 25일, 12월 초6일] 방가하여 경축하며, 서양의 휴가일에 의거하여(곧 서력 1월 1일, 2월 22일, 7월 4일, 11월 20일) 방학 휴가를 갖는다. 또한 납저(臘底)[12월 25일부터 30일까지] 및 몹시 더운 때[초복부터 말복까지] 방학한다.

(이상의 조목은 실록과 동일)

일. 미진한 조건은 추후에 연마한다.

일. 매일 학습의 차례는 '1. 독서, 2. 습자, 3. 학해자법, 4. 산학, 5. 사소습산법, 6. 지리, 7. 학문법'으로 하며, 초학 졸업 후의 학업 조항은 '1. 대산법, 2. 각국 언어, 3. 제반 학법을 쉽게 익힐 수 있는 첩경, 4. 만물의 격치[의학, 농리, 지리, 천문, 기기], 5. 각국 역사, 6. 정치 및 각국 조약법·부국 용법술, 금수 초목'이다.

—『育英公院 謄錄』, 서울대 규장각 도서번호 3374.

『漢城周報』丁亥 三月 四日, 國內紀事, 上諭恭錄(1887.3.28. 제56호)

3월 6일 상께서 다음과 같이 정부에 유시(諭示)하였다. "육영공원(育英公院)은 이미 특설(特設)하였다. 당상관 민종묵(閔種默), 민응식(閔應植), 정하원(鄭夏源)을 관리 사무로 차하(差下)하고 주사(主事) 서상교(徐相喬), 이전(李琠), 정문섭(丁文燮)을 사무(司務)로 차하하고, 교관 권유섭

(權柔燮), 유찬(劉燦), 최영하(崔榮夏)를 사첨(司籤)으로 차하할 것을 오늘 인사 행정에 하비(下批)하니 이것으로 정식(定式)하라.”

기획 단국대학교 일본연구소 HK+ 사업단

김경남   단국대학교 일본연구소 HK연구교수
김세종   단국대학교 일본연구소 HK연구교수
허재영   단국대학교 일본연구소장(HK+사업 연구 책임자)
윤지원   단국대학교 일본연구소 HK연구교수
김정희   가천대학교 인문과학연구소 연구교수

지식인문학총서(지식지형2)

지식의 구조와 한중일 지식 지형 변화의 탐색

© 단국대학교 일본연구소 HK+ 사업단, 2019

1판 1쇄 인쇄_2019년 12월 25일
1판 1쇄 발행_2019년 12월 30일

기   획_단국대학교 일본연구소 HK+ 사업단
지은이_김경남·김세종·허재영·윤지원·김정희
펴낸이_양정섭

펴낸곳_경진출판
        등록_제2010-000004호
        이메일_mykyungjin@daum.net
        사업장주소_서울특별시 금천구 시흥대로 57길(시흥동) 영광빌딩 203호
        전화_070-7550-7776 팩스_02-806-7282

값 27,000원
ISBN 978-89-5996-686-8 93000